物流系统建模与应用

主编 王 强 李 雯

参编 姜 莉 马 超 白海清

中国财富出版社有限公司

图书在版编目（CIP）数据

物流系统建模与应用 / 王强，李雯主编 . —北京：中国财富出版社有限公司，2023. 7

ISBN 978 - 7 - 5047 - 7735 - 5

Ⅰ. ①物…　Ⅱ. ①王… ②李…　Ⅲ. ①物流—系统工程—高等学校—教材　Ⅳ. ①F252

中国版本图书馆 CIP 数据核字（2022）第 114079 号

策划编辑	赵雅馨　黄正丽	**责任编辑**	白　昕　水源宋	**版权编辑**	李　洋
责任印制	尚立业	**责任校对**	杨小静	**责任发行**	敬　东

出版发行	中国财富出版社有限公司		
社　　址	北京市丰台区南四环西路 188 号 5 区 20 楼	**邮政编码**	100070
电　　话	010 - 52227588 转 2098（发行部）		010 - 52227588 转 321（总编室）
	010 - 52227566（24 小时读者服务）		010 - 52227588 转 305（质检部）
网　　址	http://www. cfpress. com. cn	**排　　版**	宝蕾元
经　　销	新华书店	**印　　刷**	宝蕾元仁浩（天津）印刷有限公司
书　　号	ISBN 978 - 7 - 5047 - 7735 - 5/F · 3455		
开　　本	787mm × 1092mm　1/16	**版　　次**	2023 年 7 月第 1 版
印　　张	21. 25	**印　　次**	2023 年 7 月第 1 次印刷
字　　数	478 千字	**定　　价**	59. 00 元

前　言

物流作为国民经济中的重要一环，贯穿于第一、第二、第三产业，是促进供给与消费相匹配、相协调的核心环节。目前主要以大数据、智能化为依托，大力发展智慧物流，全面推进物流高质量发展。智能化物流离不开计算机建模与仿真和各种决策分析技术，这些先进的解决问题的手段被越来越多地应用到现代物流系统的分析评价中，本书重点介绍实用性较强的物流建模与仿真技术和决策分析技术，书中舍弃了烦琐的公式推导和一些难以理解的技术内容，重点介绍各种方法的应用。学习和掌握建模与仿真的基础知识将为学生今后的工作和研究打下良好的基础。

目前国内对于完全从物流系统角度，以优化物流系统为目的，比较全面系统地介绍建模及仿真应用等相关方法、技术的论著并不多。本书一共分为九章，第一章对物流系统概念和物流系统建模技术做了简单介绍；第二章讲述物流需求预测模型与应用，包括时间序列预测模型、一元线性回归预测模型、灰色预测模型的预测步骤和案例应用，根据企业实际数据预测未来数据，为企业未来规划提供数据支撑；第三章介绍了物流运输与配送系统的常用模型，利用三种不同的建模方法对运输路线选择模型、运输配送方式选择模型、配送车辆调度模型进行讲解；第四章主要对物流库存控制模型中的独立需求库存控制模型进行研究，其中主要包括四种情况，分别利用 WinQSB 对每一个案例求解，使学生从不同角度理解建模求解的设置过程；第五章主要利用系统动力学仿真区域物流系统模型，研究其影响因素，从系统的内部结构寻求问题发生的根源；第六章利用重心法、微分法、交叉中值法对物流节点选址进行建模计算；第七章是关于物流系统绩效评价的常用模型与方法应用；第八章引入 RaLC 软件，介绍了 RaLC 软件在物流系统建模仿真中的广泛应用；第九章介绍了 FlexSim 软件在物流系统建模仿真中的应用。

本教材主要面向物流工程、物流管理、交通运输及相关专业本科生，将理论研究和实际问题相结合，并将企业案例融入教材，内容实际，应用性强，注重培养学生的实践应用能力。教材中部分计算数据存在四舍五入，根据实际情况保留一定的小数位数，不进行机械处理。

本书的第一章、第二章由黑龙江工程学院王强编写，第三章、第四章由黑龙江工程学院李雯编写，第五章、第六章由黑龙江工程学院姜莉编写，第七章、第九章由东北林业大学马超编写，第八章由上海乐龙人工智能软件有限公司白海清编写。

由于编者水平有限，书中难免有不当之处，请读者批评指正。

编　者

2022 年 7 月

目　录

第一章　物流系统建模概述

第一节　物流系统概述

社会经济活动是一个极为庞大、极为复杂的系统。人类为了满足生活和生产的需要，不断地交换和消费各种各样的物质资料，同时也有无数的工厂或其他制造商不停地生产和制造人类所需要的物质。消费者如果不能得到所需要的物资，社会经济活动将会发生紊乱。生产者只有将产品转移给消费者才能实现产品的使用价值，同时可以获得效益，使劳动组织者的各种劳动消耗得到补偿，这样才能有条件组织再生产。这一过程对原始社会和现代社会而言，只有技术上的区别，没有任何本质上的区别。

物流学作为20世纪50年代新发展起来的一门实践性很强的综合性交叉学科，其对象就是社会经济活动中“物”的流动规律。在经济全球化的大时代背景下，物流的作用被广泛认可，如何进一步提高并发挥物流的作用，不仅成为人们关注的焦点，也成为学术研究的热点。要进一步提高并发挥物流的作用，需要对物流进行深入的研究。物流系统作为社会经济活动复杂系统的子系统，本身也是一个复杂系统。系统论的观点和方法对研究物流系统同样适用。利用系统的观点来研究物流学科、物流现象是现代物流科学的核心，系统分析方法是认识物流现象的主要手段。

一、物流系统的概念与模式

（一）物流系统的概念

物流系统是指在一定的时间和空间内，由所需位移的物资与包装设备、搬运装卸机械、运输工具、仓储设施、人员等若干相互制约的要素，所构成的具有特定功能的有机整体。物流系统的目的是实现物资的空间效益和时间效益，在保证社会再生产顺利进行的前提条件下，实现各种物流环节的合理衔接，并取得最佳的经济效益。

物流系统是由运输系统、储存系统、包装系统、装卸搬运系统、配送系统、流通加工系统、信息处理系统等子系统组成的复杂的大系统。物流系统由物流作业系统和物流信息系统两个部分组成。

（1）物流作业系统。在运输、保管、搬运、包装、流通加工等作业中使用各种先进技术，并使生产据点、物流节点、运输配送路线、运输手段等网络化，以提高物流活动的效率。

（2）物流信息系统。在保证订货、进货、库存、出货、配送等信息通畅的基础上，使通信据点、通信线路、通信手段网络化，提高物流作业系统的效率。

物流系统的运作遵守Speed（速度）、Safety（安全）、Surely（可靠）和Low（低费用）的3S1L原则。为了实现以最少的费用提供最好的物流服务的目标，应该做到：①按交货期将所订货物适时而准确地交给用户；②尽可能地减少用户所需的订货断档；③适当配置物流节点，提高配送效率，维持适当的库存量；④提高运输、保管、搬运、包装、流通加工等作业效率；⑤保证订货、出货、配送信息畅通无阻；⑥使物流成本降到最低。

（二）物流系统的基本模式

物流系统的正常活动需要投入大量的人力、物力、资金，通过物流管理、物流信息处理、物流技术实施等转化处理活动，产生一定的经济效益，为客户提供一定的服务，同时对环境也造成一定的污染，这些信息将反馈给物流节点，以便能调整和修正物流系统的活动，其基本模式如图1－1所示。

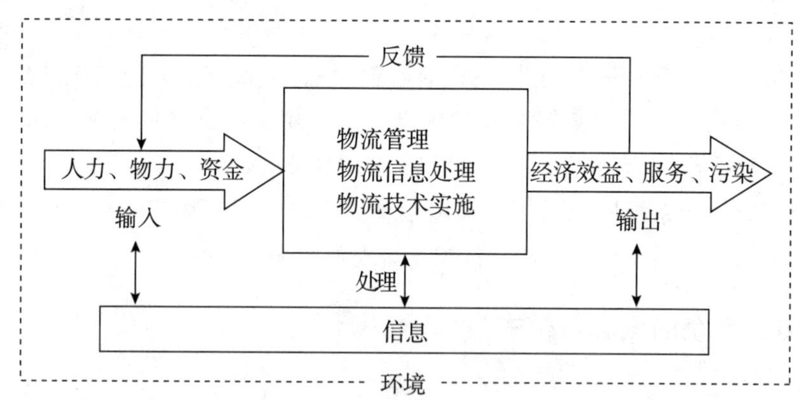

图1－1　物流系统的基本模式

1. 环境

物流系统总是处于一定的环境中，受环境中各个因素的影响与限制，它只有在适应环境的情况下采取相应的措施才能够发展。这些环境因素可分为两种：第一种是内部环境因素，如生产系统、物流系统、财务系统及销售系统；第二种是外部环境因素，如市场地理环境、科技因素、经济与产业结构等，如图1－2所示。在内部环境因素中，影响物流系统运行效率的是销售系统、生产系统以及财务系统。一般来说，外部环境因素是不可控的，而内部环境因素是可控的。

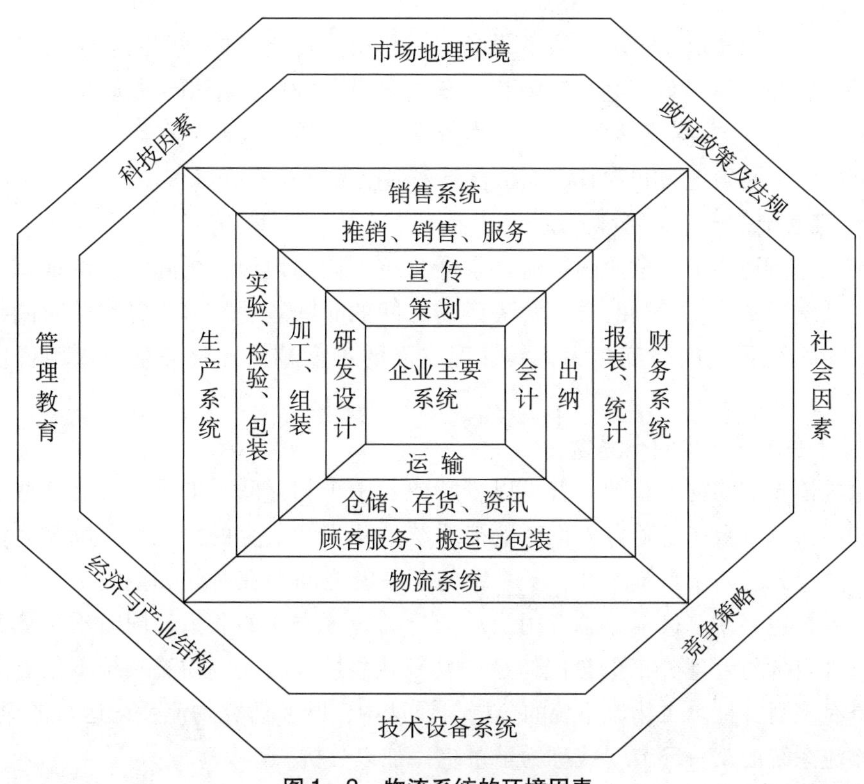

图1－2　物流系统的环境因素

2. 输入

输入的内容是指维持物流系统正常活动的一系列消耗投入。主要包括人力、物力、资金等。

3. 处理

处理的内容是指物流系统具体的业务活动，即物流服务。主要包括运输、储存、包装、搬运、送货等，还包括信息的处理及管理工作。

4. 输出

输出的内容是指提供物流服务的结果。主要包括经济效益、服务、污染等。

5. 反馈

反馈主要包括内部反馈和外部反馈。内部反馈主要通过物流系统内部的转换，使其功能更加完善、合理及科学。外部反馈主要通过输入和输出使物流系统与外部环境进行交换，发现问题，改正弊端，使物流系统适应外部环境。

二、物流系统的特征

物流系统具有一般系统所共有的整体性、相关性、目的性、环境适应性等特征，同时还具有规模庞大、结构复杂、目标众多等大系统所具有的特征。

1. 物流系统是一个“人机系统”

物流系统由人和形成劳动手段的设备、工具组成。它具体表现为物流劳动者利用运输设备、装卸搬运机械、仓库、港口、车站等设备设施，作用于物资的一系列生产活动。在这一系列的生产活动中，人是物流系统的主体。因此，在研究物流系统各个方面的问题时，必须把人和物有机地结合起来加以考察和分析。

2. 物流系统是一个大跨度系统

在现代经济社会中，企业间物流经常会跨越不同的地域，国际物流的地域跨度更大。物流系统通常采用存储的方式解决产需之间的时间矛盾，这一过程的时间跨度往往也很大。物流系统的跨度越大，其管理方面的难度越大，对信息的依赖程度也就越高。

3. 物流系统是一个可分系统

无论规模多大的物流系统，都可以分解成若干个相互联系的子系统。这些子系统的多少和层次的阶数，是随着人们对物流系统的认识和研究的深入而不断深入、不断扩充的。整个系统与子系统之间、子系统与子系统之间存在时间和空间上及资源利用方面的联系，也存在总目标、总费用及总运行结果等方面的联系，同时子系统又可以在物流管理目标与管理分工上自成体系，具有独立性。因此，物流系统不仅有多层次性，还具有多目标性。在物流系统的分析与设计中，既要研究物流系统运行的全过程，也要对物流系统的某一环节（或称为子系统）加以分析。

4. 物流系统是一个动态系统

物流系统一般联系多个企业与用户，随着需求、供应、渠道、价格的变化，系统内部的要素及系统的运行也经常发生变化。物流系统常受到社会生产及需求的制约，所以物流系统必须是具有适应环境能力的、随环境变化而变化的动态系统。

5. 物流系统是一个复杂系统

物流系统的运行对象——“物”，包括社会上各种各样的物资资源，资源的多样性带来了物流系统的复杂化。物资资源品种成千上万，从事物流活动的人员队伍庞大，物流系统内的物资占用大量的流动资金，物流网点遍及各地。这些人、财、物等资源的组织和合理利用，是一个非常复杂的问题。在物流活动的全过程中，伴随着大量的物流信息，物流系统要通过这些信息把各子系统有机地联系起来。收集、处理物流信息，并使之指导物流活动，也是一项复杂的工作。因此，在分析与设计物流系统时，要充分认识物流系统的复杂性。

6. 物流系统是一个多目标系统

物流系统的总目标是实现其整体经济效益最大化，但物流系统各要素之间存在非常强烈的“背反”关系，我们称为“二律背反”或“效益背反”现象。因此，在实际工作中要同时实现物流时间最短、服务质量最佳、物流成本最低这几个目标几乎是不可能的。例如，在储存子系统中，为保证供应、方便生产，人们会提出储存的物资要高库存、多品种；而为了加速资金周转、减少资金占用，人们又会提出降低库存的要求。这些相互矛盾的问题在物流系统中广泛存在，而物流系统又恰恰要在这些矛盾中运行，并尽可能满足人们的要求。显然，在物流系统分析与设计中，应该建立多目标函数，并在多目标中求得系统的整体最优解。

三、物流系统分析

所谓物流系统分析是指从物流的整体出发，根据系统的目标要求，利用科学的分析工具和计算方法，对系统目标、功能、环境、费用和效益等进行充分的调研，并收集、比较、分析、处理有关数据和资料，建立若干方案，比较和评价结果。

1. 物流系统分析的原则

物流系统分析应强调科学的推理步骤，使所研究的物流系统中各个问题的分析均能符合逻辑和事物的发展规律，而不是凭主观臆断和单纯经验；物流系统分析应运用数学方法和优化理论，从而使各种替代方案的比较不仅有定性的描述，还能定量化，对于非计量的有关因素，则运用直觉及经验加以考虑和衡量。一个物流系统由许多要素组成，要素之间相互作用。物流系统与环境相互作用，由此产生很多问题，这些问题涉及广泛又错综复杂，因此进行物流系统分析，必须处理好外部环境与内部环境、局部效益与整体效益、当前利益与长远利益、定量分析与定性分析等关系。物流系统分析应当遵守的原则如下。

（1）内部环境与外部环境相结合。一个企业的物流系统，不仅受企业内部各种因素的影响，如企业生产规模、产品技术特征、职工文化及技术水平、管理制度与管理组织等，而且受社会经济动向及市场状况等外部环境的影响。

（2）局部效益与整体效益相结合。在分析物流系统时我们常常会发现，物流系统的局部效益与物流系统的整体效益并不总是一致的。有时物流系统的局部效益是经济的，但物流系统的整体效益并不理想，这种方案是不可取的；反之，如果物流系统的局部效益是不经济的，但物流系统的整体效益是好的，则这种方案是可取的。

（3）当前利益与长远利益相结合。在优选方案时，既要考虑当前利益，又要考虑长远利益。如果所采用的方案，对当前和长远都有利，这样当然最为理想，但如果方案对当前不利，而对长远有利，此时要全面分析后再下结论。一般来说，只有兼顾当前利益和长远利益的物流系统才是好的物流系统。

（4）定量分析与定性分析相结合。物流系统分析不仅要进行定量分析，而且还要进行定性分析。物流系统分析总是经历“定性—定量—定性”这一循环往复的过程，不了解物流系统各个方面的性质，就不可能建立起探讨物流系统定量关系的数学模型。定性分析和定量分析二者结合起来综合分析，才能达到优化的目的。

2. 物流系统分析的内容

（1）从分析的区域看，物流系统分析包括物流系统外部分析和物流系统内部分析。

物流系统外部分析。对物流系统外部的分析，主要是根据国内外经济、科技形势，研究本系统在环境中的地位、当前国家对本系统的政策以及与本系统经营活动有关的各方面的状况，如生产力与资源分布、物流市场和货源、制造业的生产与技术水平等。

物流系统内部分析。物流系统内部分析的内容有：物资需求变化的特点、需求量、需求对象、需求构成，以及所涉及的需求联系方法；物流系统各作业部门的有关物流活动的数据，如市场分布状况、供货渠道、销售状况等；构成物流生产的新技术、新设备、新要求、新项目等；库存物资的数量、品种、分布情况、季节性变化、质量状况等；运输能力的变化、运输方式的选择、运输条件和要求等；各种物流费用的占用支出，社会经济效益等。

（2）从分析的对象来看，物流系统分析包括对现有系统的分析和对新系统的分析。

对现有系统的分析。对现有系统作进一步的认识，使系统尽可能实现最优运转。为了使现有系统更好地适应发展的需要，在进行系统分析时既要注意对系统的外部进行分析，又要注意对系统的内部进行分析。

对新系统的分析。对新系统的分析内容可以是新系统的投资方向、工程规模、物流供应链上各环节的布局、物流节点选址、物流系统的功能、设备设施的配置、物流系统的管理模式等。同样，在对新系统进行分析时，既要注意对系统的外部进行分析，又要注意对系统的内部进行分析。

四、物流系统分析的步骤

物流系统分析的步骤通常有界定问题的构成范围，明确分析目标，收集信息、建立模型，分析、对比可行性方案的经济效果、综合分析与评价，建议可行方案，如图 1－3 所示。概括起来主要有以下几点。

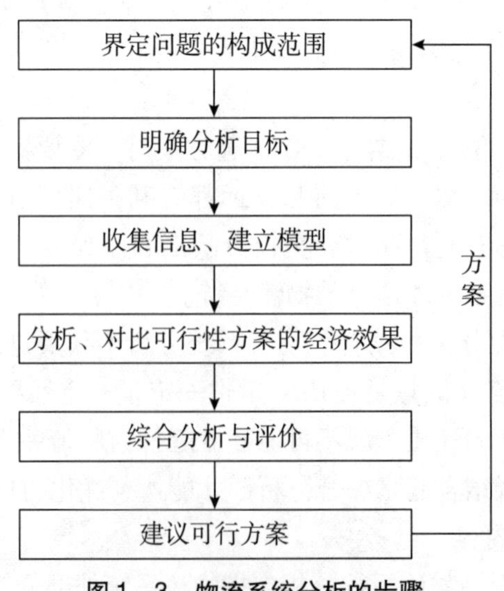

图 1－3　物流系统分析的步骤

1. 问题界定

问题的界定对后面设计物流系统十分重要，主要是界定问题的构成范围并确定分析目标。物流系统问题的界定应考虑新系统的期望值、运作规则、约束和选优方案准则等因素。

在物流系统问题的界定阶段有几个需要重点考虑的问题。

（1）物流系统的目的。一个公司（企业集团、供应链）物流系统的目的影响物流系统的战略，同时物流系统的战略又反过来影响物流系统的网络和组成部分。

（2）物流系统的水平。影响物流系统的水平的因素有可利用的资源、物流网络的大小、设备成本等。同时物流系统的水平也与物流系统规划的种类（如长期规划、短期规划）有关。

（3）考虑的因素。为达到物流系统的目的，通常考虑以下三个因素：最少的资产费用、最少的运作费用、最大的顾客效益。

（4）物流产品。物流系统类型取决于产品的属性，如产品的市场、产品的重要性、产品的特性和产品的包装等。

物流系统的目的在物流系统问题的界定中起着主导作用，对物流系统分析也有深远的影响。因此，对物流系统进行分析时，首先要对物流系统的目的进行分析与确定。

确定物流系统的目的时首先要注意以下几个方面：①要有总体观点；②要有长远观点；③要有有效观点；④要有鲜明性（最好能定量表示）；⑤要考虑可行性；⑥要有标准性；⑦要有顺序性（分清主次）；⑧要考虑适应性。其次要分析和确定为了达到物流系统的目的所应完成的各种具体指标。

我们可以采用目的树进行目的分析。根据目的提出各种要求，再考虑相应的措施，进而提出物流系统应具备的各种功能。这样，物流系统的目的明确了，功能也大体确定了。进行目的分析时，应反复调查，了解建立或改进物流系统的动机。这种动机可能来自关联企业的要求，也可能是本企业改善作业流程、加强现场管理、加强信息管理、降低生产成本的需要，还可能是来自市场的压力。

建立新物流系统的原因有以下几种：①由于市场环境的变化，现有物流系统出现了与环境不相适应的情况；②由于企业规模的扩展，原有的企业运作管理模式已经不能适应客观形势要求，必须开发新系统；③企业产品结构或产业结构发生战略性调整，或者科学技术有了新的突破，对企业运作提出了新的要求。

在反复分析上述情况的过程中，要十分注意片面性或局限性。一定要把目的，尤其是关联性质的、隐含性质的问题和目的弄得十分清楚，以避免准备不足、仓促上马而最后又不得不下马的情况出现。

2. 数据收集

这一阶段主要包括标定必要数据、数据源，分析可利用数据的充分性和准确性，数据类聚，以及预测不能利用的数据。

3. 问题分析

当物流系统的目的明确、功能确定后，就可以大致确定系统的轮廓了。为了进一步分析，需要建立系统的各类模型。

模型是对原系统某一个方面属性的描述，因此一个系统可以有不同类型的模型，反映其不同方面的属性。要建立一个模型，需要先确定所需模拟对象的最主要的特性，并定量地规定下来。模型反映的不仅是系统的构造属性，更是功能方面的属性。建立模型后，便可利用模型进行分析了。可以通过计算或仿真的方式进行分析。

4. 物流系统的实施

最后阶段是物流系统的实施。实施过程有两个关键的步骤：一是系统的确认和系统的灵敏度分析；二是用户培训和检测。物流系统是一个复杂的系统，对其进行系统分析并不是进行一次即可完成，为完善修订方案中的问题，有时需根据分析结果对提出的目标进行再探讨，甚至重新划定问题构成范围，这是一个连续的循环过程。

值得注意的是，该流程只适用于一般情况，并不是固定不变的。在实际应用中，要依据具体情况进行处理，有些项目可平行进行，有些项目可以改变顺序进行。

五、物流系统工程

系统工程是由美国贝尔电话公司于20世纪40年代首先提出和应用的。20世纪50年代，在美国的一些大型工程项目和军事装备系统的开发中，系统工程技术又充分显示了它在解决复杂大型工程问题上的效用，随后在美国的导弹研制、阿波罗登月计划中得到了迅速发展。20世纪60年代，我国在进行导弹研制的过程中也开始应用系统工程技术。20世纪末期，系统工程技术开始渗透到社会、经济、自然等各个领域，逐步分解为工程系统工程、企业系统工程、经济系统工程、区域规划系统工程、环境生态系统工程、能源系统工程、水资源系统工程、农业系统工程、人口系统工程等，成为研究复杂系统的一种行之有效的技术手段。

物流系统工程是指在物流管理中，应用系统论和系统工程技术，从物流系统的整体利益出发，把物流与信息流融为一体的应用体系，是有关物流系统活动过程的理论、技术和方法及其应用的体系。从广义上讲，物流系统工程是从物流系统的整体出发，将物流系统的各组成要素作为一个整体，运用数学基础理论、一般系统理论、耗散结构理论、协同理论、系统动力学理论等相关理论进行物流系统的分析、设计、规划、优化、管理和控制，实现物流系统总体功能的技术应用体系。从中可以看出广义的物流系统工程涉及物流系统的所有组成部分，包括各种硬件和软件方面的内容。从狭义上讲，物流系统工程主要是指基于相关理论研究物流系统，以保障支持物流系统优化运行的技术应用体系。

（一）物流系统工程的理论基础

在物流系统的研究分析中，应用和发展了应用数学、信息论、控制论以及大系统理论等学科成果。这些理论的进一步发展又为物流系统的发展打下了坚实的基础。如利用运筹学理论和方法解决物流系统中的最优方案问题；利用规划论解决物流系统中的物资运输、设施规划、计划优化等问题；利用库存论解决物流系统中的最佳订货批量、订货间隔等库存问题；利用排队论解决物流系统中的流程概率性问题，按随机过程的到达概率处理各种现象；利用决策论解决物流系统中多目标、多方案决策问题；利用控制论解决物流系统中技术装备与管理的控制问题；利用信息论解决物流系统中的规划、组织、控制、管理问题，实现信息的共同沟通与传输；利用大系统理论解决物流系统中的整体与部分、整体与环境之间的相互关系，使物流系统各个环节都处于最优状态。

一般认为，物流系统工程的理论基础至少包含以下几个方面。

1. 数学基础理论

人类所有的活动都不是完全独立的，它们以复杂的方式相互影响，所有活动的目的都是为了认识世界，在这一过程中数学的作用是巨大的，以至于柯尔认为数学是一种能澄清混淆的思考方式，是一种语言，能让我们把世界上混杂的局面翻译成可以去管理的方式。数学概念的形成，是人们对客观世界科学性认识的具体体现。数学概念的抽象、归纳，实际上为建立模型奠定了基础。数学起源于人类各式各样的实践活动，又从这些活动中抽象出许多一般的但又不是任意的、有确切内容和明确含义的概念，然后将这些概念应用到现实世界中去，把问题化归为一种形式结构，这就是本书讲的模型。模型是数学思想活的灵魂，千姿百态的模型反映了一个精彩纷呈的世界。

数学基础理论不仅是解决问题的手段，如贯穿本书用以构建各类物流系统模型的各种数学方法和技术，还是一种数学思维，或者说数学思想。所谓数学思想，是指现实世界的空间形式和数量关系反映到人们的意识之中，经过思维活动而产生的结果。数学思想是对数学事实与理论经过概括后产生的本质认识；基本数学思想则是体现或应该体现于基础数学中的具有奠基性、总结性和最广泛的数学思想，它们含有传统数学思想的精华和现代数学思想的基本特征。数学中渗透着基本数学思想，它们是基础知识的灵魂，如果能把它们落实到我们学习和应用数学的思维活动上，就能在发展我们的数学能力方面发挥出一种方法论的功能，这对于学习数学、发展能力并开发智力都是至关重要的。对于物流系统而言，总是处于社会经济生活之中，认识物流系统、把物流系统混杂的局面翻译成可以去管理的方式就需要我们不仅能使用各种数学基础理论知识，更要能用数学思想看待物流系统。

2. 一般系统理论

一般系统理论研究的是系统中整体和部分、结构和功能、系统和环境等之间的相互联系、相互作用的问题。一般系统理论这一术语有更广泛的内容，包括极广泛的研究领域，其中有三个主要的方面：①关于系统的科学，又称数学系统论，这是用精确的数学语言来描述系统，适用于一切系统的根本学说；②系统技术，又称系统工程，用系统思想和系统方法来研究工程系统、生命系统、经济系统和社会系统等复杂系统；

③系统哲学，研究一般系统理论的科学方法论的性质，并把它上升到哲学方法论的地位。

正如前面介绍的物流系统是由运输系统、储存系统、包装系统、装卸搬运系统、配送系统、流通加工系统、信息处理系统等子系统组成的复杂的大系统，因此在对物流系统进行研究时，一般系统理论是不可或缺的基本理论基础。

3. 耗散结构理论

耗散结构理论是非平衡态热力学和统计物理学中的一种学说。耗散结构理论是比利时布鲁塞尔学派领导人普里戈金1969年在一次理论物理与生物学国际会议上，针对非平衡统计物理学的发展而提出的。这一理论指出，一个远离平衡的开放系统（力学的、物理的、化学的、生物学的乃至社会的、经济的系统），通过不断地与外界交换物质和能量，在外界条件的变化达到一定程度、系统某个参量变化达到一定临界值时，通过涨落，有可能发生突变，即可能从原来的混沌无序的状态，转变到一种在时间上、空间上或功能上的有序状态，这种在远离平衡的非线性区形成的新的有序结构，普里戈金把它命名为“耗散结构”。普里戈金指出，一个系统由混沌向有序转化形成耗散结构，至少需要四个条件：①系统必须是开放系统；②系统必须远离平衡态；③系统内部各个要素之间存在非线性的相互作用；④涨落导致有序。

在耗散结构构成的第三个条件中，普里戈金明确提出了系统内部各个要素之间存在非线性的相互作用，即通过非线性的相互作用使各个要素（子系统）之间产生协同作用和相干效应才能使系统由无序变为有序。耗散结构理论实际是控制论的理论推广，控制论解决了控制系统保持稳态的条件，而耗散结构理论解决了系统从无序到有序时形成稳定的条件，耗散结构理论把系统由封闭的系统推广到一般的开放系统。物流系统作为一个非平衡的开放系统，系统内部各要素的联系是非线性的，存在有规律的波动和无规律的随机扰动。物流系统也是一个耗散结构，它的整体化、多要素、多过程的相互作用是非加法性的，要采用耗散结构理论进行分析研究。耗散结构理论是研究物流系统的重要基础理论之一。

4. 协同理论

协同理论是以耗散结构理论为基础的，也是在远离平衡态的开放系统条件下提出的。它强调在复杂的大系统内，各子系统的协同行为产生超越各要素自身的单独作用，从而形成整个系统的统一作用和联合作用。用一句话概括就是“1 + 1 > 2”。协同理论是研究和比较不同领域中多元素间协调合作效应的理论，揭示出不同系统间存在的深刻的、相似的特征，如从无序走向有序，从不稳定走向相对稳定、平衡等。在物流系统中采用协同理论研究不同子系统间的相互关系、相互影响，对我国总体物流规划和运作有更重要的意义。

5. 系统动力学理论

1956年，美国麻省理工学院教授福瑞斯特创建了系统动力学。系统动力学是一门分析研究系统中信息反馈的学科，也是认识系统问题和解决系统问题的交叉综合学科。

如果从系统方法论角度来说，系统动力学是结构的方法、功能的方法和历史的方法的统一体。它基于系统论，综合了控制论和信息论的部分内容，成为集自然科学和社会科学的横向学科。系统动力学中有如下基本概念。

（1）反馈。

系统内同一单元或同一子块，其输出与输入间的相互关系称为反馈，也就是信息的传出与回收。反馈系统包含反馈环节与其作用的系统，为闭环系统，它可以分成正反馈系统和负反馈系统。

（2）系统结构。

结构是指单元的秩序。系统结构包括组成系统的各单元和各单元间的作用与关系。系统结构就是系统构成的特征。

（3）水平变量和速率变量。

系统的反馈回路由两种性质不同的变量组成，即水平变量（或积累变量）和速率变量。前者描述了系统在特定时刻的状态，对系统控制作用的结果进行积累；后者则表示水平变量变化的快慢。

系统动力学理论是在总结运筹学理论的基础上，为适应现代社会系统管理需要而发展的。在基本观点上，不进行抽象的数学假想，不单纯追求最优解，而是以现实存在为前提，寻求改善系统行为的机会和途径；在基本技巧上，不是依据数学逻辑的推理而获得借鉴，而是依据对系统实际观测的数据，建立动态仿真模型，通过计算机模拟实验获得对系统行为的描述，达到改进和完善系统的目的。物流系统中常采用系统动力学理论研究分析系统与子系统以及不同子系统间的发展变化趋势、相互关系和相互影响。

（二）物流系统工程的内容和范围

1. 物流系统的规划与设计

对于社会物流系统，其规划与设计是指在一定区域范围内（国际或国内）物资流通设施的布点网络问题。例如，长三角经济圈、环渤海经济圈和珠三角经济圈集装箱运输枢纽规划；专项物流系统规划，针对特定运作对象进行跨区域的物流系统规划设计，如石油输送的中间油库、炼油厂、管线布点等的最优方案；供应链物流远距离大规模生产协作网的各工厂厂区、商业配送中心、区域物流中心的选择等。不同层次物流系统规划与设计的内容有所不同，而对于企业物流系统，其规划与设计的核心内容是工厂、车间内部的设计与平面布置以及设备的布局，以求物流路线系统的合理化，通过改变和调整平面布置，优化物流系统，从而达到提高整个生产系统经济效益的目的。

2. 物流设施设计

物流设施设计属于设施设计范畴。物流设施设计是物流系统工程的重要内容之一，近些年来发展很快，已经形成了一个重要的独立学科研究方向和技术体系。设施设计起源于工厂设计，应用于工业部门，故也可称为工业设施设计。它是生产系统设计的重要组成部分，是根据系统（如工厂、商店等）应完成的功能（提供产品或服务），对各项设施以及人员、投资等进行系统规划和设计。设施设计主要包括布置设计、物料搬运系统设计、建筑设计、公用工程设计和信息通信系统设计。不同层次物流系统设计往往也涉及这些内容，因此，结合物流需要进行物流设施设计，也是物流系统工程研究的主要内容。

（1）布置设计是对物流系统建筑物、机器、设备、运输通道、场地，按照物流、人流、信息流的合理需要，进行有机组合和合理配置。

（2）物料搬运系统设计是对物料搬运的路线、运量、搬运方法和设备、储存场地等做出合理安排。

（3）建筑设计是根据物流作业对建筑物和构筑物的功能和空间的需要，满足安全、经济、适用、美观的要求，进行建筑和结构设计。

（4）公用工程设计是物流系统对热力、煤气、电力照明、给水、排水、通风等公用设施进行系统、协调的设计。

（5）信息通信系统设计是供应链物流管理对信息通信的传输系统进行的全面设计。

从物流系统工程的角度来看，前两项内容是研究的重点内容。可以说物流系统分析中物流系统的规划与设计的内容和物流设施设计中的布置问题等是基本相同的，只是物流设施设计中的土建、公用工程和信息通信等，物流系统的规划与设计涉及较少，而物流系统的规划与设计中的控制、管理等问题，在物流设施设计中又不是重点内容，所以两者既相互交融，又各有特色。

3. 运输（或搬运）与仓储的控制和管理

运输（或搬运）与仓储的控制和管理是指在给定的物流布点设备布置条件下，根据物流运输搬运和储存的要求（往往是工艺要求），使用管理手段来控制物流，使生产系统以最低的成本、最快捷的速度、完好无缺的流动过程，实现物流系统规划与设计中提出的效益目标，一般包括以下几方面的研究内容：①物流节点选址，站场布局规划；②生产批量最佳化的研究；③工位储备与仓库储存的研究和在制品的管理；④搬运车辆的计划与组织方法；⑤仓库设计、仓库布局设计；⑥信息流的组织方法、信息流对物流的作用等。

4. 运输与搬运设备、容器与包装的设计和管理

运输与搬运设备、容器与包装的设计和管理是指通过改进搬运设备、改进流动器具来提高物流效益、产品质量等，如社会物流中的集装箱、罐、散料包装、搬运设备的选择与管理等。

（三）物流系统工程的技术与方法

1. 模型化技术

模型化就是通过说明物流系统结构和行为的数学方程、图像或物理形式表达物流系统实体的一种科学方法。采用模型化技术，经过恰当的抽象、加工、逻辑整理，能够把复杂的物流系统变成可以准确分析和处理的结构形式，有利于得到准确的结论。模型化技术是物流系统研究、设计、管理中广泛应用的技术，也是其他研究方法的基础。模型可分为形象模型和数学模型两大类。建立模型是系统设计的关键。物流系统工程中常用到下列几种模型。

（1）物流预测模型。

借助物流预测模型，可以为物流系统运作过程中出现的各种计划和决策提供可靠的依据，也便于调整物流系统要素，更好地发挥物流系统第三利润源泉的作用。

（2）物流节点选址模型。

选址模型就是确定所要分配的设施的数量、位置以及分配方案。就单个企业而言，物流节点的位置决定了整个物流系统及物流系统的其他层次的结构；物流系统的其他层次（库存控制、物资调运、车辆调度、线路规划等）的规划会影响选址决策。因此，选址与库存、运输成本之间存在密切联系。

（3）库存模型。

库存模型大体上可分为两类：一类是确定型模型，即模型中的数据，如需求量与提前期，皆为确定数值；另一类是随机型模型，即模型中含有随机变量，而不是确定数值。不管是哪一类模型，其主要目的是借助库存模型来优化库存控制，制定合理、科学的库存策略。

（4）运输模型。

运输模型主要描述物流决策中最优的运输工具选择（包括运输方式选择、承运人选择以及物流配载中最佳车辆的选择等）、物流运输计划编制（包括确定物流节点服务范围、协调物资调运等）、物流配送计划编制（包括车辆线路问题、车辆调度问题等）。

（5）投入产出模型。

投入产出模型最早是由美国经济学家瓦·列昂捷夫提出的，是指在对某地区进行经济分析时，先把该地区分为若干个部门。其中，投入指各部门在进行经济活动时的消耗，如原材料、设备、能源等；产出指各部门在进行经济活动时的成果，如产品。投入产出模型反映国民经济系统内各部门之间的投入与产出的依存关系的数学模型。投入产出模型由平衡表与平衡方程构成，分为价值型和实物型。

2. 最优化方法

为了使系统达到最优的目标所提出的各种求解方法，称为最优化方法。在经济管理学上就是在一定人力、物力和财力资源条件下，使经济效益（如产值、利润等）达到最大，并使投入的人力和物力达到最小的系统科学方法。常用的最优化方法有线性规划法、非线性规划法、动态规划法、极大值法等。最优化方法是在第二次世界大战前后，在军事领域中对导弹、雷达控制的研究中逐渐发展起来的。它对促进运筹学、管理科学、控制论和系统工程等新兴学科的发展起到了重要的作用。利用最优化方法解决问题一般可以分为以下几个步骤：①提出需要进行最优化的问题，开始收集有关资料和数据；②建立求解最优化问题的有关数学模型，确定变量，列出目标函数和有关约束条件；③分析模型，选择合适的最优化方法；④求解方程，一般通过编制程序在电子计算机上求得最优解；⑤最优解的验证和实施。

通过上述五个相互独立且互相渗透的步骤最终求得系统的最优解。我国数学家华罗庚在生产企业中推广最优化方法时采用优选法。推广优选法的目的是帮助工厂合理安排实验，以较少的实验次数找到合理的配方、下料和工艺条件。

物流系统中的参数大部分属于不可控因素，而且相互制约、互为条件，要想使物流系统在外界环境约束条件下，正确处理众多因素之间的关系，不采用最优化方法是难以得到满意结果的。最优化方法很多，一般采用数学模型方法处理相关问题，如库存优化策略、最短路径问题、最大流量问题、最小费用问题等。从物流系统工程的定义我们也可以看出，最优化的观念贯穿于物流系统工程的始终，是物流系统工程的指导思想和主要目标。

3. 网络技术

现代物流过程涉及方方面面，影响因素多且随机参与单位和人员成千上万。采用网络技术可以进行统筹安排、合理规划，实现生产—流通—消费之间的物流平衡。对于关系复杂、多目标的物流系统研究，网络技术也是重要的基础理论。另外，网络技术与模拟技术相结合形成的网络模拟方法也广泛应用在复杂物流系统的设计与研究中。

4. 分解协调技术

物流系统是包含多个子系统的复杂大系统。在分析研究时，采用分解协调技术，先将复杂的物流系统分解为若干相对简单的子系统，先实现各个子系统的局部优化，再根据物流系统的整体利益原则、总任务、总目标，使各个子系统相互协调与配合，以得到费用低、效率高、服务好的最优目标，实现物流系统的全局优化。除了各个子系统间要协调外，还要考虑如何处理好物流系统与外部环境的协调、适应问题，从更高的层次上把握物流系统的整体利益。

5. 模拟技术

物流系统一般比较复杂，有时难以用数学分析的方法研究其运行状态。因此，采用模拟技术可以解决常规解析方法难以解决的问题。例如，物流费用问题很难用数学分析的方法进行研究，即使能构造数学模型，但由于涉及面广，且各种因素随着时间的推移而变化，要找出最优解也是不易的，而采用模拟技术解决这个问题就比较方便。

第二节　物流系统模型

在物流系统领域，建立各种系统模型，并利用模拟技术进行物流系统优化已成为研究与实践中的一个重要方法。

一、物流系统模拟技术的应用

系统模拟是一门面向实际的具有很强应用特征的学科，是一门综合性的新技术科学。模拟技术与计算机技术密切相关。采用模拟技术对研究对象进行表征不需要非常抽象，同时模拟模型可以灵活地调整系统内部各个环节的结构以及它们之间的关系。这些非常适合物流系统多变的特性。用模拟技术来构建模型，可以全面分析供应链，随着计算机技术的发展，这种分析手段可以更加深入。考虑随机性，包括供应链结构的随机性与订货和供应的随机性，还可以考虑系统的动态需求。同时，使用模拟技术对物流系统进行研究，可以定性与定量相结合、微观研究与宏观研究相结合。在物流系统研究中，模拟技术的应用主要有以下几个方面。

1. 物流系统规划与设计

在没有实际系统的情况下，把系统规划转换成模拟模型，通过运行模型，评价规划方案的优劣并修改方案，是系统模拟经常用到的。这可以在系统建成之前，对不合理的设计和投资进行修正，避免资金、人力和时间的浪费。例如，一个复杂的物流系统由自动化仓库、AGV（自动导引车）、缓冲站等组成。系统设计面临的问题经常是：如何确定自动化仓库的货位数；如何确定 AGV 的速度和数量；如何确定缓冲站的个数；如何确定堆垛机的装载能力（运行速度和数量），以及如何规划物流设备的布局；如何设计 AGV 的运送路线等。生产能力、生产效率和系统投资常常都是设计的重要指标，而它们又是相互矛盾的，需要选择技术性与经济性的最优结合点。动态运行模型，能够准确地反映未来物流系统在有选择地改变各种参数时的运行效果，从而使设计者对方案的实际效果更加胸有成竹。

2. 物料库存控制

生产加工的各个工序，其加工节奏一般是不协调的。物料供应部门与生产加工部门的供求关系存在矛盾。为确保物料及时准确地供应，最有效的办法是在供应链上设置仓库，在各个物流作业间设置缓冲区来协调物流节奏。通过对物流库存状态的模拟，可以动态地模拟入库、出库，根据加工需要，正确地掌握入库、出库的时机和数量。

3. 物料运输调度

复杂的物流系统经常包含若干运输车辆、多种运输路线。合理地调度运输车辆、规划运输路线、保障运输线路的通畅和高效等不是一件轻而易举的事。调度策略存在多种可能性。如何评价各种策略的合理性呢？怎样才能选择一种最优的调度策略呢？策略制定者如果只是说“假如……就会……所以……”是不足以服人的。因为这种假设往往不止一个，要针对所有的假设找到最好的解决办法。例如，在一条供应链上，几个下游需求商同时提出需求，应该先满足哪一个需求商呢？如果按照装配顺序先给前面的需求商送货，似乎是合理的，但是这样一来，如果造成重要客户的库存危机，影响其正常的生产加工，也可能是不合理的。又例如，在调度运输车辆时，经常要考虑调动哪一辆最合理，这时是对每一个申请进行判断，选择最近的车辆，还是照顾到一个时间段可能出现的申请，以平均运输路线最短为目标调度呢？运输调度是物流系统中最复杂、动态变化最大的环节，很难用解析法描述其全过程。

系统模拟是比较有效的方法。建立运输系统模型，动态运行此模型，再用动画将运行状况、线路堵塞情况、物料供应情况等生动地呈现出来。模拟结果还提供各种数据，包括车辆运行时间、利用率等。通过对运输调度过程的模拟，调度人员对所执行的调度策略进行检验和评价，就可以获得较合理的调度策略。

4. 物流成本估算

物流过程是非常复杂的动态过程。物流成本包括运输成本、库存成本、装卸成本等，成本的估算与所花费的时间直接有关。物流系统模拟是对物流整个过程的模拟。每一个物流过程操作的时间，通过模拟被记录下来。因此，人们可以通过模拟，统计物流时间的花费，进而计算物流成本。这种计算物流成本的方法，比用其他数学方法计算更简便、更直观。而且，同时可以建立物流成本与物流系统规划与设计、物流成本与物料库存控制、物流成本与物料运输调度之间的联系，从而用物流成本估算结果（或说用经济指标）来评价物流系统的各种策略和方案，保证系统的经济性。

二、物流系统模型的概念与特点

1. 物流系统模型的概念

物流系统模型是对物流系统特征要素、有关信息和变化规律的一种抽象表达，描述了系统各要素之间的相互关系、系统与环境之间的相互作用，以反映系统的某些本质特征。

我们建立物流系统模型的目的在于解决物流系统实际运作中的某些问题，使用模型的意义在于通过物流系统模型代替客观系统做实验。在解决实际物流系统运作过程中出现的问题时，很难也不可能都通过对实际系统进行实验来解决，通过物流系统模型来进行替代研究，可以降低这种难度。客观实体系统很难做实验，则可利用模型代替；对象问题虽然可以做实验，但是利用模型更便于理解；模型易于操作，利用模型的参数变化来了解现实问题的本质和规律更经济方便。因此，在物流系统分析中，物流系统模型被广泛地应用。

2. 物流系统模型的特点

（1）物流系统模型的特点。物流系统模型具有如下三个特点。①实体的抽象或模仿。物流系统模型是对实际物流系统要素的抽象和模仿。②由与分析问题有关的因素组成。物流系统模型与其系统组成要素密切相关，抽象后的要素必须能构成物流系统模型。③用来表明这些要素间的关系。物流系统模型不是抽象后的要素的简单罗列，而是抽象后的要素的关系的反映。

（2）物流系统模型的主要参数。在物流系统模型中，主要参数如下。①周期数。物流系统的决策与运行都是离散的，假设其订货或者业务处理是遵循一定的节奏和周期，因此物流过程在时间上可以使用周期数来表示。②库存量。库存是物流系统的重要环节，是保证物流系统不同环节耦合的重要部分，每一个时刻的库存量是物流系统的重要参数。③初始库存。在一个物流系统的运作初期，每一个仓库需要有一定的初始库存，用以防止在系统运作初期的需求波动。④库存价格。单位产品单位时间所需要耗费的库存费用。⑤库存成本。一个仓库里的库存对象在一个周期中发生的库存费用。库存成本是物流系统运作发生的总成本的重要组成部分，压缩库存成本是物流管理的重要工作。⑥进出货量。一个时刻进出某个物流环节的货物数量。⑦延迟时间。包括决策延迟时间与运输延迟时间，在物流系统模型中，运输环节抽象为时间和费用两个因素，因此延迟时间用运输延迟时间和运输成本来表示。⑧运输价格。单位产品通过某一个运输环节所需要的运输费用。⑨运输成本。一个运输环节的运输对象在一个周期中发生的运输费用。⑩总成本。物流系统运作发生的总成本，由库存成本、运输成本等组成。当然，由于物流系统的研究目的与优化目标不同，对不同环节模拟需求也不一样，其主要参数当然也不同，上述十个参数只针对运输与仓储等子系统的模拟而言。在具体的物流系统模型中，还有其他参数，具体应用时根据实际需求加以增减。

三、物流系统模型化

物流系统模型化就是将系统中各个组成部分的特征及变化规律数量化、组成部分之间的关系解析化。为了实现物流系统合理化，需要在物流系统的规划与运行过程中不断进行科学的决策。由于物流系统结构与行为过程的复杂性，只有综合运用定性、半定量与定量分析方法，才能建立恰当的物流系统模型，进而求得最佳的决策结果。因此，物流系统模型化是物流合理化的重要前提。物流系统模型化的意义主要体现在以下几个方面。

（1）由于物流系统中物流过程的实现非常复杂，难以或根本无法用常规的方法做实验，而模型化则提供了一种科学的方法，通过建立易于操作的模型，帮助人们对物流过程有深刻的认识。

（2）将需要解决的系统问题，通过系统分析明确其内部系统特征和形式，针对系统的规律和目标，用数学的分析原理，从整体上说明系统之间的结构关系和动态情况。

（3）模型化能把非常复杂的物流系统的内部关系和外部关系，经过恰当的抽象加工、逻辑整理，变成可以进行准确分析和处理的结构形式，从而能得到需要给出的结论。采用模型化技术可以大大简化现实物流系统或新的物流系统的分析过程。物流系统模型化还提供了计算机协同操作的连接条件，为计算机辅助物流系统的建立做了理论准备，从而可加速系统分析过程，提高系统分析的有效性。

四、物流系统的常用模型

常见的物流系统模型的类型有以下几种。

1. 资源分配型

任何一个生产经营系统，允许使用的资金、原材料、运输工具、台时、工时等都是有限的，环境对生产经营系统也有一定约束，所以企业是在这些限制条件下进行生产的。如何合理安排和分配有限的人力、物力、财力，充分发挥其作用，使目标函数达到最优，这就是资源分配型。通常可以利用的模型有线性规划模型、动态规划模型和目标规划模型。

2. 存储型

为了使生产经营系统得以正常运转，一定量的资源储备是必要的。在保证生产过程顺利进行的前提下，如何合理确定各种所需物资存储数量，使资源采购费用、存储费用和因缺乏资源影响生产所造成的损失的总和最小，这就是存储型。通常可以利用的模型有库存模型和动态规划模型。

3. 输送型

在一定的输送条件下，如何使输送量最大、输送费用最省、输送距离最短，这就是输送型。图论、网络理论、规划理论为解决这类问题提供了有用模型。

4. 等待服务型

由要求服务的顾客和为顾客服务的机构所构成的等待系统中，如何最优地解决“顾客”和“机构”之间的一系列问题，了解顾客到来的规律，确定顾客等待的时间，寻求使顾客等待的时间最少而机构设置费用最省的优化方案，这就是等待服务型。通常可以利用的模型有排队模型。

5. 指派型

任务的分配、生产的安排以及加工顺序问题是企业中常见的问题，如何以最少费用或最少时间完成全部任务，这就是指派型，数学上称为指派问题和排序问题。通常可以利用的模型有整数规划模型和动态规划模型。

6. 决策型

在物流系统设计和运行管理中，由于决定技术经济问题的因素越来越复杂而又不明确，解决生产技术问题的途径和措施又多样化，因此需要有许多行之有效的决策技术来支持。从各种有利有弊且带风险的替代方案中，对经营管理中的一些重大问题做出及时而正确的抉择，找出所需的最优方案，这就是决策型。决策论为解决这类问题提供了可以利用的模型。

7. 其他模型

物流系统中的问题是很复杂的，可以利用的数学模型很多，除以上介绍的模型以外，还有解释预测型模型、投入产出型模型、布局选址型模型等。系统总体的优化问题往往是一个综合性的复杂问题：从空间上来说，它涉及社会、政治、经济、科学技术、经营管理等一系列问题；从时间上来说，在系统全过程的各阶段都会出现优化问题，因此物流系统的过程模型是非常复杂的，数学模型的形式和参变量也各不相同。

第三节　物流系统建模的步骤

一、物流系统模型构建的原则

为了对物流系统进行研究和模拟，首先需要了解问题的实际背景，同时明确研究题目的要求，在此基础上收集各种各样的必要信息和相关数据，做好充分的准备工作。物流系统模型构建的目的是直观科学地反映物流作用与过程，以及不同物流策略对系统的影响差异。为了使物流系统模型可以较好地反映和解决各种各样的物流管理和决策问题，通过对物流现状的总结，针对我国当前物流的特点，在进行物流系统建模的过程中应该注意以下几点。

1. 系统化

虽然系统化是一种潮流和趋势，但是目前我国的物流系统还处于系统化的初期，在这个发展阶段，需要正确的系统化的思想的指导，需要系统化的方法的辅助，就像一个萌芽阶段的孩子，打好良好的基础是保持其成才的基石。同时在这个阶段，也正是我们进行物流系统化研究的契机。虽然说这个阶段我们对于物流系统的认识不够深入，但是在发展初期，系统相对来说比较简单，这使得研究的变量和阶数不高，与此同时，系统在这个阶段会不断出现新问题，通过不断解决这些问题，我们对物流系统的研究会逐步深入，这有助于物流系统的构建和改进。

2. 简单化

由于我国物流业发展正处于新的发展期，同时很多方面落后于发达国家，在这种情况下，要想一蹴而就赶超发达国家或者一步到位实现物流现代化的目标是非常困难的，这种急功近利的思想不利于物流研究和物流实践的良性发展，这一点可以从我们的历史教训中得到证明。基于这一点，物流研究可以从浅入手，从简单入手，降低门槛，可以利用各种方式方法对物流的不同环节以至于物流系统进行研究。

3. 层次化

层次化物流研究是一种包罗很多人员、设备、环节和操作的过程，因此对于物流的全面研究有必要尝试不同的研究突破点，在开阔视野的同时，注意构造好研究的层次，只有这样，才可以超越复杂烦琐的工作，理出思路和找出解决问题的方法。更重要的是，在这种情况下，更好的层次化驱使我们对物流流程的深入了解，加强我们对物流环节之间关系的认识，同时就像泰勒提出的专业分工一样，可以降低作业难度，提高效率，找到不同环节之间合作的切入点。

4. 规范化

目前我国物流行业的不同企业，或者物流行业的不同环节发展参差不齐，规范的使用程度和正在使用或将要使用的规范都不尽相同，甚至有些相关的规范还没有出台。同时物流本身就是一个比较烦琐、牵扯领域和跨越专业比较多的行业，单纯采用一种方法难以满足物流市场的需求，如果使用多种方法的同时又要解决很多问题，就必须对现实情况进行有意识的加工和处理，使得模型规范化，这也有利于模型的抽象化，有利于模型在实际问题中的应用。因此对于行业之间、区域之间的差距，物流系统模型可以首先对基本的、主要的因素进行研究，然后进一步为以后的物流研究打好基础。

二、物流系统建模需要注意的问题

物流系统建模需要注意以下问题。

1. 保持足够的精度

模型应该反映物流系统中本质的因素，去掉那些非本质的因素，但又不能影响其反映物流系统的真实程度。

2. 简单实用

模型既要精确，又要力求简单。如果模型过于复杂，一则难以推广，二则求解费用高。

3. 尽量借鉴标准形式

在模拟某些实际对象时，如有可能，应该尽量借鉴一些标准形式的模型，这样可以利用现有的数学方法解决问题。

三、物流系统模型的性质

物流系统模型一般具有以下性质。

（1）准确性。模型必须反映现实系统的本质规律。一旦模型确定，就要根据模型中所包含的各种变量和数据公式、图表，求解模型、研究模型，因此数据必须可靠，公式和图表必须正确，有科学根据，合乎科学规律和经济规律。

（2）可靠性。模型必须能反映事物的本质，且有一定的精确度。

（3）简明性。模型的表达方式应明确、简单，抓住本质。

（4）实用性。模型必须能方便用户，具有实用性，因此要努力使模型标准化、规范化，要尽量采用已有的模型。

（5）反馈性。建模时要注意灵敏度问题，即留心哪些参数或变量的改变对模型影响特别敏感。开始建模时，参数和变量不宜太多，以后逐步加入有关细节，最后达到一定的精确度。

四、物流系统建模的步骤

不同条件下的建模方法虽然不同，但是建模的全过程始终离不开了解实际系统、掌握真实情况、抓住主要因素、弄清变量关系、构造模型、反馈使用效果、不断改进以逐步向实际逼近。因此，建立模型的步骤可以归纳为以下几步。

1. 弄清问题，掌握真实情况

通过观测，清晰准确地了解系统的规模、目的和范围以及判定准则，确定输出变量（决策变量）、输入变量（影响因素）及其表达形式。

2. 收集整理资料

收集真实可靠的资料并全面掌握资料，对资料进行分类，概括出本质内涵，分清主次变量，整理出已研究过或成熟的经验知识或实例，挑选后作为基本资料，供新模型选择和借鉴，将本质因素的数量关系，尽可能地用数学语言来表达。在这一步要注意确保资料的正确性和有效性。

3. 确定本质因素之间的关系

确定本质因素之间的相互关系，列出必要的表格，绘制图形和曲线等。在存在因素很多的情况下就要根据物流系统研究的目的，对其进行取舍，这往往需要建模人员具有丰富的经验。除了确定本质因素之间的相互关系，另外还要分析本质因素的变动对物流系统目标实现的影响。

4. 构造模型

在充分掌握资料的基础上，根据系统的特征和服务对象，构造一个能代表所研究系统的数量变换的数学模型。这个模型可能是初步的、简单的，但必须能对观测结果进行合理的解释，尽管这种解释是受某些假设条件约束的。

5. 求解模型

通过数学演算或逻辑推理，利用解析法或数值法按所建立的物流系统模型预测实际系统的运动状态，即求解模型最优解或可行解。对于较复杂的模型，有时须绘制框图和编制计算机程序来求解。

6. 检验模型的正确性

检验模型的正确性一般通过实验来进行。验证模型是否在一定精度内正确地反映所研究的问题，必要时要进行修正和反复订正。如果模型不能在一定精度的约束下反映原物流系统的问题，则要求找出原因，并根据原因对模型的结构进行调整或增减一些变量，改变变量性质或变量间的关系以及约束条件等，使模型进一步符合实际，在满足可信度范围内可解、易解的要求后投入使用。

对模型的要求是：首先应该能反映原系统在某一个方面的基本属性，要抓住主要因素；其次要求模型比较简洁，对于无关大局的次要因素要适当处置，使模型易于被人理解，易于分析计算；最后要求模型与其他模型易于衔接，模型的详尽程度与数据来源、数据精度能够匹配。

第四节　物流系统建模技术与方法

一、物流系统建模方法

建立一个合适的系统模型既需要综合运用各种科学知识，还需要充分发挥人的创造性，针对不同系统对象，建立新模型、巧妙利用已有的模型或改造已有的模型。因此，物流系统模型的建立也是一门艺术。这里提供几种物流系统模型建立的方法。

1. 最优化方法

最优化是物流系统建模的重要内容之一。所谓最优化，就是在一定的约束条件下，求出使目标函数最大（或最小）的解。求解最优化问题的方法称为最优化方法。一般来说，利用最优化方法所研究的问题是对众多方案进行研究并从中选择一个最优的方案的问题。系统最优化离不开系统模型化，先有系统模型化而后才有系统最优化。最优化方法可以运用线性规划、整数规划、非线性规划等数学规划技术来描述物流系统的数量关系，以便求得最优决策。由于物流系统庞大而复杂，建立整个系统的优化模型一般比较困难，而且用计算机求解大型优化问题的时间和费用太大，因此优化模型常用于物流系统的局部优化，并结合其他方法求得物流系统的次优解。

2. 仿真方法

系统模型是由实体系统经过变换而得到的一个映象，是对系统的描述、模仿或抽象。模型化就是用说明系统结构和行为的、适当的数学方程、图像以及物理的形式来表达实体系统的一种科学方法。模型表现了实际系统的各组成因素及其相互间的因果关系，反映实际系统的特征，但它高于实际系统而且具有同类系统的共性，有助于解决被抽象的实际系统。物流系统仿真的目标在于建立一个既能满足用户要求的服务质量，又能使物流费用最小的物流系统。仿真方法是利用数学公式、逻辑表达式、表、坐标等抽象概念来表示实际物流系统的内部状态和输入、输出关系，以便通过计算机对模型进行实验，通过实验取得改善物流系统或设计新的物流系统所需要的信息。虽然仿真方法在模拟构造、程序调试、数据整理等方面的工作量大，物流系统结构复杂，不确定情形多，但在描述和求解问题方面有独特的优势，是物流系统建模的主要方法。其中最重要的是如何能使物流费用最小。在进行仿真时，首先分析影响物流费用的各项参数，如与工厂的数量、规模和布局有关的运输费用和发送费用等。由于大型管理系统中包含人的因素，用数学模型来表现他们的判断和行为是困难的。但是，人们在积极研究和探索包含人的因素在内的反映宏观模糊性的数学模型。

目前，社会上开展了大量数量经济研究，预计在社会经济研究中，数学模型和计算机仿真将会得到越来越广泛的应用，这是对传统的凭主观经验进行管理的有力挑战。

3. 启发式方法

启发式方法是针对最优化方法的不足，运用一些经验法则来降低最优化模型的数学精确程度，并通过模仿人的跟踪校正过程求取物流系统的满意解。启发式方法能同时满足详细描绘和求解问题的需要，比最优化方法更为实用；其缺点是难以知道什么时候好的启发式解已经被求得。因此，只有当最优化方法和仿真方法不必要或不实用时，才使用启发式方法。

4. 计划评审法

计划评审法是以工作之间的逻辑关系和所需的时间为基础的“网络图”来反映整个物流系统运作的全过程，并指出影响全局的关键所在，从而对整体系统做出比较切实可行的全面规划和安排。利用网络模型来模拟物流系统的全过程以实现其时间效用和空间效用是最理想的。通过网络分析可以明确物流系统各子系统之间以及物流系统与周围环境的关联，便于加强横向经济联系。利用计划评审法设计的物流系统，可用于研究物资由始发点通过多渠道送往终点的运输网络优化，以及物料搬运最短路径的确定。

5. 预测方法

预测是指根据历史的、现在的及部分未来的信息，推算未来状况的过程。预测对物流系统的规划与设计、管理与经营来讲，是十分重要的。在规划与设计时，要预测需求的发展与变化规律，以决定设施、设备等供应的模式；在管理与经营时，要预测市场的变化规律，制定正确的经营管理方案。随着现代科学技术的发展，人们掌握未来的手段与技术越来越多，预测未来的方法也越来越多，特别是计算机技术的应用、现代数学的发展以及学科的交叉与渗透，使得预测技术更加准确、可靠。在定性分析方面，常见的方法有德尔菲法、模糊评判法、主观概率法、历史类比法等。在定量分析方面，常见的方法有时间序列分析增长系数法、相关（影响）系数法、因果分析法、数学规划法等。

除了上面几种主要方法，还有其他的物流系统建模方法，如加权函数法、功效系统法及模糊数学方法。

这里我们仅提供几种常用的物流系统模型建立的方法。表 1－1 列出了各种具体的决策问题所适用的物流系统建模的方法。在实际操作中可以根据具体情况结合多种方法进行建模，以确保所建模型最大限度地接近现实。

表 1－1　　具体的决策问题所适用的物流系统建模的方法

	最优化方法	启发式方法	仿真方法	其他
系统效益水平			√	
系统布局与资源配置	√	√	√	
供货商、客户、储运商选择			√	
库存策略		√		
运输车辆及路径选择		√		
运输计划	√			
生产计划	√			
采购系统	√			
系统预测			√	√
系统评价			√	√

6. 非形式化建模技术与方法

近些年，随着计算机技术的不断发展，人们越来越希望借助计算机技术对系统进行分析。一些图形法就是通过人们易于接受并理解的图形对系统进行建模，然后转化成计算机语言，通过程序对系统进行分析。非形式化建模方法是指采用图形符号或语言描述等较贴近人们思维习惯的方式对系统进行描述和分析，这种分析主要借助计算机程序实现。

（1）活动循环图法。

活动循环图又称 ACD 图，它认为系统中的每一种实体都按各自的方式循环地发生变化，而在这一循环中只有两种状态，即静止状态和活动状态。这两种状态交替地出现，以图形方式，直观地显示系统，有利于理解和分析系统。但对于较复杂的系统，活动循环图十分繁杂。由于它是形式化的，因此没有完整的状态转换方程等数学描述，只能通过程序设计，分析系统的情况。

（2）流程图法。

流程图法一直是计算机程序设计时所用的方法，它通过信息的传递和转移来描述系统。这种方法主要是用来做程序设计，对系统的状态缺乏直接的描述。

（3）面向对象技术。

面向对象技术最初是由一组面向对象程序设计概念发展起来的。这种概念对面向对象分析（Object - Oriented - Analyze）和面向对象设计（Object - Oriented - Design）非常有用。面向对象技术的分解、抽象、递阶等特性非常适用于复杂问题的求解。

面向对象技术可以使对现实世界的描述更接近实际。传统的面向过程的系统主要是由一些算法构成，对每一种算法的输入输出关系是确定的，类似控制理论中的代数系统，这种描述与实际系统有较大的差距；而面向对象技术则将系统的属性映射为一组数据结构，将系统与外界的交互映射为一组操作，系统外部对系统状态的访问必须经过操作进行，类似于控制理论中的动力学系统，这种描述更接近客观实际，更有利于进行系统集成。

面向对象技术中的继承、聚集等机制可对系统进行简化、分解，有助于对复杂系统进行描述。继承主要用于系统层次或纵向功能的划分；聚集主要用于系统同层或横向的分解。面向对象技术对人机界面的设计具有设备无关性、风格一致性、界面可剪裁性等特点。

7. 形式化建模方法

形式化建模方法是指采用大量的数学工具通过状态方程对系统进行描述和分析，像排队网络法、极大代数法、扰动分析法等。

（1）排队网络法。

Solberg（1977）将排队网络理论用于离散事件动态系统的建模。其模型假定服务台具有指数型服务时间分布，工件都是同一类型。利用排队网络法建立的模型，可以分析系统生产率、平均加工时间、工位利用率等。

利用排队网络法建立的模型没有考虑系统的实际布局，加工时间分布都是标准分布，也没有考虑托盘与缓冲站存在某种确定关系，因此只适应于对系统的定性分析。

（2）极大代数法。

极大代数法是由 G. Cohen（1985）等人提出的，以极大代数为工具，将生产系统视为确定性系统，根据系统的运行关系建立起一系列事件发生时间的状态方程，分析其特征值，得出加工设备、运输设备的工作周期、利用率等指标。当系统规模增大时，这种模型方程的维数也增大，对于复杂系统的应用来说，受到限制。

（3）扰动分析法。

扰动分析法最初是由哈佛大学 Y. C. Ho 提出并发展起来的，它兼容了模拟法与理论分析法的长处，其核心为研究系统参数的变化对系统性能指标的影响，以此对系统进行优化。

从上述三种建模方法可以看出一个共性的问题，即都是对系统的动态过程建立严格的动态方程。在现实中，大量的实际系统无法用严格的数学方程来描述，因此其实用性受到限制。同时这些动态方程的建立，都需要大量的数学知识，其抽象的表述也不符合人们的思维方式，因此这些建模方法也不宜推广使用。相比较而言，对于上述那些抽象的表述及分析，Petri 网法向前迈出了一步。由于其对系统动态特性进行较好的描述，尤其是对并发现象的描述，同时其图形的表示易于人们理解和接受，因此 Petri 网法已经成为目前离散事件动态系统建模中最活跃的建模方法之一。

二、Petri 网法

Carl Adam Petri（1962）在他的博士学位论文“*Kommunikation mit Automaten*”（自动化通信）中，提出了 Petri 网模型。他阐述了一台计算机中的两个异步分支间的通信理论的基础，对事件之间的因果关系进行了描述。他的论文成了 Petri 网理论发展的奠基石。

Petri 网模型特别适用于模拟系统中含有相互作用的并行分支的系统。由于 Petri 网对带有并发性、异步性、分布式、非确定性、并行性的系统进行了有力描述，所以其已成为目前最有前途的建模工具。近些年，Petri 网技术已获得极大发展。各种各样的网系统已经被开发出来，像条件/事件网系统、库所/变迁网系统、有色网系统等。这些网系统的开发极大地扩展了对复杂系统的建模能力。条件/事件网系统由条件和事件组成，条件由圆圈代表，事件由方框代表，如图 1－4 所示。

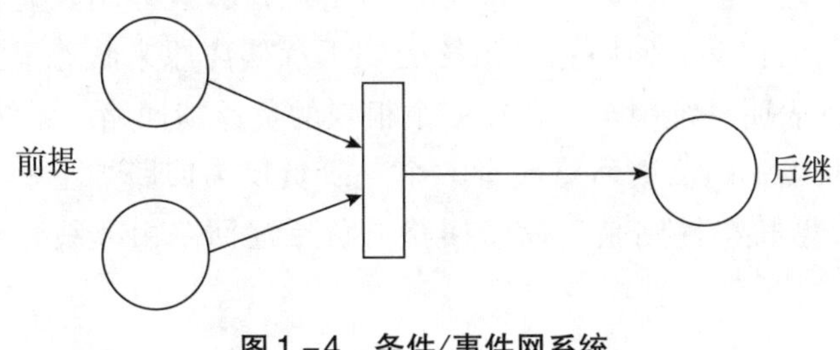

图 1－4 条件/事件网系统

三、系统动力学建模技术

系统动力学始创于 1956 年，其创始人为美国麻省理工学院福瑞斯特教授。它是一门分析研究信息反馈系统的学科，是一门认识与解决系统问题和沟通自然科学与社会科学的边缘学科，是系统科学中的一个分支。

系统动力学从诞生开始就有其独立的发展体系，有其自身的理论体系与科学方法。早在20世纪50年代初，福瑞斯特就对经济与工业组织系统进行了深入的研究，分析研究了这些系统的性质和特点，从而得出了有关系统的信息反馈、基本组成等重要观点。

系统动力学是一门基于系统论，吸取反馈理论与信息论的精髓，并借助计算机模拟技术的交叉新学科。系统动力学能定性与定量地分析研究系统，它采用模拟技术，以结构—功能模拟为其突出特点。不同于功能模拟（也称黑箱模拟）法，它是从系统的微观结构入手建模，构造系统的基本结构，进而模拟与分析系统的动态行为。这样的模拟适合研究复杂系统随时间变化的问题。

系统动力学认为系统是结构与功能的统一体。按系统动力学的观点，系统结构的含义包括两个方面：一是指组成部分的子结构及其相互间的关系；二是指系统内部的反馈回路结构及其相互作用。系统的结构与功能分别表示系统的构成与行为的特征。结构与功能有对立统一的关系，在一定条件下两者可以相互转化。因此，分析研究一个系统时必须同时考虑系统的结构与功能，通过反复交叉地考察系统的结构与功能，才可能建立起在结构与功能两方面都较好地反映实际系统的模型。也就是说，建模人员必须与有关人员、专家紧密结合，深入洞察实际系统组成部分之间、总体与局部之间与系统内外之间的种种联系，把系统的行为模式与其内部的反馈回路结构联系起来，通过分析、比较、鉴别，获得对系统的正确认识，并把它们反映到模型的结构中去。这样一种从系统的微观结构入手进行建模的过程也就是剖析系统的结构与功能的对立统一的过程。

在系统动力学的建模过程中，人们将更充分地了解系统的结构与功能的相互关系。由于系统动力学从系统的微观结构入手建立系统的模型，因此为研究系统结构与功能的关系提供了科学的方法。系统动力学模型的基本结构为反馈回路。反馈回路又可分为正反馈回路与负反馈回路，一个系统可能由这两种类型的反馈回路构成或以某种方式组合的反馈回路构成。例如，当系统行为出现指数规律增长趋势时，是因为系统中有起主导作用的正反馈回路；当系统受到干扰偏离原来状态又能自动返回并趋向起始状态时，则表明系统中至少存在一个很强的负反馈回路。系统发生振荡行为，表明系统存在二阶以上的反馈回路或者一个一阶负反馈回路加上一个一阶以上的延时环节。“S形”增长特性则是正反馈回路与负反馈回路由非线性环节相联结而产生的。

四、Agent 技术

1. Agent 与多 Agent 系统

Agent 作为分布式人工智能概念模型，具有自己的行为、目标和知识，是在一定环境下自主运行的实体，具有主动性、独立性、智能性、反应性、交互性等特点，多个 Agent 通过协同机制构成多 Agent 系统（Multi－Agent System，MAS）。MAS 运作是在对系统中的各个 Agent 的目标、资源和知识等进行合理安排的基础上，由这些 Agent 通过相互协同和协作，并各自独立地运行，在实现各自目标的基础上完成 MAS 的总体目标，与现实的供应链运作具有相似的特征。因此，基于 Agent 的物流系统模拟具有一定的优越性。

2. Agent 的特征

（1）自治。Agent 是一个自治的计算实体，它可以通过感应器（物理的或软件的）来感知环境，并通过效应器作用于环境。它是计算实体是指它以程序的形式物理地存在并运行于某种计算设备上；它是自治的是指它在一定程度上可以控制自己的行为，并可在没有人或其他系统的干预下采取某种行动。为了满足系统的设计目标，Agent 将追求相应的子目标并执行相应的任务，通常这些子目标和任务可能是互为补充的，也可能是相互冲突的。

（2）智能。Agent 是智能的，并不是指它是全智能的，也不是说它永远不会失败，而是说 Agent 在变化的环境中灵活而有理性地运作，具有感知和效应的能力。在这一点上应与纯粹的人工智能方面的研究有所区别。

（3）交互。交互是指 Agent 可以被其他的为追求自己的子目标而执行相应任务的 Agent（或人）所影响。交互可以通过它们之间共享的环境或共享的语言来实现。在合作的情况下，多个 Agent 通过交互，以团队的方式一起工作来共同完成系统的目标；在冲突的情况下，Agent 之间要通过交流来化解冲突，最终实现系统的目标。通常，Agent 之间既有合作也有冲突，交互是 MAS 所必需的。

3. 基于 Agent 的建模思想

Agent 技术的发展和应用有两个基本的推动力。一是无论在现在还是将来的计算机科学及应用领域中，由 Agent 组成的 MAS 有能力扮演重要的角色。因为现在的计算平台和信息环境都是分布的、开放的和异构的，计算机不再是一个独立的系统，而是越来越与其他计算机及其用户紧密地联系在一起。计算机和信息系统日益增长的复杂性是与它们的应用日益复杂相一致的。而这些通常超出了常规的、集中式计算的层次，因为它们要处理分布在不同地域的海量数据。为了处理这样的应用，计算机必须以一个“个体”或 Agent 的方式工作，而不是作为系统的零件。二是在建立和分析人类社会中的交互模型和理论方面，MAS 也可以扮演重要的角色。人们以各种方式在各个层次上进行交互。例如，人们互相观察对方并建立对方的模型，他们需要信息或为对方提供信息，他们谈判或讨论，他们探测并解决冲突，同时他们组织或瓦解某一组织结构（如团队、委员会等）等。

基于 Agent 的建模思想也正是来源于以上两个基本的推动力。人们将 Agent 作为系统的基本抽象单位，必要的时候可赋予 Agent 一定的智能，然后在多个 Agent 之间设置具体的交互方式，从而得到相应系统的模型。这样，智能和交互便是基于 Agent 的建模思想中最基本也是最重要的内容。在上述的基本思想的指导下，就形成了所谓的基于 Agent 的建模方法。简单来说，基于 Agent 的建模方法是一种由底向上的建模方法，它把 Agent 作为系统的基本抽象单位，采用相关的 Agent 技术先建立组成系统的每个个体的 Agent 模型（大多数时候它是比较简单的），然后采用合适的 MAS 体系结构来组装这些个体Agent，最终建立整个系统的系统模型。由于 Agent 是一种计算实体，所以最终模型就是该系统的程序模型，这极大地方便了研究人员对系统进行仿真研究和开发人员进行应用开发（从分析到设计再到实现可平滑过渡）。由于可以将 Agent 看成是主动对象，基于 Agent 的建模技术完全可以从面向对象技术中继承并发展。

4. Agent 技术在物流供应链系统建模中的应用

首先给各个智能代理分别赋予企业运作的各种知识，如多种市场预测方法、订货策略、仓库管理等，使其运作时具有现实企业部门的运作特性，然后多个智能代理通过协作来仿真企业的多个部门或由多个企业构成的供应链，能有效展示某种产品或几种产品的生产系统供应链的运作过程和特性，这对研究供应链运作特性和供应链的设计与优化具有重要意义。

多 Agent 系统是由多个 Agent 基于一定协调机制组成的自组织系统。在多 Agent 理论方面，BDI（Belief－Desire－Intention）理论被认为是 MAS 的理论基础之一。它从哲学的角度对人的行为意图进行了深入的研究，认为只有保持信念（Belief）、愿望（Desire）和意图（Intention）的理性平衡，才能有效地解决问题。MAS 体系结构目前大致可分为三类：审思式体系结构、反应式体系结构和混合式体系结构。根据自组织的原理，简单个体按照一定的体系组织起来，通过交互协调，可以产生复杂的整体行为。当问题变得复杂，一个 Agent 无法解决时，就需要多 Agent 系统。物流与供应链系统是一个复杂的系统，其中一个任务在某人看来是原子过程（不可分割），但是其他人未必认同。例如客户发出购买订单，他认为货物来自一个原子过程，但在制造商看来这是一个复杂的可以分得非常细的制造过程。对应 MAS，Agent 的自主性和系统的协调机制使得多 Agent 系统在描述供应链这一复杂系统方面具有独特的优势。

第二章　物流需求预测模型与应用

预测可以推动物流信息系统的计划和协调。预测是对生产、装运或销售等方面有可能产生的流量或单位数的一种预示或估计。预测可以具体到某种单位或某种货币，也可以具体到个别产品、客户，或是若干个产品和客户的集合。物流预测通常是每周或每月对从配送中心装运的某一产品进行的一种预计。预测也可能要对几个时期的资料进行汇总，做出分析和报告。

协调物流设施生产能力需要精确的预测。这类预测和由此产生的计划可以使物流经营管理者积极分配资源，而不需要付出昂贵的代价对库存需求做出反应。精确的预测可以使管理者平衡资源需求，以期最大限度地降低库存水平。预测可以通过交换信息、协调信息，来提高物流效率。此外，通过物流需求预测可以确定产品是如何向配送中心和仓库进行分配的，发展到一定程度时，还应包括向零售商分配。要实现物流系统的最优化，就需要通过科学预测来指导并推动所有的物流活动。

第一节　预测概述

一、预测的定义

预测是对研究对象的未来状态进行预计和推测。预测是一个活动过程，其狭义的定义为：预测人员根据历史资料和新情报，运用适当的方法和技巧，对研究对象的未来状态进行科学的分析、估算和推断，并对预测结果进行验证、评价和应用的活动过程。广义的预测的含义不仅包括对研究对象的未来状态进行预计和推测，还包括对已发生或存在的事物的未知状态进行估计或推断。因此，广义的预测的定义可以表述为：对尚未发生或目前还不明确的事物进行预先的估计、推测的活动过程。在本章节中，我们主要还是针对狭义的预测进行研究。

在调查研究的基础上对事物的未来进行科学的分析，研究其发展变化的规律性叫作预测分析；预测分析中所采用的方法和手段，称为预测技术；前者是预测理论，后者是预测方法，总称为预测的理论和方法。把预测理论和预测方法作为一个整体来研究的科学叫预测科学，简称预测。

用预测的理论和方法研究技术经济问题的发展变化规律、预见未来，称技术经济预测；同理，用预测的理论和方法研究经济、社会、技术等的发展变化规律，则分别叫作经济预测、社会预测、技术预测等。

把系统作为预测对象，了解系统发展变化的规律性，预测系统未来则称为系统预测。系统预测是系统工程的重要内容，是系统规划、经营管理和系统决策的基础。

就物流系统而言，进行预测的具体意义体现在以下几个方面。

1. 预测是物流管理的重要手段

在物流管理活动中，如果能通过预测了解和把握市场未来需求的变化，就能采取有效的战术。比如，如果预测到下个月某种商品的市场需求量将有大幅度的上扬，就可以事先调整库存策略，以免到时供不应求而失去市场机会。

2. 预测是制定物流发展战略目标的依据

通过预测，可以揭示和描述市场的变动趋势，勾画未来物流发展的轮廓，并对物流发展可能出现的种种情况——有利方面和不利方面、成功的机会和失败的风险，进行全面的、系统的分析和预见，从而为制定物流发展战略目标提供依据，避免决策的片面性和局限性。有了预测作为依据，我们就能“运筹于帷幄之中，决胜于千里之外”。

3. 预测是物流管理的重要环节

按一般的意义说，物流管理就是对物流活动的计划、组织、指挥、协调、控制，就是做决策。无论是计划还是决策，要做到对影响物流发展的诸因素胸中有数，就必须依靠预测。因此，一切物流管理活动，首先都是从对信息的了解和分析预测入手，预测是物流管理的重要环节。

二、预测的原理与步骤

（一）预测的原理

所谓物流需求预测，就是利用历史资料和市场信息，运用适当的方法和技巧，对未来的物流需求状况进行科学的分析、估算和推断。

物流需求之所以能预测，是因为事物的发展变化总呈现出一定的规律或表现出一定的特征。这些规律或特征就是预测的理论依据，即预测的原理，主要有惯性原理、类推原理、相关原理等。

1. 惯性原理

客观事物的发展变化过程常常表现出它的延续性，通常称这种表现为“惯性现象”。客观事物运动的惯性大小，取决于本身的动力和外界因素制约的程度。例如，一项新技术的技术性能是一个重要方面，但根据工业部门和企业的需求，其他技术的替代作用也起到激发或限制的作用。

研究对象的惯性越大，说明延续性越强，越不易受外界因素的干扰。例如，属于生产资料的产品，一般对其品种、质量、产量的需求比较稳定，影响生产资料市场的主要因素（国家投资、用户需求等）变动比较缓慢，因而表现出来的惯性较大。而属于消费资料的产品，由于购买者兴趣的差异较大且容易改变，因而对规格、品种和价格的要求变动较大，所以表现出来的惯性较小。尤其是流行产品的市场需求变化纷繁，惯性更小。

基于惯性原理，根据研究对象过去和现在的状态，并向未来延续，从而预测其未来状态。惯性原理是趋势外推方法的理论依据。

2. 类推原理

类推原理也称为类推的原则。许多特性相近的客观事物，它们的变化有相似之处。类推预测的客观背景就是类似事物之间的相似性。通过寻找并分析类似事物相似的规律，根据已知的某事物的变化特征，推断具有近似特性的预测对象的未来状态，这就是所谓的类推预测。

类推预测可分为定性类推预测和定量类推预测。在缺乏数据资料的情况下，类似事物的相互联系只能进行定性处理，这种预测就称为定性类推预测。例如由金属成型工艺类推预测塑料成型工艺的发展；由鸟的翅膀的几何形状类推预测飞机机翼的变化等。定量类推预测需要一定的数据资料。已知事物是先导事物，根据先导事物（先导事件）的数据变动情况，建立先导事物与迟发事物（预测对象）的数量联系，进行预测。例如，根据甲国达到一定国民生产总值时的能源消耗量，研究乙国的经济结构与经济水平，建立数学模型，进而类推预测乙国达到同一国民生产总值时的能源消耗量。又如，根据军用飞机的最大飞行速度，预测民航客机的最大飞行速度等。

3. 相关原理

任何事物的变化都不是孤立的，而是在与其他事物的相互影响下发展的。事物之间的相互影响常常表现为因果（原因与结果）关系。例如耐用消费品的销售量与人均收入水平和社会人口结构密切相关。深入分析研究对象与相关事物的依存关系和影响程度，是揭示研究对象变化特征和规律的有效途径，并可用以预测其未来状态。

从时间关系来看，研究对象与相关事物的联系分同步相关和不同步相关两类。先导事物与迟发事物的关系表现为不同步相关。例如，基本建设投资额与经济发展速度有关。又如利息率的提高将会明显地导致新住宅建筑的衰落。因而，根据先导事物的信息，可以有效地估计不同步相关的迟发事物的状态。同步相关的典型事例有：冷饮食品的销售量与气候变化有关；服装的销售与季节的变化有关。它们之间的相互影响即时可见。

相关原理有助于指导预测人员深入研究预测对象与相关事物的关系，有助于预测人员对预测对象所处的环境进行全面分析。相关原理是因果型预测方法的理论基础。

上述三个预测原理是人们经过长期研究和实践总结出来的。在实际预测工作中，人们以上述预测原理指导预测分析，并加以综合应用。在预测原理的基础上，人们创造了种类繁多的预测方法，在各个领域中加以运用。

此外，不确定性分析和概率判断准则在预测中也十分重要。由于预测对象受社会、经济、科技等各类因素的影响，其未来状态带有不确定性（或称为随机性）。例如，某商品下个月的销售状态，可能畅销，可能销路一般，也可能滞销，事前难以确定。影响的因素越多，关系越复杂，预测对象的未来状态就越难估计。

预测对象的未来状态是一个随机事件。因此，可以用概率来表示这一事件发生的可能性大小。在预测中，常采用概率论和数理统计方法求出随机事件出现各种状态的概率，然后根据概率判断准则去推测预测对象的未来状态。

根据概率判断准则，若预测结果是小概率事件（一般认为，事件发生的概率小于5%），则推断预测结果不可能发生；反之，若概率很大，则认为预测结果是成立的。

不确定性分析是用期望值、方差等随机变量的数字特征和正态分布理论、极限定理等描述预测对象的变化特性，进而估计其未来状态。

不确定性分析符合预测对象的现实情况，有助于预测人员客观且全面地研究预测对象的特性。不确定性分析也是随机型时间序列预测方法和马尔科夫预测方法的基本分析观点。

掌握预测原理，可以建立正确的思维程序，对于预测人员开拓思路，增强预测的意识，合理选择和灵活运用预测方法，都是十分必要的。然而，世界上没有一成不变的事物。预测对象的发展不可能是过去状态的简单延续，迟发事物也不会是已知的类似事物的机械再现。相似不等于相同。因此，在预测过程中，还应对客观情况进行具体细致的分析，以求提高预测结果的准确程度。就物流需求预测而言，我们必须分析被预测的物流系统对象，根据预测原理对不同的具体对象选择不同的预测模型进行预测。

（二）预测的步骤

科学的预测是在广泛调查研究的基础上进行的，涉及方法的选择、资料的收集、数据的整理、预测模型的建立、利用预测模型对预测结果进行分析等一系列工作。总的来说，预测的步骤可分为以下几步。

1. 确定目标

该阶段的内容为根据计划、决策的需要，确定预测对象，规定预测的实践期限，提出预测目的和要求，明确预测要求（如预测精度）等。

2. 选择预测方法

预测方法很多，因此要求预测人员能够根据所研究对象的特性、预测的目的和要求，考虑预测工作的组织情况，同时根据各种预测方法的适用条件和性能，合理地选择效果较好、经济又方便的一种或几种预测方法。

3. 收集和分析数据

该阶段根据预测目标和所选择的预测方法的要求去收集所需原始数据。原始数据是进行预测的重要依据，所收集的原始数据的质量和可靠性将直接影响预测的结果。对原始数据的要求是数据量足、质量高，只有这样，才能贴切地反映事物的规律。因此收集足够数量的、可靠性高的数据是这一个阶段的任务。一般要求所收集的数据是准确、及时、完整和精简实用的。

数据的分析和整理是发现系统发展变化规律和系统各组成部分内部联系的关键，是建立预测模型的根据，因此要选择合适的数据处理方法。

4. 建立预测模型

建立预测模型是预测的关键工作。建立预测模型的过程分为建立预测模型和预测模型的检验两个阶段。目前一部分人建立预测模型时，只建模型，不进行检验，这样的预测是不令人信服的。只有通过检验的模型，才能用于预测。

5. 模型的分析

模型的分析是指对系统内部、外部的因素进行评定，找出使系统转变的内部因素和客观环境对系统的影响，以分析预测对象的整体规律。

6. 利用模型预测

所建立的预测模型是在一定假设条件下得到的，因此也只适用于一定条件和一定预测期限。如果将其推广到更大范围，就要利用分析、类比、推理等方法来确定模型的适用性。只有在确认模型符合预测要求时，才可利用模型进行预测。

7. 预测结果的分析

预测结果受到资料的质量、预测人员的分析判断能力、预测方法本身的局限性等因素的影响，因此利用预测模型所得的预测结果并不一定与实际情况符合。此外在建立模型时，各种影响预测对象的外部因素，可能在预测期限内出现新的变化，使预测结果与实际情况偏离较大，故须从以下两个方面进行分析。

（1）用多种预测方法预测同一事物，将预测结果进行对比分析，综合研究之后加以修正和改进。

（2）根据反馈原理及时用实际数据修正模型，使预测模型更完善。

上面我们介绍的是预测的一般步骤，在实际组织预测的过程中，我们还需注意以下几点：①加强预测工作的领导；②依靠集体的力量；③协调预测人员的认识；④注意积累资料；⑤采用先进的计算技术和工具。

第二节　预测技术和预测模型

按技术属性不同，预测技术可分为定性预测技术和定量预测技术。定性预测技术，即依靠人的观察分析能力，借助经验进行预测的方法。定量预测技术，即主要依靠历史统计数据，在定性分析的基础上，运用数学方法构造数学模型进行预测的方法，又称统计预测。

预测模型是预测的核心，建立预测模型是预测技术的核心。

一般预测模型可按变量之间的关系、变量形式、变量的数量、变量的性质进行分类。按变量之间的关系，预测模型可分为因果关系模型、时间关系模型和结构关系模型。按变量形式，预测模型可分为线性预测模型和非线性预测模型。按变量的数量，预测模型可分为一元模型和多元模型等。按变量的性质，预测模型可分为定量因子模型、含定性因子模型和定性因子模型。

客观地说，预测技术与预测模型只是手段和工具。只要有理论依据，且能刻画预测对象的特性和演变规律，这种预测技术或预测模型都可用于预测。

一、定性预测技术

定性预测技术又称判断预测技术，它是在一种有组织的形式下，收集多个人对分析过程所做的判断，然后进行预测的方法。该方法以预测者的经验为基础，判断发展趋势、探讨发展变化规律。这种方法简单易行，适用于数据欠缺或难以做定量分析的情况下对事物的预测。定性预测技术的优点是简便、灵活。实践中，有时即使有充足的数量资料，也采用定性预测技术，其原因是把定性预测的结论与定量预测的结果相比较，可以提高预测的准确性，同时在定性预测的指导下进行定量预测可起到定量预测起不到的作用。

这类方法一般用于中长期预测，常用的、效果较好的有一般预测法、市场调研法、小组共识法、历史类比法、头脑风暴法、情景分析法、德尔菲法、主观概率法及交叉概率法等。

（1）一般预测法。

一般预测法的假设前提为：处于最底层的那些离顾客最近、最了解产品最终用途的销售人员最清楚产品未来的需求情况。尽管这一假设并不总是正确的，但在很多情况下仍不失为一个有效假设，也因此成为一般预测的基础。

将最低一级预测结果汇总后送至上一级，通常为一个地区仓库在考虑到安全库存量和其他影响订货量的因素后，再将这些信息传至更上一级，以此递升，直至这些信息最后成为顶层的输入。

（2）市场调研法。

企业经常聘请第三方专业市场调研公司进行这类市场调研。市场调研法主要用于产品研究、开发新产品、了解顾客对现有产品的好恶、了解特定层次的顾客偏好哪些竞争性商品等。市场调研主要有问卷调查和上门访谈两种。

（3）小组共识法。

小组共识法是“三个臭皮匠胜过一个诸葛亮”思想的推广。其假设前提为：比起成员背景范围狭窄的小组，由成员背景范围更广泛的小组所做的预测更加可靠。小组预测是通过来自不同级别的管理者和职员在公开的会议中自由交流进行的。但这种公开讨论方式存在一个问题，即级别较低的职员可能会被高层管理者的意见左右。

当依据预测所做的决策范围更广泛或层次更高时，一般就变成了高层决策。

（4）历史类比法。

预测某些新产品的需求时，如果现有的产品及同类型产品可用来作为类比模型，这是最理想的情况。历史类比法可用于很多产品类型的需求预测，如互补产品、替代产品等竞争性产品或随收入而变的产品等。

如果某人通过邮购目录查出并购买了一件产品，他往往会收到大量与该产品类似的邮寄广告。因为它们之间存在一定的因果联系。

（5）头脑风暴法。

头脑风暴法又称专家会议法、集思广益法，是指预测者邀请有关专家以开讨论会的方式，向专家获取有关预测对象的信息，经归纳、判断和推算，预测事物未来发展变化趋势的一种预测方法。它是由主持人召集一个没有限制的自由讨论会，主持人首先提出一个要讨论问题的清单，然后请专家们提出自己的观点和看法。该方法是全体专家创造性思维的过程，能使微观的智能结构形成宏观的智能结构，并通过专家信息交流而引起共振，所以也有人将该方法称为思维共振法。

采用头脑风暴法进行预测时，邀请的专家通常包括：方法论者，即预测领域的专家；设想产生者，即所讨论问题的专家；分析者，即所讨论问题领域的高级专家；演绎者，即具有发达的推断思维能力的专家。头脑风暴法包括直接头脑风暴法和质疑头脑风暴法。

直接头脑风暴法一般按下列步骤实施。①确定与会专家的名单、人数和会议时间。为了提供一个创造性的思维环境，与会人员尽量互不认识。会议人员以 10 人左右为宜，会议时间以 1 小时左右为宜。②召开专家讨论会。在讨论会上，会议主持人首先要对预测问题做简单说明，使与会专家明确要预测的问题，然后请专家们参加讨论、发表意见。③对各种设想进行归类、比较和评价。预测组织者要对所有提出的设想编制名称一览表，用专业术语表述每一种设想的内容和特点，找出重复或互为补充的设想进行比较分析，以此为基础形成一种较为完善的综合设想，另外，还要对每一种设想提出评价意见。

质疑头脑风暴法，是指对直接头脑风暴法提出的已系统化的预测方案进行质疑分析的预测方法。其做法与直接头脑风暴法基本相同，只是对某一具体预测方案实现的可能性进行全面质疑和评价。在对已提出的设想能否实现进行论证时，要着重分析存在的限制因素，以提出消除限制因素的建议。在质疑过程中应鼓励提出可行性设想，从而进一步完善预测方案，形成一个更科学、更可行的预测方案。

（6）情景分析法。

情景分析法又称构思分析法、前景分析法，是由荷兰皇家壳牌集团的科技人员提出的。该方法是根据事物发展趋势的多样性，通过对预测对象系统内外相关问题的系统分析，设计出多种可能的未来前景，然后，用像撰写电影剧本一样的手法，对事物发展态势做出自始至终的情景和画面的描述。情景分析过程实质上是完成对事物所有可能的未来趋势的描述，其分析结果主要包括三部分内容：事物未来可能发生态势的确定；各态势特性及其发生可能性的描述；各态势发展路径分析。

（7）德尔菲法。

德尔菲法是美国兰德公司提出的一种预测方法。德尔菲法是一种广为适用的预测方法，被广泛用于军事预测、人口预测、医疗卫生保健预测、经营和需求预测、教育预测等领域。该方法既可用于科技预测，也可用于社会、经济预测；既可用于短期预测，也可用于长期预测。

德尔菲法的一般过程是预测机构或人员预先选定与预测问题有关的 10 ~ 15 位专家，采用信件往来的方式与其建立联系，将他们的意见进行整理、综合、归纳后再匿名反馈给各位专家，再次征求意见，按这种方式多次反复，直至使专家们的意见趋于一致为止，最后得出预测结论。

该方法的具体步骤如下。

①选择参与的专家。专家人数的确定依据所预测问题的复杂性和所需知识面的宽窄，一般以 10 ~ 15 人为宜。专家组成员包括不同知识背景的人，所选择的专家彼此不发生联系，只用书信的方式与专家直接发生联系。

②编制并发放应答问卷（可使用电子邮件）。需向各个参与专家介绍预测的目的、预测所假设的前提和限制，提供现有的相关资料，并发放应答问卷。为避免浪费专家的时间，要求应答问卷应力求简练，只需专家用“是”“否”之类简单词语或符号回答或给予简单的评分。

③汇总、整理、分析应答问卷。收集专家的意见，整理应答问卷，进行综合分析、归纳等工作。

④与专家反复交换意见。将整理的综合结果反馈给各专家并进一步提供有关资料（如附加适当的新问题和意见），让专家修订自己的意见，再次填写应答问卷。

⑤再次汇总、整理、分析应答问卷，再次形成新问题，再次发放应答问卷。

⑥如此反复进行第⑤步，直至得出预测结论，将最终预测结论函告各专家并致谢。

采用德尔菲法进行预测所需要的时间取决于专家组成员的数目、进行预测所需的工作量以及各个专家的反馈速度。

采用德尔菲法整理专家所提供的资料，有时需将定性资料转化为定量数据。定量数据一般采用中位数，上、下四分位数来反映预测结果及其分散程度。由定性资料转化为定量数据的方法是对预测中的每个因素给定一个分值 c_j，对应投票的专家数为 B_j，则均值和方差分别为：

$$E = \frac{\sum_{j=1}^{n} c_j B_j}{\sum_{j=1}^{n} B_j};D = \frac{\sum_{j=1}^{n} (c_j - E)^2 B_j}{\sum_{j=1}^{n} B_j} \tag{2-1}$$

例 2－1　物流公司对某种吨位车辆的采用状况采用德尔菲法进行预测，第一轮预测资料整理结果如表 2－1 所示。通过计算可知，第一轮的预测结果为该吨位车辆的采用状况较频繁。

表 2－1　**某种吨位车辆的采用状况**

采用状况	分值	人数	E	D
十分频繁	3	4	1.825	0.3944
较频繁	2	26		
一般	1	9		
较少使用	0	1		

采用德尔菲法的好处是：①可以消除召开专家讨论会所出现的随声附和、崇拜专家、固执己见和有顾虑等弊病；②可使意见迅速集中。

这种方法是在假设预测项目的各因素之间无交互作用的前提下进行的，因此有一定的局限性，在使用该方法时，必须注意该点。

（8）主观概率法。

主观概率是预测人员对某个事件发生的可能性做出的主观判断估计值。对同一事物来说，不同的人因知识、阅历、看问题的角度不同等原因造成对问题的主观判断估计值也不同。主观概率法就是在调查专家主观概率的基础上，寻求最佳主观判断估计值的科学方法。

如果要预测某一事件发生的可能性，先调查一组专家的主观概率，然后加权平均，即得某事件发生的概率，即：

$$P = \frac{\sum_{j=1}^{n} P_j B_j}{\sum_{j=1}^{n} B_j} \tag{2-2}$$

式中：P——事件发生概率的预测值；

P_j——第 j 种概率分级；

B_j——选第 j 种概率分级为主观概率的专家数。

（9）交叉概率法。

交叉概率法是对在交互影响因素作用下的事物进行预测的一种定性预测技术。很多事物的发生或发展对其他事物将产生各种各样的影响，根据各事物之间的相互影响，研究事物发生的概率，并用以修正专家的主观概率，从而对事物的发展做出较客观的评价，是该方法的基本思想。

该方法的步骤如下。

①确定各事物之间的影响关系。

②确定各事物之间的影响程度。

③计算某事物发生时对其他事物发生概率的影响。

④分析其他事件对该事件的影响。

⑤确定修正后的主观概率。

现以某物流企业运输方式选择的预测分析过程为例，来说明交叉概率法的使用。

例2-2 经简化，影响某物流企业运输方式选择的因素有：事件 E_1，指用铁路运输代替公路运输，其概率 $P_1=0.3$；事件 E_2，指降低公路运输成本，其概率 $P_2=0.4$；事件 E_3，指控制物流送达服务质量标准，其概率 $P_3=0.3$。这些因素之间的关系如表 2-2 所示。

表2-2 **相互影响矩阵表**

事件（E）	事件发生概率（P）	对其他诸事件的影响		
		E_1	E_2	E_3
E_1	0.3	—	↑	↑
E_2	0.4	↓	—	—
E_3	0.3	↓	↓	—

表 2-2 中向上的箭头表示正方向的交叉影响，它表明该事件的发生将促进另一事件发生的概率；向下的箭头表示负方向的交叉影响，它表明该事件的发生将抑制或消除另一事件发生的概率。“—”号表示两事件无明显关系或相互间没有影响。

根据表 2-2，可求出其中各因素相互影响程度数值，用以修正发生概率，做出预测。其中 $i=1, 2, 3$；$j=1, 2, 3$；且 $i \neq j$。

事件 E_i发生后，其余事件 E_j发生的概率可按下式调整：

$$P_j' = KSP_j(1-P_j) \tag{2-3}$$

式中：P_j——事件 E_i发生前，t 时间事件 E_j发生的概率；

P_j'——事件 E_i 发生后，t 时间事件 E_j发生的概率；

K——事件 E_i发生对事件 E_j的影响方向，若事件 E_i对事件 E_j的影响为正，则取 $K=1$，若事件 E_i对事件 E_j的影响为负，则取 $K=-1$，若无影响，则取 $K=0$；

S——表明事件 E_i发生对事件 E_j的影响程度，$0<S<1$，随影响程度由小到大，S 取值由 0 到 1 逐渐加大。

E_i事件发生后，事件 E_j发生概率的调整如图 2 - 1 所示。

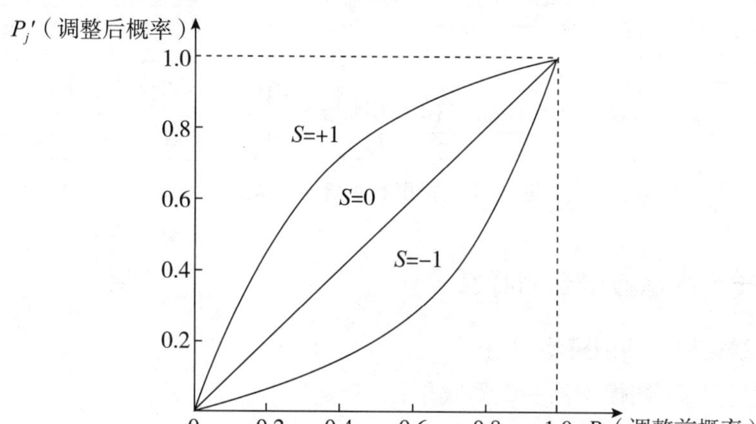

图 2 - 1　事件 E_i发生后，事件 E_j发生概率的调整

二、定量预测技术

物流系统是一个复杂系统，我们所研究的各个物流子系统也是复杂的，只靠经验借助上述的定性预测技术对其进行定性预测是不够的，还必须从数量上研究系统的变化，因此还需研究定量预测技术。

回归预测法是一种定量预测技术，是研究变量之间相关关系的数理统计分析方法。由于预测对象受某些因素的影响，所以这些因素的变化将导致预测对象的变化。例如，某城市的耐用消费品（电视机、电冰箱、洗衣机等）的销售量受人均收入、家庭人数等因素的影响。人均收入增加，则购买力增加；家庭人数越多，则需求量越大。回归预测法的基本思路是：分析研究预测对象与有关因素的相互联系，用适当的回归预测模型表达出来，然后再根据数学模型预测其未来状态。

回归预测法一般有以下几个步骤。

第一步，因素分析。对预测对象、相关因素进行分析，确定哪些是主要因素，哪些是次要因素，并研究这些因素的变化对预测对象有什么影响。

第二步，收集数据，建立回归预测模型。根据预测对象与相关因素的数据结构的变化特征，选择合适的数学表达式，建立回归预测模型。

第三步，对回归预测模型进行分析评价。通过定性判断或统计方法，对回归预测模型的适用性和精确度进行评价。

第四步，利用回归预测模型进行预测。

第五步，分析、评价回归预测值的精确度和可靠性。

在回归预测中，我们把预测对象称为因变量，把相关因素称为自变量。一个自变量的称为一元回归，多个自变量的称为多元回归；呈曲线关系则称为非线性回归。常用的回归预测模型如图 2 - 2 所示。

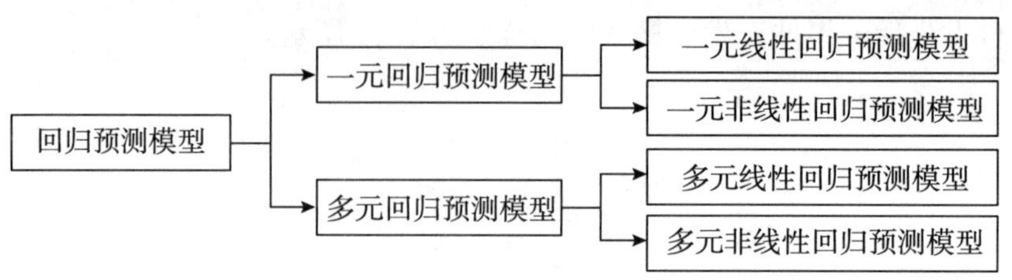

图 2-2　常用的回归预测模型

（一）一元线性回归预测模型

1. 一元线性回归预测模型

一元线性回归预测模型的一般形式是：

$$y = f(x)$$

当 $f(x)$ 为一元线性函数形式时，模型变为：

$$y = a + bx$$

当参数 a、b 已知时，给定 x 的值即可确定 y 的值。在直角坐标系中，该式可用一条斜率为 b、截距为 a 的直线表示，因此这种形式的回归预测模型称为一元线性回归预测模型。一元线性回归预测模型在经济管理中的应用有两类，一类是反映因果关系的模型，另一类是反映时间序列的模型，虽然方法相同，但所适用的问题不同，预测时应用的原理也不同，前者是因果对应，后者是趋势外推。进行预测是利用已占有的数据，分析预测对象发展变化的规律性，根据所占有的若干组数据 (x_i, y_i)，$i = 1, 2, \cdots, n$，计算出系数 $\hat{a}$ 和 $\hat{b}$，就得出该预测对象发展变化的规律性 $\hat{y} = \hat{a} + \hat{b}\hat{x}$，这就是所要确定的一元线性回归预测模型。

下面通过一个实例来介绍如何用 Excel 对数据进行回归分析。考虑如下问题。

“阿曼德比萨”是一个制作意大利比萨的餐饮连锁店，其主要客户群是在校大学生。为了研究季度销售额与店铺附近地区大学生人数之间的关系，随机抽取了十个分店的样本，得到的数据如表 2-3 所示。

表 2-3　季度销售额与店铺附近地区大学生人数之间的关系

店铺编号	店铺附近地区大学生人数（万人）	季度销售额（万元）
1	0.2	5.8
2	0.6	10.5
3	0.8	8.8
4	0.8	11.8
5	1.2	11.7

续表

店铺编号	店铺附近地区大学生人数（万人）	季度销售额（万元）
6	1.6	13.7
7	2	15.7
8	2	16.9
9	2.2	14.9
10	2.6	20.2

对数据进行回归分析并预测店铺附近地区大学生人数为 1.8 万人的店铺 11 的季度销售额为多少？

我们将通过以下步骤对该问题进行解决。

（1）回归。

第一步，录入数据，录入结果如图 2－3 所示。

	A	B	C
1	店铺编号	店铺附近地区大学生人数（*X*）	季度销售额（*Y*）
2	1	0.2	5.8
3	2	0.6	10.5
4	3	0.8	8.8
5	4	0.8	11.8
6	5	1.2	11.7
7	6	1.6	13.7
8	7	2	15.7
9	8	2	16.9
10	9	2.2	14.9
11	10	2.6	20.2

图 2－3　录入结果

第二步，作散点图，选中数据（包括自变量和因变量）后，数据变为蓝色。点击“图表向导”图标；或者在“插入”菜单中打开“图表（H）”。图表向导的图标为 。在弹出的图框左边一栏中选中“*XY* 散点图”，点击“完成”按钮，立即出现散点图的原始形式（见图 2－4）。

第三步，回归，观察散点图，判断点列分布是否具有线性趋势。只有当数据具有线性分布特征时，才能采用线性回归分析方法。从图中可以看出，本例数据具有线性分布趋势，可以进行线性回归。回归的方法如下。

首先，打开“工具”下拉菜单，用鼠标双击“数据分析”选项（如果没有该选项，需要加载宏——＞分析工具），弹出“数据分析”对话框。然后，选择“回归”，确定，弹出选项表。

进行如下选择：*X* 值、*Y* 值的输入区域（B1：B11，C1：C11），标志，置信度

季度销售额（万元）
25
20
15
10
5
0
1
2
3
店铺附近地区大学生人数（万人）

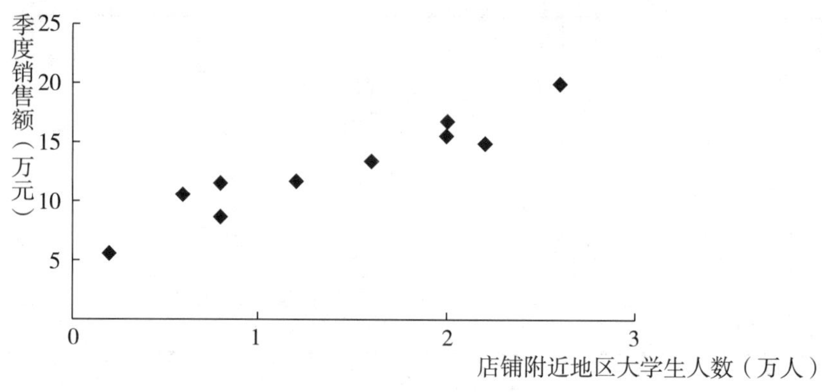

图2-4　散点图

（95%），新工作表组，残差，线性拟合图（见图2-5）。

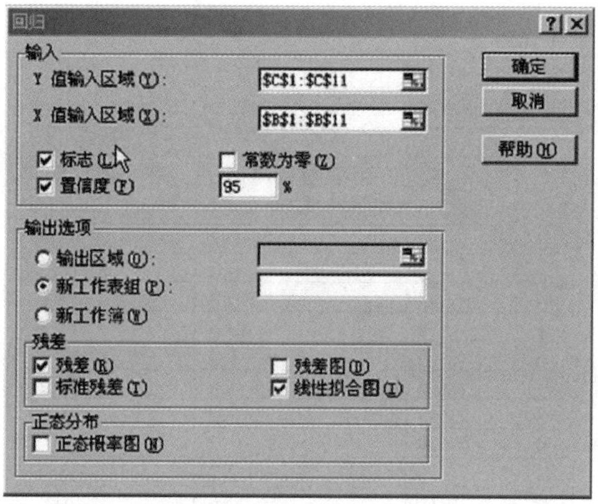

回归
输入
Y 值输入区域(Y): $C$1:$C$11
X 值输入区域(X): $B$1:$B$11
标志(L)
常数为零(Z)
置信度(F) 95 %
确定
取消
帮助(H)
输出选项
输出区域(O):
新工作表组(P):
新工作簿(W)
残差
残差(R)
残差图(D)
标准残差(T)
线性拟合图(I)
正态分布
正态概率图(N)

图2-5　数据“标志”(1)

或者：X值、Y值的输入区域（B2：B11，C2：C11），置信度（95%），新工作表组，残差，线性拟合图（见图2-6）。

注意，选中数据“标志”和不选数据“标志”，X值、Y值的输入区域是不一样的，前者包括数据“标志”：店铺附近地区大学生人数（X），季度销售额（Y）。

然后，确定，取得回归结果（见图2-7）。

最后，读取回归结果如下。

截距：$a=6$；斜率：$b=5$；相关系数：$r=0.950122955$；测定系数：$r^2=0.90273363$；F值：$F=74.24837$；t值：$t=8.616749$；标准离差（标准误差）：$s=1.382931669$；回归平方和：$SSR=142$；残差平方和：$SSE=15.3$；总平方和：$SST=157.3$。

（2）建立回归模型，并对结果进行显著性检验。

模型为：$\hat{y}=6+5x$。至于检验，r、r^2、F值等均可以直接从回归结果中读出。实

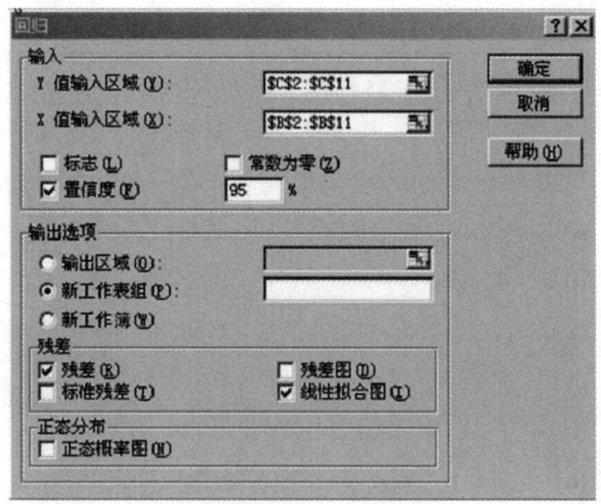

图2-6　数据"标志"(2)

回归统计								
Multiple R	0.950122955							
R Square	0.90273363							
Adjusted R Square	0.890575334							
标准误差	1.382931669							
观测值	10							
方差分析								
	df	SS	MS	F				
回归分析	1	142	142	74.24837				
残差	8	15.3	1.9125					
总计	9	157.3						
	Coefficients	标准误差	t Stat	P-value	Lower 95%	Upper 95%	下限 95.0%	上限 95.0%
Intercept	6	0.922603	6.503336	0.000187	3.872473	8.127527	3.872473	8.127527
店铺附近地区大学生数（X）	5	0.580265	8.616749	2.55E-05	3.661906	6.338094	3.661906	6.338094
RESIDUAL OUTPUT								
观测值	测 季度销售额	残差						
1	7	-1.2						
2	9	1.5						
3	10	-1.2						
4	10	1.8						
5	12	-0.3						
6	14	-0.3						
7	16	-0.3						
8	16	0.9						
9	17	-2.1						
10	19	1.2						

图2-7　回归结果

际上：$r=0.950122955$，$r^2>0.9$，显著性检验通过。t 值的计算公式和结果为：

$$t=\frac{r}{\sqrt{\dfrac{1-r^2}{n-k-1}}}=\frac{0.95}{\sqrt{\dfrac{1-0.95^2}{10-1-1}}}=8.61>2.306$$

回归结果中给出了残差（见表2-4），据此可以计算剩余标准差。首先求残差平方 $\varepsilon_i^2=(y_i-\hat{y}_i)^2$，然后求残差平方和 $Q=\sum_{i=1}^{n=10}\varepsilon_i^2=15.3$，$Q=SSE$。于是剩余标准差 $S=\sqrt{\dfrac{1}{(n-k-1)}\sum_{i=1}^{n=10}(y_i-\hat{y}_i)^2}=\sqrt{\dfrac{1}{v}Q}=\sqrt{\dfrac{15.3}{8}}=1.383$，$\dfrac{S}{\bar{y}}=\dfrac{1.383}{13}=0.106<15\%=0.15$。

表2－4　　　　预测值及残差

观测值	预测季度销售额（Y）	残差	残差平方		
1	7	-1.2	1.44	剩余标准差 S	1.383
2	9	1.5	2.25	$S/\bar{y}$ 的均值	0.106
3	10	-1.2	1.44		
4	10	1.8	3.24		
5	12	-0.3	0.09		
6	14	-0.3	0.09		
7	16	-0.3	0.09		
8	16	0.9	0.81		
9	17	-2.1	4.41		
10	19	1.2	1.44		
		残差平方和	15.3		

（3）预测分析。

显著性检验后，我们要对数据进行预测分析。考虑预测店铺附近地区大学生人数为1.8万人时，季度销售额为多少？

由于回归方程建立之后，$\hat{y}=a+bx$ 就是 y 的无偏估计，故当 $x_0=1.8$ 时，季度销售额的期望值 E_{y_0} 的点估计值为 $\hat{y}_0=a+bx_0=6+1.8\times5=15$。

而 y_0 的0.95预测区间近似为（$\hat{y}_0-1.96\left(Q/(n-2)\right)^{1/2}$，$\hat{y}_0+1.96\left(Q/(n-2)\right)^{1/2}$）$=(15-1.96\times\sqrt{15.3/8},\ 15+1.96\times\sqrt{15.3/8})=(12.289,\ 17.711)$，$Q=SSE$。

2. 一元线性回归预测模型的最小二乘法

对于一元线性回归方程 $y=a+bx$，将所占有的数据 x_i（$i=1, 2, \cdots, n$）代入后即可得预测值 $\hat{y}_i=a+bx_i$。

令 $y_i-\hat{y}_i=e_i$。其中，e_i 是所占有数据 y_i 与预测值 $\hat{y}_i$ 的误差，称为残差或预测误差。显然，不同的回归方程的残差不相等，而一元线性回归方程又取决于常数项 a 和回归系数 b。因此，关键是如何选取 a 和 b，使得一元线性回归方程描述系统状态变化时的误差最小。为了防止误差正、负抵消，采用残差平方和最小作为确定参数 a、b 的准则，这种确定参数 a、b 的方法叫最小二乘法。依据最小二乘法原理得：

$$\min Q=\sum_{i=1}^{n}e_i^{\ 2}=\sum_{i=1}^{n}(y_i-\hat{y}_i)^2=\sum_{i=1}^{n}(y_i-a-bx_i)^2 \tag{2-4}$$

使 Q 最小，驻点可由式（2－4）的微分为零来确定，即由 $\frac{\partial Q}{\partial a}=0$，$\frac{\partial Q}{\partial b}=0$，得到方程组：

$$\left.\begin{aligned}-2\sum_{i=1}^{n}(y_i-a-bx_i)=0\\-2\sum_{i=1}^{n}(y_i-a-bx_i)x_i=0\end{aligned}\right\}\tag{2-5}$$

解该方程组得：

$$a=\bar{y}-b\bar{x}\tag{2-6}$$

$$b=\frac{\sum_{i=1}^{n}x_iy_i-\bar{x}\sum_{i=1}^{n}y_i}{\sum_{i=1}^{n}x_i^{\ 2}-\bar{x}\sum_{i=1}^{n}x_i}\tag{2-7}$$

式中：$\bar{x}=\frac{1}{n}\sum_{i=1}^{n}x_i$；$\bar{y}=\frac{1}{n}\sum_{i=1}^{n}y_i$。

参数 b 还可写成如下形式：

$$b=\frac{n\sum_{i=1}^{n}x_iy_i-\sum_{i=1}^{n}x_iy_i}{n\sum_{i=1}^{n}x_i^{\ 2}-\left(\sum_{i=1}^{n}x_i\right)^2}\text{或}b=\frac{\sum_{i=1}^{n}x_iy_i-n\bar{x}\bar{y}}{\sum_{i=1}^{n}x_i^{\ 2}-n\bar{x}^2}\tag{2-8}$$

3. 一元线性回归预测模型检验过程及预测精度

由上述的讨论可知，一元线性回归方程在某种程度上揭示了两个变量间的线性相关关系，但在应用线性回归的计算公式时会发现，并不需要预先假设两个变量之间一定具有线性相关关系，也就是说，对任意给定的 n 组数据都可根据公式确定一条直线而得出预测模型。这样一来，需解决这条直线能否反映出所研究系统的变化规律问题，精确地说，需研究这条直线是否有实际使用价值。

我们曾指出，只有当两个变量之间有大致的线性关系时，用该方法所得到的预测模型才是适用的。能否用一个数量指标来评价两个变量大致呈线性关系的密切程度，以决定用回归分析所得到的数学模型与研究系统的规律相符呢？又怎样确定预测模型的预测精度呢？这就是线性回归检验和精度分析需解决的问题。

（1）相关系数。

我们把评价 x、y 两个变量之间线性关系密切程度的数量指标叫相关系数，并用 r 表示，其计算公式为：

$$r=\frac{L_{xy}}{\sqrt{L_{xx}L_{yy}}}\tag{2-9}$$

$$L_{xx}=\sum_{i=1}^{n}(x_i-\bar{x})^2=\sum_{i=1}^{n}x_i^{\ 2}-n\bar{x}^2\tag{2-10}$$

$$L_{yy}=\sum_{i=1}^{n}(y_i-\bar{y})^2=\sum_{i=1}^{n}y_i^{\ 2}-n\bar{y}^2\tag{2-11}$$

$$L_{xy}=\sum_{i=1}^{n}(x_i-\bar{x})(y_i-\bar{y})=\sum_{i=1}^{n}x_iy_i-n\bar{x}\bar{y}\tag{2-12}$$

L_{xx}叫 x 的离差平方和，它是反映自变量 x 波动的一个指标，L_{xx}越大，x 的波动越大，反之越小；L_{yy}叫 y 的离差平方和，它是反映因变量 y 波动的一个指标，L_{yy}越大，y 的波动越大，反之越小；L_{xy}叫 x、y 的离差乘积和。

由于 $\sqrt{L_{xx}} \geqslant \sum_{i=1}^{n}(x_i - \bar{x})$，$\sqrt{L_{yy}} \geqslant \sum_{i=1}^{n}(y_i - \bar{y})$，$\sqrt{L_{xx}L_{yy}} \geqslant \sum_{i=1}^{n}(x_i - \bar{x})(y_i - \bar{y}) = L_{xy}$，故 r 的取值范围为 $-1 \leqslant r \leqslant 1$。

为了说明 r 如何反映两个变量之间线性关系的密切程度，现研究 b 与 r 的关系。由式（2－8）知：

$$b = \frac{n\sum_{i=1}^{n} x_i y_i - \sum_{i=1}^{n} x_i y_i}{n\sum_{i=1}^{n} x_i^{\ 2} - (\sum_{i=1}^{n} x_i)^2} = \frac{\sum_{i=1}^{n} x_i y_i - n\bar{x}\bar{y}}{\sum_{i=1}^{n} x_i^{\ 2} - n\bar{x}^2} = \frac{L_{xy}}{L_{xx}} \tag{2-13}$$

将式（2－13）分子、分母同乘 $\sqrt{L_{yy}}$，并把 $L_{xx} = \sqrt{L_{xx} \cdot L_{xx}}$ 代入得：

$$b = \frac{L_{xy}\sqrt{L_{yy}}}{\sqrt{L_{xx}L_{yy}} \cdot \sqrt{L_{xx}}} = r\sqrt{\frac{L_{yy}}{L_{xx}}} \text{ 或 } r^2 = b^2\frac{L_{xx}}{L_{yy}} \tag{2-14}$$

由式（2－14）可知：当 $r=0$ 时，$b=0$，则回归直线是一条与 x 轴平等的直线，说明 x 的变化与 y 无关，其几何表示如图 2－8 所示；当 $r^2=1$，即 $|r|=1$ 时，$b^2 = \frac{L_{yy}}{L_{xx}}$ 或 $b^2L_{xx} = L_{yy}$。

	A	B	C
1	店铺编号	店铺附近地区大学生人数（X）	季度销售额（Y）
2	1	0.2	5.8
3	2	0.6	10.5
4	3	0.8	8.8
5	4	0.8	11.8
6	5	1.2	11.7
7	6	1.6	13.7
8	7	2	15.7
9	8	2	16.9
10	9	2.2	14.9
11	10	2.6	20.2

图 2－8　x 的变化与 y 的关系

这时我们考查一元线性回归方程的残差平方和 Q，即 $Q = \sum_{i=1}^{n}(y_i - \hat{y}_i)^2 = \sum_{i=1}^{n}(y_i - a - bx_i)^2$，将 $a = \bar{y} - b\bar{x}$ 代入其中得：

$$\begin{aligned} Q &= \sum_{i=1}^{n}(y_i - \bar{y} + b\bar{x} - bx_i)^2 = \sum_{i=1}^{n}[(y_i - \bar{y}) - b(x_i - \bar{x})]^2 \\ &= \sum_{i=1}^{n}[(y_i - \bar{y})^2 + b^2(x_i - \bar{x})^2 - 2b(y_i - \bar{y})(x_i - \bar{x})] \\ &= L_{yy} + b^2L_{xx} - 2bL_{xy} \end{aligned}$$

由式（2－13）知，$L_{xy}=bL_{xx}$，所以 $Q=L_{yy}+b^2L_{xx}-2b^2L_{xx}=L_{yy}-b^2L_{xx}$。

因为当 $|r|=1$ 时，$b^2L_{xx}=L_{yy}$，故 $Q=0$。

由此可知，当 $r=1$ 时，$Q=0$，即所有点（x_i，y_i）在回归直线上，称完全正相关；当 $r=-1$ 时，称完全负相关。其几何意义如图2－9、图2－10所示。

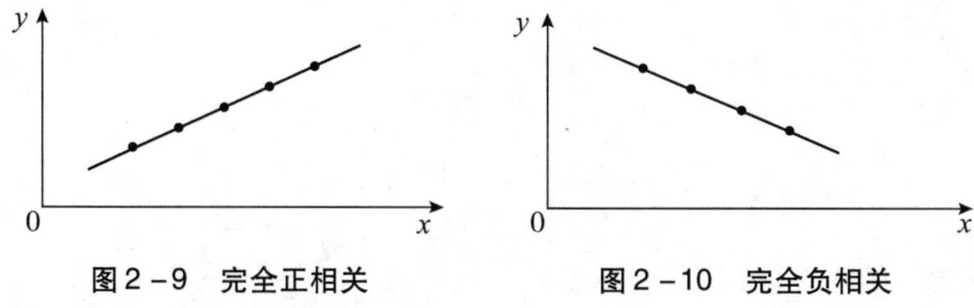

图2－9　完全正相关　　图2－10　完全负相关

当 $-1<r<1$ 时，x 与 y 之间存在一定的线性相关关系。当 $r>0$ 时，$b>0$，y 随 x 的增大而呈增加趋势，此时称正相关；当 $r<0$ 时，$b<0$，y 随 x 的增大呈减小趋势，此时称负相关；r 的绝对值越大，散点越集中在回归直线附近，反之散点离回归直线越远、越分散。当 $-1<r<1$ 时的几何意义如图2－11、图2－12所示。

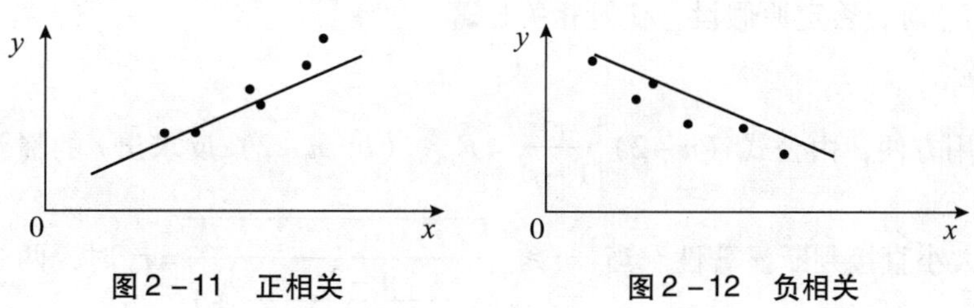

图2－11　正相关　　图2－12　负相关

由上述分析可见，相关系数 r 可衡量两个变量的线性相关的密切程度，但只为我们提供了相对评价的依据，若进行绝对评价，则依据不足，因此为进行绝对评价，必须进行显著性检验。

（2）显著性检验。

进行显著性检验，实际上相当于规定一个合理的、认为能满足使用要求的指标界限，并用该指标界限对系统预测模型的适用性进行绝对评价。

由式（2－9）可知，r 值的大小取决于 x_i、y_i 和数据量 n。因此，为任何系统都规定一个统一的标准值是不能反映不同情况的差异的，也是不合理的。显著性检验就是依据所占有的数据量及其分布情况、变量个数等条件，确定一个合理的标准作为评价指标。

常用的显著性检验有三种：t 检验、F 检验、r 检验。

①t 检验

t 检验的意义是检验一元线性回归方程中参数 b 的估计值 $\hat{b}$，在某一显著性水平下（通常选为0.05）是否为零。该检验是在假设 $\hat{b}=0$ 的情况下进行的。如果 $\hat{b}$ 为0，则说

明 y 与 x 的变化无关。因此，该方法根据占有的数据量的多少，查 $t_{1-\frac{a}{2}}$（$n-2$）的分布表，确定 t 的临界值 t_a，与根据实际问题计算的 t 值进行比较，如果 $t>t_a$，则说明原假设不成立，相关显著，一元线性回归方程有实用价值，否则原假设成立，可认为 $\hat{b}$ 在所确定的显著性水平下为0，即 $b=0$，这时，一元线性回归方程无实用价值。

t 的计算公式为：

$$t=\frac{\hat{b}}{S}\sqrt{L_{xx}} \tag{2-15}$$

式中，S 为 y 的均方差，$S=\sqrt{\dfrac{\sum\limits_{i=1}^{n}(y_i-\bar{y})^2}{n-2}}=\sqrt{\dfrac{L_{xx}L_{yy}-L_{xy}{}^2}{(n-2)L_{xx}}}$。

②F 检验

F 检验的意义与 t 检验相同，只不过是查 F_{1-a}（1，$n-2$）表确定 F 的临界值 F_a。

F 的计算公式为：

$$F=(n-2)\frac{r^2}{1-r^2} \tag{2-16}$$

当 $F>F_a$ 时，否定原假设，变量相关显著。

③r 检验

为了使用方便，由公式 $(n-2)\dfrac{r^2}{1-r^2}<F_{1-a}(1,n-2)$ 反求出 r 的临界值 r_a，即可通过 r 的大小直接判断显著性。当 $|r|\geqslant\sqrt{\dfrac{1}{\dfrac{n-2}{F_{1-a}(1,n-2)}+1}}=r_a$ 时，两个变量相关显著。将 $\sqrt{\dfrac{1}{\dfrac{n-2}{F_{1-a}(1,n-2)}+1}}$ 编成表，即是检验相关系数的临界值 r_a 表。

（3）方差分析。

为了估计预测精度，需对预测模型作方差分析。

应用预测模型 $y=a+bx$，当 $x=x_0$ 时，求出的预测值 $\bar{y}_0$ 是实际 y_0 的期望值，且该估计是无偏估计。通过数理统计可知其方差为：

$$D(Y-y)=\sigma^2\left[1+\frac{1}{n}+\frac{(x-\bar{x})^2}{\sum\limits_{i=1}^{n}(x_i-\bar{x})^2}\right]$$

因为 $\hat{\sigma}$ 是 σ 的无偏估计，所以可用 $\hat{\sigma}$ 代替 σ，由于 $\hat{\sigma}^2=\dfrac{1}{n-2}\sum\limits_{i=1}^{n}(y_i-a-bx_i)^2$，且 y 落在 $(Y-\delta,Y+\delta)$ 内的概率为 $1-a$，即 $p(Y-\delta,Y+\delta)=1-a$，所以：

$$\delta^2=F_{1-a}(1,n-2)\cdot\hat{\sigma}^2\left[1+\frac{1}{n}+\frac{(x-\bar{x})^2}{\sum\limits_{i=1}^{n}(x_i-\bar{x})^2}\right] \tag{2-17}$$

或可表示为：

$$\delta^2 = t_{1-\frac{a}{2}}(n-2) \cdot \hat{\sigma}^2\left[1+\frac{1}{n}+\frac{(x-\bar{x})^2}{\sum_{i=1}^{n}(x_i-\bar{x})^2}\right] \tag{2-18}$$

由 δ 的计算公式可知，δ 的大小取决于数据量 n 和 x 的大小。当 n 大时，δ 值小，预测精度高，反之则低；在数据量一定且 $x=\bar{x}$ 时，δ 最小；若 x 越远离 $\bar{x}$，δ 越大，则预测误差越大。其几何意义如图 2－13 所示。由此可得出提高预测精度的方法为：①增加数据量；②使预测期限尽量接近 $\bar{x}$。

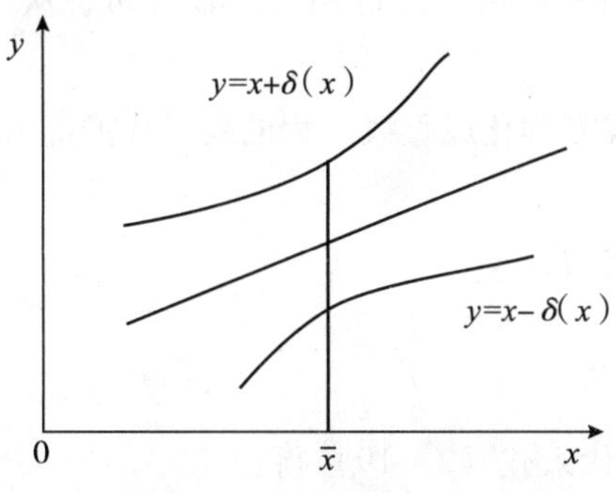

图 2－13　预测精度示意

在实际工作中增加占有的数据量，须增加预测费用和预测时间，因此要以系统的思想确定合理的预测精度和预测期限，达到以最省的预测费用取得最好的预测效果的目的。

现总结一下一元线性回归预测模型的求解和检验步骤。

第一步，整理占有的数据（x_i，y_i）（$i=1$，2，…，n）。

第二步，运用 $y=a+b\bar{x}$ 和 $\hat{b}^2=\frac{L_{yy}}{L_{xx}}$ 求出 $\hat{a}$ 和 $\hat{b}$，得到预测方程：$y=\hat{a}+\hat{b}x$。

第三步，进行显著性检验：①求出相关系数 r；②选择 t 检验、r 检验或 F 检验，对预测模型的显著性进行检验。

第四步，利用模型进行预测，并用 $\delta^2=F_{1-a}(1,n-2)\cdot\hat{\sigma}^2\left[1+\frac{1}{n}+\frac{(x-\bar{x})^2}{\sum_{i=1}^{n}(x_i-\bar{x})^2}\right]$

或 $\delta^2=t_{1-\frac{a}{2}}(n-2)\cdot\hat{\sigma}^2\left[1+\frac{1}{n}+\frac{(x-\bar{x})^2}{\sum_{i=1}^{n}(x_i-\bar{x})^2}\right]$ 确定置信区间。

目前实际工作中很多人只进行到第三步的①为止，这是不够的。因为在未完成以后各步计算时，相关系数 r 只是一个相对的评价指标。只有完成上述全部过程，才基本上可以对预测对象的变化规律有明确的认识，才能真正做好预测工作。

（二）一元非线性回归预测模型

在实践中，经常遇到两个变量之间的关系呈非线性关系的情况。一般情况下，一元非线性函数都可通过变量代换的方法或应用泰勒级数将其化为一元线性函数和多元线性函数。对于用变量代换的方法将其化为一元线性关系的问题，可用一元线性回归法；对于用泰勒级数将其化为多元线性关系的问题，可用多元回归分析法。

1. 化一元非线性函数为线性函数

在一元函数中化曲线方程为直线方程的方法有很多，在进行该项工作之前，较困难的是确定要配合的曲线类型。

确定曲线类型的方法一般为：根据理论分析以及过去积累的经验，确定 X、Y 之间的函数类型；在数据量不大的情况下，做出散点图，观察散点的分布，确定函数类型；采用多种曲线模型进行回归分析后，进行相对比较分析，从中选择一个较好形式的模型作为预测模型。

下面介绍将特殊的曲线方程化成直线方程的变量代换的方法。

（1）双曲线函数。

双曲线函数的一般形式为：

$$\frac{1}{Y} = a + \frac{b}{X} \tag{2-19}$$

令 $\frac{1}{Y} = Y^*$，$\frac{1}{X} = X^*$，代入式（2－19）得：

$$Y^* = a + bX^* \tag{2-20}$$

式（2－20）为一元线性函数形式，所以预测模型为：$Y^* = a + bX^*$。

（2）指数函数1。

指数函数1的一般形式为：

$$Y = Ae^{bX} \tag{2-21}$$

对式（2－21）取对数后得：

$$\ln Y = \ln A + bX \tag{2-22}$$

令 $\ln Y = Y^*, \ln A = a$，代入式（2－22），得预测模型为：$Y^* = a + bX$。

（3）指数函数2。

指数函数2的一般形式为：

$$Y = Ae^{-\frac{b}{X}} \tag{2-23}$$

对式（2－23）取对数得：

$$\ln Y = \ln A + \frac{b}{X} \tag{2-24}$$

令 $\ln Y = Y^*, \ln A = a, \frac{1}{X} = X^*$，代入式（2－24），得预测模型为：$Y^* = a + bX^*$。

（4）对数函数。

对数函数的一般形式为：

$$Y = a + b\ln X \tag{2-25}$$

令 $\ln X = X^*$，代入式（2－25），得预测模型为：

$$Y = a + bX^* \tag{2-26}$$

（5）幂函数。

幂函数的一般形式为：

$$Y = AX^b \tag{2-27}$$

对式（2－27）取对数得：

$$\ln Y = \ln A + b\ln X \tag{2-28}$$

令 $\ln Y = Y^*$，$\ln A = a$，$\ln X = X^*$，代入式（2－28），得预测模型为：$Y^* = a + bX^*$。

（6）S 曲线。

S 曲线的一般形式为：

$$Y = \frac{1}{a + be^{-X}} \tag{2-29}$$

对式（2－29）取倒数得：

$$\frac{1}{Y} = a + be^{-X} \tag{2-30}$$

令 $\frac{1}{Y} = Y^*, e^{-X} = X^*$，代入式（2－30），得预测模型为：$Y^* = a + bX^*$。

例 2－3　根据某物流企业在物流设备上的总投资 Y 与其总产值 X 的资料（见表 2－5）来研究二者之间的相关关系。

表 2－5　　**总产值和总投资**　　单位：万元

年份	2014	2015	2016	2017	2018	2019	2020	2021
总产值（X_i）	2.9	9.2	7.2	12	16	37	49	52
总投资（Y_i）	0.49	2.01	2.03	6.16	4.29	5.89	7.8	7.57

采用指数函数模型 $Y = Ae^{bX}$，将总投资 Y_i 取对数，按线性回归法计算得：$Y^* = 0.165 + 0.042X$，$r = 0.8116$，$F = 11.57$，$F_a = 5.99$，$F > F_a$，故回归效果显著。

即 $a = 0.165$，$\ln A = 0.165$，$A = 1.18$，$b = 0.042$。

故预测模型为：$Y = 1.18e^{0.042X}$。

需要指出的是，把一元非线性问题化为线性问题后确定的预测模型中，残差平方和、剩余标准差和相关系数与之前的形式不同，其原因是所求出的方程使变换以后的 Y^* 与相应回归直线上的点之差最小，不是变换前的 Y 与相应回归直线上的点之差最小。例 2－3 中是以 $\min Q = \sum_{i=1}^{n}(\ln Y_i - \ln\hat{Y}_i)^2$ 为准则进行的回归，所以 $Q = \sum_{i=1}^{n}(Y_i - \hat{Y}_i)^2$ 应以 $\hat{Y} = 1.18e^{0.042X}$ 为基准进行计算。

如例 2－3 中应按以下公式计算预测模型 $Y = 1.18e^{0.042X}$ 的残差平方和 $Q = \sum_{i=1}^{n}(Y_i - \hat{Y}_i)^2$，剩余标准差 $S = \sqrt{\frac{Q}{N-2}}$，相关指数 $r^2 = 1 - \frac{Q}{L_{YY}}$。

由于曲线类型很多且有些很相似，故在实际工作中最好的办法是用计算机按不同函数配合曲线，即比较 Q、r^2 和 S（Q、S 小者为好，r^2 大者为好）。

2. 化一般一元非线性函数为线性函数

任何一元非线性函数都可通过数学分析的方法化成以下形式。

$$Y = a + b_1X + b_2X^2 + \cdots + b_nX^n \tag{2-31}$$

通过变量代换的方法，可将式（2－31）化成一个多元线性模型。

令 $X_1 = X$，$X_2 = X^2$，…，$X_n = X^n$，代入式（2－31）得：

$$Y = a + b_1X_1 + b_2X_2 + \cdots + b_nX_n \tag{2-32}$$

式（2－32）就是多元线性模型的一般形式，它可采用多元线性回归的方法建立模型。

（三）多元线性回归预测模型

一般我们讨论的回归预测模型中只涉及两个变量，但在实际问题中，影响因变量的因素往往不止一个，此时必须探索在各种因素综合作用下系统变化的规律性，以预测系统的变化，为系统决策提供依据。解决这类问题的方法之一就是进行多元线性回归分析。

多元线性回归分析的原理与一元线性回归分析的原理基本相同，不同点只是计算复杂、分析方法的理论较深。现以二元线性回归分析为例，得出多元线性回归分析的一般方法。

1. 二元线性回归分析

例 2－4 某物流企业准备根据影响物流总成本的两个重要因素——劳动量和货运周转量，建立成本预测模型，资料如表 2－6 所示。

表 2－6　劳动量和货运周转量

月份	物流总成本 Y（万元）	劳动量 X_1（千时）	货运周转量 X_2（十万吨·千米）
1	3.1	3.9	2.4
2	2.6	3.6	2.1
3	2.9	3.8	2.3
4	2.7	3.9	1.9
5	2.8	3.7	1.9
6	3.0	3.9	2.1
7	3.2	3.8	2.4

现考虑的自变量有两个：一个是劳动量，以 X_1 表示；另一个是货运周转量，以 X_2 表示。若物流总成本以 Y 表示，现研究当 X_1、X_2 改变时，Y 的变化规律。我们采用二元线性回归预测模型作为预测模型，如式（2－33）所示。

$$\hat{Y} = \hat{b}_0 + \hat{b}_1X_1 + \hat{b}_2X_2 \tag{2-33}$$

因该方程在三维空间中可用一个平面表示，故称该平面为 $\hat{Y}$ 对 X_1、X_2 的回归平面，$\hat{b}_0$、$\hat{b}_1$、$\hat{b}_2$ 称为回归系数。

仍用最小二乘法，以残差平方和最小作为回归分析的准则，即求：

$$\min Q = \sum_{i=1}^{n} (Y_i - \hat{b}_0 - \hat{b}_1 X_{1i} - \hat{b}_2 X_{2i})^2 \tag{2-34}$$

由微分学知，当 $\frac{\partial Q}{\partial \hat{b}_0} = \frac{\partial Q}{\partial \hat{b}_1} = \frac{\partial Q}{\partial \hat{b}_2} = 0$ 时，Q 有极小值。

故得方程组：

$$\left.\begin{aligned}
\frac{\partial Q}{\partial \hat{b}_0} &= -2\sum_{i=1}^{n}(Y_i - \hat{b}_0 - \hat{b}_1 X_{1i} - \hat{b}_2 X_{2i}) = 0 \\
\frac{\partial Q}{\partial \hat{b}_1} &= -2\sum_{i=1}^{n}(Y_i - \hat{b}_0 - \hat{b}_1 X_{1i} - \hat{b}_2 X_{2i})X_{1i} = 0 \\
\frac{\partial Q}{\partial \hat{b}_2} &= -2\sum_{i=1}^{n}(Y_i - \hat{b}_0 - \hat{b}_1 X_{1i} - \hat{b}_2 X_{2i})X_{2i} = 0
\end{aligned}\right\} \tag{2-35}$$

化简后得：

$$\left.\begin{aligned}
n\hat{b}_0 + \sum_{i=1}^{n} X_{1i}\hat{b}_1 + \sum_{i=1}^{n} X_{2i}\hat{b}_2 &= \sum_{i=1}^{n} Y_i \\
\sum_{i=1}^{n} X_{1i}\hat{b}_0 + \sum_{i=1}^{n} X_{1i}^2\hat{b}_1 + \sum_{i=1}^{n} X_{1i}X_{2i}\hat{b}_2 &= \sum_{i=1}^{n} X_{1i}Y_i \\
\sum_{i=1}^{n} X_{2i}\hat{b}_0 + \sum_{i=1}^{n} X_{1i}X_{2i}\hat{b}_1 + \sum_{i=1}^{n} X_{2i}^2\hat{b}_2 &= \sum_{i=1}^{n} X_{2i}Y_i
\end{aligned}\right\} \tag{2-36}$$

式（2-36）称为正规方程组，解式（2-36）的第一个方程可得：

$$\hat{b}_0 = \bar{Y} - \hat{b}_1\bar{X}_1 - \hat{b}_2\bar{X}_2 \tag{2-37}$$

其中 $\bar{Y} = \frac{1}{n}\sum_{i=1}^{n} Y_i, \bar{X}_1 = \frac{1}{n}\sum_{i=1}^{n} X_{1i}, \bar{X}_2 = \frac{1}{n}\sum_{i=1}^{n} X_{2i}$。把 $\hat{b}_0$ 代入式（2-36）的后两个方程，整理得：

$$\left.\begin{aligned}
l_{11}\hat{b}_1 + l_{12}\hat{b}_2 &= l_{10} \\
l_{21}\hat{b}_1 + l_{22}\hat{b}_2 &= l_{20}
\end{aligned}\right\} \tag{2-38}$$

用矩阵形式描述为：

$$\begin{bmatrix} l_{11} & l_{12} \\ l_{21} & l_{22} \end{bmatrix}\begin{bmatrix} \hat{b}_1 \\ \hat{b}_2 \end{bmatrix} = \begin{bmatrix} l_{10} \\ l_{20} \end{bmatrix} \text{或 } \boldsymbol{L}\hat{\boldsymbol{B}} = \boldsymbol{L}_0$$

其中：

$$l_{kj} = \sum_{i=1}^{n}(X_{ki} - \bar{X}_k)(X_{ji} - \bar{X}_j) \tag{2-39}$$

$$k = 1,\ 2;\ j = 1,\ 2$$

$$l_{k0} = \sum_{i=1}^{n}(X_{ki} - \bar{X}_k)(Y_i - \bar{Y}) \tag{2-40}$$

$$k=1,\ 2$$

用矩阵形式描述的方程也叫正规方程，它形式简单，求解也非常容易。因矩阵 $\begin{bmatrix} l_{11} & l_{12} \\ l_{21} & l_{22} \end{bmatrix}$ 是对称非奇异矩阵，故 $\hat{\boldsymbol{B}} = \boldsymbol{L}^{-1}\boldsymbol{L}_0$，即为正规方程 $\boldsymbol{L}\hat{\boldsymbol{B}} = \boldsymbol{L}_0$ 的解。

由式（2－38）解出 $\hat{b}_1$、$\hat{b}_2$ 后，代入式（2－37），即求出 $\hat{b}_0$。

求出 $\hat{b}_0$、$\hat{b}_1$、$\hat{b}_2$ 后得出预测模型：

$$\hat{Y} = \hat{b}_0 + \hat{b}_1 X_1 + \hat{b}_2 X_2$$

通过上述推导可知，建立二元线性回归预测模型的关键是形成正规方程。在形成正规方程后就把二元线性回归分析归结为求解线性方程组的解的问题。

现以例 2－4 为例，说明建立预测模型的方法和步骤。

（1）求正规方程组的系数，即建立 $\boldsymbol{L}$ 和 $\boldsymbol{L}_0$ 矩阵。

$$l_{11} = \sum_{i=1}^{n}(X_{1i} - \bar{X}_1)(X_{1i} - \bar{X}_1) = \sum_{i=1}^{n}(X_{1i} - \bar{X}_1)^2 = 0.08$$

$$l_{12} = \sum_{i=1}^{n}(X_{1i} - \bar{X}_1)(X_{2i} - \bar{X}_2) = 0.03$$

$$l_{21} = \sum_{i=1}^{n}(X_{2i} - \bar{X}_2)(X_{1i} - \bar{X}_1) = 0.03$$

$$l_{22} = \sum_{i=1}^{n}(X_{2i} - \bar{X}_2)(X_{2i} - \bar{X}_2) = \sum_{i=1}^{n}(X_{2i} - \bar{X}_2)^2 = 0.277$$

$$l_{10} = \sum_{i=1}^{n}(X_{1i} - \bar{X}_1)(Y_i - \bar{Y}) = 0.08$$

$$l_{20} = \sum_{i=1}^{n}(X_{2i} - \bar{X}_2)(Y_i - \bar{Y}) = 0.21$$

则正规方程组为：

$$\begin{aligned} 0.08\hat{b}_1 + 0.03\hat{b}_2 &= 0.08 \\ 0.03\hat{b}_1 + 0.277\hat{b}_2 &= 0.21 \end{aligned} \quad \text{或} \begin{bmatrix} 0.08 & 0.03 \\ 0.03 & 0.277 \end{bmatrix}\begin{bmatrix} \hat{b}_1 \\ \hat{b}_2 \end{bmatrix} = \begin{bmatrix} 0.08 \\ 0.21 \end{bmatrix}$$

（2）求解正规方程组和 $\hat{b}_0$。

正规方程组求解结果为：$\hat{b}_1 = 0.7461$，$\hat{b}_2 = 0.6769$，代入式（2－37）后，得出 $\hat{b}_0 = -1.3956$。

（3）建立预测模型。

根据所求系数，预测模型为：$\hat{Y} = -1.3956 + 0.7461X_1 + 0.6769X_2$。当给定 X_1、X_2，即给定劳动量和货运周转量时，可预测物流总成本。如 $X_1 = 4$、$X_2 = 3$ 时，物流总成本

Y 的预测值为：$\hat{Y} = -1.3956 + 0.7461 \times 4 + 0.6769 \times 3 = 3.6195$（万元）。

2. 多元线性回归分析

多元线性回归分析是研究系统在多个因素的影响下，建立系统总体变化规律预测模型的方法。现在二元线性回归分析的基础上将其推广，即可得到多元线性回归分析的一般方法。

多元线性回归预测模型的一般形式是：

$$\hat{Y} = \hat{b}_0 + \hat{b}_1 X_1 + \hat{b}_2 X_2 + \cdots + \hat{b}_m X_m \qquad (2-41)$$

该方程是 $m+1$ 维空间的一个超平面，所以式（2－41）为 $\hat{Y}$ 对 X 的回归超平面方程。

由式（2－37）可知，当自变量数由两个增加到 m 个时，$\hat{b}_0$ 的求法可推广到：

$$\hat{b}_0 = \bar{Y} - \hat{b}_1 \bar{X}_1 - \hat{b}_2 \bar{X}_2 - \cdots - \hat{b}_m \bar{X}_m = \bar{Y} - \sum_{k=1}^{m} \hat{b}_k \bar{X}_k \qquad (2-42)$$

正规方程组的系数，即 $\boldsymbol{L}$ 矩阵的元素为：

$$l_{kj} = \sum_{i=1}^{m} (X_{ki} - \bar{X}_k)(X_{ji} - \bar{X}_j)$$

正规方程组的常数项，即 $\boldsymbol{L}_0$ 矩阵的元素为：

$$l_{k0} = \sum_{i=1}^{m} (X_{ki} - \bar{X}_k)(Y_i - \bar{Y})$$

求解正规方程组，即可确定 $\hat{b}_1$、$\hat{b}_2$、$\cdots$、$\hat{b}_m$，代入式（2－42），求出 $\hat{b}_0$，从而得到预测模型：

$$\hat{Y} = \hat{b}_0 + \hat{b}_1 X_1 + \hat{b}_2 X_2 + \cdots + \hat{b}_m X_m$$

3. 多元线性回归预测模型的检验

多元线性回归预测模型检验的基本思想是对整个多元线性回归预测模型进行显著性检验。因为多元线性回归分析中自变量的数量多，因此，在总的显著性分析的基础上，还需要分析哪些因素对因变量的影响大，哪些因素对因变量的影响小，哪些因素对因变量的影响可以忽略不计，最后再确定它的区间估计值。

（1）全相关系数。

多元线性回归分析与一元线性回归分析相比，一元线性回归分析是多元线性回归分析在变量数 $m=1$ 时的特殊情况，因此，其分析的公式也有相似之处。

多元线性回归分析的平方和分解公式仍为 $L_{yy} = U + Q$。

其中，U 为回归平方和，$U = \sum_{i=1}^{m} (\hat{Y}_i - \bar{Y})^2$；$Q$ 为残差平方和，$Q = \sum_{i=1}^{m} (Y_i - \hat{Y}_i)^2$。

经推导得：

$$U = \sum_{k}^{m} \hat{b}_k l_{k0} \qquad (2-43)$$

$$Q = L_{yy} - U = L_{yy} - \sum_{k}^{m} \hat{b}_k l_{k0} \tag{2-44}$$

剩余标准差：

$$S_y = \sqrt{\frac{Q}{n - m - 1}} = \sqrt{\frac{1}{n - m - 1}(L_{yy} - \sum_{k}^{m} \hat{b}_k l_{k0})} \tag{2-45}$$

全相关系数：

$$R^2 = \frac{U}{L_{yy}}，即 R = \sqrt{1 - \frac{Q}{L_{yy}}} \tag{2-46}$$

这里 R 是衡量整个回归效果的数量指标，称全相关系数，其含义与一元线性回归分析中的相关系数 r 完全一致。

（2）显著性检验。

①F 检验

若回归无意义，即 $\hat{b}_1 = \hat{b}_2 = \cdots = \hat{b}_m = 0$，则：

$$F = \frac{n - m - 1}{m} \cdot \frac{R^2}{1 - R^2} < F_{1-a}(m, n - m - 1) \tag{2-47}$$

否则：$F > F_{1-a}$（m，$n-m-1$）。

由式（2－47）可知，当 $m=1$ 时，就是一元线性回归预测模型显著性检验时的式（2－16）。

在整个回归显著的基础上，多元线性回归分析还必须对多元线性回归系数进行分析，也就是判断每个自变量与因变量的显著性。因为在多元线性回归分析中经常出现 Y 与自变量总体有相关关系，但 Y 与某个自变量 X_i 可能无关，也就是说，X_i 对 Y 并不起作用或它的作用已被其他 X_j 代替。进行这步分析可确定出对 Y 影响较大的因素和影响较小或没有影响的因素，以决定应该把哪些因素包含在预测模型中，把哪些因素从所确定的模型中剔除，以便建立一个更简单、更适用、更方便的预测模型。

②t 检验

t_k 的计算公式为：

$$t_k = \frac{\hat{b}_k}{\sqrt{C_{kk}} \cdot S_y} \tag{2-48}$$

其中，C_{kk} 为正规方程组系数矩阵 $\boldsymbol{L}$ 的逆矩阵 $\boldsymbol{L}^{-1}$ 中对角线上的元素，如果 $|t_k| > t_{1-\frac{a}{2}}(n - m - 1)$，则认为 X_i 对 Y 有作用，否则无作用，应予以剔除。

从多元线性回归预测模型中剔除某个影响不大的因素 X_i（有时需要研究剔除某个影响比较大的因素），是在 $\hat{b}_k = 0$ 的假设下，由 t 检验确定的，但是决不能从预测模型中以 $\hat{b}_k$ 较小为理由简单地删除 $\hat{b}_k X_i$ 项。因为当剔除某一因素后，相当于从原始数据中去掉了这一因素所对应的所有数据，这必导致多元线性回归预测模型的变化，故需重新配合方程。为了避免复杂的计算，数理统计学为我们提供了一个不需重新配合方程的计算公式和算法。其算法如下。

设剔除因素之前的多元线性回归预测模型为：

$$\hat{Y} = \hat{b}_0 + \hat{b}_1 X_1 + \hat{b}_2 X_2 + \cdots + \hat{b}_m X_m$$

剔除因素后，新多元线性回归预测模型为：

$$\hat{Y} = \hat{b}_0^* + \hat{b}_1^* X_1 + \hat{b}_2^* X_2 + \cdots + \hat{b}_{i-1}^* X_{i-1} + \hat{b}_{i+1}^* X_{i+1} + \cdots + \hat{b}_m^* X_m$$

则：

$$\left.\begin{aligned} \hat{b}_j^* &= \hat{b}_j - \frac{C_{ij}}{C_{ii}}\hat{b}_i \quad (j=1,\ 2,\ \cdots,\ m;\ j\neq i) \\ \hat{b}_0^* &= \bar{Y} - \sum_{j\neq i}\hat{b}_j^* \bar{X}_j \end{aligned}\right\} \tag{2-49}$$

其中：C_{ij}为$\boldsymbol{L}^{-1}$矩阵中相应元素。

当因素剔除后，回归方程组发生了变化，回归平方和也发生了变化。我们把剔除某因素后，回归平方和发生的变化叫偏回归平方和。

原回归平方和 $U = \sum_{k=1}^{m}\hat{b}_k l_{k0}$，剔除因素后的回归平方和 $U' = \sum_{k=1\text{且}k\neq i}^{m}\hat{b}_k^* l_{k0}$，则剔除第 i 个因素 X_i 的偏回归平方和 $U_i = U - U'$，由数理统计学知：

$$U_i = U - U' = \frac{\hat{b}_k^2}{C_{ii}} \tag{2-50}$$

由上述可知，回归平方和 U 体现出所有自变量对 Y 的影响，而偏回归平方和 U_i 则体现出第 i 个因素单独对 Y 的影响。如果因素 X_i 对 Y 的影响大，则 U_i 大，反之则小。

式（2－49）、式（2－50）提供了在一次回归之后，重新进行回归计算的方便条件，可使计算工作大大简化。

在剔除因素得到新模型之后，再经过显著性检验，直到所有剩下的因素都通过 t 检验为止，即可确定回归系数的区间估计。

其计算公式为：

$$d_k = t_{1-\frac{\alpha}{2}}(n-m-1)\sqrt{C_{kk}\cdot S_y} \tag{2-51}$$

区间为：

$$(\hat{b}_k - d_k, \hat{b}_k + d_k) \tag{2-52}$$

在 X_1，X_2，…，X_m 给出确定值之后，根据 $\hat{Y} = \hat{b}_0 + \hat{b}_1 X_1 + \hat{b}_2 X_2 + \cdots + \hat{b}_m X_m$ 可预测出 Y 值，但尚需估计误差范围。一般采用剩余标准差 S_y 的二倍，即可保证 $\alpha = 0.05$ 的置信度。

故 Y 的估计误差为 $2S_y$，区间为（$Y-2S_y$，$Y+2S_y$）。

$$\boldsymbol{L} = \begin{bmatrix} 415.23 & 251.08 & -372.62 & -290.00 \\ 251.08 & 2905.69 & -166.54 & -3041.00 \\ -372.62 & -166.54 & 492.31 & 38.00 \\ -290.00 & -3041.00 & 38.00 & 3362.00 \end{bmatrix};\ \boldsymbol{L}_0 = \begin{bmatrix} 775.96 \\ 2292.95 \\ -618.23 \\ -2481.70 \end{bmatrix}$$

（四）带定性变量的线性回归预测模型

一般我们研究的回归预测模型检验方法都有一个共同的特点，即影响系统发展变化的因素都可用明确的数量指标描述，如劳动量、材料消耗量、产值等，我们把这类因素叫定量因素。但实际问题中，除了可用明确的数量指标描述的因素，还有一些不能定量或不能准确定量描述的因素，如季节等。这些因素虽然难以定量描述，却可以清楚地分级，如季节可分为春、夏、秋、冬；性别可分为男、女等。我们把这类因素叫定性因素。

在分析系统变化规律时，有时定性因素比定量因素对系统的影响还显著，如季节因素对建筑施工的影响就很大，在研究建筑系统时，不考虑这些因素，就不能正确地反映系统变化的规律。因此在进行系统预测时，必须同时考虑定量因素和定性因素。

用一般的回归方法分析带定性因素的预测是很困难的。随着数理统计理论的发展，出现了一门专门研究这类问题的方法和理论——数量化理论。研究带定性因素的线性回归问题是数量化理论的一个组成部分，本节简要地介绍处理这类问题的基本理论和方法，深入细致的内容请参阅有关数量化理论的专著。

1. 基本概念

（1）基准变量。数量化理论把多元线性回归分析中的因变量叫作基准变量。

（2）说明变量。数量化理论把多元线性回归分析中的自变量叫作说明变量。

（3）项目和类目。说明变量中的定性变量叫项目，定性变量的分级叫类目。如影响建筑业生产的因素中季节是定性变量，叫作项目，而春、夏、秋、冬四季称为四个类目。

（4）反应第 i 个样本的第 j 个项目值叫反应，记为 $\delta_j(j, k)$，且

$$\delta_j(j, k)=\begin{cases}1, & \text{当第 } i \text{ 个样本取第 } j \text{ 个项目的第 } k \text{ 类目时}\\ 0, & \text{当第 } i \text{ 个样本不取第 } j \text{ 个项目的第 } k \text{ 类目时}\end{cases}$$

（5）反应表。将所占有的资料经整理排列后所得到的表格叫反应表。

（6）反应矩阵。把反应表中的反应写成矩阵形式，所得矩阵 $\boldsymbol{X}=\{\delta_j(j, k)\}$ 叫反应矩阵。

反应表一般形式如表 2－7 所示。

表 2－7　　反应表

	1	2	…	m
	1　2　…　r_1	1　2　…　r_2	…	1　2　…　r_m
1	$\delta_1(1,1)$ $\delta_1(1,2)$ … $\delta_1(1,r_1)$	$\delta_1(2,1)$ $\delta_1(2,2)$ … $\delta_1(2,r_2)$	…	$\delta_1(m,1)$ $\delta_1(m,2)$ … $\delta_1(m,r_m)$
2	$\delta_2(1,1)$ $\delta_2(1,2)$ … $\delta_2(1,r_1)$	$\delta_2(2,1)$ $\delta_2(2,2)$ … $\delta_2(2,r_2)$	…	$\delta_2(m,1)$ $\delta_2(m,2)$ … $\delta_2(m,r_m)$
…	…　…　⋱　…	…　…　⋱　…	…	…　…　⋱　…
n	$\delta_n(1,1)$ $\delta_n(1,2)$ … $\delta_n(1,r_1)$	$\delta_n(2,1)$ $\delta_n(2,2)$ … $\delta_n(2,r_2)$	…	$\delta_n(m,1)$ $\delta_n(m,2)$ … $\delta_n(m,r_m)$

反应矩阵的一般形式为：

$$X = \begin{bmatrix} \delta_1(1,1) & \delta_1(1,2) & \cdots \delta_1(1,r_1) & \cdots & \delta_1(m,1) & \delta_1(m,2) & \cdots & \delta_1(m,r_m) \\ \delta_2(1,1) & \delta_2(1,2) & \cdots \delta_2(1,r_1) & \cdots & \delta_2(m,1) & \delta_2(m,2) & \cdots & \delta_2(m,r_m) \\ \cdots & \cdots & \ddots \quad \cdots & \cdots & \cdots & \cdots & \ddots & \cdots \\ \delta_n(1,1) & \delta_n(1,2) & \cdots \delta_n(1,r_1) & \cdots & \delta_n(m,1) & \delta_n(m,2) & \cdots & \delta_n(m,r_m) \end{bmatrix}$$

如对影响道路施工成本的因素进行分析，得表 2－8。

表 2－8　　道路施工成本影响因素分析表

样本	成本（千元/米）	机械化施工比重 X_1	取土距离 X_2（百米）	季节		施工条件		
				冬 X_{31}	夏 X_{32}	好 X_{41}	中 X_{42}	差 X_{43}
1	5	0.7	3	1	0	1	0	0
2	5.1	0.6	4	1	0	0	1	0
3	7	0.2	6	0	1	1	0	0
4	2	0.4	7	0	1	0	0	1
5	8	0.3	3	1	0	0	1	0
6	8	0.4	9	1	0	1	0	0
7	9	0.5	5	0	1	0	0	1

由表 2－8 可知，隶属于一个项目的反应之和为 1，因此反应矩阵是奇异矩阵，可以证明，反应矩阵 $\boldsymbol{X}$ 的秩为：

$$\text{rank}\boldsymbol{X} = \sum_{j=1}^{m} r_j - m + 1$$

式中：m——定性变量数。

r_j——第 j 个定性变量的类目数。

2. 基本方法

带定性变量的线性回归分析步骤如下。

（1）整理所占有的数据，列出反应表，得到反应矩阵。

（2）建立预测模型。

设所研究的系统有 m 个说明变量，且第 j 个项目有 r_j 个类目。数量化理论假设基准变量 Y_i 与各项目、类目的反应 δ_j（j，k）之间有如下关系：

$$Y_i = \sum_{j=1}^{m} \sum_{k=1}^{r_j} \delta_j(j,k) \cdot b_{jk} + e_i \tag{2-53}$$

式中：b_{jk}是依赖于第 j 个项目第 k 类目的待定常数，Y_i、δ_j(j，k) 分别表示第 i 个样本的基准变量值和反应，e_i 为误差。

把式（2－53）写成矩阵形式为：

$$\boldsymbol{Y} = \boldsymbol{XB} + \boldsymbol{E} \tag{2-54}$$

式中：$\boldsymbol{Y}=\begin{bmatrix} y_1 \\ y_2 \\ \vdots \\ y_n \end{bmatrix}$；$\boldsymbol{X}=\{\delta_j(j,\ k)\}$；$\boldsymbol{B}=\begin{bmatrix} b_{11} \\ \vdots \\ b_{1r_1} \\ b_{21} \\ \vdots \\ b_{2r_2} \\ b_{m1} \\ \vdots \\ b_{mr_m} \end{bmatrix}$；$\boldsymbol{E}=\begin{bmatrix} e_1 \\ \vdots \\ e_n \end{bmatrix}$

误差平方和 Q 为：

$$\begin{aligned} Q &= \sum_{i=1}^{n} e_i^2 = \boldsymbol{E}^{\mathrm{T}}\boldsymbol{E} = (\boldsymbol{Y}-\boldsymbol{XB})^{\mathrm{T}}\ (\boldsymbol{Y}-\boldsymbol{XB}) \\ &= (\boldsymbol{Y}^{\mathrm{T}}-\boldsymbol{B}^{\mathrm{T}}\boldsymbol{X}^{\mathrm{T}})\ (\boldsymbol{Y}-\boldsymbol{XB}) \\ &= \boldsymbol{Y}^{\mathrm{T}}\boldsymbol{Y}-\boldsymbol{B}^{\mathrm{T}}\boldsymbol{X}^{\mathrm{T}}\boldsymbol{Y}+\boldsymbol{B}^{\mathrm{T}}\boldsymbol{X}^{\mathrm{T}}\boldsymbol{XB}-\boldsymbol{Y}^{\mathrm{T}}\boldsymbol{XB} \end{aligned}$$

因为 $\boldsymbol{B}^{\mathrm{T}}\boldsymbol{X}^{\mathrm{T}}\boldsymbol{Y}=(\boldsymbol{B}^{\mathrm{T}}\boldsymbol{X}^{\mathrm{T}}\boldsymbol{Y})^{\mathrm{T}}=\boldsymbol{Y}^{\mathrm{T}}\boldsymbol{XB}$（$\boldsymbol{Y}^{\mathrm{T}}\boldsymbol{XB}$ 为数量），所以 $Q=\boldsymbol{Y}^{\mathrm{T}}\boldsymbol{Y}-2\boldsymbol{B}^{\mathrm{T}}\boldsymbol{X}^{\mathrm{T}}\boldsymbol{Y}+\boldsymbol{B}^{\mathrm{T}}\boldsymbol{X}^{\mathrm{T}}\boldsymbol{XB}$

用最小二乘法确定参数 $\boldsymbol{B}$。

由矩阵微分法得正规方程：

$$\boldsymbol{X}^{\mathrm{T}}\boldsymbol{XB}=\boldsymbol{X}^{\mathrm{T}}\boldsymbol{Y} \tag{2-55}$$

由于 $\boldsymbol{X}$ 是奇异矩阵，故 $\boldsymbol{X}^{\mathrm{T}}$ 也是奇异矩阵，其逆不存在。数量化理论证明了 $\boldsymbol{X}^{\mathrm{T}}\boldsymbol{X}$ 的秩为 $\sum_{j=1}^{m} r_j-(m-1)$，且用 $\boldsymbol{B}$ 的一组特解做预测可反映系统变化规律。

因此，删除第 j 个项目第 1 类目所对应的方程，并令 $b_{j1}=0$，共删掉 $m-1$ 个方程，使新正规方程的系数矩阵成为非奇异矩阵，故可求出唯一的一组解，即为正规方程组的特解，记为 $\boldsymbol{B}^0$：$(\boldsymbol{B}^0)^{\mathrm{T}}=(b_{11}^0,b_{12}^0,\cdots,b_{1r_1}^0,0,b_{22}^0,\cdots,b_{2r_2}^0,\cdots,0,b_{m1}^0,\cdots,b_{mr_m}^0)$，由此可得到预测方程为：

$$Y_i=\sum_{j=1}^{m}\sum_{k=1}^{r_j}\delta_i(j,k)\cdot\hat{b}_{jk}^0 \tag{2-56}$$

以上讨论为说明变量全部是定性变量的情况，如果说明变量中尚有定量变量时，把定量变量的定量数据列入反应矩阵中，按同样的方法求解正规方程，即可求得参数 $\boldsymbol{B}$。

三、判别分析预测模型

我们所研究的系统是复杂的，实践中对系统发展变化的估计有时不需要以定量的方式描述，而只需以程度来评价，如系统发展的前景好与坏等。这就是说，系统内部各因子（自变量）可以是定性的，也可以是定量的，而系统的变化规律则以定性的方式体现。判别分析就是解决这类问题的方法，也是数量化理论研究的问题之一。

（一）二级判别分析的基本思想

当一个系统的发展只有两个方向的时候，根据对占有资料的分析，确定系统某状态下的发展方向的方法叫二级判别。如果系统存在多种发展方向，根据对占有资料的分析，确定系统某状态下的发展方向的方法叫多级判别。二级判别是多级判别的基础，现以二级判别为例，介绍判别分析的基本思想。

例2-5　某房地产商准备开发新型住宅，为确定消费群体状况，将价格水平和消费水平作为分析影响销售情况的因素，现把消费者购买意向按有意向和无意向两种情况分别汇总整理，得出表2-9，并以消费水平为 X_1，价格水平为 X_2，做出预计销售状况散点图，如图2-14所示。

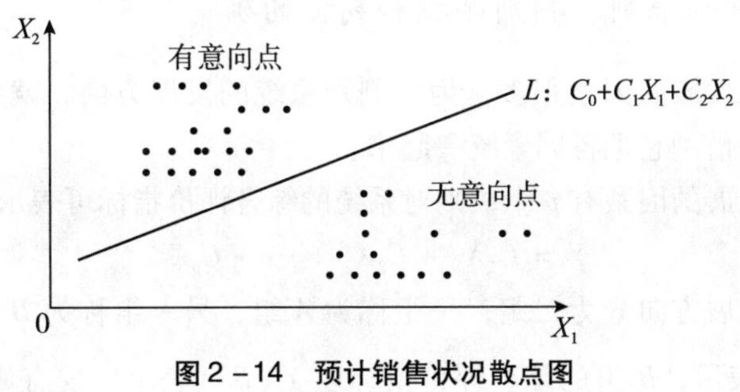

图2-14　预计销售状况散点图

表2-9　消费者购买意向

组别		消费水平 X_1	价格水平 X_2
有意向	A_1	$X_{1,1}^{(A)}$	$X_{2,1}^{(A)}$
	A_2	$X_{1,2}^{(A)}$	$X_{2,2}^{(A)}$
	…	…	…
	A_{n1}	$X_{1,n_1}^{(A)}$	$X_{2,n_1}^{(A)}$
无意向	B_1	$X_{1,1}^{(B)}$	$X_{2,1}^{(B)}$
	B_2	$X_{1,2}^{(B)}$	$X_{2,2}^{(B)}$
	…	…	…
	B_{n2}	$X_{1,n_2}^{(B)}$	$X_{2,n_2}^{(B)}$

从散点图看，有意向组和无意向组基本可用一条直线 L：$C_0+C_1X_1+C_2X_2$ 将其分成两部分，位于直线上方的点是有意向点，位于直线下方的点是无意向点。用数学语言描述，即 $C_0+C_1X_1+C_2X_2>0$ 或 $C_1X_1+C_2X_2>-C_0$ 为有意向；$C_0+C_1X_1+C_2X_2<0$ 或

$C_1X_1+C_2X_2<-C_0$ 为无意向。

如果能求出这条直线方程，即可解决该产品在 X_1、X_2 的各种水平下的预计销售状况，也就是说 $C_1X_1+C_2X_2$ 可作为判别 X_1、X_2 为不同水平时是有意向还是无意向的函数，$-C_0$ 是判别准则。

$$Y=C_1X_1+C_2X_2 \tag{2-57}$$

式（2-57）为判别函数。

$$Y_0=-C_0 \tag{2-58}$$

式（2-58）为判别准则。

如果通过对占有资料的分析，确定出 C_0、C_1、C_2 的值，则对于给定的 X_1 和 X_2，就可求出 Y_0，当 $Y>Y_0$ 时，可判为有意向，否则判为无意向。这就解决了所提出的问题，预测了系统的发展。

由上述可知，判别分析的关键就是根据什么原则处理所占有资料和如何求出 C_0、C_1 和 C_2。

（二）最优判别准则、判别函数和判据的确定

因为影响系统发展的因素很多，为了判别系统的发展方向，就必须拟定一个综合评价指标，也就是借助它把各因素统一起来。

设影响系统发展的因素有 p 个，则对系统的综合评价指标可表示为：

$$Y=C_1X_1+C_2X_2+\cdots+C_pX_p \tag{2-59}$$

现把系统的发展方向分为二组，一组称为 A 组，另一组称为 B 组。A 组的综合评价指标以 $\bar{Y}(A)$ 表示，B 组的综合评价指标以 $\bar{Y}(B)$ 表示。现有属于 A 组的数据 n_1 组，属于 B 组的数据 n_2 组，故综合评价指标如表 2-10 所示。

表 2-10　　综合评价指标

组别	序号	X_1	X_2	…	X_p
A 组	1	$X_{1,1}^{(A)}$	$X_{2,1}^{(A)}$	…	$X_{p,1}^{(A)}$
	2	$X_{1,2}^{(A)}$	$X_{2,2}^{(A)}$	…	$X_{p,2}^{(A)}$
	…	…	…	…	…
	n_1	$X_{1,n_1}^{(A)}$	$X_{2,n_1}^{(A)}$	…	$X_{p,n_1}^{(A)}$
B 组	1	$X_{1,1}^{(B)}$	$X_{2,1}^{(B)}$	…	$X_{p,1}^{(B)}$
	2	$X_{1,2}^{(B)}$	$X_{2,2}^{(B)}$	…	$X_{p,2}^{(B)}$
	…	…	…	…	…
	n_2	$X_{1,n_2}^{(B)}$	$X_{2,n_2}^{(B)}$	…	$X_{p,n_2}^{(B)}$

由表 2-10 可得：

$$\begin{cases} \bar{Y}(A) = \dfrac{1}{n_1}\sum\limits_{i=1}^{n_1} Y_i(A) \\ \bar{Y}(B) = \dfrac{1}{n_2}\sum\limits_{i=1}^{n_2} Y_i(B) \end{cases} \tag{2-60}$$

其中，$Y_i(A) = \sum\limits_{i=1}^{p} C_j X_{ji}^{(A)}, Y_i(B) = \sum\limits_{i=1}^{p} C_j X_{ji}^{(B)}$。

从两组的综合评价指标来看，组间差距越大则判别越容易。同时，如果组内评价指标差距越小，则说明它们越集中，也有利于判别。根据这个道理，费希尔提出了以

$$\max L = \frac{(\bar{Y}(A) - \bar{Y}(B))^2}{\sum\limits_{i=1}^{n_1} (Y_i(A) - \bar{Y}(A))^2 + \sum\limits_{i=1}^{n_2} (Y_i(B) - \bar{Y}(B))^2} \tag{2-61}$$

为确定分类的原则，该原则称费希尔原理，如图 2－15 所示。

由前面的 A、B 两组的综合评价指标 $\bar{Y}(A)$ 和 $\bar{Y}(B)$ 与式（2－61）可知，L 最大是在满足 $(\bar{Y}(A) - \bar{Y}(B))^2$ 最大和 $\left[\sum\limits_{i=1}^{n_1} (Y_i(A) - \bar{Y}(A))^2 + \sum\limits_{i=1}^{n_2} (Y_i(B) - \bar{Y}(B))^2\right]$ 最小时实现的，因此，费希尔原理是以组间差距最大、组内差距最小作为判别原则的，这也符合上述分析中所提出的组间差距越大、组内差距越小越有利于判别的原则。

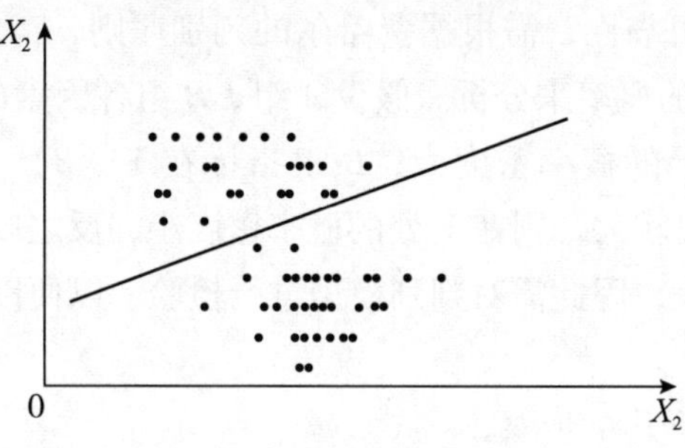

图 2－15 费希尔原理

因为 L 是 C_j 的函数，故应用微分法，当 $\dfrac{\partial L}{\partial C_j} = 0$（$j = 1, 2, \cdots, p$）时，即可求出使 L 达最大时的 C_j 的值。

对式（2－61）求偏导后，经推导得出 C_j，即为式（2－62）方程组的解。

$$\left.\begin{array}{l} S_{11}C_1 + S_{12}C_2 + \cdots + S_{1p}C_p = \bar{X}_1^{(A)} - \bar{X}_1^{(B)} \\ S_{21}C_1 + S_{22}C_2 + \cdots + S_{2p}C_p = \bar{X}_2^{(A)} - \bar{X}_2^{(B)} \\ \cdots\cdots \\ S_{p1}C_1 + S_{p2}C_2 + \cdots + S_{pp}C_p = \bar{X}_p^{(A)} - \bar{X}_p^{(B)} \end{array}\right\} \tag{2-62}$$

式中：

$$S_{ij}=\sum_{k=1}^{n_1}(X_{ik}^{(A)}-\bar{X}_i^{(A)})(X_{jk}^{(A)}-\bar{X}_j^{(A)})+\sum_{k=1}^{n_2}(X_{ik}^{(B)}-\bar{X}_i^{(B)})(X_{jk}^{(B)}-\bar{X}_j^{(B)})$$

$$S_{kk}=\sum_{k=1}^{n_1}(X_{ki}^{(A)}-\bar{X}_k^{(A)})^2+\sum_{k=1}^{n_2}(X_{ki}^{(B)}-\bar{X}_k^{(B)})^2$$

求解式（2－62）即可确定 C_j，从而确定判别函数：

$$Y=C_1X_1+C_2X_2+\cdots+C_pX_p=\sum_{j=1}^{p}C_jX_j \tag{2-63}$$

判据的选择方法是以 A 组和 B 组数据量的大小为权数，计算其综合评价指标的加权平均数 Y_c，其计算公式如下：

$$Y_c=\frac{n_1\bar{Y}(A)+n_2\bar{Y}(B)}{n_1+n_2}$$

当 $X_1=X_1^0$，$X_2=X_2^0$，…，$X_p=X_p^0$ 时，代入式（2－63）得：

$$Y_0=C_1X_1^0+C_2X_2^0+\cdots+C_pX_P^0$$

如果 $Y_0>Y_c$，当 $\bar{Y}(A)>\bar{Y}(B)$，则属 A 组，当 $\bar{Y}(A)<\bar{Y}(B)$，则属 B 组；如果 $Y_0<Y_c$，当 $\bar{Y}(A)>\bar{Y}(B)$，则属 B 组，当 $\bar{Y}(A)<\bar{Y}(B)$，则属 A 组。

（三）判别分析检验

为考查判别分析的可靠性，需根据费希尔的判别原则，考虑 A 组数据和 B 组数据在 $Y(A)$ 和 $Y(B)$ 处的概率来分析。假设 A 组、B 组各因素的指标均服从正态分布，则 A 组指标在 $Y(A)$ 处的概率密度大，B 组指标在 $Y(B)$ 处的概率密度大，如果 $Y(A)$ 与 $Y(B)$ 的距离较大，则在 Y 处的概率密度小，反之则较大。当预测指标接近 Y 时，判误的可能性增大，因此需对判别模型进行检验，以便以一定的置信度确定其可靠性。

检验过程可分为以下几个步骤。

（1）根据 $F_{1-a}(P,n_1+n_2-P-1)$，确定临界值 F_a。

（2）计算 F 值，具体过程如下。

$$\left.\begin{aligned}F&=\frac{n_1n_2(n_1+n_2-P-1)}{P(n_1+n_2)(n_1+n_2-2)}\cdot D^2\\D^2&=(\bar{\boldsymbol{X}}(A)-\bar{\boldsymbol{X}}(B))^{\mathrm{T}}\boldsymbol{S}^{-1}(\bar{\boldsymbol{X}}(A)-\bar{\boldsymbol{X}}(B))\end{aligned}\right\} \tag{2-64}$$

式（2－64）中，$\bar{\boldsymbol{X}}(A)=(\bar{X}_1(A),\bar{X}_2(A),\cdots,\bar{X}_P(A))^{\mathrm{T}}$，$\bar{\boldsymbol{X}}(B)=(\bar{X}_1(B),\bar{X}_2(B),\cdots,\bar{X}_P(B))^{\mathrm{T}}$，$\boldsymbol{S}$ 为式（2－62）的系数矩阵。

（3）比较 F 和 F_a，如果 $F>F_a$，则判别效果良好，否则判别效果较差。

（四）多级判别

在实践中，往往系统发展的方向不止两个，如销售状况可能是畅销、一般和滞销，质量分级为好、中、差三种等。实现这类问题的判别称为多级判别。根据二级判别的原理和方法，采用逐级分级判别的方法可实现多级判别。其步骤如下。

（1）将问题先分成二大类，建立二级判别模型，求出判据。

（2）将（1）中的每一类再分成二类，建立二级判别模型，求出判别准则。

（3）重复（2）的做法，直到满足分级需要为止。

对预测对象先按第一级判别函数和判别准则确定从属的子类，一直到确定出明确归属为止。

（五）判别分析的应用

例2－6　某镇进行土地定级工作，依据土地定级规程并结合本镇的具体情况，采用网格法，以繁华度、交通便捷度和文化氛围三个指标为土地质量评价指标，如表2－11所示。网格设置为100m×100m，并以网格中心至商户中心的距离作为评价繁华度的因素，以距主要交通枢纽站的距离作为评价交通便捷度的因素，以距主要文化设施的距离作为评价文化氛围的因素。现选择12块典型宗地进行详细调查，并按表2－12将实际距离转换成分值。现依据典型宗地的分值和定级状况建立判别分析模型，对该镇土地定级。

表2－11　　土地质量评价指标

级别	繁华度	交通便捷度	文化氛围
Ⅰ	9 $X_{11}^{(A)}$	8 $X_{21}^{(A)}$	7 $X_{31}^{(A)}$
Ⅰ	7 $X_{12}^{(A)}$	6 $X_{22}^{(A)}$	6 $X_{32}^{(A)}$
Ⅰ	10 $X_{13}^{(A)}$	7 $X_{23}^{(A)}$	8 $X_{33}^{(A)}$
Ⅰ	8 $X_{14}^{(A)}$	4 $X_{24}^{(A)}$	5 $X_{34}^{(A)}$
Ⅰ	9 $X_{15}^{(A)}$	9 $X_{25}^{(A)}$	3 $X_{35}^{(A)}$
Ⅰ	8 $X_{16}^{(A)}$	6 $X_{26}^{(A)}$	7 $X_{36}^{(A)}$
Ⅰ	7 $X_{17}^{(A)}$	5 $X_{27}^{(A)}$	6 $X_{37}^{(A)}$
平均值	$\bar{X}_1^{(A)} = 8.29$	$\bar{X}_2^{(A)} = 6.43$	$\bar{X}_3^{(A)} = 6$
Ⅱ	4 $X_{11}^{(B)}$	4 $X_{21}^{(B)}$	4 $X_{31}^{(B)}$
Ⅱ	3 $X_{12}^{(B)}$	6 $X_{22}^{(B)}$	6 $X_{32}^{(B)}$
Ⅱ	6 $X_{13}^{(B)}$	3 $X_{23}^{(B)}$	3 $X_{33}^{(B)}$
Ⅱ	2 $X_{14}^{(B)}$	4 $X_{24}^{(B)}$	4 $X_{34}^{(B)}$
Ⅱ	1 $X_{15}^{(B)}$	2 $X_{25}^{(B)}$	2 $X_{35}^{(B)}$
平均值	$\bar{X}_1^{(A)} = 3.2$	$\bar{X}_2^{(A)} = 3.8$	$\bar{X}_3^{(A)} = 3.8$

表 2-12　　距离—分值转换表

距离（米）	分值（分）	距离（米）	分值（分）
<1000	1	3000 ~ <3500	6
1000 ~ <1500	2	3500 ~ <4000	7
1500 ~ <2000	3	4000 ~ <4500	8
2000 ~ <2500	4	4500 ~ <5000	9
2500 ~ <3000	5	5000 ~ 5500	10

步骤 1，根据式（2-62）求以下矩阵。

$$S = \begin{bmatrix} 22.229 & 8.3429 & 2 \\ 8.3429 & 26.5143 & 6 \\ 2 & 6 & 26 \end{bmatrix}$$

步骤 2，解方程组。

$$\begin{cases} 22.229C_1 + 8.3429C_2 + 2C_3 = 5.09 \\ 8.3429C_1 + 26.5143C_2 + 6C_3 = 2.62 \\ 2C_1 + 6C_2 + 26C_3 = 2 \end{cases}$$

解得 $C_1 = 0.217$，$C_2 = 0.018$，$C_3 = 0.056$。

步骤 3，建立判别函数：$Y = 0.217X_1 + 0.018X_2 + 0.056X_3$。

步骤 4，求判别准则：$Y_C = \dfrac{n_1\bar{Y}(A) + n_2\bar{Y}(B)}{n_1 + n_2} = \dfrac{7 \times 2.5 + 5 \times 0.99}{12} = 1.87$。

步骤 5，检验。

步骤 6，预测。

如某典型宗地数据为：$X_1 = 9$，$X_2 = 5$，$X_3 = 8$，则 $Y_0 = 0.217 \times 9 + 0.018 \times 5 + 0.056 \times 8 = 2.491$。

因 $2.491 > 1.87$，且 $\bar{Y}(A) > \bar{Y}(B)$，故该典型宗地属于Ⅱ级。

这样即可解决多种评价指标下的判别准则问题。

四、时间序列预测模型

回归分析法是用于变量之间呈相关关系时的一种建立预测模型的方法。如果原始数据是随时间变化的数列，即时间序列，采用回归分析法时，自变量为时间 t，建立的模型形式为：$y = f(t)$。

时间序列又称时间数列，是指观察或记录到的一组按时间顺序排列的数据，如某段时间内某种物资市场按时间顺序排列的可供资源量的统计数据；某企业按时间顺序排列的采购成本的历史统计资料等。由于事物的时间序列展示了事物在一定时期内的发展变化过程，因而可以从事物的时间序列分析入手，寻找出事物的变化特征及变化趋势，并通过适当的模型形式和模型参数建立预测模型，运用惯性原理进行趋势外推预测。经常使用的时间序列预测方法有平均数法、移动平均数法和指数平滑法等。由于平均数法是用算术平均数或加权平均数的数值为预测值，所以它只能用一条水平线表示事物的发展变化，而不能反映事物的变化规律，因此就不具体介绍了。

（一）时间序列分析的内容

1. 时间序列的形成

时间序列是由以下四种情况合成的结果。

（1）趋势变化 X_t，序列随时间呈现的倾向性变化。

（2）季节性变化 S_t，序列在一年中随季节呈现有规律性的周期性变化。

（3）循环变化 C_t，序列以不固定的周期呈现出的波动性变化。

（4）随机变化 ε_t，各种不确定因素作用下的无规则变化。

2. 时间序列模型

时间序列模型分为加法模型和比例模型。

（1）加法模型。

加法模型理论认为，时间序列是趋势变化 X_t、季节性变化 S_t、循环变化 C_t 和随机变化 ε_t 四种变化的叠加，故模型形式为：

$$y_t = X_t + S_t + C_t + \varepsilon_t$$

（2）比例模型。

比例模型理论认为，时间序列是以趋势变化 X_t 为主干，其他变化均是对趋势变化 X_t 的修正，故模型形式为：

$$y_t = X_t \cdot S_t \cdot C_t \cdot \varepsilon_t$$

3. 时间序列分析的内容

时间序列分析的内容如表 2－13 所示。

表 2－13　　时间序列分析的内容

内容	方法类别	方法
趋势变化分析	移动平均数法	一次移动平均数法 加权移动平均数法 修正移动平均数法 二次移动平均数法
	指数平滑法	一次指数平滑法 二次指数平滑法 三次指数平滑法

续表

内容	方法类别	方法
季节性变化分析	季节性分析法	简易季节性分析法 周期图分析法
随机变化分析	平衡随机序列分析法	自回归分析法 移动平均分析法 自回归移动平均分析法

（二）趋势预测

1. 一次移动平均数法

一次移动平均数法其中的“平均”是取预测对象的时间序列中最近一组实际值（或历史数据）的算术平均值，其中的“移动”是指参与“平均”的实际值随预测期的推进而不断更新，并且每一个新的实际值参与“平均”时，都要剔除掉已参与“平均”的最旧的一个实际值，以保证每次参与“平均”的实际值都有相同的个数。按照上述办法可以简单地推导出一次移动平均数法的计算公式。

对时间序列 x_1，x_2，…，x_t，…，有 $\bar{x}_t = \dfrac{x_t + x_{t-1} + \cdots + x_{t-N+1}}{N}$，$t \geqslant N$，$N$ 为一次移动平均的期数，$\bar{x}_t$ 为时间序列的一次移动平均数序列，记为 $\{\bar{x}_t, t \geqslant N\}$ 。

一次移动平均数序列是滤除了原时间序列的某些干扰后的结果，因此比原时间序列更平滑，更能体现出原时间序列的趋势变化。

按趋势递推原理，以 $\bar{x}_t$ 作为 $t+1$ 期的预测值，即 $y_{t+1} = \bar{x}_t$ ，可得预测模型：$y_{t+1} = \bar{x}_t = \dfrac{x_t + x_{t+1} + \cdots + x_{t-N+1}}{N}$ 。

例 2－7 某物资企业统计了某年度 1 月至 11 月的钢材销售量，统计结果如表 2－14 所示，请用一次移动平均数法预测其 12 月的钢材销售量。

表 2－14　钢材销售量统计与预测

月份	实际销售量（吨）	一次移动平均数（$n=3$）	一次移动平均数（$n=6$）	预测值（$n=3$）	预测值（$n=6$）
1	22400				
2	21900				
3	22600	22300			
4	21400	21966.66667		22300	
5	23100	22366.66667		21966.66667	

续表

月份	实际销售量（吨）	一次移动平均数（$n=3$）	一次移动平均数（$n=6$）	预测值（$n=3$）	预测值（$n=6$）
6	23100	22533.33333	22416.66667	22366.66667	
7	25700	23966.66667	22966.66667	22533.33333	22416.66667
8	23400	24066.66667	23216.66667	23966.66667	22966.66667
9	23800	24300	23416.66667	24066.66667	23216.66667
10	25200	24133.33333	24050	24300	23416.66667
11	25400	24800	24433.33333	24133.33333	24050
12				24800	24433.33333

取 $n=3$ 及 $n=6$，对12月的钢材销售量进行预测并将预测结果填入表2－14中。

通过计算可知，当 $n=3$ 时，用一次移动平均数法预测的12月钢材销售量为24800吨；当 $n=6$ 时，用一次移动平均数法预测的12月钢材销售量约为24433吨。

从表2－14所列的数据可知，经过一次移动平均计算后的新数列，其数据起伏波动的范围变小了，异常大和异常小的数据被修匀了，从而异常数据对一次移动平均数的影响不大。因此利用一次移动平均数法进行预测，可以在一定程度上描述时间序列变化的趋势。一次移动平均数法对时间序列中数据变化的反应敏感度及修匀能力，取决于 n 的值。随着 n 的减小，其对时间序列中数据变化的反应敏感度增强，但修匀能力下降；随着 n 的增大，其对时间序列中数据变化的反应敏感度减弱，但修匀能力却上升。所以一次移动平均数法的修匀能力与对时间序列中数据变化的反应敏感度是矛盾的，因此在确定 n 的时候，一定要根据时间序列的特点来确定。一般的选择原则如下。

（1）要由所需处理的时间序列的数据的多少而定，数据多时，n 可以取得大一些。

（2）要由已有的时间序列的趋势而定，趋势平稳并基本保持水平状态的，n 可以取得大一些；趋势平稳并保持阶梯性或周期性增长的，n 应该取得小一些；趋势不稳并有脉冲式增减的，n 应取得大一些。

一次移动平均数法使用起来比较简单，但是受平均值之中的前面月份销售量的影响，预测结果会出现滞后偏差，这时，如果近期情况变化发展较快，利用一次移动平均数法预测就不太适宜。这是由于一次移动平均数法对分段内部的各数据同等对待，而没有特别强调近期数据对预测值的影响。

为了解决一次移动平均数法的滞后偏差问题，可以采取二次移动平均数法。二次移动平均数法是在求得一次移动平均数的基础上，对有线性趋势的时间序列做的预测。在以一次移动平均数组成的序列为一个新的时间序列的基础上，再一次进行移动平均，其预测公式为：

$$M_t^{(2)} = \frac{M_{t-1}^{(1)} + M_{t-2}^{(1)} + \cdots + M_{t-n}^{(1)}}{n}$$

在此基础上，对有线性趋势的时间序列做出预测，其预测公式为：

$$y_{t+T} = a_t + b_t \times T$$

式中，$a_t = 2M_t^{(1)} - M_t^{(2)}, b_t = 2(M_t^{(1)} - M_t^{(2)})/(n-1)$ 。

上述推导得到的公式，能较好地解决滞后偏差问题，且该方法计算上较为便利，因此得到了广泛的运用。

例 2－8 对例 2－7 的问题用二次移动平均数法进行预测。

先计算表 2－14 所给时间序列的一次移动平均数及二次移动平均数并填入表 2－15，其中 $n=3$。

表 2－15　钢材销售量移动平均数

月份	实际销售量（吨）	一次移动平均数（$n=3$）	二次移动平均数（$n=3$）	二次移动预测值（$n=3$）	a_t 值	b_t 值
1	22400					
2	21900					
3	22600	22300				
4	21400	21966.66667				
5	23100	22366.66667	22211.11111		22522.22222	155.5556
6	23100	22533.33333	22288.88889	22677.77778	22777.77778	244.4444
7	25700	23966.66667	22955.55556	23022.22222	24977.77778	1011.111
8	23400	24066.66667	23522.22222	25988.88889	24611.11111	544.4444
9	23800	24300	24111.11111	25155.55556	24488.88889	188.8889
10	25200	24133.33333	24166.66667	24677.77778	24100	－33.3333
11	25400	24800	24411.11111	24066.66667	25188.88889	388.8889
12				25577.77778		

再计算二次移动平均数法中参数的取值，得：

$$a_t = 2M_t^{(1)} - M_t^{(2)} = 2 \times 24800 - 24411 = 25189$$

$$b_t = 2(M_t^{(1)} - M_t^{(2)})/(n-1) = 2 \times (24800 - 24411)/(3-1) = 389$$

$$y_{t+T} = a_t + b_t \times T = 25189 + 389T$$

则 12 月的钢材销售量预测值为：

$$y_{11+1} = 25189 + 389 \times 1 = 25578$$

2. 加权移动平均数法

用一次移动平均数法进行预测是将各期数据的重要性同等对待，如果考虑各期数据的重要性，将每个序列值乘以加权因子，则时间序列的加权平均值序列为：

$$x_t = \frac{a_0 x_t + a_1 x_{t-1} + \cdots + a_{n-1} x_{t-n+1}}{n} = w_0 x_t + w_1 x_{t-1} + \cdots + w_{n-1} x_{t-n+1}$$

式中 w_i 为加权因子，应满足 $\sum_{i=0}^{n-1} w_i = 1$ 。

将 $\bar{x}_i$ 作为下一期预测值，即 $y_{t+1} = \hat{x}_t$ 。则预测模型为：$y_{t+1} = w_0 x_t + w_1 x_{t-1} + \cdots + w_{n-1} x_{t-n+1}$ 。

该模型既可体现原始数据的平滑度，又考虑了各期数据的重要性程度，预测结果一般比只考虑趋势的一次移动平均数法更接近实际。

由上述模型可见，预测值 y_{t+1} 是由 n 期数据按一定比例组成的，一般情况下，近期数据对预测值的影响大，远期数据对预测值的影响小。

现以某房地产开发公司某年商品房销售数据为例，用两种预测方法预测下年度 1 月份销售量（见表 2－16）。

表 2－16　　一次移动平均数法和加权移动平均数法预测

时间（月份）	1	2	3	4	5	6	7	8	9	10	11	12	1（下年度）
销售量	18	15	12	20	25	24	26	25	28	26	29	26	
一次移动平均数法（$n=3$）				15	16	19	23	25	25	26.33333	26.33333	27.66667	27
一次移动平均数法（$n=4$）					16	18	20	24	25	25.75	26.25	27	27.3
加权移动平均数法（$n=3$）				16	15	17	22	25	25	26	26.16667	27.5	27

注：加权移动平均数法中 $a_0=1.5$，$a_1=1$，$a_2=0.5$。

3. 修正移动平均数法

当时间序列呈现增长或减少趋势时，采用一次移动平均数法将产生滞后偏差。产生滞后偏差的原因如下。

假设时间序列呈线性增长趋势，则方程为：

$$y_t = a + bt$$

当 t 增加至 $t+n$ 时，序列值为 $y_{t+n} = a + bt + bn$ 。

但采用一次移动平均数法预测时，预测值为：

$$y_{t+n} = \frac{1}{n}\sum_{i=1}^{n} y_{t+i} = a + bt + \frac{(1+2+\cdots+n)}{n}b = a + bt + \frac{n+1}{2}b$$

二者之差为 $\frac{n-1}{2}b$ 。

故在 $t+n$ 期，一次移动平均数法的预测值滞后了 $\frac{n-1}{2}b$ 。

为了消除一次移动平均数法预测所产生的滞后偏差，应在一次移动平均数法预测值的基础上，以 $\frac{n-1}{2}b$ 为修正量对一次移动平均数法预测模型进行修正，故修正后的一次移动平均数法预测模型为：

$$y_t = \bar{x}_t + \frac{n-1}{2}b_t$$

$$y_{t+k} = y_t + kb_t$$

式中：y_t ——第 t 期预测值；

$\bar{x}_t$ ——第 t 期一次移动平均数；

b_t ——第 t 期平均增长量，应取一次移动平均数计算期内的平均增长量。

b_t 的计算按线性回归公式 $b = \frac{n\sum_{i=1}^{n} x_i y_i - \sum_{i=1}^{n} x_i \sum_{i=1}^{n} y_i}{n\sum_{i=1}^{n} x_i^2 - (\sum_{i=1}^{n} x_i)^2}$ 计算，为使其计算简化，可使 $\sum_{i=1}^{n} t_i = 0$，而使用简化公式 $b = \frac{\sum_{i=1}^{n} x_i y_i}{\sum_{i=1}^{n} x_i^2}$。

预测下年度 1 月和 5 月销售量分别为：

当 $n=3$ 时，$\bar{x}_1 = 27$，$b_1 = \frac{-1\times 26 + 0\times 29 + 1\times 26}{1+0+1} = 0$，$y_1 = 27 + \frac{3-1}{2}\times 0 = 27$ 。

当 $n=4$ 时，$\bar{x}_1 = 27.3$，$b_1 = \frac{(-3\times 28 - 1\times 26 + 1\times 29 + 3\times 26)\times 2}{(-3)^2 + (-1)^2 + 1^2 + 3^2} = -0.3$，$y_1 = 27.3 + \frac{3-1}{2}\times(-0.3) = 27$，$\hat{y}_{1+4} = 27 - 0.3\times 4 = 25.8$ 。

注意：当 $n=4$ 时，为使 $\sum_{i=1}^{n} t_i = 0$ ，选 $t_1=-3$，$t_2=-1$，$t_3=1$，$t_4=3$，间隔为 2，故计算 b_1 时应乘以 2。

4. 一次指数平滑法

对时间序列 x_1，若预测值按 $y_t = ax_t + (1-a)y_{t-1}$ 或 $y_t = y_{t-1} + a(x_{t-1} - y_{t-1})$ 计算，则该预测法叫一次指数平滑法，其中 a 为平滑系数，且 $0 \leqslant a \leqslant 1$。

当期预测值是由当期实际值和上期预测值按比例构成的或是由上期预测值与上期预测误差的修正值构成的。

把 $y_t = ax_t + (1-a)y_{t-1}$ 展开，将有助于加深对该方法的深刻理解，即：

$$\begin{aligned} y_t &= ax_t + (1-a)y_{t-1} \\ &= ax_t + (1-a)[ax_{t-1} + (1-a)y_{t-2}] \end{aligned}$$

$$= ax_t + a(1-a)x_{t-1} + (1-a)^2 y_{t-2}$$
$$= ax_t + a(1-a)x_{t-1} + (1-a)^2[ax_{t-2} + (1-a)y_{t-3}]$$
$$= ax_t + a(1-a)x_{t-1} + a(1-a)^2 x_{t-2} + (1-a)^3 y_{t-3}$$
$$= \cdots$$
$$= ax_t + a(1-a)x_{t-1} + a(1-a)^2 x_{t-2} + a(1-a)^3 x_{t-3} + \cdots + a(1-a)^{t-1}x_{t-(t-1)} + (1-a)^t y_0$$

由展开式可知：

（1）当 $a=1$ 时，预测值取当期实际值；当 $a=0$ 时，预测值取时间序列的初始值。

（2）因 $0 \leqslant a \leqslant 1$，故距预测期近的数据占的比重大，距预测期远的数据占的比重小。当数据量很大时，原始数据对预测值的影响甚微，a 取值大时，近期数据占的比重越大；a 取值小时，近期数据占的比重越小。

（3）a 的大小影响预测值，若 a 较大，预测值更贴近原时间序列，滞后小；若 a 较小，平滑效果越好，滞后大。

（4）预测值实质是原始数据的加权平均数，且权数按指数变化，因此该方法叫一次指数平滑法，是一种特殊的加权移动平均数法。

将采用不同 a 值的预测值绘制到一张图中（见图 2－16），可以看出，a 越小，平滑效果越好，但预测精度越小。取合适的 a 值，是用好一次指数平滑模型的一个重要技巧，一般采用多方案比较方法，从中选出最能反映实际值变化规律的 a 值。

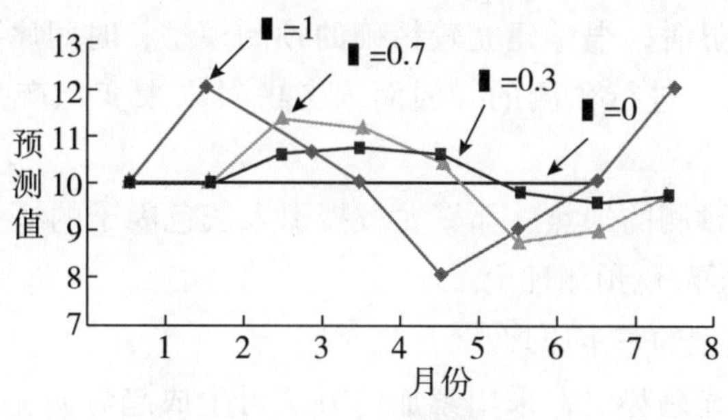

图 2－16　不同 a 值的预测值

例 2－9　某汽车运输公司某年前 8 个月的配车次数如表 2－17 中第 2 列所示，分别预测平滑系数为 0.3 和 0.7 时 9 月的配车次数。

表 2－17　　一次指数平滑法预测表

时间 t	实际值 x_t	预测值 y_{t+1}	
	配车次数（$a=1$）	一次指数平滑法（$a=0.3$）	一次指数平滑法（$a=0.7$）
1 月	10	10.00	10.00
2 月	12	10.00	10.00

续表

时间 t	实际值 x_t	预测值 y_{t+1}	
	配车次数（$a=1$）	一次指数平滑法（$a=0.3$）	一次指数平滑法（$a=0.7$）
3 月	11	10.06	11.4
4 月	10	10.72	11.12
5 月	8	10.50	10.34
6 月	9	9.75	8.70
7 月	10	9.53	8.91
8 月	12	9.67	9.67
9 月		10.37	11.30

无论是移动平均数法还是指数平滑法，都是通过对数据进行加权求和，以“平滑掉”短期的不规则数据的过程。由于这两种预测法所用的数据量，就总体而言并不多，对任何时间序列都有较好的适用性，因而被广泛应用于物流市场资源量、采购量、需求量、销售量及价格的预测中。

（三）灰色预测模型

1. 灰色预测的基本原理

时间序列预测是采用趋势预测原理进行的，然而时间序列预测存在以下问题：时间序列变化趋势不明显时，很难建立较精确的预测模型；时间序列预测是在系统按原趋势发展变化的假设下进行预测的，因而未考虑对未来变化产生影响的各种不确定因素。

为克服时间序列预测的缺点，邓聚龙教授引入灰色因子的概念，采用“累加”和“累减”的方法创立了灰色预测理论。

（1）灰色预测模型的基本原理。

当时间序列无明显趋势时，采用累加的方法可生成趋势明显的时间序列。如时间序列 $X^{(0)} = \{32, 38, 36, 35, 40, 4\}$ 的趋势并不明显，但将其元素进行累加后，生成的时间序列 $X^{(1)} = \{32, 70, 106, 141, 181, 185\}$ 是一个趋势非常明显的数列，根据该数列的增长趋势并考虑灰色因子的影响建立预测模型，然后采用累减的方法进行逆运算，恢复原时间序列，得到预测结果，就是灰色预测模型的基本原理。

（2）灰色预测的类型。

灰色预测是基于灰色预测模型的预测，按其应用的对象可有以下四种类型：

①数列预测，是针对系统行为的特征值的发展变化所进行的预测；

②突变预测，是针对系统行为的特征值超过某个阈值的异常值将在何时出现的预测；

③季节突变预测，是针对系统行为的特征有异常值出现或某种事件的发生是在一

年中的某个特定的时区的预测；

④拓扑预测，是对一段时间内系统行为特征数据波形的预测。

（3）灰色预测模型的建立方法和步骤。

假设原始时间序列为 $X^{(0)} = \{X^{(0)}(1), X^{(0)}(2), \cdots, X^{(0)}(n)\}$，其累加时间序列为 $X^{(1)}(t) = \{X^{(1)}(1), X^{(1)}(2), \cdots, X^{(1)}(n)\}$。按累加时间序列建立微分方程模型，即：

$$\frac{\mathrm{d}X^{(1)}}{\mathrm{d}t} + aX^{(1)} = u$$

其解的离散描述形式为：

$$X^{(1)}(t+1) = \left(X^{(0)}(1) - \frac{u}{a}\right)\mathrm{e}^{-at} + \frac{u}{a}$$

确定了参数 a 和 u 后，按此模型递推，即可得到预测的累加数列，通过检验后，再累减即得到预测值。其步骤如下。

①由原始时间序列 $X^{(0)}$ 按下式计算累加时间序列 $X^{(1)}(t)$，即：

$$X^{(1)}(t) = \sum_{m=1}^{n} X^{(0)}(m)$$

②按 $X^{(1)}(t)$，采用最小二乘法按下式确定模型参数，即：

$$\hat{a} = \begin{pmatrix} a \\ u \end{pmatrix} = (\boldsymbol{B}^{\mathrm{T}}\boldsymbol{B})^{-1}\boldsymbol{B}^{\mathrm{T}}\boldsymbol{Y}_N$$

式中：$\boldsymbol{B} = \begin{bmatrix} -\frac{1}{2}(X^{(1)}(1) + X^{(1)}(2)) & 1 \\ -\frac{1}{2}(X^{(1)}(2) + X^{(1)}(3)) & 1 \\ \vdots & \vdots \\ -\frac{1}{2}(X^{(1)}(n-1) + X^{(1)}(n)) & 1 \end{bmatrix}$；$\boldsymbol{Y}_N = \begin{bmatrix} X^{(0)}(2) \\ X^{(0)}(3) \\ \vdots \\ X^{(0)}(n) \end{bmatrix}$。

③建立预测模型，求出累加时间序列。

$$X^{(1)}(t+1) = \left(X^{(0)}(1) - \frac{u}{a}\right)\mathrm{e}^{-at} + \frac{u}{a}$$

④采用残差检验法进行模型检验。

⑤根据系统未来变化，确定预测值上下界，即按下式确定灰平面。

上界：$X^{(1)}_{\max}(n+t) = X^{(1)}(n) + t\sigma_{\max}$。

下界：$X^{(1)}_{\min}(n+t) = X^{(1)}(n) + t\sigma_{\min}$。

⑥用模型进行预测。

（4）模型检验。

灰色预测模型通常采用残差检验法。所谓残差检验法是指按所建模型计算出累加时间序列，再按累减生成法还原，还原后将其与原始时间序列比较，求出两个序列的差值，即为残差，通过计算相对精度以确定模型精度的一种方法。如果相对精度均满足要求精度，则模型通过检验；如果相对精度不满足要求精度，可建立残差模型 GM（1，1）对原模型进行修正。

利用残差模型 GM（1，1）提高原模型精度的方法共有以下两种。

①当用累加时间序列的残差建立残差模型 GM（1，1）时，其残差序列为：

$$\varepsilon^{(0)}(t) = \hat{X}^{(1)}(t) - X^{(1)}(t)$$

其累加生成 GM（1，1）模型为：

$$\varepsilon^{(1)}(t+1) = \left(\varepsilon^{(0)}(1) - \frac{u_\varepsilon}{a_\varepsilon}\right)e^{-a_\varepsilon t} + \frac{u_\varepsilon}{a_\varepsilon}$$

原模型修正项的导数形式为：

$$\delta(t-i)(-a_\varepsilon)\left(\varepsilon^{(0)}(1) - \frac{u_\varepsilon}{a_\varepsilon}\right)e^{-a_\varepsilon t}$$

式中 $\delta(t-i) = \begin{cases} 1, 当\, t \geqslant i\, 时 \\ 0, 当\, t < i\, 时 \end{cases}$。

修正后的模型可表示为以下两种方式：

$$\hat{X}(t+1) = \left(X^{(0)}(1) - \frac{u}{a}\right)e^{-at} + \frac{u}{a} + \delta(t-i)(-a_\varepsilon)\left(\varepsilon^{(0)}(1) - \frac{u_\varepsilon}{a_\varepsilon}\right)e^{-a_\varepsilon t}$$

$$\hat{X}(t+1) = -a\left(X^{(0)}(1) - \frac{u}{a}\right)e^{-at} + \frac{u}{a} + \delta(t-i)(-a_\varepsilon)^2\left(\varepsilon^{(0)}(t) - \frac{u_t}{a_t}\right)e^{-a_\varepsilon t}$$

②当用还原模型的残差序列建立 GM(1，1) 模型时，残差序列为：

$$q^{(1)}(t) = \hat{X}^{(0)}(1) - X^{(0)}(t)$$

其累加生成模型为：

$$q^{(1)}(t+1) = \left(q^{(0)}(1) - \frac{u_q}{a_q}\right)e^{-a_q t} + \frac{u_q}{a_q}$$

原模型修正项的导数形式为：

$$\delta(t-i)(-a_q)\left(q^{(0)}(1) - \frac{u_q}{a_q}\right)e^{-a_q t}$$

式中 $\delta(t-i) = \begin{cases} 1, 当\, t \geqslant i\, 时 \\ 0, 当\, t < i\, 时 \end{cases}$。

修正后的模型为 $\hat{X}^{(1)}$（$t+1$）的导数和 $q^{(1)}$（$t+1$）的导数之和，可表示为以下两种方式：

$$\hat{X}(t+1) = -a\left(X^{(0)}(1) - \frac{u}{a}\right)e^{-at} + \frac{u}{a} + \delta(t-i)(-a_\varepsilon)^2\left(\varepsilon^{(0)}(t) - \frac{u_t}{a_t}\right)e^{-a_\varepsilon t}$$

$$\hat{X}(t+1) = \left(X^{(0)}(1) - \frac{u}{a}\right)e^{-at} + \frac{u}{a} + \left(q^{(0)}(1) - \frac{u_q}{a_q}\right)e^{-a_q t} + \frac{u_q}{a_q}$$

综上所述,GM（1，1）模型实质上是采用线性化方法建立的一种指数预测模型，因此，当系统呈指数变化时，预测精度较高。

2. GM（1，1）模型的应用

（1）预测模型。

例 2－10　某公司销售额如表 2－18 所示。

表 2－18　　某公司销售额　　单位：万元

年份	2016	2017	2018	2019	2020	2021
销售额	434.5	470.5	527.6	571.4	626.4	685.2

现建立 GM（1，1）模型并预测 2021 年和 2022 年的销售额。

原始时间序列为：

$$X^{(0)} = \{434.5, 470.5, 527.6, 571.4, 626.4, 685.2\}$$

第一步，求累加时间数列，即：

$$X^{(1)} = \{434.5, 905, 1432.6, 2004, 2630.4, 3315.6\}$$

第二步，用最小二乘法求参数 $\hat{\boldsymbol{a}} = (a, u)^{\mathrm{T}}$。

$$\boldsymbol{B} = \begin{bmatrix} -\frac{1}{2}(X^{(1)}(1)+X^{(1)}(2)) & 1 \\ -\frac{1}{2}(X^{(1)}(2)+X^{(1)}(3)) & 1 \\ -\frac{1}{2}(X^{(1)}(3)+X^{(1)}(4)) & 1 \\ -\frac{1}{2}(X^{(1)}(4)+X^{(1)}(5)) & 1 \\ -\frac{1}{2}(X^{(1)}(5)+X^{(1)}(6)) & 1 \end{bmatrix} = \begin{bmatrix} -669.75 & 1 \\ -1168.8 & 1 \\ -1718.3 & 1 \\ -2317.2 & 1 \\ -2973.0 & 1 \end{bmatrix}$$

$\boldsymbol{Y}_N =$（470.5，527.6，571.4，626.4，685.2）^{T}，代入 $\hat{\boldsymbol{a}} = (\boldsymbol{B}^{\mathrm{T}}\boldsymbol{B})^{-1}\boldsymbol{B}^{\mathrm{T}}\boldsymbol{Y}_N$ 得：

$$\hat{\boldsymbol{a}} = \begin{pmatrix} -0.0916 \\ 414.0736 \end{pmatrix}$$

因为 $X^{(1)}(1) = 434.5$，所以：

$$X^{(1)}(t+1) = \left(X^{(0)}(1) - \frac{u}{a}\right)e^{-at} + \frac{u}{a} = 4953.04815e^{0.0916t} - 4518.541815$$

第三步，检验结果如表 2－19 所示，由表可知精度较高，模型可用。

表 2－19　　检验结果

年份	按模型计算数据 $X^{(1)}$	还原数据 $\hat{X}^{(0)}$	原始数据 $X^{(0)}$	绝对误差	相对误差（%）
2016	434.5	434.5	434.5	0	0
2017	909.8	475.3	470.5	－4.8	1.02
2018	1430.8	521.0	527.6	6.6	1.25

续表

年份	按模型计算数据 $X^{(1)}$	还原数据 $\hat{X}^{(0)}$	原始数据 $X^{(0)}$	绝对误差	相对误差（%）
2019	2001.7	570.9	571.4	0.5	0.09
2020	2627.5	625.8	626.4	0.6	0.10
2021	3313.3	685.8	685.2	-0.6	0.09

第四步，建立灰平面。

假设该公司生产受生产能力的限制，每年销售额的增长量不超过70万元，但不低于20万元，该公司最高生产能力的销售额为800万元，最低为600万元，当 $t=6$ 时，灰平面可按下式确定。

上界：$X_{\max}^{(1)}(t+k)=X^{(1)}(t)+k\delta_{\max}=X_{\max}^{(1)}(6+k)=X^{(1)}(6)+k\delta_{\max}=3315.6+70k$。

下界：$X_{\min}^{(1)}(t+k)=X^{(1)}(t)+k\delta_{\min}=X_{\min}^{(1)}(6+k)=X^{(1)}(6)+k\delta_{\min}=3315.6+20k$。

第五步，预测2021年和2022年的销售额。

2021年的销售额为：

$$\hat{X}^{(1)}(6+1)=4953.04815e^{0.0916\times 6}-4518.54815=4062.9$$

$$\hat{X}^{(0)}(7)=4062.9-3313.3=749.6$$

2022年的销售额为：

$$\hat{X}^{(0)}(7+1)=4953.04815e^{0.0916\times 7}-4518.54815=4886.1$$

$$\hat{X}^{(1)}(8)=4886.1-(3313.3+749.6)=823.2$$

由预测值可见，$\hat{X}^{(1)}(8)=823.2$，比 $\hat{X}^{(0)}(7)$ 高73.6，超过增长限度，故应取增长值的最高限 $749.6+70=819.6$，但该值超过该公司最大生产能力，故最终预测值为800。

（2）灰色灾变预测。

某企业生产用的原料属于受自然灾害影响较大的农产品。一般来说，自然灾害的发生具有偶然性，通过对历史数据的整理，可发现其具有一定的规律性。为确保生产不受自然灾害的影响，该企业收集了2005—2021年原料的收获量（见表2-20），并规定每亩平均收获量小于或等于320kg时为歉收年份，将影响原料的正常供应，现应用灰色灾变预测来预测下次发生歉收的年份。

表2-20　2005—2021年原料的收获量

年份	2005	2006	2007	2008	2009	2010	2011	2012	2013
收获量（kg）	390.6	412	320	559	380	542	553	310	561
年份	2014	2015	2016	2017	2018	2019	2020	2021	
收获量（kg）	300	632	540	406.2	314	576	587	318	

第一步，将表2-20中年份用序号替换（2005年对应1号，2006年对应2号，依次类推），并找出收获量小于或等于320kg的年份序号，形成原始时间序列 $w^{(0)}$。

原始时间序列 $w^{(0)}=\{3,8,10,14,17\}$，累加时间序列 $w^{(1)}=\{3,11,21,35,52\}$。

第二步，建立GM（1，1）模型。

$$\boldsymbol{B}=\begin{bmatrix} -\frac{1}{2}(w^{(1)}(1)+w^{(1)}(2)) & 1 \\ -\frac{1}{2}(w^{(1)}(2)+w^{(1)}(3)) & 1 \\ -\frac{1}{2}(w^{(1)}(3)+w^{(1)}(4)) & 1 \\ -\frac{1}{2}(w^{(1)}(4)+w^{(1)}(5)) & 1 \end{bmatrix}=\begin{bmatrix} -7 & 1 \\ 16 & 1 \\ -28 & 1 \\ -43.5 & 1 \end{bmatrix}$$

$$\boldsymbol{Y}_N=(8,\ 10,\ 14,\ 17)^{\mathrm{T}}$$

$$\hat{\boldsymbol{a}}=(\boldsymbol{B}^{\mathrm{T}}\boldsymbol{B})^{-1}\boldsymbol{B}^{\mathrm{T}}\boldsymbol{Y}_N=\begin{pmatrix} -0.25361 \\ 6.258399 \end{pmatrix}$$

模型为：

$$w^{(1)}(t+1)=(w^{(0)}(1)-\frac{u}{a})\mathrm{e}^{-at}+\frac{u}{a}=27.6770\mathrm{e}^{0.25361t}-24.67702$$

当 $t=5$ 时，$\hat{w}(6)=73.6848$，$\hat{w}^{(0)}(6)=73.6848-52=21.6848$。

下次发生歉收的年份为2025年和2026年。因按年份序号的预测值为21.6848，即21号或22号，现最后序号17对应2021年，故21-17=4，22-17=5，即四年和五年后将出现歉收的可能。

五、马尔可夫预测模型

马尔可夫预测模型是应用概率论中马尔可夫链的理论和方法来研究分析时间序列的变化规律，并由此预测其未来变化趋势的一种预测技术。这种技术已在市场预测分析和市场管理决策中得到广泛应用。

（一）马尔可夫链的基本原理

我们知道，要描述某种特定时期的随机现象，如某种药品在未来某时期的销售情况，第 n 季度是畅销还是滞销，用一个随机变量 X_n 便可以了，但要描述未来所有时期的情况，则需要一系列的随机变量 X_1，X_2，…，X_n，…，称 $\{X_t,\ t\in T,\ T$ 是参数集$\}$ 为随机过程，$\{X_t\}$ 的取值集合称为状态空间。若随机过程 $\{X_n\}$ 的参数为非负整数，X_n 为离散随机变量，且 $\{X_n\}$ 具有无后效性（或称马尔可夫性），称这一随机过程为马尔可夫链（简称马氏链）。所谓无后效性，直观地说，就是如果把 $\{X_n\}$ 的参数 n 看作时间的话，那么它在将来取什么值只与它现在的取值有关，而与过去取什么值无关。

对具有 N 个状态的马氏链，描述它的概率性质，最重要的是它在 n 时刻处于状态

i，$n+1$ 时刻转移到状态 j 的一步转移概率，即：

$$P\ (X_{n+1}=j \mid X_n=i)\ =p_{ij}(n) \quad i,\ j=1,\ 2,\ \cdots,\ N$$

若假定上式与 n 无关，即 p_{ij}（0）$=p_{ij}(1)\ =\cdots=p_{ij}(n)\ =\cdots$,则可记为 p_{ij}（此时称过程是平稳的），并记：

$$\boldsymbol{P}=\begin{bmatrix} p_{11} & p_{12} & \cdots & p_{1N} \\ p_{21} & p_{22} & \cdots & p_{2N} \\ \cdots & \cdots & \cdots & \cdots \\ p_{N1} & p_{N2} & \cdots & p_{NN} \end{bmatrix}$$

同时称 $\boldsymbol{P}$ 为转移概率矩阵。

例2-11 设某项物流服务的销售需求情况分为“畅销”和“滞销”两种，以“1”代表“畅销”，“2”代表“滞销”。以 X_n 表示第 n 个季度的销售状态，则 X_n 可以取值1或2。若未来的物流服务销售状态只与现在的销售状态有关，与以前的销售状态无关，则物流服务的销售状态 $\{X_n,\ n\geqslant 1\}$ 就构成一个马氏链。设 $p_{11}=0.5$，$p_{12}=0.5$，$p_{21}=0.6$，$p_{22}=0.4$，则转移概率矩阵为：

$$\boldsymbol{P}=\begin{bmatrix} 0.5 & 0.5 \\ 0.6 & 0.4 \end{bmatrix}$$

这里 $p_{11}=0.5$ 表示连续畅销的可能性，$p_{12}=0.5$ 表示由畅销转入滞销的可能性，$p_{21}=0.6$ 表示由滞销转入畅销的可能性，$p_{22}=0.4$ 表示连续滞销的可能性。

转移概率矩阵具有以下性质。

（1）$p_{ij}\geqslant 0$；$i,\ j=1,\ 2,\ \cdots,\ N$，即每个元素非负。

（2）$\sum_{j=1}^{N} p_{ij}=1; i,j=1,2,\cdots,N$，即矩阵每行的元素和等于1。

如果我们考虑状态多次转移的情况，则有过程在 n 时刻处于状态 i，$n+k$ 时刻转移到状态 j 的 k 步转移概率可写成 $p_{ij}^{(k)}$，并记：

$$\boldsymbol{P}^{(k)}=\begin{bmatrix} p_{11}^{(k)} & p_{12}^{(k)} & \cdots & p_{1N}^{(k)} \\ p_{21}^{(k)} & p_{22}^{(k)} & \cdots & p_{2N}^{(k)} \\ \cdots & \cdots & \cdots & \cdots \\ p_{N1}^{(k)} & p_{N2}^{(k)} & \cdots & p_{NN}^{(k)} \end{bmatrix}$$

同时称 $\boldsymbol{P}^{(k)}$ 为 k 步转移概率矩阵。其中 $p_{ij}^{(k)}$ 具有以下性质。

① $p_{ij}^{(k)}\geqslant 0; i,j=1,2,\cdots,N$。

② $\sum_{j=1}^{N} p_{ij}^{(k)}=1; i,j=1,2,\cdots,N$。

例2-12 求例2-11中物流服务的销售状态 $\{X_n\}$ 的二步转移概率矩阵 $\boldsymbol{P}^{(2)}$。

由例2-11知，其一步转移概率矩阵为：

$$\boldsymbol{P}=\begin{bmatrix} 0.5 & 0.5 \\ 0.6 & 0.4 \end{bmatrix}$$

若本季度物流服务的销售需求情况为畅销（即处于状态“1”），那么，经过两个季度以后，就经历了两次转移，可能转移到状态“2”，也可能保持状态“1”，这种转移的可能性的大小就是二步转移概率。

$p_{11}^{(2)}$ 表示物流服务的销售需求情况由畅销经两次转移后仍然是畅销的概率，由全概率公式得：

$$\begin{aligned} p_{11}^{(2)} &= P(X_3 = 1 | X_1 = 1) \\ &= P(X_2 = 1 | X_1 = 1)P(X_3 = 1 | X_2 = 1) + P(X_2 = 2 | X_1 = 1)P(X_3 = 1 | X_2 = 2) \\ &= p_{11}p_{11} + p_{12}p_{21} \\ &= 0.5 \times 0.5 + 0.5 \times 0.6 \\ &= 0.55 \end{aligned}$$

同样可算得由畅销经两次转移到滞销的概率为：

$$p_{12}^{(2)} = p_{11}p_{12} + p_{12}p_{22} = 0.5 \times 0.5 + 0.5 \times 0.4 = 0.45$$

由滞销经两次转移到畅销和滞销的概率分别为：

$$p_{21}^{(2)} = p_{21}p_{11} + p_{22}p_{21} = 0.6 \times 0.5 + 0.4 \times 0.6 = 0.54$$

$$p_{22}^{(2)} = p_{21}p_{12} + p_{22}p_{22} = 0.6 \times 0.5 + 0.4 \times 0.4 = 0.46$$

所以二步转移概率矩阵为：

$$\boldsymbol{P}^{(2)} = \begin{bmatrix} 0.55 & 0.45 \\ 0.54 & 0.46 \end{bmatrix}$$

由例 2－12 的计算过程知：

$$\boldsymbol{P}^{(2)} = \begin{bmatrix} p_{11}^{(2)} & p_{12}^{(2)} \\ p_{21}^{(2)} & p_{22}^{(2)} \end{bmatrix} = \begin{bmatrix} p_{11}p_{11} + p_{12}p_{21} & p_{11}p_{12} + p_{12}p_{22} \\ p_{21}p_{11} + p_{22}p_{21} & p_{21}p_{12} + p_{22}p_{22} \end{bmatrix}$$

一般有，若 $\boldsymbol{P}$ 为一步转移概率矩阵，则 k 步转移概率矩阵为：

$$\boldsymbol{P}^{(k)} = \begin{bmatrix} p_{11}^{(k)} & p_{12}^{(k)} & \cdots & p_{1N}^{(k)} \\ p_{21}^{(k)} & p_{22}^{(k)} & \cdots & p_{2N}^{(k)} \\ \cdots & \cdots & \cdots & \cdots \\ p_{N1}^{(k)} & p_{N2}^{(k)} & \cdots & p_{NN}^{(k)} \end{bmatrix}$$

（二）状态转移概率的估算

在马尔可夫预测方法中，系统状态的转移概率的估算非常重要。估算的方法通常有两种。一是主观概率法，它是根据人们长期积累的经验以及对预测事件的了解，对事件发生的可能性大小的一种主观估计，这种方法一般是在缺乏历史统计资料或资料不全的情况下使用。二是统计估算法，现通过实例进行介绍。

例 2－13　通过记录某物流服务 24 个季度的销售情况，得到表 2－21，试求销售状态的转移概率矩阵。

表 2－21　　某物流服务 24 个季度的销售情况

季度	销售状态	季度	销售状态	季度	销售状态	季度	销售状态
1	1（畅销）	7	1（畅销）	13	1（畅销）	19	2（滞销）
2	1（畅销）	8	1（畅销）	14	1（畅销）	20	1（畅销）
3	2（滞销）	9	1（畅销）	15	2（滞销）	21	2（滞销）
4	1（畅销）	10	2（滞销）	16	2（滞销）	22	1（畅销）
5	2（滞销）	11	1（畅销）	17	1（畅销）	23	1（畅销）
6	2（滞销）	12	2（滞销）	18	1（畅销）	24	1（畅销）

分析表 2－21 中的数据，其中有 15 个季度畅销，9 个季度滞销，连续出现畅销和由畅销转入滞销以及由滞销转入畅销的次数均为 7，连续滞销的次数为 2。由此可得到下面的市场状态转移情况表，如表 2－22 所示。

表 2－22　　市场状态转移情况表

本季度物流服务所处的销售状态	下季度物流服务所处的销售状态	
	1（畅销）	2（滞销）
1（畅销）	7	7
2（滞销）	7	2

现计算转移概率，以频率代替概率，可得连续畅销的概率：

$$p_{11}=\frac{\text{连续出现畅销的次数}}{\text{出现畅销的次数}}=\frac{7}{15-1}=0.5$$

分母中的数为 15 减 1，是因为第 24 个季度是畅销，无后续记录，需减 1。

由畅销转入滞销的概率：

$$p_{12}=\frac{\text{畅销转入滞销的次数}}{\text{出现畅销的次数}}=\frac{7}{15-1}=0.5$$

滞销转入畅销的概率：

$$p_{21}=\frac{\text{滞销转入畅销的次数}}{\text{出现滞销的次数}}=\frac{7}{9}=0.78$$

连续滞销的概率：

$$p_{22}=\frac{\text{连续滞销的次数}}{\text{出现滞销的次数}}=\frac{2}{9}=0.22$$

综上，得销售状态转移概率矩阵为：

$$\boldsymbol{P}=\begin{bmatrix}p_{11} & p_{12}\\ p_{21} & p_{22}\end{bmatrix}=\begin{bmatrix}0.5 & 0.5\\ 0.78 & 0.22\end{bmatrix}$$

从上面的计算过程可知，所求转移概率矩阵 $\boldsymbol{P}$ 的元素其实可以直接通过表 2－22

中的数字计算而得，即将表中数分别除以该数所在行的数字和便可，即：

$$p_{11}=\frac{7}{7+7},\ p_{12}=\frac{7}{7+7}$$

$$p_{21}=\frac{7}{7+2},\ p_{22}=\frac{2}{7+2}$$

由此，推广到一般情况，我们得到估计转移概率的方法：假定系统有 m 种状态 S_1，S_2，…，S_m，根据系统的状态转移的历史记录，得到表 2－23 的统计表格，以 $\hat{p}_{ij}$ 表示系统从状态 i 转移到状态 j 的转移概率估计值，则由表 2－23 中的数据计算估计值的公式如下：

表 2－23　　系统的状态转移情况表

系统本步所处状态	系统下步所处状态			
	S_1	S_2	…	S_m
S_1	n_{11}	n_{12}	…	n_{1m}
S_2	n_{21}	n_{22}	…	n_{2m}
…	…	…	…	…
S_m	n_{m1}	n_{m2}	…	n_{mm}

$$\hat{p}_{ij}=\frac{n_{ij}}{\sum_{k=1}^{m}n_{ik}}\quad i,\ j=1,\ 2,\ \cdots,\ m \tag{2-65}$$

例 2－14　设某系统有 3 种状态 S_1、S_2 和 S_3，系统状态的转移情况如表 2－24 所示，试求系统状态的转移概率矩阵。

表 2－24　　某系统状态转移情况表

系统本步所处状态	系统下步所处状态		
	S_1	S_2	S_3
S_1	6	15	9
S_2	4	14	2
S_3	3	3	4

由式（2－65）得：

$$\hat{p}_{11}=\frac{6}{6+15+9}=0.2,\hat{p}_{12}=\frac{15}{6+15+9}=0.5,\hat{p}_{13}=\frac{9}{6+15+9}=0.3$$

$$\hat{p}_{21}=\frac{4}{4+14+2}=0.2,\hat{p}_{22}=\frac{14}{4+14+2}=0.7,\hat{p}_{23}=\frac{2}{4+14+2}=0.1$$

$$\hat{p}_{31}=\frac{3}{3+3+4}=0.3,\hat{p}_{32}=\frac{3}{3+3+4}=0.3,\hat{p}_{33}=\frac{4}{3+3+4}=0.4$$

故系统状态的转移概率矩阵为：

$$\boldsymbol{P}=\begin{bmatrix}0.2 & 0.5 & 0.3\\0.2 & 0.7 & 0.1\\0.3 & 0.3 & 0.4\end{bmatrix}$$

（三）带利润的马氏链

在马氏链模型中，随着时间的推移，系统的状态可能发生转移，这种转移常常会引起某种经济指标的变化。如物流服务的销售状态有畅销和滞销两种，在时间变化过程中，有时呈连续畅销或连续滞销，有时由畅销转为滞销或由滞销转为畅销，每次转移不是盈利就是亏本。假定连续畅销时盈利 r_{11} 元，连续滞销时亏本 r_{22} 元，由畅销转为滞销亏本 r_{12} 元，由滞销转为畅销盈利 r_{21} 元，这种随着系统的状态转移，赋予一定利润的马氏链，称为带利润的马氏链。

对于一般的具有转移概率矩阵 $\boldsymbol{P}=\begin{bmatrix}p_{11} & p_{12} & \cdots & p_{1N}\\p_{21} & p_{22} & \cdots & p_{2N}\\\cdots & \cdots & \cdots & \cdots\\p_{N1} & p_{N2} & \cdots & p_{NN}\end{bmatrix}$ 的马氏链，当系统由状态 i 转移到状态 j 时，赋予利润 r_{ij}（i，$j=1$，2，…，N），则称 $\boldsymbol{R}=\begin{bmatrix}r_{11} & r_{12} & \cdots & r_{1N}\\r_{21} & r_{22} & \cdots & r_{2N}\\\cdots & \cdots & \cdots & \cdots\\r_{N1} & r_{N2} & \cdots & r_{NN}\end{bmatrix}$ 为系统的利润矩阵，$r_{ij}>0$ 则盈利，$r_{ij}<0$ 则亏本，$r_{ij}=0$ 则不亏不盈。

随着时间的变化，系统的状态不断转移，从而可得到一系列利润。由于状态的转移是随机的，因而一系列的利润是随机变量，其概率关系由马氏链的转移概率决定。由物流服务的销售状态的转移概率矩阵，可得到一步利润随机变量 $x_1^{(1)}$、$x_2^{(1)}$ 的概率分布，如表 2－25 所示。

表 2－25　一步利润随机变量 $x_1^{(1)}$、$x_2^{(1)}$ 的概率分布

	$x_1^{(1)}$		$x_2^{(1)}$	
	r_{11}	r_{12}	r_{21}	r_{22}
概率	p_{11}	p_{12}	p_{21}	p_{22}

其中 $p_{11}+p_{12}=1$，$p_{21}+p_{22}=1$。

如果物流服务处于畅销状态，即销售状态为 $i=1$，要想知道经过 n 个季度以后，期望获得的利润是多少，必须引入一些计算公式。

首先，定义 $v_i^{(n)}$ 为物流服务销售状态从 i（$i=1$，2）经过 n 步转移之后的期望利润，则一步转移的期望利润为：$v_i^{(1)} = E(x_i^{(1)}) = r_{i1}p_{i1} + r_{i2}p_{i2} = \sum_{j=1}^{2} r_{ij}p_{ij}$。其中 $E(x_i^{(1)})$ 是随机变量 $x_i^{(1)}$ 的数学期望。

二步转移的期望利润为：

$$v_i^{(2)} = E(x_i^{(2)}) = [r_{i1} + v_1^{(1)}]p_{i1} + [r_{i2} + v_2^{(1)}]p_{i2} = \sum_{j=1}^{2} [r_{ij} + v_j^{(1)}]p_{ij}$$

其中随机变量 $x_i^{(2)}$（二步利润随机变量）的分布为：$P(x_i^{(2)} = r_{ij} + v_j^{(1)}) = p_{ij}(j = 1,2)$。

例如，若

$$\boldsymbol{P} = \begin{bmatrix} 0.5 & 0.5 \\ 0.4 & 0.6 \end{bmatrix},\ \boldsymbol{R} = \begin{bmatrix} 9 & 3 \\ 3 & -7 \end{bmatrix}$$

则物流服务的一步利润随机变量的概率分布如表 2－26 所示。

表 2－26　　物流服务的一步利润随机变量的概率分布

	$x_1^{(1)}$		$x_2^{(1)}$	
	9	3	3	−7
概率	0.5	0.5	0.4	0.6

物流服务畅销和滞销时的一步转移的期望利润分别为：

$$v_1^{(1)} = E(x_1^{(1)}) = r_{11}p_{11} + r_{12}p_{12} = 9 \times 0.5 + 3 \times 0.5 = 6$$

$$v_2^{(1)} = E(x_2^{(1)}) = r_{21}p_{21} + r_{22}p_{22} = 3 \times 0.4 + (-7) \times 0.6 = -3$$

物流服务的二步利润随机变量的概率分布如表 2－27 所示。

表 2－27　　物流服务的二步利润随机变量的概率分布

	$x_1^{(2)}$		$x_2^{(2)}$	
	9＋6	3－3	3＋6	−7－3
概率	0.5	0.5	0.4	0.6

物流服务畅销和滞销时的二步转移的期望利润分别为：

$$v_1^{(2)} = E(x_1^{(2)}) = [r_{11} + v_1^{(1)}]p_{11} + [r_{12} + v_2^{(1)}]p_{12} = (9+6) \times 0.5 + (3-3) \times 0.5 = 7.5$$

$$v_2^{(2)} = E(x_2^{(2)}) = [r_{21} + v_1^{(1)}]p_{21} + [r_{22} + v_2^{(1)}]p_{22} = (3+6) \times 0.4 + (-7-3) \times 0.6 = -2.4$$

一般地，定义 k 步利润随机变量 $x_i^{(k)}$（$i=1$，2，…，N）的分布为：

$$P(x_i^{(k)} = r_{ij} + v_j^{(k-1)}) = p_{ij}\ (j=1,\ 2,\ \cdots,\ N)$$

则物流服务销售状态从 i 经过 k 步转移之后的期望利润的递推计算式为：

$$v_i^{(k)} = E(x_i^{(k)}) = \sum_{j=1}^{N}(r_{ij} + v_j^{(k-1)})p_{ij} = \sum_{j=1}^{N} r_{ij}p_{ij} + \sum_{j=1}^{N} v_j^{(k-1)}p_{ij} = v_i^{(N)} + \sum_{j=1}^{N} v_j^{(k-1)}p_{ij}$$

当 $k=1$ 时，规定边界条件 $v_i^{(0)}=0$，称一步转移的期望利润为即时的期望利润，并记 $v_i^{(1)} = q_i$（$i=1, 2, \cdots, N$）。

（四）市场占有率预测

利用马尔可夫链，我们可以进行市场占有率的预测。例如，预测 A、B、C 三家物流企业提供的某种物流服务在未来的市场占有情况，其具体步骤如下。

第一步，进行市场调查。主要调查以下两件事。

（1）目前的市场占有情况。如在使用某种物流服务的 1000 家对象（购买力相当的制造商、零售商等）中，买 A、B、C 三家物流企业的物流服务各有 400 家、300 家、300 家，那么 A、B、C 三家物流企业目前的市场占有率分别为 40%、30%、30%，称（0.4，0.3，0.3）为目前市场的占有分布或初始分布。

（2）查清使用对象的流动情况。流动情况的调查可通过发放信息调查表来了解顾客以往的资料或将来的购买意向，也可从下一时期的订货单得出，如从订货单得下季度顾客订货情况，如表 2－28 所示。

表 2－28　　下季度顾客订货情况

		A	B	C	合计
来自	A	160	120	120	400
	B	180	90	30	300
	C	180	30	90	300
合计		520	240	240	1000

第二步，建立数学模型。

假定在未来的时期内，顾客相同间隔时间的流动情况不因时期的不同而发生变化，以 1、2、3 分别表示顾客买 A、B、C 三家物流企业的物流服务，以季度为模型的步长（转移一步所需的时间），那么根据表 2－28 我们可以得到模型的转移概率矩阵：

$$\boldsymbol{P} = \begin{bmatrix} p_{11} & p_{12} & p_{13} \\ p_{21} & p_{22} & p_{23} \\ p_{31} & p_{32} & p_{33} \end{bmatrix} = \begin{bmatrix} \frac{160}{400} & \frac{120}{400} & \frac{120}{400} \\ \frac{180}{300} & \frac{90}{300} & \frac{30}{300} \\ \frac{180}{300} & \frac{30}{300} & \frac{90}{300} \end{bmatrix} = \begin{bmatrix} 0.4 & 0.3 & 0.3 \\ 0.6 & 0.3 & 0.1 \\ 0.6 & 0.1 & 0.3 \end{bmatrix}$$

矩阵中的第一行表示目前是物流企业 A 的顾客下季度有 40% 的概率仍买物流企业 A 的物流服务，转为买物流企业 B 和物流企业 C 的物流服务的概率同为

30%。同样，第二行、第三行分别表示目前是物流企业 B 和物流企业 C 的顾客下季度的流向。

由 $\boldsymbol{P}$ 我们可以计算任意的 k 步转移概率矩阵，如三步转移概率矩阵为：

$$\boldsymbol{P}^{(3)}=\boldsymbol{P}^3=\begin{bmatrix}0.4 & 0.3 & 0.3\\0.6 & 0.3 & 0.1\\0.6 & 0.1 & 0.3\end{bmatrix}^3=\begin{bmatrix}0.496 & 0.252 & 0.252\\0.504 & 0.252 & 0.244\\0.504 & 0.244 & 0.252\end{bmatrix}$$

从这个矩阵的各行可知三个季度以后各物流企业顾客的流动情况。如从第二行可知，物流企业 B 的顾客三个季度后有 50.4% 的概率转向买物流企业 A 的物流服务，有 25.2% 的概率仍买物流企业 B 的物流服务，有 24.4% 的概率转向买物流企业 C 的物流服务。

第三步，进行预测。

设 $\boldsymbol{S}^{(k)}=(p_1^{(k)},p_2^{(k)},p_3^{(k)})$ 表示预测对象 k 季度以后的市场占有率，初始分布则为 $\boldsymbol{S}^{(0)}=(p_1^{(0)},p_2^{(0)},p_3^{(0)})$，市场占有率的预测模型为：

$$\boldsymbol{S}^{(k)}=\boldsymbol{S}^{(0)}\cdot\boldsymbol{P}^k=\boldsymbol{S}^{(k-1)}\cdot\boldsymbol{P}\qquad(2-66)$$

根据 $\boldsymbol{S}^{(0)}=(0.4,\ 0.3,\ 0.3)$，我们可预测任意时期 A、B、C 三家物流企业的市场占有率。例如，三个季度以后的预测值为：

$$\boldsymbol{S}^{(3)}=(p_1^{(3)},p_2^{(3)},p_3^{(3)})=\boldsymbol{S}^{(0)}\cdot\boldsymbol{P}^3=(0.4,0.3,0.3)\begin{bmatrix}0.496 & 0.252 & 0.252\\0.504 & 0.252 & 0.244\\0.504 & 0.244 & 0.252\end{bmatrix}$$

大致上，物流企业 A 的市场占有率为 50%，物流企业 B、物流企业 C 的市场占有率都是 25%。

根据预测模型，可推广到 N 个状态的情形，即：

$$\boldsymbol{S}^{(k)}=\boldsymbol{S}^{(k-1)}\boldsymbol{P}=\boldsymbol{S}^{(0)}\boldsymbol{P}^k=(p_1^{(0)},p_2^{(0)},\cdots,p_N^{(0)})\begin{bmatrix}p_{11} & p_{12} & \cdots & p_{1N}\\p_{21} & p_{22} & \cdots & p_{2N}\\\cdots & \cdots & \cdots & \cdots\\p_{N1} & p_{N2} & \cdots & p_{NN}\end{bmatrix}^k\qquad(2-67)$$

如果我们按式（2－66）继续逐步求 A、B、C 三家物流企业的市场占有率，会发现，当 k 大到一定的程度，$\boldsymbol{S}^{(k)}$ 将不会有多少改变，即有稳定的市场占有率，设其稳定值为 $\boldsymbol{S}=(p_1,p_2,p_3)$，满足 $p_1+p_2+p_3=1$。

事实上，如果市场的顾客流动趋向长期稳定，则经过一段时期以后的市场占有率将会出现稳定的平衡状态，即顾客的流动不会影响市场的占有率，而且这种占有率与初始分布无关。如何求出这种稳定的市场占有率呢？

以 A、B、C 三家物流企业的情况为例，当市场出现平衡状态时，从式（2－66）可得方程 $\boldsymbol{S}=\boldsymbol{SP}$，即：

$$(p_1,p_2,p_3)=(p_1,p_2,p_3)\begin{bmatrix}0.4 & 0.3 & 0.3\\0.6 & 0.3 & 0.1\\0.6 & 0.1 & 0.3\end{bmatrix}$$

由此得：

$$\begin{cases}p_1=0.4p_1+0.6p_2+0.6p_3\\p_2=0.3p_1+0.3p_2+0.1p_3\\p_3=0.3p_1+0.1p_2+0.3p_3\end{cases}$$

经整理，并加上条件，得：

$$\begin{cases}-0.6p_1+0.6p_2+0.6p_3=0\\0.3p_1-0.7p_2+0.1p_3=0\\0.3p_1+0.1p_2-0.7p_3=0\\p_1+p_2+p_3=1\end{cases}$$

以上方程组是含三个变量和四个方程的方程组，在前三个方程中只有两个是独立的，任意删去一个，从剩下的三个方程中可求出唯一解，即 $p_1=0.5$，$p_2=0.25$，$p_3=0.25$。这就是A、B、C三家物流企业的最终市场占有率。

一般 N 个状态的稳定市场占有率（稳态概率）$\boldsymbol{S}=(p_1, p_2, \cdots, p_N)$ 可通过解方程组

$$\left.\begin{aligned}&(p_1,p_2,\cdots,p_N)=(p_1,p_2,\cdots,p_N)\begin{bmatrix}p_{11} & p_{12} & \cdots & p_{1N}\\p_{21} & p_{22} & \cdots & p_{2N}\\\cdots & \cdots & \cdots & \cdots\\p_{N1} & p_{N2} & \cdots & p_{NN}\end{bmatrix}\\&\sum_{k=1}^{N}p_k=1\end{aligned}\right\}\tag{2-68}$$

求得，而式（2-68）的前 N 个方程中只有 $N-1$ 个是独立的，可任意删去一个。

第三节　预测仿真

一、流程供应链预测算法

流程供应链预测首先需要建立径向基函数（Radial Basis Function，RBF）网络。RBF网络是一个具有监督功能的学习网络，需要一个训练集用于神经网络的学习阶段，同时需要一个测试集用于评价网络的效果。训练集和测试集都是由输入—输出模式对构成的集合。训练集和测试集里的元素（输入—输出模式对）都来源于同一流程供应链样本数据集合，即要从流程供应链全部输入数据中分出一部分用于网络的训练，组

成训练集，使网络能按照学习算法调整结构参数，以达到学习的目的；其余部分用来评价测试已训练好的网络的性能，组成测试集。训练集和测试集的格式也完全相同，训练集和测试集中的数据要包含全部应有的典型模式对，因为神经网络靠已有的经验来进行训练，同时测试集不同于训练集。

单隐层前馈的 RBF 网络结构如图 2－17 所示。

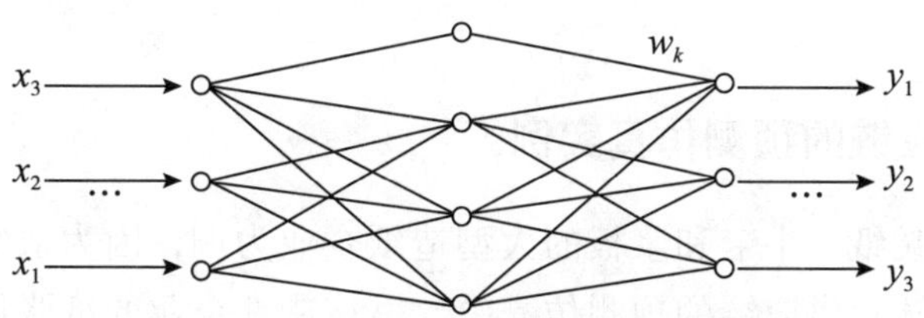

图 2－17　单隐层前馈的 RBF 网络结构

一般地，RBF 网络主要由 3 层神经元组成输入层、隐含层和输出层，各层都由若干个神经元组成，输入层用于接收输入信息，并将其传递到隐含层；隐含层用于对数据进行行处理，由像径向基函数那样的辐射状作用函数构成；输出层用于处理和输出信息，通常由线性函数构成。

考虑 RBF 网络为单变量输出，设有 n 组输入/输出样本 $\{x^{(i)}, y^{(i)}\}_{i=1}^{n}$，输入变量（自变量）用矢量 x 表示，$x=[x_1, x_2, \cdots, x_p]^{\mathrm{T}}$，输出变量（因变量）用标量 y 表示，其中 n 是输入/输出样本数，p 是输入变量的维数（输入单元数），RBF 网络就是一个从 p 维输入空间到 1 维输入空间的映射 $f: R^p \rightarrow R^1$，由径向基函数集 $\{g^{(i)}\}_{i=1}^{m}$ 和权重集 $\{w^{(i)}\}_{i=1}^{m}$ 组成，其中 $m \leqslant n$。

RBF 网络第 i 个隐含层单元的输出为：

$$g^{(i)}(x) = \Phi^{(i)}(\| x - c^{(i)} \|)$$

式中，“$\| \ \|$”是欧氏范数；$\{c^{(i)}\}_{i=1}^{m}$ 是第 i 个隐含层单元的中心；m 是隐含层单元数；“$\Phi(\,)$”是径向基函数，体现了 RBF 网络的非线性映射能力。

常用的径向基函数有：

平方根函数

$$\Phi^{(i)}(r) = \Phi^{(i)}(\| x - c^{(i)} \|) = \sqrt{r^2 + a^{(i)2}} \quad (a^{(i)} > 0) \tag{2-69}$$

逆平方根函数

$$\Phi^{(i)}(r) = \Phi^{(i)}(\| x - c^{(i)} \|) = \frac{1}{\sqrt{r^2 + a^{(i)2}}} \quad (a^{(i)} > 0) \tag{2-70}$$

高斯函数

$$\Phi^{(i)}(r) = \Phi^{(i)}(\| x - c^{(i)} \|) = \exp\left[-\frac{r^2}{a^{(i)2}}\right] \quad (a^{(i)} > 0) \tag{2-71}$$

其中，$a^{(i)}$ 是第 i 个径向基函数的宽度。

RBF 网络的输出层单元输出为隐含层单元输出的线性组合，即：

$$r = \| x - c^{(i)} \| = \sqrt{(x - c^{(i)})^{\mathrm{T}}\ (x - c^{(i)})} = \sqrt{\sum_{j=1}^{p}\ [x - c^{(j)}]^2} \qquad (2-72)$$

RBF 网络的学习过程分为两个阶段，第一阶段，根据所有的输入样本决定隐含层各节点的径向基函数的中心值 $c^{(i)}$ 和宽度 $a^{(i)}$；第二阶段，在决定好隐含层的参数后，根据样本，利用最小二乘法，求出输出层的权值 $w^{(i)}$。有时在完成第二阶段的学习后，再根据样本信号，同时校正隐含层和输出层的参数，以进一步提高网络的精度。

二、流程供应链的预测仿真实例

以一家生产纸袋纸、牛卡和浆板的大型造纸企业为例，因为造纸企业是典型的流程供应链企业。在流程供应链的预测仿真中，以该造纸企业的纸张周销售件数作为神经网络预测研究的对象，按照纸张的种类对销售件数进行分类统计得到每周的销售件数，如表 2－29 所示。

表 2－29　　某造纸企业 2021 年周销售件数　　单位：件

周	1	2	3	4	5	6	7	8	9	10	11	12	13
销售件数	4578	3969	3909	3607	3659	505	346	1715	2974	2783	2796	3377	2090
周	14	15	16	17	18	19	20	21	22	23	24	25	26
销售件数	3767	2137	2766	2270	3448	2176	2714	1778	2409	3757	1611	2942	1900
周	27	28	29	30	31	32	33	34	35	36	37	38	39
销售件数	2128	2530	3022	1999	3165	2129	1829	2932	2351	1999	2760	2519	3060
周	40	41	42	43	44	45	46	47	48	49	50	51	52
销售件数	3027	2885	3990	2137	2654	2583	2454	1743	2310	3151	1243	1924	1710

流程供应链需要对该纸张每周销售件数进行准确的预测仿真。按照径向基函数网络学习训练集和测试集的要求，选取前 42 个数据作为学习训练样本，后 10 个数据作为测试样本。径向基函数网络的输入向量有 4 个变量，即 $\{x_{i+1}, x_{i+2}, x_{i+3}, x_{i+4}\}$；输出向量有 1 个变量，即 $\{x_{i+5}\}$ $(i = 0,1,\cdots,47)$，共 38 个学习训练样本，10 个测试样本。RBF 网络的学习过程即决定隐含层径向基函数的中心值 $c^{(i)}$、宽度 $a^{(i)}$ 和输出层权值 $w^{(i)}$ 的过程。按照 Cover 定理，RBF 网络隐含层径向基函数越多，网络的预测能力越强，取 $\{c^{(i)} = x^{(i)}\}_{i=1}^{n}$，宽度 $a^{(i)} = \beta d(i)$，其中 $\beta > 0$，β 是一因子；$d(i)$ 是第 i 个中心距离最近中心的距离。输出层权值 $w^{(i)}$ 可用最小二乘法计算。不同的神经网络的预测结果及其相对误差如表 2－30 所示。总体而言，四种神经网络的预测结果都较为满意。不同的径向基函数有不同的预测结果，平方根 RBF 的误差最小，而 BP 网络的误差最大，平方根 RBF 的最大预测相对误差为 9.94%，逆平方根 RBF 为 38.59%，高斯 RBF 为 21.56%，而 BP 网络为 40.34%。

表 2 –30　　不同的神经网络的预测结果及其相对误差

周		43	44	45	46	47	48	49	50	51	52
实际销售件数（件）		2137	2654	2583	2454	1743	2310	3151	1243	1924	1710
预测销售件数（件）	平方根 RBF	2109	2623	2501	2698	1754	2209	3298	1301	1873	1688
	逆平方根 RBF	2045	3025	2223	3401	2205	2187	3598	1670	1698	1607
	高斯 RBF	2075	2999	2435	2983	1899	2190	3423	1427	1790	1680
	BP 网络	2044	3031	2254	3444	2173	2107	3629	1697	1661	1573
相对误差（%）	平方根 RBF	1. 31	1. 17	3. 17	9. 94	0. 63	4. 37	4. 67	4. 67	2. 65	1. 29
	逆平方根 RBF	4. 30	13. 98	13. 94	38. 59	26. 51	5. 32	14. 19	34. 35	11. 75	6. 02
	高斯 RBF	2. 90	22. 99	5. 73	21. 56	8. 95	5. 19	8. 63	14. 80	6. 96	1. 75
	BP 网络	4. 35	14. 21	12. 74	40. 34	24. 67	8. 79	15. 17	36. 52	13. 67	8. 01

三、仿真结论

我们以某造纸企业 2021 年周销售件数为实例，运用径向基函数网络进行流程供应链的预测仿真，取得了满意的效果。四种神经网络的预测结果都较为满意。BP 网络在训练的时候每次用同样的样本训练会得出不同的结果，稳定性较差，且需要进行多次实验方能达到预期的效果，同时要求选取的参数多，包括步长、隐含层数以及隐含层神经元数。用高斯 RBF 进行训练，训练时间短，误差小。建议采用平方根 RBF 作为径向基函数的神经网络来进行流程供应链的预测仿真。

第三章　物流运输与配送系统模型与应用

第一节　运输系统与配送系统概述

一、运输与运输系统

（一）运输的概念

《物流术语》（GB/T 18354—2021）对运输的定义是“利用载运工具、设施设备及人力等运力资源，使货物在较大空间上产生位置移动的活动”。

运输就是通过各种运输手段使货物在物流节点之间流动，以改变“物”的空间位置为目的的活动，其中包括集货、分配、搬运、中转、装入、卸下、分散等一系列操作。虽然运输过程不产生新的物质产品，也不会增加“物”本身的价值，但它可实现物的空间转移效应，增加原有“物”的附加价值。

运输作为物流系统的一项职能，包括生产领域的运输和流通领域的运输。生产领域的运输活动一般在生产企业内部进行，因此也称为厂内运输。它是作为生产过程的一个组成部分，是直接为物质产品的生产服务的。其内容包括原材料、在制品、半成品和成品在各生产与储存节点间的移动，这种厂内运输有时也称为物流搬运。

流通领域的运输活动是流通过程中的一个环节，是对物质产品的运输，是以社会服务为目的的，是完成物品从生产领域向消费领域在空间位置上的物理性转移的过程。它既包括物品从生产所在地直接向消费者所在地的移动，也包括物品从生产所在地向物流网点的移动和由物流网点向消费者所在地的移动。为了区别长途运输，人们往往把从物流网点到消费者所在地的运输活动称为“发送”或“配送”，将厂内的运输活动称为“搬运”。

（二）运输的功能

从物流管理角度看，运输主要提供两大基本功能：物品移动和短时储存。

1. 物品移动

运输的主要目的就是以最短的时间、最低的成本将物品转移到指定地点。无论物品是在制造过程中将被移到下一道工序，还是产成品将被送到终端顾客手中，运输都是必不可少的。运输的主要功能就是在产品价值生成过程中，通过改变物品的地点与位置，创造价值。运输还能使物品以最少的时间从原产地转移到目的地。

2. 短时储存

运输可以实现物品的短时储存，即可将运输工具（车辆、船舶、飞机、管道等）作为临时的储存设施。如果转移中的物品需要储存，而在短时间内还需重新转移，装货和卸货的成本也许会超过储存在运输工具中的费用，或在仓库空间有限的情况下，可采用迂回路径或间接路径将物品运往目的地。尽管使用运输工具储存物品可能是昂贵的，但如果从总成本或完成任务的角度来看，考虑装卸成本、储存能力的限制等，使用运输工具储存物品有时往往是合理的，甚至是必要的，只不过物品是在运输工具上，而不是处于纯粹的库存或闲置状态。

（三）运输方式的分类

1. 按运输范围分类

（1）干线运输。

干线运输即利用铁路、公路的干线，以及大型船舶的固定航线进行的长距离、大批量的运输，是进行远距离空间位置转移的重要运输方式。干线运输的一般速度较同种工具的其他运输要快，成本也较低。干线运输是运输的主体。

（2）支线运输。

支线运输即与干线相接的分支线路上的运输。支线运输是干线运输与收、发货地点之间的补充性运输方式，路程较短，运输量相对较小。

（3）二次运输。

二次运输是一种补充性的运输方式，指的是干线运输、支线运输到站后，站与用户、仓库或指定地点之间的运输。由于是单个单位的需要，其运量比较小。经过二次运输后，商品一般会到达最终用户或直接客户的手中。这类运输多是城市内的运输，也是运输品种多、运输数量小、业务繁杂的运输业务。

（4）厂内运输。

厂内运输是指在工业企业范围内，直接为生产过程服务的运输。厂内运输一般在车间与车间之间，车间与原料仓库、成品仓库之间进行。小企业内的及大企业车间内部、仓库内部的厂内运输一般不称“运输”，而称“搬运”。在学科分类中，这部分运输也不属于运输领域的研究范畴，而属于生产管理的研究范畴。

2. 按运输的作用分类

（1）集货运输。

集货运输是指将分散的货物集中到某一中心区（配送中心、货栈、仓储中心等）的运输方式，一般是短距离、小批量的运输。货物集中形成集装单元后，再利用干线运输方式进行远距离及大批量运输，因此，集货运输是干线运输的一种补充形式。

（2）配送运输。

配送运输是指将配送中心或物流节点中已按用户要求配装好的货物分送给各个用户的运输。由于配送是直接面对最终用户的，所以一般是短距离、小批量的运输。从运输的角度讲，配送运输也是对干线运输的一种补充和细化。

3. 按运输的协作程度分类

（1）一般运输。

独立地使用某一运输工具或同类运输工具的配合使用，而没有形成两种以上不同运输工具有机协作关系的运输都属于一般运输，如汽车运输、火车运输等。

（2）联合运输。

联合运输简称联运，是指将两种或两种以上运输方式或运输工具连起来，实行多环节、多区段相互衔接的接力式运输。它利用不同运输方式的优势，以充分发挥各自的效率，实现整体效率最优，是一种综合性的运输方式。采用联合运输，可以缩短货物运输的在途时间，加快运输速度，节省运费，提高运输工具的利用率，同时可以简化繁杂的转运、托运手续，方便用户。

（3）多式联运。

在国内大范围物流和国际物流领域，往往需要反复使用多种运输方式进行运输。在这种情况下，以现代电子技术为基础，进行复杂的、网络化的不同运输方式之间的衔接，并且具有联合运输优势的方式，称为多式联运。多式联运是联合运输进一步的发展形式，是一种现代化、国际化的运输方式，相比一般的联合运输，其规模更大，集约化程度更高。

4. 按运输中途是否换载分类

（1）直达运输。

直达运输是指在组织货物运输时，利用一种运输工具从起运站、港一直到到达站、港，中途不经换载、不中转，途中不卸载、入库、储存的运输方式。直达运输可避免中途换载所出现的运输速度减缓、货损增加、费用增加等一系列弊病，从而缩短运输时间、加快车船周转、降低运输费用。

（2）中转运输。

中转运输是指货物从起运地到目的地的过程中，在途中的车站、港口、仓库进行转运换载的运输方式。中转运输可以将干线运输、支线运输有效地衔接起来，可以化整为零或集零为整，从而方便用户、提高运输效率。传统上，铁路中转运输较为普遍，随着管理手段和技术手段的提高，这种运输方式的使用频率呈下降趋势。

5. 按运输设备及运输工具分类

根据运输设备及运输工具的不同，运输有铁路运输、公路运输、水路运输、航空运输及管道运输五种基本运输方式，这也是运输最主要的分类形式。

（四）运输系统

运输系统就是在一定的时间和空间内，由运输过程所需的基础设施、运输工具和运输参与者等若干动态要素相互作用、相互依赖和相互制约所构成的具有特定运输功能的有机整体。

1. 基础设施

（1）运输线路。

运输线路是供运输工具定向移动的通道，是构成运输系统最重要的要素。在现代运输系统中，主要的运输线路有公路、铁路、航线和管道。其中，公路和铁路为陆上运输线路，除了引导运输工具定向行驶，还需承受运输工具、货物或人的重量；航线有水运航线和空运航线，主要起引导运输工具定位、定向行驶的作用，运输工具、货物或人的重量由水或空气的浮力支撑；管道是一种相对特殊的运输线路，由于其严密的封闭性，所以既充当了运输工具，又起到了引导货物流动的作用。

（2）运输节点。

所谓运输节点，是指以连接不同运输方式为主要职能，处于运输线路上的承担货物集散、运输业务办理、运输工具保养和维修的基地与场所。运输节点是物流节点的一种类型，属于转运型节点。公路运输线路上的停车场（库）、货运站，铁路运输线路上的中间站、编组站、一区段站、货运站，水路运输线路上的港口、码头，航空运输线路上的空港，管道运输线路上的管道站等都属于运输节点范畴。一般而言，由于运输节点处于运输线路上，又以转运为主，所以货物在运输节点上停滞的时间较短。

2. 运输工具

运输工具是指在运输线路上用于载重货物并使其发生位移的各种设备和装置。它们是运输能够进行的基础设备，也是运输得以完成的主要手段。运输工具根据从事运送活动的独立程度可以分为以下三类。

（1）仅提供动力，不具有装货容器的运输工具，如铁路机车、牵引车、拖船等。

（2）不提供动力，但具有装货容器的从动运输工具，如车皮、挂车、驳船、集装箱等。

（3）既提供动力，又具有装货容器的独立运输工具，如轮船、汽车、飞机等。

管道运输是一种相对独特的运输方式，它的动力设备与装货容器的组合较为特殊，装货容器为干管，动力设备为泵（热）站，总是固定在特定的空间内，不像其他运输工具那样可以凭借自身的移动带动货物移动，故可将泵（热）站视为运输工具，甚至可以连同干管都视为运输工具。

3. 运输参与者

运输活动的主体是运输参与者，运输活动作用的对象（运输活动的客体）是货物。货物的所有者是物主或货主。运输必须由物主和运输参与者共同参与才能进行。

（1）物主。

物主包括托运人和收货人，有时托运人与收货人是同一主体，有时不是同一主体。不管托运人托运货物，还是收货人收到货物，他们均希望在规定的时间内，以最低的成本、最小的损耗和最方便的业务操作，将货物从起始地转移到指定的地点。

（2）承运人。

承运人是运输活动的承担者，他们可能是铁路货运公司、民航货运公司、储运公司、物流公司或个体运输从业者等。承运人是受托运人或收货人的委托，按其意愿以最低的成本完成运输任务，同时获得运输收入。承运人根据托运人或收货人的要求，或在不影响其要求的前提下合理地组织运输和配送，包括选择运输方式、确定运输线路、进行货物配载等。

（3）货运代理人。

货运代理人是根据用户的指示，为获得代理费用而招揽货物、组织运输的人员，其本人不是承运人。他们负责把来自各用户的小批量货物合理组织起来，以大批量装载，然后交由承运人进行运输。待货物到达目的地后，货运代理人再把该大批量装载拆分成原先较小的装运量，配送至托运人或收货人指定的目的地。货运代理人的主要优势在于大批量装载可以实现较低的费率，并从中获取利润。

（4）运输经纪人。

运输经纪人是替托运人、收货人和承运人协调运输安排的中间商，其协调的内容包括装运方式、费率谈判、结账和货物跟踪管理等。运输经纪人也属于非作业中间商。

二、配送与配送系统

（一）配送的概念

随着现代物流的引入，我国的现代配送得到了发展，许多大型企业建立了配送中心，如上海联华建立的配送中心等。

配送的概念既不同于运输，也不同于旧时送货，《物流术语》（GB/T 18354—2021）对配送给出如下定义："根据客户要求，对物品进行分类、拣选、集货、包装、组配等作业，并按时送达指定地点的物流活动。"可将"配送"广义理解为根据客户的需要，在物流据点内进行分拣、配货等工作，并将配好的货物送交给收货人的过程。

（二）配送的种类

1. 按配送节点不同分类

（1）仓库配送。

仓库配送一般是以仓库为据点进行配送的，可以完全将仓库改造成配送中心，也可以是在原仓库储存、保管功能保持不变的情况下进一步完善其配送功能，使其成为专业的配送中心。由于仓库并不是按标准的配送中心设计和建立的，所以仓库配送的规模较小，配送的专业程度不高。但仓库可以利用其完备的设施，集中的收发货场地，便利的交通运输线路等优势，开展中等规模的配送，所以仓库配送仍然是一种重要的配送方式。

（2）商店配送。

商店配送一般是以门市网点为据点进行配送的，这些门市网点主要承担商品的零售，所以规模一般不大，但经营品种较齐全。除日常的零售业务外，门市网点还可以根据客户的需求，将客户订购的自身平时不经营的商品，一起配送给客户。这种门市网点往往实力有限，只是小批量、零星地配送商品。但如果所需配送的商品只是偶尔需要且很难与大配送中心建立计划配送关系时，可选择商店配送。商店配送往往是大的配送中心的辅助和补充，其有两种形式：①兼营配送形式，门市网点在进行正常销售的同时兼带配送职能，其存货可以用于日常的销售及配送，所以此种形式有较强的机动性，可以将日常销售和配送结合起来，相互补充；②专营配送形式，通常是地段不佳、不适于门市销售而又有某方面经营优势或渠道优势的门市网点采用此种形式。

（3）配送中心配送。

配送中心配送一般是以专门从事配送的配送中心为据点进行配送的。配送中心的规模较大，可按配送的需要储存各种商品。配送中心的专业性一般很强，和客户有固定的计划配送关系，储存量也很大。配送中心的建设及其工艺流程是根据配送需要而专门设计的，所以配送量很大、距离客户较远、配送品种较多，可以承担工业企业一般生产所需要的主要物资的配送及零售商店所需补充商品的配送。配送中心配送是重要的配送形式，也是物流运输的发展方向。

2. 按商品数量和特征种类分类

（1）少（单）品种、大批量配送。

企业需要量较大的商品，几个品种或单独的品种就可以达到较大的需求量，可以采用整车运输。这种商品通常不需要和其他商品搭配，可通过专业性很强的配送中心进行运输。这种配送形式的特点在于运输量大、品种较少甚至单一，可以采用车辆满载或载重量较大的车辆运输，从而提高车辆的利用率，降低成本。

（2）多品种、小批量配送。

多品种、小批量配送是按照客户需求，将所需求商品配备齐全并进行配载后送达客户的形式。这种配送形式要求配送中心设备复杂、配送水平较高。这种配送形式的优势主要表现在配送商品品种多、工作量小，符合现代“消费多样化”“需求多样化”的新潮。

（3）配套（成套）型配送。

配套（成套）型配送是按生产企业的需求，将其所需要的物资或配套产品装备齐全后直接运输到生产厂商的形式。这种配送形式承担了生产企业大部分的供应工作，使生产企业专注于生产研发，与多品种、小批量配送效果类似。

3. 按配送的时间和商品的数量分类

（1）定时配送。

定时配送是指按照规定的时间间隔进行的配送，如多少天一次、多少小时一次等。

每次配送的品种数量可按预先制订的计划执行，也可以按配送前商定的联络方式（如电话、计算机终端等）通知。由于这种配送方式时间固定，所以易于安排工作，易于安排使用车辆，对客户来讲也便于提前进行接货准备。但由于配货的要求经常变化等原因，配送计划也经常被打乱。

（2）定量配送。

定量配送是指按照规定的数量，在一个指定的时间范围内进行的配送。这种配送方式通常比较固定，备货工作较为简单，可以依照托盘、集装箱等设备及车辆承载的能力来规定配送的数量。此种方式能较好地利用托盘、集装箱做到整车配送，因此配送的效率较高。此外，当不严格限定配送时间时，可以将不同的物品凑成整车后一起配送，提高配送效率。对于客户来说，便于提前进行接货准备。但定量配送也有不足之处，由于每次配送的数量相同，因此灵活性不佳，有时会导致客户库存过高或销售挤压等问题。

（3）定时定量配送。

定时定量配送是指按预先计划好的时间和数量进行的配送。因此，定时定量配送兼有定时配送和定量配送两种配送方式的优点；其缺点是特殊性强、计划难度大，仅适用于专业化程度较高的配送中心。

（4）定时定路线配送。

定时定路线配送是指在规定好的运输线路上，制定到达时间表并按期进行的配送。采用此种配送方式需要客户提前提出订货方案，并按照规定的时间在规定的线路上准备接货。这种配送方案应用的领域是有限的，适用于客户相对集中的地方。

（5）即时配送。

即时配送是指完全按照客户突然提出的配送时间和配送数量进行的配送。这是一种灵活性、机动性很高的配送方式。采用此种配送方式，对于客户来说可以帮助其实现零库存，但对于配送的组织者来说则要做到充分利用运力，合理安排配送工具。即时配送的优点在于，适应客户的要求性高，对提高企业的管理水平和作业效率有很大帮助；缺点在于，配送完全按照客户的要求来进行，计划性较差。即时配送作为客户企业实现零库存的重要手段，具有很大的发展空间。

（三）配送系统的特征

（1）配送系统是一个小型的综合物流系统。

配送不是一般性的、普通的送货活动，是多环节、多项目的综合性一体化的物流活动。配送管理包括进货、仓储、分拣、配货、送货、配送中心的运营等多方面内容。可以说，配送系统是物流系统的一个子系统。配送系统的操作管理、运行方式、合理优化都要综合考虑全部因素的相互作用，而不能孤立地对待某个问题。

（2）配送系统的服务应以客户为中心。

配送不同于仓储、普通运输等物流环节，配送系统提供的是一种服务，一种以客户为中心、依据客户的需求进行的服务。配送系统必须树立“以客户为中心，面向终端客户服务”的观念，强调满足客户的需求，即客户需要什么就送什么。尤其在企业自营配送的模式下，配送系统不是以利润为中心，而是强调以满足企业需求为终端服务，其利润大多来源于成本节约和销售扩大。

（3）配送强调时效性和准时性。

现代配送采用了最新的信息通信技术，从而具有较强的时效性，能够帮助企业实现“零库存”。配送也具有较强的准时性，即在客户指定的时间内将特定的货物送到客户手中。配送对时间精度要求非常高，尤其在连锁经营的企业中，如超市接货都是在某一天的某一时刻进行的，而配送车辆必须在这个固定的时间段内将货物送到。但有时配送时间是不可能预定或预测的，如配送途中遇路面施工、交通状况不好等情况，这样只能依赖配送管理人员的经验来指挥配送作业活动。

（4）客户多，批量小。

配送是支线物流，往往要在一天内为多家客户进行小批量、多批次、多品种的货物配送。为了节省运力，缩短配送里程和时间，通常会采用一辆车按一定路线同时配送多家客户的货物。这样，就需要提前制订好配送计划，如送货的顺序、路线的选择、时间的安排、装卸的方法等。

（5）配送系统的服务对象具有不确定性。

配送作业中常见的情况是每次送货的地点都具有不确定性，所以配送地点或配送货量都不尽相同；配送对象和配送要求都具有不确定性，所以配送作业的计划、车辆的安排、行车路线等都需及时调整，从而增加了配送作业的难度。

三、运输配送的合理化

1. 提高运输工具的实载率

运输工具的实载率主要有以下两种含义：第一，车船实际载重与运距的乘积和车船额定载重与行驶里程的乘积之比，该比率主要用于在车船运输时，判断装载是否合理；第二，车船的统计指标，即指一定时期内，车船实际完成的货物周转量占车船载重与行驶里程乘积的百分比。

由于提高实载率可以充分发挥运输工具的运输能力，减少空驶的时间，减少浪费。所以，我们在实际运输时常采用以下三种办法来提高车船实载率。

（1）实行轻重配装。

在车船上单独装载实重商品虽然可以充分达到车船的额定载重，但在很大程度上浪费了容积。同理，在车船上单独装载轻泡商品虽然容积上得到了充分的利用，但实际上达不到额定载重。因此，在组织商品运输时应轻重搭配，这样才能提高车船的实载率，使车船的容积得到充分利用，进而提高运输的效率，使运输更加合理化。

（2）实行商品解体装载。

对于一些体积大、形状不规则的可拆卸的商品，可以把商品分为几个部分。这样既有利于堆码，又有利于提高车船的实载率，如自行车、计算机等。

（3）改进商品的堆码方法。

改进商品的堆码方法是提高车船实载率的重要手段。例如，对一般商品，可采用多层装载、压缝装载、紧密装载、大小套装等堆码方式，使商品间的间隙缩小到最小限度。我国曾在铁路运输上提倡“满载超轴”，其中，“满载”是指充分利用火车的额定载重和容积，从而达到运输的合理化。这种方法对推动当时的运输业具有很大的作用。目前，我国在铁路运输中多采用整车运输、合装整车、整车分卸及整车零卸等措施，这些都是提高实载率的有效措施。

2. 减少动力投入、提高运输能力

采取减少动力投入、提高运输能力这种合理化措施的优点是投入少、产出多、效益高。在大多数情况下运输投入的基础设施建设已定型和已完成，我们只能考虑尽量减少动力的投入。能做到这一点就可以大大提高运输的效率，从而降低单位货物的运输成本，达到运输的合理化。减少动力投入、提高运输能力的具体做法如下。

（1）“满载超轴”法。“超轴”是指在机车能力允许的情况下，多加挂车。目前，我国在客运紧张时常采取加长列车、多加挂车的办法，这是在不增加机车情况下增加运输量的方法。

（2）水路运输拖排法和拖带法。运输竹、木等物资时，可利用竹、木本身浮力，不用运输工具载运，采取拖排法运输，可省去运输工具本身的动力消耗。拖带法是将无动力驳船编成一定队形（一般是纵列），用拖轮拖带行驶，从而获得比船舶承载更大的运输量，以求得运输合理化。

（3）顶推法。这是我国内河货运常采取的一种有效方法，它是将内河驳船编成一定队形，由机动船顶推前进的航行方法。顶推法的优点是航行阻力小、顶推量大、速度较快、运输成本低。

（4）汽车挂车。汽车挂车的原理和船舶拖带、火车加挂车基本相同，都是在充分利用运输工具动力能力的基础上增加运输能力。

3. 发展社会化的运输体系

运输社会化的含义是发展运输的大生产优势，实现专业化分工，打破一家一户自成运输体系的状况。一家一户运量需求有限，难以自我调剂，因而经常容易出现空驶、运力选择不当（因为运输工具有限、选择范围太窄）、不能满载等浪费现象，且配套的接发货设施、装卸搬运设施也很难有效地运行，所以浪费很大。实行运输社会化，可以统一安排运输工具，避免对流、倒流、空驶、运力不当等多种不合理现象，不但可以获得组织效益，而且可以获得规模效益。所以，发展社会化的运输体系是运输合理化的重要措施。

当前，火车运输的社会化运输体系已经比较完善，而在公路运输中，小生产方式非常普遍，所以建立社会化的运输体系非常关键。各种联运体系是社会化运输体系中水平较高的方式。我国在利用联运体系这种社会化运输体系时，创造了“一条龙”货运方式。对产地、销地及产量、销量都较稳定的产品，事先通过与社会运输部门签订协议，规定专门收站、到站，专门航线及运输路线，专门船舶和泊位等，有效保证了工业产品的稳定运输。联运模式充分利用面向社会的各种运输系统，通过协议进行一票到底的运输，有效打破了一家一户的小生产模式。

4. 开展中短距离运输

这种运输合理化主要表现在两个方面：①对于比较紧张的铁路运输，用公路运输分流后，其可以得到一定程度的缓解，从而加大这一区段的运输通过能力；②充分利用公路“从门到门”和在中途运输中速度快且灵活机动的优势，实现铁路运输服务难以达到的水平。目前，我国在杂货运输、日用百货运输及煤炭运输中较多采用“以公代铁”的运输方式。

5. 合理使用直达运输和直线运输

直达运输是指通过避免卸载换装等中转环节，把货物从产地或起运地直接运到销地或用地的运输。直线运输是指按照货物的合理流向，选择最短的路线，避免迂回、倒流等不合理现象发生的运输。

直达运输和直线运输在实际运输组织中往往交织在一起，在减少中间环节的同时，又缩短了运输里程，可以收到双重的经济效益，故称为直达直线运输。在组织生产资料的运输中，通过直达运输，可建立稳定的产销关系，从而大大节省装卸费用，降低中转货损，提高运输效率。

需要特别注意的是，如同其他合理化措施一样，直达运输的合理性需要在一定条件下才会有所表现，不能绝对认为直达运输一定优于中转，这要根据用户的要求，从物流总体出发做综合判断。从用户需要量看，批量大到一定程度，直达运输是合理的；若批量较小时，则中转是合理的。

6. 合理使用配载运输

配载运输是充分利用运输工具载重量和容积，合理安排装载货物及载运方法，以求得运输合理化的一种运输方式。

配载运输通常是轻重货物的混合配载运输，在以重质货物运输为主的情况下，搭载一些轻泡货物（轻泡货物一般是指体积大但重量轻的货物，如棉花、泡沫等）。配载运输也是提高运输工具实载率的一种有效形式。例如，海运矿石、黄沙等重质货物时，在舱面捎运木材、毛竹等货物；在铁路运矿石、钢材等重质货物上面搭运轻泡货物、农副产品等。在基本不增加运力投入和不减少重质货物运输的情况下，同时解决了轻泡货物的搭运，因而配载运输效果显著。

7. 合理使用“四就”直拨运输

“四就”直拨运输是指就厂直拨运输，就车站、码头直拨运输，就库直拨运输，就车、船过载直拨运输。它是减少中转运输环节，力求以最少的中转次数完成运输任务的一种运输方式。一般批量到站或到港的货物，首先要进分配部门或批发部门的仓库，然后再按程序分拨或销售给客户，这样一来，往往会出现不合理运输。

直达运输和“四就”直拨运输是两种不同的合理运输方式，它们既有联系又有区别。直达运输一般是货物运输里程较远、批量较大的运输。“四就”直拨运输一般是货物运输里程较近、批量较小，在大众城市批发站所在地办理直拨运输业务的运输。在运输过程中，将“四就”直拨运输与直达运输结合起来会收到更好的经济效果。

8. 发展特殊运输技术

科学技术是实现运输合理化的重要支撑。例如，专用散装车及罐车解决了粉状物、液状物运输损耗大、安全性差等问题；大型半挂车解决了大型设备整体运输问题；集装箱船比一般船能容纳更多的箱体；集装箱高速直达车船加快了运输速度等。这些都是通过采用先进的科学技术实现运输合理化的。

9. 通过流通加工，使运输合理化

由于产品本身形态及特性问题，很难实现运输的合理化，如果进行适当加工，就能够有效解决合理运输问题。例如，将轻泡货物预先包装成规定尺寸，就容易提高装载量；将造纸材料在产地预先加工成干纸浆，然后压缩体积后运输，就能解决造纸材料运输不满载的问题；水产品及肉类预先冷冻，就可提高车辆装载率并降低运输损耗。

第二节　运输配送模型

一、配送路线选择模型

配送路线是指配送车辆向客户运送货物时所经过的路线。配送路线对配送速度、配送成本、配送效益等有一定的影响。采用科学合理的方法设计和优化配送路线是物流配送活动中非常重要的一项工作。

（一）配送路线的影响因素

1. 影响配送路线的客观因素

（1）各个路段允许通行的时间限制。在某些路段的固定时间段内，不允许某些类型的配送车辆通行。因此，设计配送路线时应当考虑各个路段允许通行的时间限制。

（2）运输工具载重能力的限制。车、船、飞机都具有一定的额定载重量，超重会影响安全运输，所以设计配送路线时必须保证所承载的货物总重不超过运输工具的额定载重量。

（3）积载能力的限制。积载能力的限制是指受货物具体尺寸、形状及运输工具空间利用程度的影响，如某些货物由于尺寸、密度、形状等方面比较特殊，以及超重、超长等特性，使运输工具不能很好地积载，浪费了运输工具的空间，增加了配送成本。积载能力与装运规模有关，如大批量装运往往能够相互嵌套，有利于积载；小批量装运相互嵌套的机会较少，可能难以积载。

（4）自然因素的限制。自然因素主要包括气象条件和地形条件，尽管现代运输工具越来越高科技，受自然因素的影响相对减少，但是自然因素仍是不可忽视的影响因素之一。例如，采用航空运输方式进行配送时，必须考虑起运地、到货地，以及配送路线沿途各地是否存在恶劣的气候条件，如果存在这样的情况，就要考虑重新调整配送路线。

（5）其他不可抗力因素的限制。不可抗力事件的范围较广，一般分为两种情况：①由于自然力量引起的事件，如暴风雨、地震、海啸等；②由于政治或社会原因引起的事件，如政府颁布禁令、调整政策制度、罢工、暴乱、战争等。这些因素有时会产生严重的后果，为了规避风险，应当对此进行充分估计并对配送路线做出相应的调整。

2. 影响配送路线的主观因素

（1）收货人对货物的要求。收货人对货物的品种、规格、数量都有一定的具体要求，配送中心应综合考虑如何配装，才能使同一条配送路线上所配送的货物均符合收货人的要求。

（2）收货人对货物送达时间的要求。在零库存的运行机制中，收货人对货物送达时间的要求越来越重要，“即时配送”已经成为越来越多客户的普遍要求。送货是从客户订货至交货过程中的最后阶段，也是最容易发生时间延误的环节。因此，配送中心为了保证服务质量，在设计配送路线时必须考虑满足收货人对货物送达时间的要求。

（3）收货人对送货地点的要求。供应链一体化要求每个组织都成为供应链上的一个环节，任何一个环节的失误都会造成供应链的断裂，对于配送可达性的要求很高。因此，收货人对送货地点的要求直接影响配送路线的选择。

（二）配送路线的设计原则

（1）以效益最高为原则。该设计原则是将利润的最大值作为目标值。

（2）以路程最短为原则。如果成本与路程的相关性较强，而与其他因素的相关性较弱时，可以采用该设计原则。

（3）以时间与距离乘积最小为原则。节约里程法就是采用该设计原则。

（4）以准确性最高为原则。该设计原则是配送中心的重要服务指标。

（三）设计配送路线的前提

一般采用各种数学方法和在数学方法基础上发展演变出来的经验方法来对配

送路线进行定性分析与定量分析。对于复杂的配送路线通常利用数学模型转换成计算机程序来求解其最优方案。但无论采用何种方法，都必须明确试图达到的目标及实现此目标的各种限制因素（客观约束条件），才能得到合理的配送路线设计方案。

1. 确定目标

目标的选择是根据配送的具体要求、配送企业的实力及客观条件来确定的，主要包括以下六个方面。

（1）成本目标。成本和配送路线之间有着比较密切的关系，建立合适的数学模型比较容易，但计算各配送路线的配送成本比较复杂。

（2）距离目标。假设成本与距离相关性较强，而与其他因素是微相关时，可以采取距离最短的目标，这样可以大大简化计算，避免许多不易计算的影响因素。但需要注意的是，由于道路状况、道路收费等因素影响成本，有时距离最短并不见得成本最低，这时以最短距离为最优解并不合理。

（3）吨千米数最低目标。吨千米数最低是长距离配送时选择的目标。在多个配送中心、多个客户和整车发运的情况下，选择吨千米数最低为目标可以取得满意的结果，但是在配送路线选择中，除共同配送方式外，一般情况下均不适用；而在使用节约里程法进行计算时，所确定的配送目标是吨千米数最低。

（4）准时性目标。准时性是配送中重要的服务指标。以准时性为目标确定配送路线就是要将各客户的时间要求和先后到达的时间协调起来，这样有时难以顾及成本问题，甚至需要牺牲成本来满足准时性要求。当然，在这种情况下成本也不能失控，应有一定限制。

（5）运力利用最合理目标。在运力非常紧张，运力与成本或效益又存在一定相关性时，为节约运力、充分运用现有运力，不需外租车辆或新购车辆，此时也可以将运力利用最合理作为目标来确定配送路线。

（6）消耗性目标。在特殊情况下，也可以将油耗最低、司机人数最少、司机工作时间最短等作为目标确定配送路线。例如，供油异常紧张、油价非常高、意外事故引起人员减员、某些因素限制了司机人数等情况下都可采用消耗性目标。

2. 确定配送路线的约束条件

以上目标的实现受到许多条件的约束，必须在满足这些约束条件的前提下取得成本最低或吨千米数最低的结果。配送路线的约束条件一般有以下几项。

（1）满足所有客户对货物品种、规格、数量的要求。

（2）满足客户对发货、到货时间范围的要求。

（3）在允许通行的时间内进行配送。

（4）各配送路线的货物量不得超过车辆容积和额定载重量的限制。

(四) 配送路线的设计方法

1. 直送式配送

直送式配送是指由一个配送中心对一个客户的专门配送。从配送优化的角度看，直送式配送的客户的基本条件是其需求量接近或大于配送车辆的额定载重量，需专门派一辆或多辆车一次或多次配送。直送式配送追求多装、快跑，选择最短配送路线，以节约时间和费用，提高配送效率。因此，直送式配送的关键是寻找配送网络中的最短配送路线。

例 3－1　如图 3－1 所示，某公司每天将货物从仓库配送给客户，途中各边（弧）旁的数字表示道路的长度（千米），试问企业从仓库出发到客户目的地，应选择哪条路线才能使路上行驶的总距离最短。

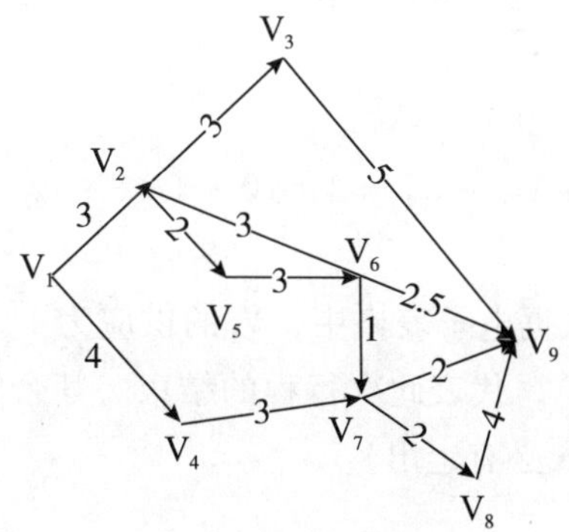

图 3－1　配送路线图

1）最短路径问题的假设

（1）在网络中选择一条路，始于某源点，终于目的地。

（2）连接两个节点的连线叫作边（允许向任一个方向行进）或弧（只允许沿着一个方向行进），和每条边（弧）相关的一个非负数，叫作该边（弧）的长度。

（3）目标是为了寻找从源点到目的地的最短路径（总长度最小的路）。

2）最短路径的数学模型

（1）决策变量：设 x_{ij} 为弧（节点 $i \rightarrow$ 节点 j）是否走（1 表示走，0 表示不走）。

（2）目标是通过网络的总长度最小，即从源点到目的地的最短路径。

（3）约束条件。

①一个源点（出发点）：净流量为 1（表示开始）。

②所有中间点：净流量为 0（表示如果有走入必有走出）。

③一个目的地（收点）：净流量为 －1（表示结束）。

④ x_{ij} 非负。

最短路径问题具有整数解的特征，没有必要加上所有决策变量是 0－1 变量的约束。

3）线性规划数学模型

（1）决策变量：设 x_{ij} 为弧（节点 i→节点 j）是否走（1 表示走，0 表示不走）。

（2）目标函数：本问题的目标是总距离最短，即：

$$\min z = 3x_{12} + 4x_{14} + 3x_{23} + 2x_{25} + 3x_{26} + 5x_{39} + 3x_{47} + 3x_{56} + x_{67} + 2.5x_{69} + 2x_{78} + 2x_{79} + 4x_{89}$$

（3）约束条件。

①源点（出发点）V_1：$x_{12} + x_{14} = 1$

②中间点 V_2：$x_{23} + x_{25} + x_{26} - x_{12} = 0$

中间点 V_3：$x_{39} - x_{23} = 0$

中间点 V_4：$x_{47} - x_{14} = 0$

中间点 V_5：$x_{56} - x_{25} = 0$

中间点 V_6：$x_{67} + x_{69} - x_{26} - x_{56} = 0$

中间点 V_7：$x_{78} + x_{79} - x_{67} - x_{47} = 0$

中间点 V_8：$x_{89} - x_{78} = 0$

③目的地 V_9：$x_{39} + x_{69} + x_{79} + x_{89} = 1$ 或 $0 - (x_{39} + x_{69} + x_{79} + x_{89}) = -1$

④ $x_{ij} \geqslant 0$

在图 3－2 所示的求解数据电子表格中，V_1的供应为 1，代表此次行程的开始；V_9的需求为－1（净流量为－1），代表此次行程的结束。其余的节点（V_2～V_8为中间点，净流量为 0，代表如果有走入必有走出）。

	A	B	C	D	E	F	G	H	I	J	K	L	M	N
1														
2														
3		从	到	是否走		距离		节点	净流里		供应/需求		区域名称	单元格
4		V_1	V_2	1		3		V_1	1	=	1		从	B4:B16
5		V_1	V_4	0		4		V_2	0	=	0		到	C4:C16
6		V_2	V_3	0		3		V_3	0	=	0		供应需求	K4:K12
7		V_2	V_5	0		2		V_4	0	=	0		节点	H4:H12
8		V_2	V_6	1		3		V_5	0	=	0		净流里	I4:I12
9		V_3	V_9	0		5		V_6	0	=	0		距离	F4:F16
10		V_4	V_7	0		3		V_7	0	=	0		是否走	D4:D16
11		V_5	V_6	0		3		V_8	0	=	0		总距离	D18
12		V_6	V_7	0		1		V_9	-1	=	-1			
13		V_6	V_9	1		2.5								
14		V_7	V_8	0		2								
15		V_7	V_9	0		2								
16		V_8	V_9	0		4								
17														
18			总距离	8.5										
19														

图 3－2　求解数据电子表格

Excel 的求解结果为：从企业仓库 V_1出发到客户目的地 V_9应行驶的路线为：V_1→V_2→V_6→V_9。此时，路上行驶总距离最短，为 8.5 千米。

求解过程中涉及的电子表格求解及函数命令如图 3－3 所示。

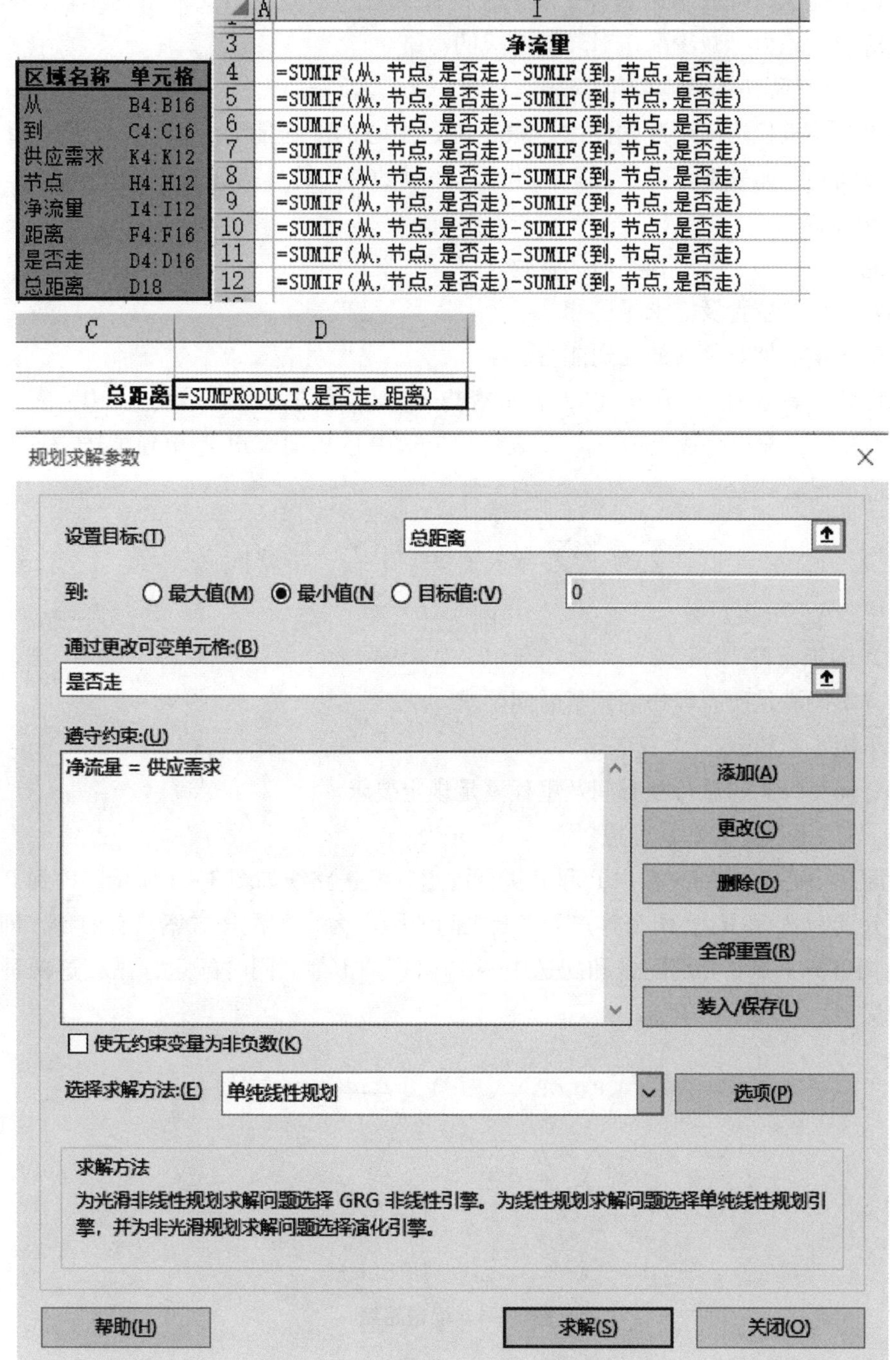

图 3－3　电子表格求解及函数命令

2. 分送式配送

分送式配送是指由一个供应点对多个客户的共同配送，其基本条件是所有客户的需求量总和不大于一辆车的额定载重量。由配送车辆装载所有客户所需要的货物，沿选定的最优配送路线分别送到各个客户，既能保证按时送到，又能节约车辆、节省费用、缓解交通压力、减少配送对环境造成的污染。

1）节约里程法的基本规定

利用节约里程法确定配送路线，根据配送中心的配送能力、与客户之间的距离及各客户之间的距离来拟订配送方案，使配送车辆的总周转量达到最小。

（1）前提假设。

①配送的是同一种或相类似的货物。

②各客户的位置及需求量已知。

③配送中心拥有足够的配送能力。

④设状态参数为 t_{ij}。$t_{ij}=$ {1，表示客户 P_i、P_j 在同一配送路线上；0，表示客户 P_i、P_j 不在同一配送路线上}，$t_{0j}=2$ 表示由配送中心 P_0 向客户 P_j 单独配送，且所有状态参数应满足公式：

$$\sum_{i=1}^{j-1} t_{ij} + \sum_{i=j+1}^{N} t_{ij} = 2\ (j=1,\ 2,\ \cdots,\ N) \tag{3-1}$$

式中：N——客户数。

（2）附加条件。

①方案能满足所有客户的到货时间要求。

②车辆不能超载。

③每辆车每天的总行驶时间及里程满足规定要求。

2）节约里程法的基本思想

设配送中心 P_0 分别向客户 P_i 和 P_j 进行配送，配送路线如图 3-4 所示。P_0 到 P_i 和 P_j 的距离分别为 d_{0i} 和 d_{0j}，两个客户 P_i、P_j 之间的距离为 d_{ij}，配送方案只有两种，即配送中心 P_0 向客户 P_i、P_j 分别配送和配送中心 P_0 向客户 P_i、P_j 同时配送，比较这两种配送方案的优劣。

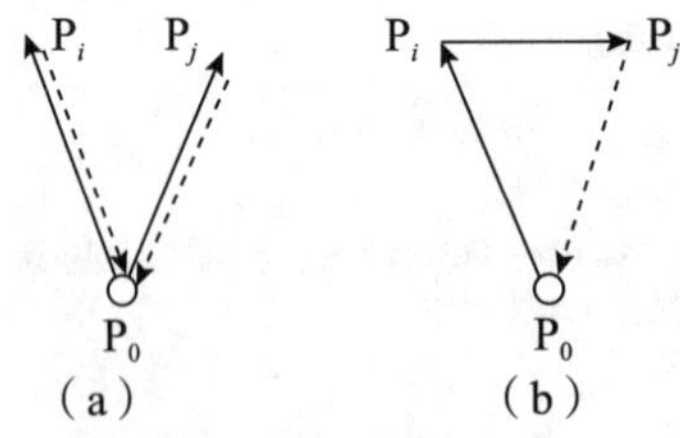

图 3-4　配送路线

（1）方案（a）的配送路线为：$P_0 \rightarrow P_i \rightarrow P_0 \rightarrow P_j \rightarrow P_0$，配送距离为 $d_a = 2d_{0i} + 2d_{0j}$。

（2）方案（b）的配送线路为：$P_0 \rightarrow P_i \rightarrow P_j \rightarrow P_0$，配送距离为 $d_b = d_{0i} + d_{ij} + d_{0j}$。

显然，d_a 不等于 d_b，用 S_{ij} 表示节约的配送里程，即方案（b）比方案（a）节约的配送里程为 $S_{ij} = d_{0i} + d_{0j} - d_{ij}$。根据节约里程法的基本思想，如果一个配送中心 P_0 分别向 N 个客户进行配送，在配送车辆承载能力允许的前提下，每辆货车在配送路线上经过的客户数越多，其里程节约量越大，配送路线设计得越合理。下面举例说明节约里程法的求解过程。

例3－2　设配送中心P向8个连锁超市A～H配送货物，每个连锁超市的需求量为q_j，从配送中心到连锁超市的距离为dp_j（$j=1, 2, \cdots, 8$），各连锁超市之间的距离为d_{ij}（$i=1, 2, \cdots, 8$；$j=1, 2, \cdots, 8$），图3－5表示配送中心及各连锁超市的路程和运输量。配送中心有装载量为2吨和4吨的车辆可供调配，货车一次运行距离在45千米以内，试拟订最优的配送方案。

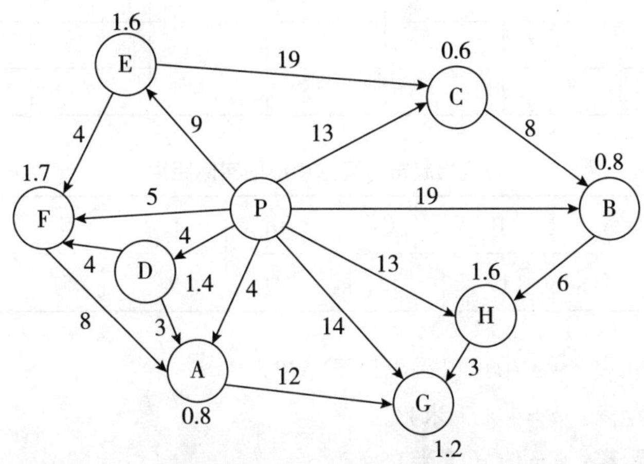

图3－5　配送中心及各连锁超市的路程和运输量示意

各连锁超市的门店编号和每日需求量如表3－1所示。

表3－1　　　　各连锁超市的门店编号和每日需求量

门店编号	每日需求量（吨）
A	0.8
B	0.8
C	0.6
D	1.4
E	1.6
F	1.7
G	1.2
H	1.6

①模型构建。

各连锁超市之间的实际距离矩阵和各连锁超市与配送中心的实际距离如表3－2和表3－3所示。

表 3－2　　　　各连锁超市之间的实际距离矩阵　　　　单位：千米

	A	B	C	D	E	F	G	H
A		21	17	3	11	7	12	15
B			8	23	27	24	9	6
C				17	19	18	17	14
D					8	4	15	17
E						4	23	22
F							19	18
G								3
H								

表 3－3　　　　各连锁超市与配送中心的实际距离　　　　单位：千米

门店编号	A	B	C	D	E	F	G	H
配送中心 P	4	19	13	4	9	5	14	13

②从表 3－2 和表 3－3 中可以得出以下结果。

P—A 的最短距离：$a=4$（千米）。

P—B 的最短距离：$b=19$（千米）。

A—B 的最短距离：$c=21$（千米）。

A—B 的节约行程：$a+b-c=4+19-21=2$（千米）。

故 A—B 之间相较于直接配送，可节约里程为 2 千米。

③采用上述节约里程法的算法，对上述表格中各连锁超市之间的节约里程进行计算。

$S_{ij}=d_{0i}+d_{0j}-d_{ij}$

$S_{AB}=d_{PA}+d_{PB}-d_{AB}=4+19-21=2$

$S_{AC}=d_{PA}+d_{PC}-d_{AC}=4+13-17=0$

采用上述方式逐个计算各连锁超市之间的节约里程，将计算结果依次写入表 3－4 中。最终得出节约里程，如表 3－4 所示。

表 3－4　　　　节约里程表　　　　单位：千米

	A	B	C	D	E	F	G	H
A		2	0	5	2	2	6	2
B			24	0	1	0	24	26
C				0	3	0	10	12
D					5	5	3	0
E						10	0	0

续表

	A	B	C	D	E	F	G	H
F							0	0
G								24
H								

④对上述节约里程按由大到小进行排序，排序如表 3－5 所示。

表 3－5　　节约里程排序表　　单位：千米

序号	连接点	节约里程
1	B—H	26
2	B—C	24
3	B—G	24
4	G—H	24
5	C—H	12
6	C—G	10
7	E—F	10
8	A—G	6
9	A—D	5
10	D—E	5
11	D—F	5
12	C—E	3
13	D—G	3
14	A—B	2
15	A—E	2
16	A—F	2
17	A—H	2
18	B—E	1

⑤初始解。从配送中心 P 向各个连锁超市配送，如图 3－6 所示，共有 8 条配送路线。其中，总的运输距离为 2×（13＋19＋13＋14＋4＋4＋5＋9）＝162（千米），从连锁超市 A 到连锁超市 H，每个连锁超市的货物需求量分别为 0.8 吨、0.8 吨、0.6 吨、1.4 吨、1.6 吨、1.7 吨、1.2 吨、1.6 吨，故需要 2 吨的货车 8 辆。

⑥二次解。按照节约里程的大小顺序连接 B—H，B—C，此时配送路线为 6 条。配送路线 1：P→C→B→H→P。配送路线不能继续添加节点，否则会超过货车最远运输距离和最大装载量的限制。具体连接方法如图 3－7 所示。

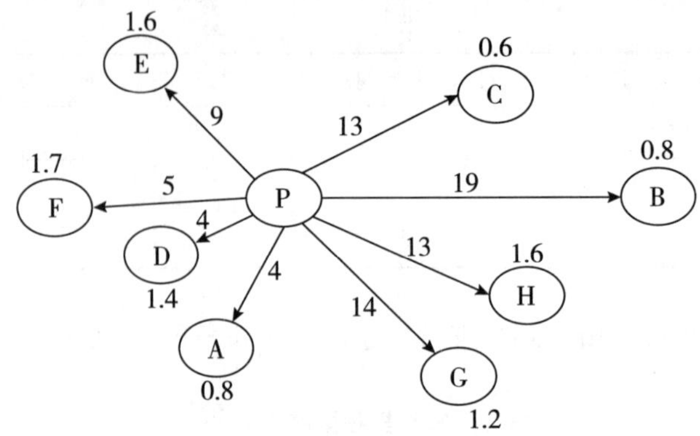

图3-6　初始解路线图

总运输距离为：2×(14+4+4+5+9)+(13+8+6+13)　=112（千米）。

配送路线1运输距离为：13+8+6+13=40（千米）。

配送路线1装载量为：0.6+0.8+1.6=3（吨）。

配送路线1节约里程为：2×(13+19+13)　-40=50（千米）。

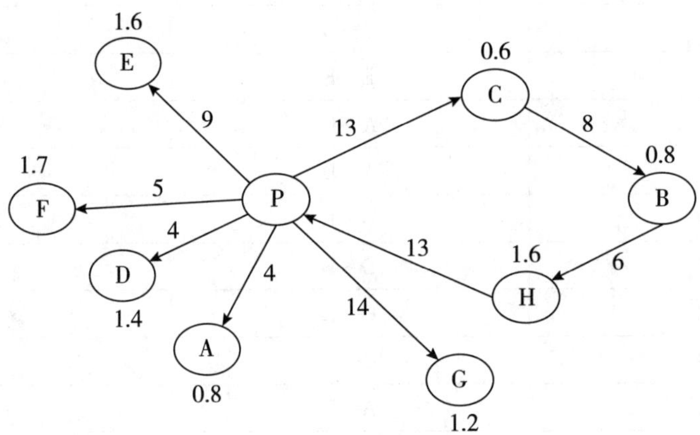

图3-7　二次解路线图

⑦三次解。连接E—F，尝试将D—F加入此配送路线，但因超过货车最大装载量，不与之连接。此时P→E→F→P形成配送路线2，具体连接方式如图3-8所示。

总运输距离为：2×(4+4+14)+(13+8+6+13)+(9+4+5)=102（千米）。

配送路线2运输距离为：9+4+5=18（千米）。

配送路线2装载量为：1.6+1.7=3.3（吨）。

配送路线2节约里程为：2×(9+5)-(9+4+5)=10（千米）。

⑧四次解。连接A—G，形成配送路线3，即为P→A→G→P，具体连接方式如图3-9所示。

总运输距离为：2×4+(13+8+6+13)　+(9+4+5)　+(4+12+14)　=96（千米）。

配送路线3运输距离为：4+12+14=30（千米）。

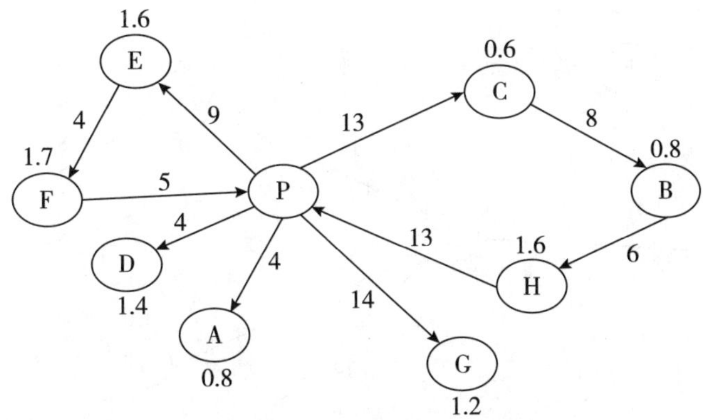

图 3-8　三次解路线图

配送路线 3 装载量为：0.8+1.2=2（吨）。

配送路线 3 节约里程为：2×(4+14)－(4+12+14)=6（千米）。

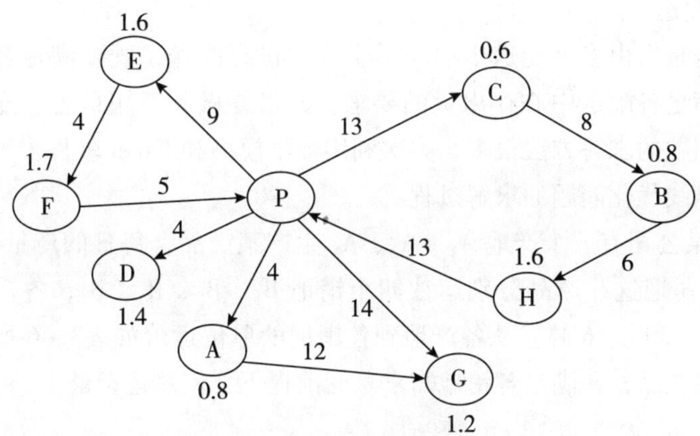

图 3-9　四次解线路图

⑨最终解。尝试将 A—D 连入配送路线 3 中，形成配送路线 4，即为 P→D→A→G→P。配送路线 3 中原采用 2 吨货车运货，现加入节点 D，将采用 4 吨货车进行运货，具体连接方法如图 3-10 所示。

总运输距离为：(13+8+6+13)+(9+4+5)+(4+3+12+14)=91（千米）。

配送路线 4 运输距离为：4+12+14+3=33（千米）。

配送路线 4 装载量为：1.4+0.8+1.2=3.4（吨）。

配送路线 4 节约里程为：2×(4+4+14)－(4+12+14+3)=11（千米）。

通过计算与对配送路线的规划，最终得出三条配送路线。

其中配送路线 1：运输距离为 40 千米，装载量 3 吨，节约里程 50 千米。配送路线 2：运输距离为 18 千米，装载量 3.3 吨，节约里程 10 千米。配送路线 4：运输距离为 33 千米，装载量 3.4 吨，节约里程 11 千米。总节约里程为 71 千米。配送路径最后为：P→C→B→H→P；P→D→A→G→P；P→E→F→P。

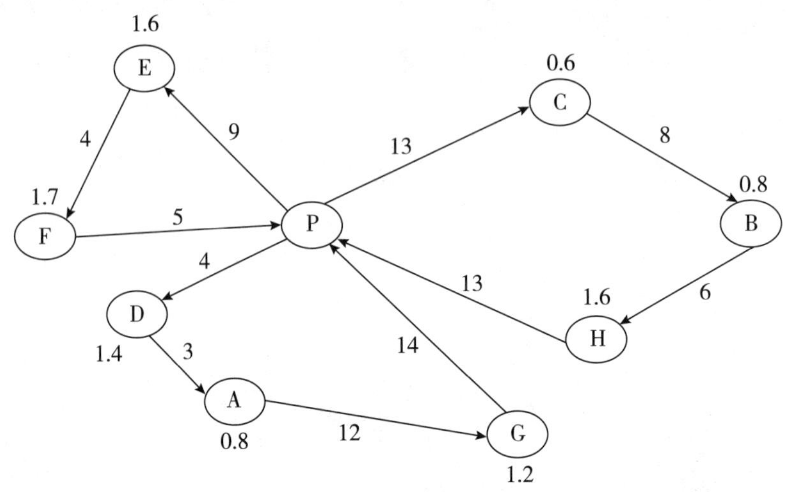

图 3 – 10　最终解路线图

3. 配送式配送

配送式配送是指由多个配送中心向多个客户进行配送，既要满足客户对货物的配送需要，又要满足各配送中心存出货的要求，并最终做到费用最省。配送式配送车辆行驶路线优化问题的求解方法很多，本次利用数学模型和 Excel 软件求解，介绍配送式配送车辆行驶路线优化问题的求解过程。

例 3 – 3　某公司有三个产地 A_1、A_2、A_3 生产某产品，每日的产量分别为 7 吨、4 吨、9 吨。该公司把这些产品分别运往四个销地 B_1、B_2、B_3、B_4，各销地每日销量分别为 3 吨、6 吨、5 吨、6 吨。从各产地到各销地的单位运价如表3 – 6 所示。问该公司应如何调运这些产品，在满足各销地需求量的前提下，使总运费最小。

表 3 – 6　　各产地到各销地的单位运价　　单位：元/吨

产地	销地				
	B_1	B_2	B_3	B_4	产量（吨）
A_1	3	11	3	10	7
A_2	1	9	2	8	4
A_3	7	4	10	5	9
销量（吨）	3	6	5	6	

首先，三个产地 A_1、A_2、A_3 的总产量为 7 +4 +9 =20（吨）；四个销地 B_1、B_2、B_3、B_4 的总销量为 3 +6 +5 +6 =20（吨）。由于总产量等于总销量，故该问题是一个平衡运输问题，同时也是多个起运地向多个客户进行配送的问题，所以称为配送式配送。

1）建立数学模型

（1）决策变量。

设 x_{ij} 为从产地 A_i 运往销地 B_j 的运输量（$i=1,2,3$；$j=1,2,3,4$），得到如

表 3－7 所示的运输变量表。

表 3－7　　　　　　　　　　　　　　运输变量表

产地	销地				
	B_1	B_2	B_3	B_4	产量（吨）
A_1	x_{11}	x_{12}	x_{13}	x_{14}	6
A_2	x_{21}	x_{22}	x_{23}	x_{24}	4
A_3	x_{31}	x_{32}	x_{33}	x_{34}	8
销量（吨）	3	6	5	6	（销大于产）

（2）目标函数。

本问题的目标是使总运费最小，即：

$$\min f = 3x_{11} + 11x_{12} + 3x_{13} + 10x_{14} + x_{21} + 9x_{22} + 2x_{23} + 8x_{24} + 7x_{31} + 4x_{32} + 10x_{33} + 5x_{34}$$

（3）约束条件。

根据表 3－7 可写出此问题的约束条件。

①满足产地产量（三个产地的产品都要全部配送出去）。

产地 A_1：$x_{11} + x_{12} + x_{13} + x_{14} = 6$

产地 A_2：$x_{21} + x_{22} + x_{23} + x_{24} = 4$

产地 A_3：$x_{31} + x_{32} + x_{33} + x_{34} = 8$

②满足销地销量（四个销地的产品部分得到满足）。

销地 B_1：$x_{11} + x_{21} + x_{31} \leqslant 3$

销地 B_2：$x_{12} + x_{22} + x_{32} \leqslant 6$

销地 B_3：$x_{13} + x_{23} + x_{33} \leqslant 5$

销地 B_4：$x_{14} + x_{24} + x_{34} \leqslant 6$

③非负：$x_{ij} \geqslant 0$（$i = 1, 2, 3$；$j = 1, 2, 3, 4$）。

所以该平衡运输问题的线性规划模型如下：

$$\min f = 3x_{11} + 11x_{12} + 3x_{13} + 10x_{14} + x_{21} + 9x_{22} + 2x_{23} + 8x_{24} + 7x_{31} + 4x_{32} + 10x_{33} + 5x_{34}$$

$$\text{s.t.}\begin{cases} x_{11} + x_{12} + x_{13} + x_{14} = 6 \\ x_{21} + x_{22} + x_{23} + x_{24} = 4 \\ x_{31} + x_{32} + x_{33} + x_{34} = 8 \\ x_{11} + x_{21} + x_{31} \leqslant 3 \\ x_{12} + x_{22} + x_{32} \leqslant 6 \\ x_{13} + x_{23} + x_{33} \leqslant 5 \\ x_{14} + x_{24} + x_{34} \leqslant 6 \\ x_{ij} \geqslant 0 \ (i = 1, 2, 3;\ j = 1, 2, 3, 4) \end{cases}$$

2）输入基础数据

各项数据名称及对应的单元格如图 3－11 所示。

	A	B	C	D	E	F	G	H
1	单位运价	销地B_1	销地B_2	销地B_3	销地B_4			
2	产地A_1	3	11	3	10			
3	产地A_2	1	9	2	8			
4	产地A_3	7	4	10	5			
5								
6	运输量	销地B_1	销地B_2	销地B_3	销地B_4	实际产量		产量
7	产地A_1							7
8	产地A_2							4
9	产地A_3							9
10	实际销量							
11								总费用
12	销量	3	6	5	6			

图 3－11　基础数据

将例 3－3 中的产量、销量、单位运价输入 Excel 工作表中，输入后的效果如图 3－12 所示。在 F7 单元格输入公式“＝SUM（B7：E7）”，按回车键即可得到产地 A_1 的产量，然后纵向填充至 F9 单元格；在 B10 单元格输入公式“＝SUM（B7：B9）”，按回车键即可得到销地 B_1 的销量，然后横向填充至 E10 单元格。

	A	B	C	D	E	F	G	H
1	单位运价	销地B_1	销地B_2	销地B_3	销地B_4			
2	产地A_1	3	11	3	10			
3	产地A_2	1	9	2	8			
4	产地A_3	7	4	10	5			
5								
6	运输量	销地B_1	销地B_2	销地B_3	销地B_4	实际产量		产量
7	产地A_1					=SUM(B7:E7)	=	7
8	产地A_2					=SUM(B8:E8)	=	4
9	产地A_3					=SUM(B9:E9)	=	9
10	实际销量	=SUM(B7:B9)	=SUM(C7:C9)	=SUM(D7:D9)	=SUM(E7:E9)			
11		=	=	=	=			总费用
12	销量	3	6	5	6			

图 3－12　插入函数命令

最后在 H12 单元格输入“＝SUMPRODUCT（B2：E4，B7：E9）”，最终结果如图 3－13 所示。

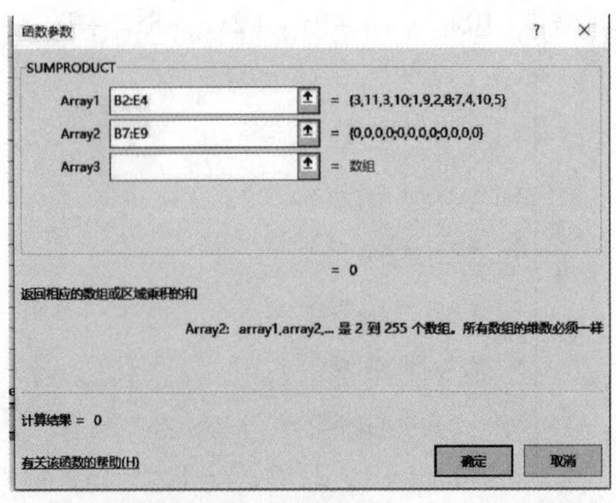

图 3－13　H12 单元格命令的输入方法

所有函数公式填充完毕的结果如图 3 – 14 所示。

	A	B	C	D	E	F	G	H
1	单位运价	销地B_1	销地B_2	销地B_3	销地B_4			
2	产地A_1	3	11	3	10			
3	产地A_2	1	9	2	8			
4	产地A_3	7	4	10	5			
5								
6	运输量	销地B_1	销地B_2	销地B_3	销地B_4	实际产量		产量
7	产地A_1					=SUM(B7:E7)	=	7
8	产地A_2					=SUM(B8:E8)	=	4
9	产地A_3					=SUM(B9:E9)	=	9
10	实际销量	=SUM(B7:B9)	=SUM(C7:C9)	=SUM(D7:D9)	=SUM(E7:E9)			
11		=	=	=	=			总费用
12	销量	3	6	5	6			=SUMPRODUT (B2:E4, B7:E9)

图 3 – 14　公式显示图解

3）规划求解。

选择“工具”→“规划求解”命令，打开“规划求解参数”对话框，如图 3 – 15 所示。单击“设置目标”单元格对应的参数框右侧的折叠对话框按钮，选择“＄H＄12”，点选“等于”区域中的“最小值”单选按钮，从而为线性规划设置目标函数，并指定最小值为最优。

单击“通过更改可变单元格”对应的参数框右侧的折叠对话框按钮，选择“＄B＄7：＄E＄9”，即可为线性规划问题指定决策变量。

在约束区域，单击“添加”按钮，打开“添加约束”对话框，如图 3 – 15 所示。单击“单元格引用”对应的参数框右侧的折叠对话框按钮，选择“＄F＄7：＄F＄9”，在运算符下拉列表中选择“=”，单击“约束”对应的参数框右侧的折叠对话框按钮，选择“＄H＄7：＄H＄9”，单击“确定”按钮，从而为线性规划添加销量约束。同理添加产量约束“＄B＄10：＄E＄10 = ＄B＄12：＄E＄12”。

最后，在“规划求解参数”对话框中，“选择求解方法”中选择“单纯线性规划”，勾选“使无约束变量为非负数”复选框，然后单击“求解”按钮。规划求解结果如图 3 – 16 所示。

Excel 的求解结果为：由产地 A_1 运往销地 B_1 和销地 B_3 的运输量分别为 2 吨和 5 吨，产地 A_2 运往销地 B_1 和销地 B_4 的运输量分别为 1 吨和 3 吨，产地 A_3 运往销地 B_2 和销地 B_4 的运输量分别为 6 吨和 3 吨，此时的运输总费用最少，为 85 元，求解结果如图 3 – 17 所示。

二、运输配送方式选择模型

在市场经济体制下，各种运输方式的运营者不可避免地存在激烈的竞争。一方面，各种运输方式拥有自己固有的技术经济特征及相应的竞争优势；另一方面，各种运输方式在运输市场需求方面具有多样性，主要表现在运量、距离、空间位置、运输速度等方面。这两个方面实际上就为各种运输方式在社会经济发展过程中营造了各自的生存及发展空间。本节主要利用层次分析法说明运输方式的选择问题。

层次分析法（Analytic Hierarchy Process，AHP）是一种定性与定量相结合的决策分

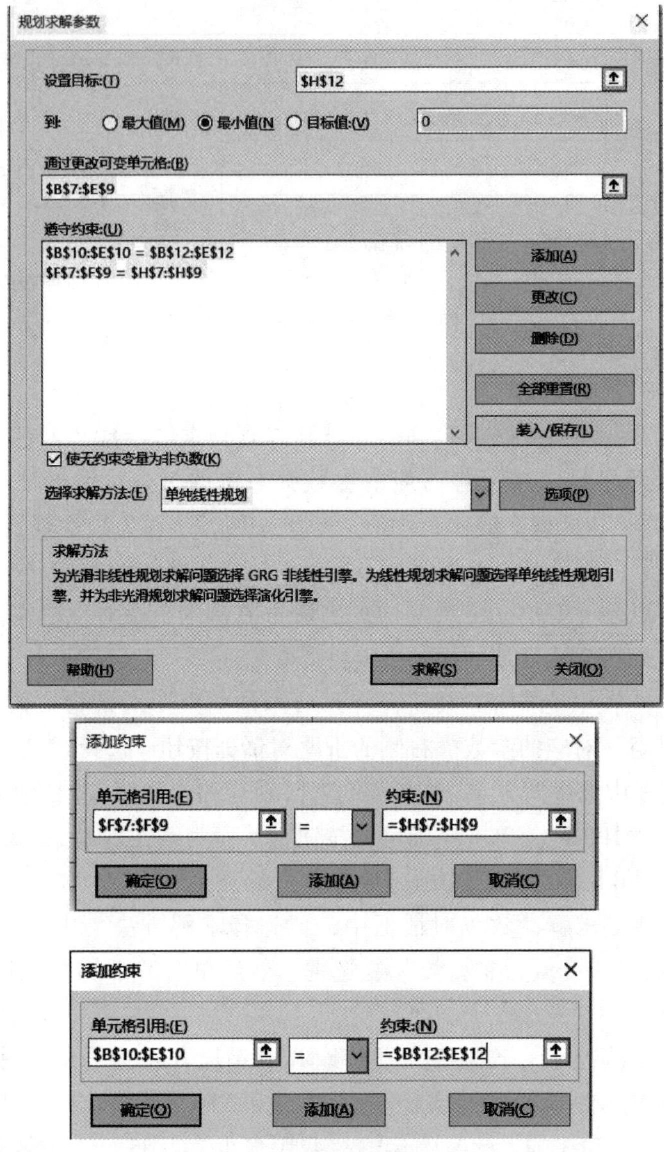

图 3－15　规划求解设置过程

析方法，层次分析是决策者对复杂系统的决策思维过程模型化、数量化的过程。

1. 建立递阶层次结构

应用 AHP 解决实际问题，首先明确要分析决策的问题，并把它条理化、层次化，理出递阶层次结构。AHP 要求的递阶层次结构一般由以下三个层次组成：①目标层（最高层），指问题的预定目标；②准则层（中间层），指影响目标实现的准则；③措施层（最低层），指促使目标实现的措施。

通过对复杂问题的分析，首先明确决策的目标，将该目标作为目标层（最高层）的元素，这个目标要求是唯一的，即目标层只有一个元素。然后找出影响目标实现的

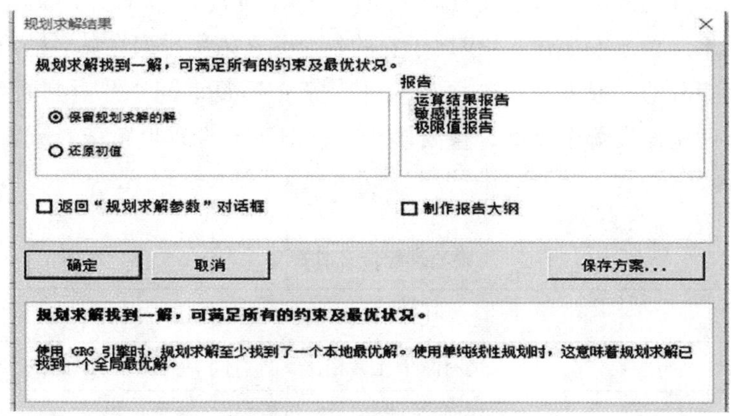

图 3－16　规划求解结果

	A	B	C	D	E	F	G	H
1	单位运价	销地B_1	销地B_2	销地B_3	销地B_4			
2	产地A_1	3	11	3	10			
3	产地A_2	1	9	2	8			
4	产地A_3	7	4	10	5			
5								
6	运输量	销地B_1	销地B_2	销地B_3	销地B_4	实际产量		产量
7	产地A_1	2	0	5	0	7	=	7
8	产地A_2	1	0	0	3	4	=	4
9	产地A_3	0	6	0	3	9	=	9
10	实际销量	3	6	5	6			
11		=	=	=	=			总费用
12	销量	3	6	5	6			85

图 3－17　求解结果

准则，作为目标层下的准则层的因素。在复杂问题中，影响目标实现的准则层的因素可能有很多，这时要详细分析各因素间的相互关系，即有些是主要准则，有些是隶属于主要准则的次要准则，然后根据这些关系将元素分成不同的层次和组。不同层次元素间一般存在隶属关系，即上一层元素由下一层元素构成并对下一层元素起支配作用。同一层元素形成若干组，同组元素性质相近，一般隶属于同一个上一层元素（受上一层元素支配）。不同组元素性质不同，一般隶属于不同的上一层元素。

在关系复杂的递阶层次结构中，有时组的关系不明显，即上一层的若干元素同时对下一层的若干元素起支配作用，形成相互交叉的层次关系，但无论怎样，上下层的隶属关系都应该是明显的。

最后分析为了解决决策问题（实现决策目标），在上述准则下，有哪些最终解决方案（措施），并将它们作为措施层的因素，放在递阶层次结构的最下面。明确各个层次的因素及其位置，并将它们之间的关系用线连接起来，就构成了递阶层次结构。

2. 构造判断矩阵并赋值

根据递阶层次结构就能很容易地构造判断矩阵。

构造判断矩阵的方法：每个具有向下隶属关系的元素（被称作准则）作为判断矩阵的第一个元素（位于左上角），隶属于它的各个元素依次排列在其后的第一行和第一列。填写判断矩阵的一般方法：向填写人（专家）反复询问，针对判断矩阵的准则，其中两个元素两两比较哪个重要，重要多少，并对重要性程度赋值。重要性标度及其含义如表 3－8 所示。

表 3－8　重要性标度及其含义

重要性标度	含义
1	表示两个元素相比，具有同等重要性
3	表示两个元素相比，前者比后者稍重要
5	表示两个元素相比，前者比后者明显重要
7	表示两个元素相比，前者比后者强烈重要
9	表示两个元素相比，前者比后者极端重要
2，4，6，8	表示上述判断的中间值
倒数	若元素 i 与元素 j 的重要性之比为 a_{ij}，则元素 j 与元素 i 的重要性之比为 $a_{ji}=1/a_{ij}$

设填写后的判断矩阵为 $\boldsymbol{A}=(a_{ij})_{n\cdot n}$，判断矩阵具有如下性质：①$a_{ij}>0$；②$a_{ji}=1/a_{ij}$；③$a_{ii}=1$。

根据上面性质，判断矩阵具有对称性。因此在填写时，通常先填写 $a_{ii}=1$ 部分，然后判断及填写上三角形或下三角形的 $n(n-1)/2$ 个元素即可。

在特殊情况下，判断矩阵可以具有传递性，即满足等式 $a_{ij}\cdot a_{jk}=a_{ik}$。

当 $a_{ij}\cdot a_{jk}=a_{ik}$ 对判断矩阵所有元素都成立时，则称该判断矩阵为一致性矩阵。

3. 层次单排序（计算权向量）与检验

对于专家填写后的判断矩阵，利用一定数学方法进行层次排序。

单排序是指每个判断矩阵各因素针对其准则的相对权重，所以本质上是计算权向量。计算权向量有特征根法、和积法、根法、幂法等，这里简要介绍和积法。具体步骤如下。

①将矩阵 $\boldsymbol{A}=(a_{ij})_{n\cdot n}$ 的每一列向量归一化，得 $\tilde{\boldsymbol{W}}_{ij}=\dfrac{a_{ij}}{\sum\limits_{i=1}^{n}a_{ij}}$。

②对 $\tilde{\boldsymbol{W}}_{ij}$ 按行求和，得 $\tilde{\boldsymbol{W}}_{i}=\sum\limits_{i=1}^{n}\tilde{\boldsymbol{W}}_{ij}$。

③将 $\tilde{\boldsymbol{W}}_{i}$ 归一化，得 $\tilde{\boldsymbol{W}}=\dfrac{\tilde{\boldsymbol{W}}_{i}}{\sum\limits_{i=1}^{n}\tilde{\boldsymbol{W}}_{i}}$，则有特征向量 $\tilde{\boldsymbol{W}}=\begin{pmatrix}\boldsymbol{W}_1\\ \cdots\\ \boldsymbol{W}_n\end{pmatrix}$。

④计算与特征向量 $\tilde{W}=\begin{pmatrix}W_1\\ \cdots\\ W_n\end{pmatrix}$ 对应的最大特征根 $\lambda_{\max}$ 的近似值 $\lambda_{\max}=\frac{1}{n}\sum_{i=1}^{n}\frac{(AW)_i}{W_i}$。

需要注意的是，在层层排序中，要对判断矩阵进行一致性检验。

在特殊情况下，判断矩阵可以具有传递性和一致性。一般情况下，并不要求判断矩阵严格满足这一性质。但从人类认识规律看，一个正确的判断矩阵重要性排序是有一定逻辑规律的。例如，若判断矩阵 $\boldsymbol{A}$ 比判断矩阵 $\boldsymbol{B}$ 重要，判断矩阵 $\boldsymbol{B}$ 又比判断矩阵 $\boldsymbol{C}$ 重要，则从逻辑上讲，判断矩阵 $\boldsymbol{A}$ 应该比判断矩阵 $\boldsymbol{C}$ 明显重要，若两两比较时出现判断矩阵 $\boldsymbol{C}$ 比判断矩阵 $\boldsymbol{A}$ 重要的结果，则判断矩阵 $\boldsymbol{C}$ 违反了一致性准则，在逻辑上是不合理的。

在实际中要求判断矩阵满足大体上的一致性，因此需进行一致性检验。只有通过一致性检验，才能说明判断矩阵在逻辑上是合理的，才能继续对结果进行分析。一致性检验的步骤如下。

第一步，计算一致性指标 CI。

$$CI=\frac{\lambda_{\max}-n}{n-1}$$

第二步，查表确定相应的平均随机一致性指标 RI。

根据判断矩阵不同阶数查表 3 - 9，得到平均随机一致性指标 RI（1000 次正互反矩阵计算结果）。例如，对于 5 阶的判断矩阵，查表得到 $RI=1.12$。

表 3 - 9　平均随机一致性指标 RI

矩阵阶数	1	2	3	4	5	6	7	8
RI	0	0	0.52	0.89	1.12	1.26	1.36	1.41
矩阵阶数	9	10	11	12	13	14	15	
RI	1.46	1.49	1.52	1.54	1.56	1.58	1.59	

第三步，计算一致性比例 CR：

$$CR=\frac{CI}{RI}$$

当 $CR<0.1$ 时，认为判断矩阵的一致性是可以接受的；当 $CR>0.1$ 时，认为判断矩阵不符合一致性要求，需要对该判断矩阵进行重新修正。

4. 层次总排序与检验

总排序是指每一个判断矩阵各因素针对目标层（最高层）的相对权重。这一权重的计算采用从上而下的方法，逐层合成。

很明显，第二层的单排序结果就是总排序结果。假定已经算出第 $k-1$ 层 m 个元素相对于总目标的权重 $\boldsymbol{w}^{(k-1)}=(w_1^{(k-1)}, w_2^{(k-1)}, \cdots, w_m^{(k-1)})^{\mathrm{T}}$，第 k 层 n 个元素对于上一层（第 $k-1$ 层）第 j 个元素的单排序权重是 $\boldsymbol{p}_j^{(k)}=(p_{1j}^{(k)}, p_{2j}^{(k)}, \cdots, p_{nj}^{(k)})^{\mathrm{T}}$，其

中不受 j 支配的元素的权重为零。令 $\boldsymbol{p}^{(k)}=(p_1^{(k)}, p_2^{(k)}, \cdots, p_n^{(k)})^{\mathrm{T}}$，表示第 k 层元素对第 $k-1$ 层各元素的排序，则第 k 层元素对于总目标的总排序为 $\boldsymbol{w}^{(k)}=(w_1^{(k)}, w_2^{(k)}, \cdots, w_n^{(k)})^{\mathrm{T}}=\boldsymbol{p}^{(k)}\boldsymbol{w}^{(k-1)}$ 或 $w_i^{(k)}=\sum_{j=1}^{m}p_{ij}^{(k)}w_j^{(k-1)}$ $(i=1, 2, \cdots, n)$。

同样，也需要对总排序结果进行一致性检验。

假定已经算出针对第 $k-1$ 层第 j 个元素为准则的 $CI_j^{(k)}$、$RI_j^{(k)}$ 和 $CR_j^{(k)}$ $(j=1, 2, \cdots, m)$，则第 k 层的综合检验指标为：

$$CI_j^{(k)}=(CI_1^{(k)}, CI_2^{(k)}, \cdots, CI_m^{(k)})\ \boldsymbol{w}^{(k-1)}$$

$$RI_j^{(k)}=(RI_1^{(k)}, RI_2^{(k)}, \cdots, RI_m^{(k)})\ \boldsymbol{w}^{(k-1)}$$

$$CR^{(k)}=\frac{CI^{(k)}}{RI^{(k)}}$$

当 $CR^{(k)}<0.1$ 时，认为判断矩阵的整体一致性是可以接受的。

例 3－4　人们在旅行时总是愿意选择效用最高的运输方式，这里的效用包括安全、经济、快捷、舒适、方便、低成本在内的综合效用。从下述三种运输方式的特性分析中可以看出这六种效用它们均具备，但各自的侧重点有所不同。民航快捷效用最好，客运专线安全效用和经济效用最高，而高速公路的方便效用最为突出，显然旅客对运输方式的选择问题就成为一个多目标的优化问题，在此，选择多目标决策分析方法中的一种——层次分析法，对三种运输方式的选择进行分析决策。

一般在层次分析法中将决策问题分为三个层次。最上层为目标层，只有一个元素。中间层为准则层，最下层为方案层。准则层和方案层均有多个元素。根据这种方法可构造出如图 3－18 所示的运输方式选择层次结构图。

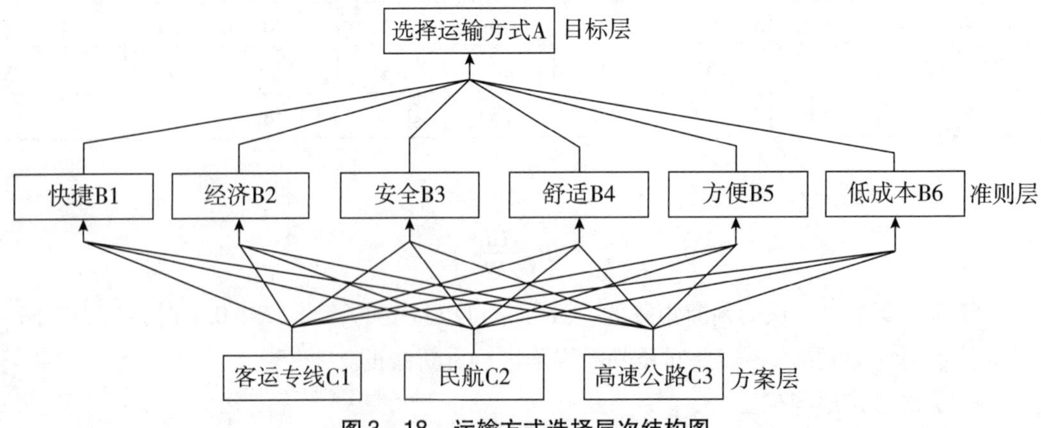

图 3－18　运输方式选择层次结构图

构造比较矩阵，首先用两两比较法，对准则层中的快捷、经济、安全、舒适、方便、低成本这六个因素的重要程度进行两两比较，构造出第二层（准则层）对第一层（目标层）的判断矩阵表。然后分别构造出第三层对第二层各个准则的判断矩阵表。判断矩阵表如表 3－10、表 3－11、表 3－12、表 3－13、表 3－14、表 3－15 和表 3－16 所示。

表 3－10　　　　目标层 A 判断矩阵表

A	B1	B2	B3	B4	B5	B6
B1	1	1/3	1/5	1	1/2	3
B2	3	1	1/3	3	4	3
B3	5	3	1	5	3	5
B4	1	1/3	1/5	1	1/2	3
B5	2	1/4	1/3	2	1	3
B6	1/3	1/3	1/5	1/3	1/3	1

表 3－11　　　　准则层 B1 判断矩阵表

B1	C1	C2	C3
C1	1	1/5	1/2
C2	5	1	3
C3	2	1/3	1

表 3－12　　　　准则层 B2 判断矩阵表

B2	C1	C2	C3
C1	1	5	2
C2	1/5	1	1/3
C3	1/2	3	1

表 3－13　　　　准则层 B3 判断矩阵表

B3	C1	C2	C3
C1	1	3	5
C2	1/3	1	2
C3	1/5	1/2	1

表 3－14　　　　准则层 B4 判断矩阵表

B4	C1	C2	C3
C1	1	1/2	2
C2	2	1	4
C3	1/2	1/4	1

表 3－15　　准则层 B5 判断矩阵表

B5	C1	C2	C3
C1	1	1/2	1/2
C2	2	1	1
C3	2	1	1

表 3－16　　准则层 B6 判断矩阵表

B6	C1	C2	C3
C1	1	5	2
C2	1/5	1	1/3
C3	1/2	3	1

本节利用 YAAHP 软件进行层次分析法的求解。打开 YAAHP 软件，里面有三个功能选项卡，分别是“层次结构模型”“判断矩阵”“计算结果”。第一步，点击“层次结构模型”选项卡，可以在建模界面用工具栏中的“决策目标”“中间层要素”“备选方案”三个工具绘出层次结构模型。绘图面板如图 3－19 所示。

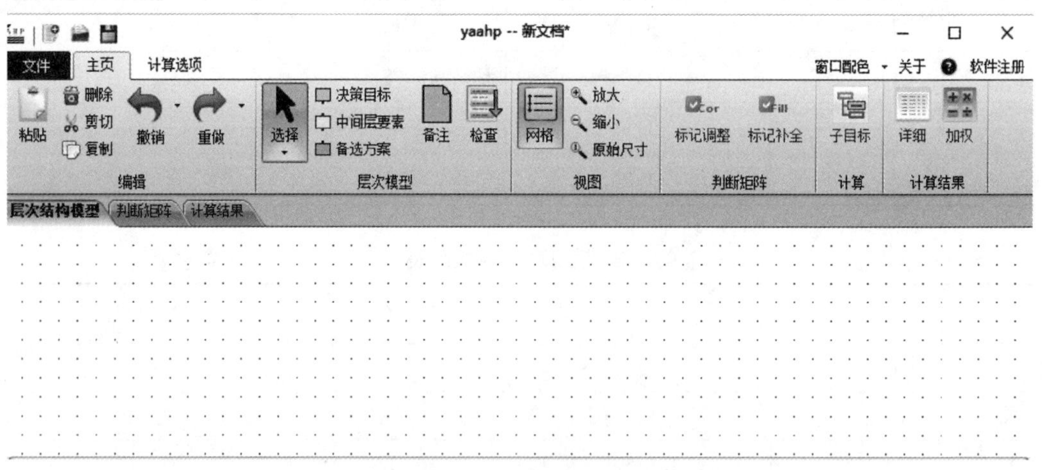

图 3－19　绘图面板

第二步，绘制完层次结构模型后，点击“判断矩阵”选项卡，按照表 3－11、表 3－12、表 3－13、表 3－14、表 3－15 和表 3－16 的调研数据输入至对应的层次结构表格中，如图 3－20 所示。

第三步，求解计算结果，YAAHP 软件已经按照层次分析法的公式计算过程，按照输入的数据自动计算出结果，点击“计算结果”选项卡，可以看到如图 3－21 所示的计算结果。图 3－21 是三种运输方式的权重结果，可以看出客运专线的权重值最大，所以结果应该选择客运专线运输方式为宜。

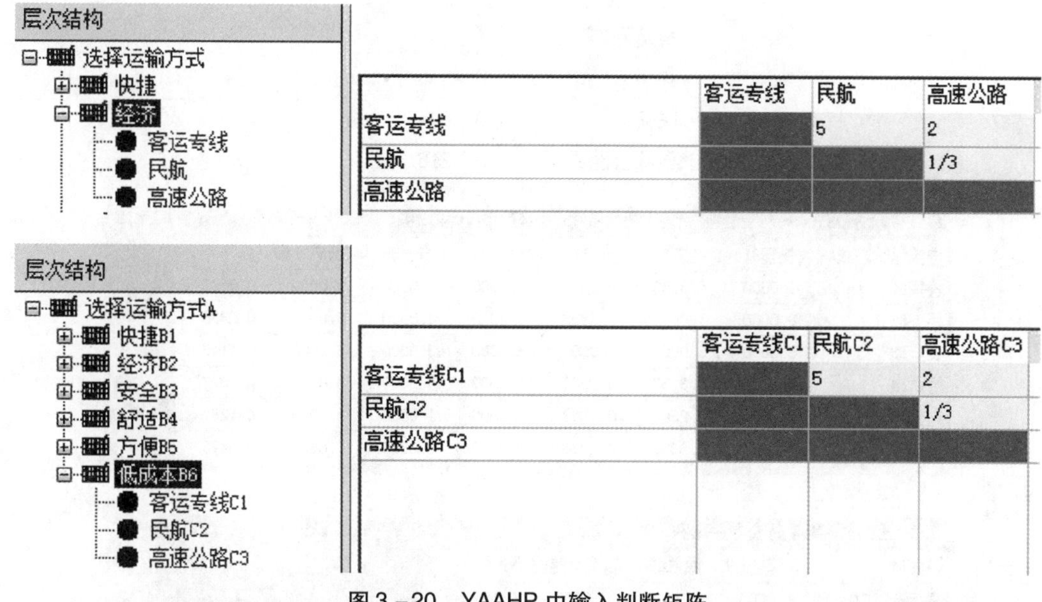

图3－20　YAAHP 中输入判断矩阵

图3－21　计算结果

点击“显示详细数据”可以看到如图3－22所示的详细数据计算结果。在这个结果中，首先可以看到三种运输方式权重的计算数据，其次是准则层相对于目标层的判断矩阵计算结果，包括B1～B6相对于A的权重 W_i（图最右列），λ_{max} 和 CR 的值，从图3－22可以看出 $\lambda_{max}=6.3718$，$CR=0.0590$，按上述公式代入后的结果与之相吻合。同理可以根据图3－22结果看出C1、C2、C3相对于B1～B6的权重以及 λ_{max} 和 CR 的值。

三、配送车辆调度模型

配送车辆的优化调度是配送系统优化中关键的一环，也是电子商务活动中不可缺少的内容。对配送车辆进行有效的优化调度，可以提高物流经济效益、实现物流科学化。对配送车辆的优化调度理论与方法进行系统研究是物流集约化发展、构建综合物流系统、建立现代调度指挥系统、发展智能交通运输系统和开展电子商务的基础。配送车辆的运行是在点多、面广、纵横交错、干支相连的配送网络中分散流动的，涉及

最终结果

备选方案	权重
客运专线C1	0.4940
民航C2	0.2844
高速公路C3	0.2216

1. 选择运输方式A 判断矩阵一致性比例：0.0590；对总目标的权重：1.0000；\lambda_{max}：6.3718

选择运输方式A	快捷B1	经济B2	安全B3	舒适B4	方便B5	低成本B6	Wi
快捷B1	1.0000	0.3333	0.2000	1.0000	0.5000	3.0000	0.0877
经济B2	3.0000	1.0000	0.3333	3.0000	4.0000	3.0000	0.2338
安全B3	5.0000	3.0000	1.0000	5.0000	3.0000	5.0000	0.4149
舒适B4	1.0000	0.3333	0.2000	1.0000	0.5000	3.0000	0.0877
方便B5	2.0000	0.2500	0.3333	2.0000	1.0000	3.0000	0.1287
低成本B6	0.3333	0.3333	0.2000	0.3333	0.3333	1.0000	0.0473

2. 快捷B1 判断矩阵一致性比例：0.0036；对总目标的权重：0.0877；\lambda_{max}：3.0037

快捷B1	客运专线C1	民航C2	高速公路C3	Wi
客运专线C1	1.0000	0.2000	0.5000	0.1220
民航C2	5.0000	1.0000	3.0000	0.6483
高速公路C3	2.0000	0.3333	1.0000	0.2297

3. 经济B2 判断矩阵一致性比例：0.0036；对总目标的权重：0.2338；\lambda_{max}：3.0037

经济B2	客运专线C1	民航C2	高速公路C3	Wi
客运专线C1	1.0000	5.0000	2.0000	0.5816
民航C2	0.2000	1.0000	0.3333	0.1095
高速公路C3	0.5000	3.0000	1.0000	0.3090

4. 安全B3 判断矩阵一致性比例：0.0036；对总目标的权重：0.4149；\lambda_{max}：3.0037

安全B3	客运专线C1	民航C2	高速公路C3	Wi
客运专线C1	1.0000	3.0000	5.0000	0.6483
民航C2	0.3333	1.0000	2.0000	0.2297
高速公路C3	0.2000	0.5000	1.0000	0.1220

5. 舒适B4 判断矩阵一致性比例：0.0000；对总目标的权重：0.0877；\lambda_{max}：3.0000

舒适B4	客运专线C1	民航C2	高速公路C3	Wi
客运专线C1	1.0000	0.5000	2.0000	0.2857
民航C2	2.0000	1.0000	4.0000	0.5714
高速公路C3	0.5000	0.2500	1.0000	0.1429

6. 方便B5 判断矩阵一致性比例：0.0000；对总目标的权重：0.1287；\lambda_{max}：3.0000

方便B5	客运专线C1	民航C2	高速公路C3	Wi
客运专线C1	1.0000	0.5000	0.5000	0.2000
民航C2	2.0000	1.0000	1.0000	0.4000
高速公路C3	2.0000	1.0000	1.0000	0.4000

图3-22 详细数据计算结果

7. 低成本B6　判断矩阵一致性比例：0.0036; 对总目标的权重：0.0473; \lambda_{max}：3.0037				
低成本B6	客运专线C1	民航C2	高速公路C3	Wi
客运专线C1	1.0000	5.0000	2.0000	0.5816
民航C2	0.2000	1.0000	0.3333	0.1095
高速公路C3	0.5000	3.0000	1.0000	0.3090

图3－22　详细数据计算结果（续）

多个部门、多个环节，工作条件较为复杂。这就需要建立一个具有权威性的组织指挥系统——配送车辆调度部门，进行统一领导、统一指挥，灵活及时地处理问题。

（一）配送车辆调度的作用及特点

1. 配送车辆调度的作用

保证配送任务按期完成；能及时了解配送任务的执行情况；促进配送及相关工作的有序进行；实现最小的运力投入。

2. 配送车辆调度的特点

（1）计划性。坚持合同配送与临时配送相结合，以完成配送任务为出发点，认真编制、执行及检查配送车辆运行作业计划。

（2）预防性。在配送车辆运行组织中，经常进行系统预防性检查，发现薄弱环节，及时采取措施，避免配送过程中断。

（3）机动性。加强信息沟通，机动灵活地处理有关部门的问题，准确及时地发布调度命令，保证生产的连续性。

（二）配送车辆调度的基本原则

1. 配送车辆调度的一般原则

坚持统一领导和指挥、分级管理、分工负责的原则；坚持从全局出发、局部服从全局的原则；坚持以均衡和超额完成配送任务为出发点的原则；坚持最低资源（运力）投入和获得最大效益的原则。

在组织挂靠过程中常会遇到一些事前难以预料的问题，如客户需求量变动、装卸搬运机械发生故障、配送车辆行驶途中发生技术障碍、临时性桥断路阻等，这就要有针对性地加以分析和解决。配送车辆调度部门应随时掌握货源状况、车况、路况、气候变化情况、驾驶员思想状况等，确保配送车辆运行作业计划顺利进行。

2. 配送车辆调度的具体原则

宁打乱少数计划，不打乱多数计划；宁打乱局部计划，不打乱整体计划；宁打乱次要环节，不打乱主要环节；宁打乱当日计划，不打乱以后计划；宁打乱可缓运物资的配送计划，不打乱急需物资的配送计划；宁打乱整批货物的配送计划，不打乱配装货物的配送计划；宁使配送中心内部作业受影响，不使客户受影响。

（三）配送车辆调度的方法

配送车辆调度的方法很多，可根据客户所需货物、配送中心和配送路线的不同采用不同的车辆调度方法，得出最优配送车辆运行的调度方法。运用合理的车辆调度方法，可以实现最短的运行路线、最低运费和最高行程利用率的优化目标。

以下介绍利用运筹学中指派问题的原理进行配送车辆调度。在现实生活中，经常遇到指派人员做某项工作（任务）的情况，指派问题的许多应用是用来帮助管理人员解决如何为一项即将开展的工作指派人员的问题。在物流运输活动中，经常会进行车货匹配决策，也就是配送车辆的调度规划，这类问题也是一类典型的指派问题。

指派问题也称分配问题，主要研究人和工作（任务）间如何匹配，以使所有工作完成的效率实现最优化。形式上，指派问题给定了一系列所要完成的工作及一系列完成工作的人员，所要解决的问题是要确定指派哪一个人去完成哪项工作。

指派问题的假设：①人的数量和工作的数量相等；②每个人只能完成一项工作；③每项工作只能由一个人来完成；④每个人和每项工作的组合都会有一个相关的成本；⑤目标是要确定如何指派才能使总成本最小。

设决策变量 x_{ij} 为第 i 个人做第 j 项工作，而已知目标函数系数 c_{ij} 为第 i 个人完成第 j 项工作所需要的单位成本。

指派问题的数学模型如下：

$$\min z = \sum_{i=1}^{n} \sum_{j=1}^{n} c_{ij} x_{ij}$$

$$\text{s. t.} \begin{cases} \sum_{j=1}^{n} c_{ij} = 1 & (i = 1,2,\cdots,n) \\ \sum_{i=1}^{n} x_{ij} = 1 & (j = 1,2,\cdots,n) \\ x_{ij} \geqslant 1 & (i,j = 1,2,\cdots,n) \end{cases}$$

需要说明的是，指派问题实际上是一种特殊的运输问题，其中出发地是人，目的地是工作，只不过每个出发地的供应量是1，每个目的地的需求量也是1。指派问题是一种特殊的线性规划问题，可采用匈牙利方法求解，也可采用单纯形法求解。

例3－5 某物流公司接到3家客户的订单要求（客户所在地为齐齐哈尔、绥化、鸡西），分别运往伊春、鹤岗和双鸭山。该公司在接到订单后，进行了车货匹配，发现可以从四平、辽源、吉林调车。具体的车辆分布情况、客户分布情况和各地之间的路程都已在表3－17中列出，该公司的物流经理小王正在考虑怎样调度这些车辆，使3辆车总的空驶距离最短。

表 3－17　　车辆分布情况、客户分布情况和各地之间的路程　　单位：千米

距离	客户 1（齐齐哈尔）	客户 2（绥化）	客户 3（鸡西）	目的地 1（伊春）	目的地 2（鹤岗）	目的地 3（双鸭山）
车辆 A（四平）	471	435	575	619	653	658
车辆 B（辽源）	498	434	539	613	633	629
车辆 C（吉林）	436	312	386	468	485	476

（1）情况一（一对一）。

四平、辽源、吉林各能派出一辆车，由于车辆距客户有一定距离，车辆需要空驶（空车）到客户处，然后从客户处装好货运到目的地，又要从目的地空驶回原车辆所在位置，最佳方案应该是 3 辆车总的空驶距离最短。所以，鉴于这两种情况，有两套方案。方案一：只考虑车辆空驶到客户处的距离最短；方案二：考虑车辆的回程，使 3 辆车从发车处空驶到客户处和从目的地空驶回发车处总的空驶距离最短。

方案一：只考虑车辆空驶到客户处的距离最短。这是一个典型的指派问题，即 0－1 规划问题，下面利用 Excel 做规划求解，使整个调度更为经济可行。图 3－23 所示为一对一车辆调度（方案一）规划求解 Excel 模型。

	A	B	C	D	E	F	G
1	距离	客户1（齐齐哈尔）	客户2（绥化）	客户3（鸡西）			
2	车辆A（四平）	471	435	575			
3	车辆B（辽源）	498	434	539			
4	车辆C（吉林）	436	312	386			
5							
6	指派/不指派	客户1（齐齐哈尔）	客户2（绥化）	客户3（鸡西）	派去车辆数		可派车辆数
7	车辆A（四平）					=	1
8	车辆B（辽源）					=	1
9	车辆C（吉林）					=	1
10	派来车辆数						
11		=	=	=			
12	需要车辆数	1	1	1			
13	目标函数	min(Z)					

图 3－23　一对一车辆调度（方案一）规划求解 Excel 模型

显然，这是一个规划求解的问题，只需要使 C13 最小就行。表 3－18 给出了一对一车辆调度（方案一）规划求解 Excel 模型中各单元格的具体设置。由于每辆车只能负责一个客户，所以在 B7：D9 之间的决策变量只能用 0 或 1 表示，如果车辆 A 负责客户 1，则 B7 为 1；否则，B7 为 0。而 E 列和第 10 行的约束条件就是为了保证车辆和客户之间的一一对应关系，该一对一的车辆优化调度问题就转变为一个 0－1 规划问题。具体的规划求解参数设置和规划求解选项设置如图 3－24 和图 3－25 所示。

表 3-18　　一对一车辆调度（方案一）规划求解 Excel 模型单元格设置

单元格	扩展工作表的公式	备注
E7	SUM（B7：D7）	向下填充至 E9 单元格
B10	SUM（B7：B9）	向右填充至 D10 单元格
C13	SUMPRODUCT（B2：D4，B7：D9）	

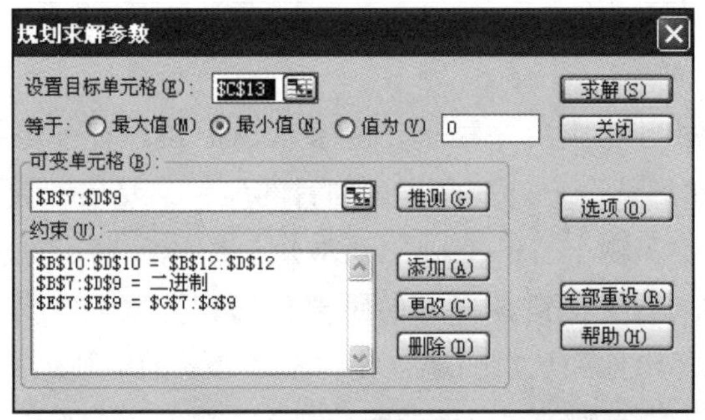

图 3-24　一对一车辆调度（方案一）规划求解参数设置

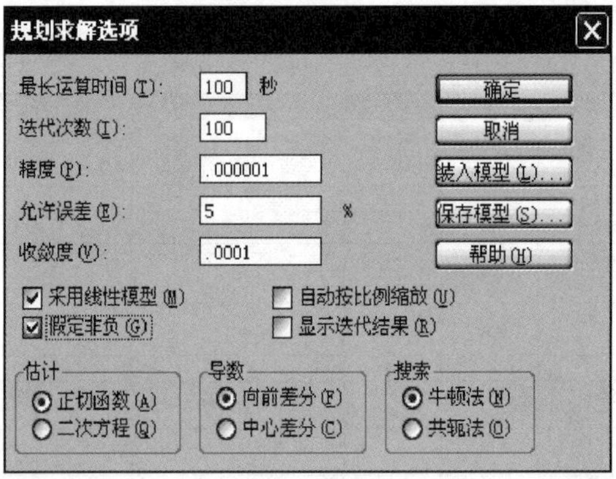

图 3-25　一对一车辆调度（方案一）规划求解选项设置

经 Excel 求解得到最小的空驶距离总和是 1291 千米，一对一车辆调度（方案一）规划求解结果如图 3-26 所示。

方案二：考虑车辆的回程，使 3 辆车从发车处空驶到客户处和从目的地空驶回发车处总的空驶距离最短。这也是一个指派问题，即 0-1 规划问题。下面利用 Excel 做规划求解，使总的空驶距离最短。图 3-27 所示为一对一车辆调度（方案二）规划求解 Excel 模型。

此方案只需要使 C13 最小就行。表 3-19 给出了一对一车辆调度（方案二）规划求解 Excel 模型中各单元格的具体设置。由于每辆车只能负责一个客户，所以在 B7：D9 之间的决策变量只能用 0 或 1 表示，如果车辆 A 负责客户 1，则 B7 为 1；否则，B7 为 0。而 E 列和第 10 行的约束条件就是为了保证车辆和客户之间的一一对应关系，该

	A	B	C	D	E	F	G
1	距离	客户1（齐齐哈尔）	客户2（绥化）	客户3（鸡西）			
2	车辆A（四平）	471	435	575			
3	车辆B（辽源）	498	434	539			
4	车辆C（吉林）	436	312	386			
5							
6	指派/不指派	客户1（齐齐哈尔）	客户2（绥化）	客户3（鸡西）	派去车辆数		可派车辆数
7	车辆A（四平）	1	0	0	1	=	1
8	车辆B（辽源）	0	1	0	1	=	1
9	车辆C（吉林）	0	0	1	1	=	1
10	派来车辆数	1	1	1			
11		=	=	=			
12	需要车辆数	1	1	1			
13	目标函数	min(Z)	1291				

图 3－26　一对一车辆调度（方案一）规划求解结果

一对一的车辆优化调度问题就转变为一个0－1 规划问题，具体的规划求解参数设置和规划求解选项设置如图 3－28 和图 3－29 所示。

	A	B	C	D	E	F	G
1	距离	客户1（齐齐哈尔）	客户2（绥化）	客户3（鸡西）	目的地1（伊春）	目的地2（鹤岗）	目的地3（双鸭山）
2	车辆A（四平）	471	435	575	619	653	658
3	车辆B（辽源）	498	434	539	613	633	629
4	车辆C（吉林）	436	312	386	468	485	476
5							
6	指派/不指派	客户1（齐齐哈尔）	客户2（绥化）	客户3（鸡西）	派去车辆数		可派车辆数
7	车辆A（四平）					=	1
8	车辆B（辽源）					=	1
9	车辆C（吉林）					=	1
10	派来车辆数						
11		=	=	=			
12	需要车辆数	1	1	1			
13	目标函数	min(Z)					

图 3－27　一对一车辆调度（方案二）规划求解 Excel 模型

表 3－19　　一对一车辆调度（方案二）规划求解 Excel 模型单元格设置

单元格	扩展工作表的公式	备注
E7	SUM（B7：D7）	向下填充至 E9 单元格
B10	SUM（B7：B9）	向右填充至 D10 单元格
C13	SUMPRODUCT（B2：D4，B7：D9）＋SUMPRODUCT(E2：G4，B7：D9)	从发车处空驶到客户处的空驶距离＋从目的地空驶回发车处的空驶距离

图 3-28　一对一车辆调度（方案二）规划求解参数设置

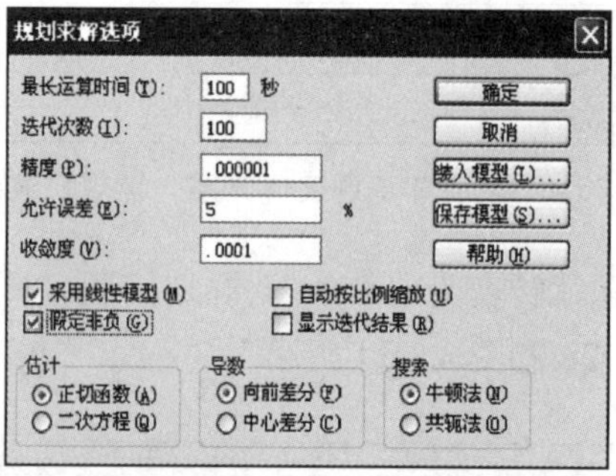

图 3-29　一对一车辆调度（方案二）规划求解选项设置

经 Excel 求解得到最小的空驶距离总和是 3019 千米，一对一车辆调度（方案二）规划求解结果如图 3-30 所示。

	A	B	C	D	E	F	G
1	距离	客户1（齐齐哈尔）	客户2（绥化）	客户3（鸡西）	目的地1（伊春）	目的地2（鹤岗）	目的地3（双鸭山）
2	车辆A（四平）	471	435	575	619	653	658
3	车辆B（辽源）	498	434	539	613	633	629
4	车辆C（吉林）	436	312	386	468	485	476
5							
6	指派/不指派	客户1（齐齐哈尔）	客户2（绥化）	客户3（鸡西）	派去车辆数		可派车辆数
7	车辆A（四平）	1	0	0	1	=	1
8	车辆B（辽源）	0	1	0	1	=	1
9	车辆C（吉林）	0	0	1	1	=	1
10	派来车辆数	1	1	1			
11		=	=	=			
12	需要车辆数	1	1	1			
13	目标函数	min(Z)	3019				

图 3-30　一对一车辆调度（方案二）规划求解结果

（2）情况二（多对一）。

其实，在情况一中，车辆跟客户一一匹配在现实生活中是少有发生的。现实情况往往由于运力过剩，导致可调度使用的车辆超过客户需求。下面为多对一车辆调度问题。

方案一：只考虑车辆空驶到客户处的距离最短。假设从四平、辽源、吉林可调出的车辆都为 3 辆，下面利用 Excel 做规划求解，使整个调度更为经济可行。图 3 – 31 所示为多对一车辆调度（方案一）规划求解 Excel 模型。

	A	B	C	D	E	F	G
1	距离	客户1（齐齐哈尔）	客户2（绥化）	客户3（鸡西）			
2	车辆A（四平）	471	435	575			
3	车辆B（辽源）	498	434	539			
4	车辆C（吉林）	436	312	386			
5							
6	指派/不指派	客户1（齐齐哈尔）	客户2（绥化）	客户3（鸡西）	派去车辆数		可派车辆数
7	车辆A（四平）					≤	3
8	车辆B（辽源）					≤	3
9	车辆C（吉林）					≤	3
10	派来车辆数						
11		=	=	=			
12	需要车辆数	1	1	1			
13	目标函数	min(Z)					

图 3 – 31　多对一车辆调度（方案一）规划求解 Excel 模型

显然，这是一个规划求解的问题，只需要使 C13 最小就行。表 3 – 20 给出了多对一车辆调度（方案一）规划求解 Excel 模型中各单元格的具体设置。在 B7：D9 之间的决策变量只能用 0 或 1 表示，如果车辆 A 负责客户 1，则 B7 为 1；否则，B7 为 0。而 E 列和第 10 行的约束条件是为了保证车辆和客户之间的对应关系，该多对一的车辆优化调度问题就转变为一个 0 – 1 规划问题。具体的规划求解参数设置和规划求解选项设置如图 3 – 32 和图 3 – 33 所示。

表 3 – 20　多对一车辆调度（方案一）规划求解 Excel 模型单元格设置

单元格	扩展工作表的公式	备注
E7	SUM（B7：D7）	向下填充至 E9 单元格
B10	SUM（B7：B9）	向右填充至 D10 单元格
C13	SUMPRODUCT（B2：D4，B7：D9）	

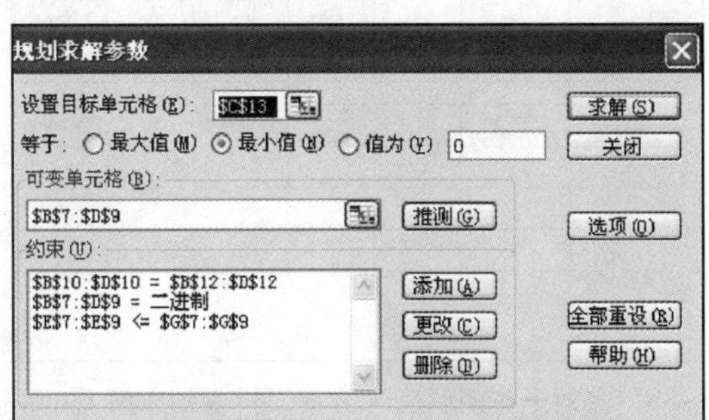

图 3 – 32　多对一车辆调度（方案一）规划求解参数设置

经 Excel 求解得到最小的空驶距离总和是 1134 千米，多对一车辆调度（方案一）规划求解结果如图 3 – 34 所示。

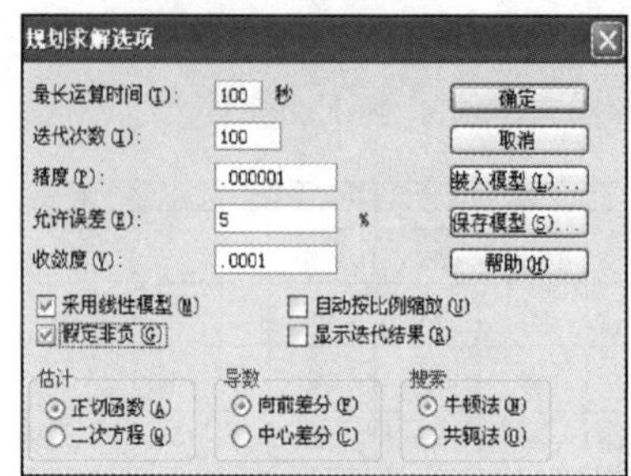

图3－33　多对一车辆调度（方案一）规划求解选项设置

	A	B	C	D	E	F	G
1	距离	客户1（齐齐哈尔）	客户2（绥化）	客户3（鸡西）			
2	车辆A（四平）	471	435	575			
3	车辆B（辽源）	498	434	539			
4	车辆C（吉林）	436	312	386			
5							
6	指派/不指派	客户1（齐齐哈尔）	客户2（绥化）	客户3（鸡西）	派去车辆数		可派车辆数
7	车辆A（四平）	0	0	0	0	≤	3
8	车辆B（辽源）	0	0	0	0	≤	3
9	车辆C（吉林）	1	1	1	3	≤	3
10	派来车辆数	1	1	1			
11		=	=	=			
12	需要车辆数	1	1	1			
13	目标函数	min(Z)	1134				

图3－34　多对一车辆调度（方案一）规划求解结果

方案二：考虑车辆的回程，使3辆车从发车处空驶到客户处和从目的地空驶回发车处总的空驶距离最短。这也是一个指派问题，即0－1规划问题。下面利用Excel做规划求解，使总的空驶距离最短。图3－35所示为多对一车辆调度（方案二）规划求解Excel模型。

	A	B	C	D	E	F	G
1	距离	客户1（齐齐哈尔）	客户2（绥化）	客户3（鸡西）	目的地1（伊春）	目的地2（鹤岗）	目的地3（双鸭山）
2	车辆A（四平）	471	435	575	619	653	658
3	车辆B（辽源）	498	434	539	613	633	629
4	车辆C（吉林）	436	312	386	468	485	476
5							
6	指派/不指派	客户1（齐齐哈尔）	客户2（绥化）	客户3（鸡西）	派去车辆数		可派车辆数
7	车辆A（四平）					≤	3
8	车辆B（辽源）					≤	3
9	车辆C（吉林）					≤	3
10	派来车辆数						
11		=	=	=			
12	需要车辆数	1	1	1			
13	目标函数	min(Z)					

图3－35　多对一车辆调度（方案二）规划求解Excel模型

此方案只需要使C13最小就行。表3－21给出了多对一车辆调度（方案二）规划求解Excel模型中各单元格的具体设置。具体的规划求解参数设置和规划求解选项设置如图3－36和图3－37所示。

表 3-21　多对一车辆调度（方案二）规划求解 Excel 模型单元格设置

单元格	扩展工作表的公式	备注
E7	SUM（B7：D7）	向下填充至 E9 单元格
B10	SUM（B7：B9）	向右填充至 D10 单元格
C13	SUMPRODUCT（B2：D4，B7：D9）+ SUMPRODUCT(E2：G4，B7：D9)	从发车处空驶到客户处的空驶距离 + 从目的地空驶回发车处的空驶距离

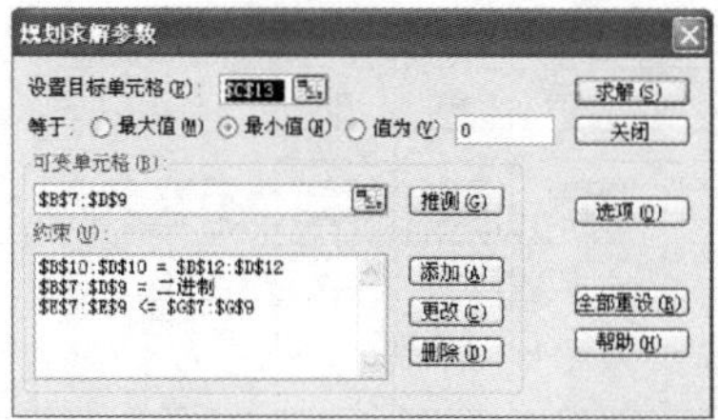

图 3-36　多对一车辆调度（方案二）规划求解参数设置

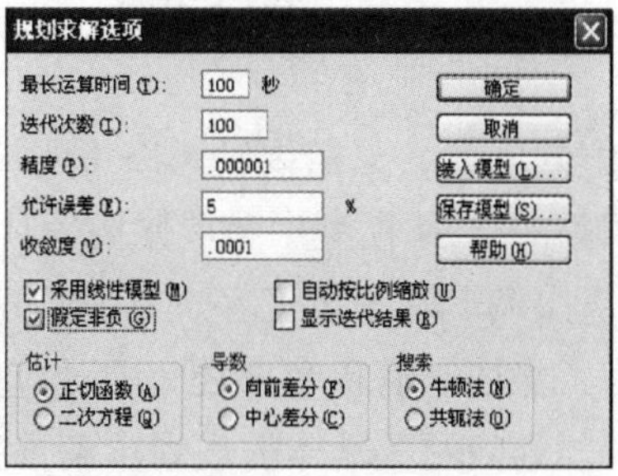

图 3-37　多对一车辆调度（方案二）规划求解选项设置

经 Excel 求解得到最小的空驶距离总和是 2563 千米，多对一车辆调度（方案二）规划求解结果如图 3-38 所示。

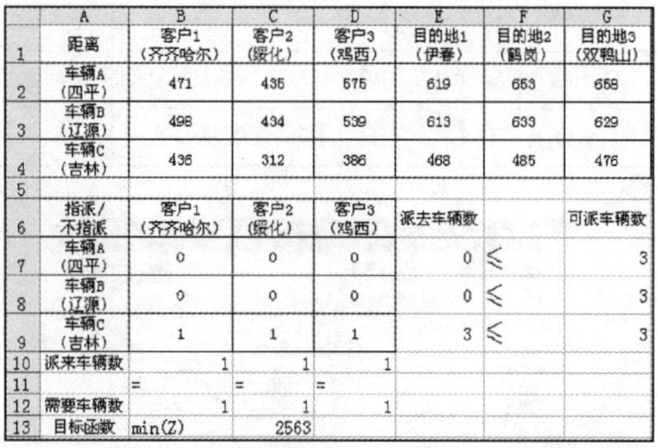

	A	B	C	D	E	F	G
1	距离	客户1（齐齐哈尔）	客户2（绥化）	客户3（鸡西）	目的地1（伊春）	目的地2（鹤岗）	目的地3（双鸭山）
2	车辆A（四平）	471	435	575	619	653	658
3	车辆B（辽源）	498	434	539	613	633	629
4	车辆C（吉林）	436	312	386	468	485	476
5							
6	指派/不指派	客户1（齐齐哈尔）	客户2（绥化）	客户3（鸡西）	派去车辆数		可派车辆数
7	车辆A（四平）	0	0	0	0	≤	3
8	车辆B（辽源）	0	0	0	0	≤	3
9	车辆C（吉林）	1	1	1	3	≤	3
10	派来车辆数	1	1	1			
11		=	=	=			
12	需要车辆数	1	1	1			
13	目标函数	min(Z)	2563				

图 3-38　多对一车辆调度（方案二）规划求解结果

（3）情况三（多对多）。

可能实际情况比上面讨论的两种情况还要复杂得多，可能可调度的车辆有多辆，每个客户的需求也可能是多辆。这样的多对多车辆调度问题，也就是指派问题。

方案一：只考虑车辆空驶到客户处的距离最短。假设从四平、辽源、吉林可调出的车辆都为3辆，齐齐哈尔、绥化、鸡西的客户车辆需求量为3辆、2辆、2辆，下面利用Excel做规划求解，使整个调度更为经济可行。图3－39所示为多对多车辆调度（方案一）规划求解Excel模型。

	A	B	C	D	E	F	G
1	距离	客户1（齐齐哈尔）	客户2（绥化）	客户3（鸡西）			
2	车辆A（四平）	471	435	575			
3	车辆B（辽源）	498	434	539			
4	车辆C（吉林）	436	312	386			
5							
6	指派/不指派	客户1（齐齐哈尔）	客户2（绥化）	客户3（鸡西）	派去车辆数		可派车辆数
7	车辆A（四平）					≤	3
8	车辆B（辽源）					≤	3
9	车辆C（吉林）					≤	3
10	派来车辆数						
11		=	=	=			
12	需要车辆数	3	2	2			
13	目标函数	min(Z)					

图3－39　多对多车辆调度（方案一）规划求解Excel模型

显然，这是一个规划求解的问题，只需要使C13最小就行。表3－22给出了多对多车辆调度（方案一）规划求解Excel模型中各单元格的具体设置。在B7：D9之间的决策变量只能用0或1表示，如果车辆A负责客户1，则B7为1；否则，B7为0。而E列和第10行的约束条件是为了保证车辆和客户之间的对应关系，该多对多的车辆优化调度问题就转变为一个0－1规划问题。具体的规划求解参数设置和规划求解选项设置如图3－40和图3－41所示。

表3－22　多对多车辆调度（方案一）规划求解Excel模型单元格设置

单元格	扩展工作表的公式	备注
E7	SUM（B7：D7）	向下填充至E9单元格
B10	SUM（B7：B9）	向右填充至D10单元格
C13	SUMPRODUCT（B2：D4，B7：D9）	

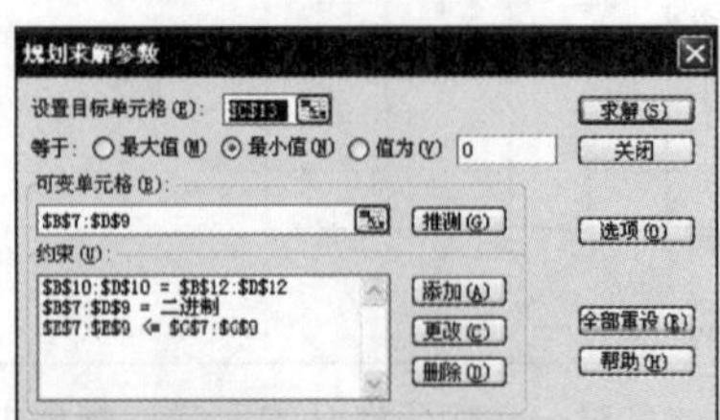

图3－40　多对多车辆调度（方案一）规划求解参数设置

经Excel求解得到最小的空驶距离总和是3076千米，多对多车辆调度（方案一）规划求解结果如图3－42所示。

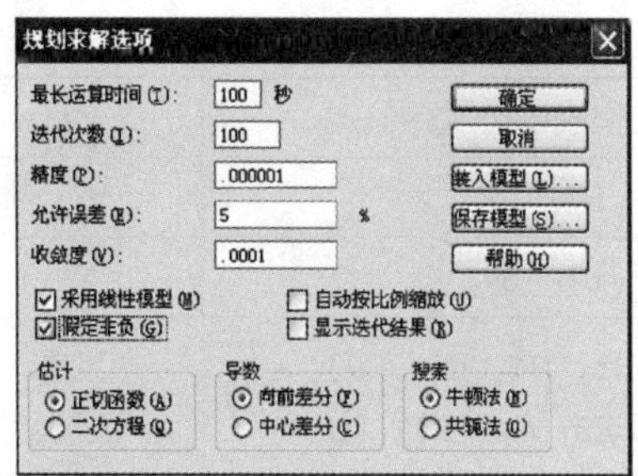

图 3-41　多对多车辆调度（方案一）规划求解选项设置

	A	B	C	D	E	F	G
1	距离	客户1（齐齐哈尔）	客户2（绥化）	客户3（鸡西）			
2	车辆A（四平）	471	435	575			
3	车辆B（辽源）	498	434	539			
4	车辆C（吉林）	436	312	386			
5							
6	指派/不指派	客户1（齐齐哈尔）	客户2（绥化）	客户3（鸡西）	派去车辆数		可派车辆数
7	车辆A（四平）	1	0	0	1	≤	3
8	车辆B（辽源）	1	1	1	3	≤	3
9	车辆C（吉林）	1	1	1	3	≤	3
10	派来车辆数	3	2	2			
11		=	=	=			
12	需要车辆数	3	2	2			
13	目标函数	min(Z)	3076				

图 3-42　多对多车辆调度（方案一）规划求解结果

方案二：考虑车辆的回程，使 3 辆车从发车处空驶到客户处和从目的地空驶回发车处总的空驶距离最短。这也是一个指派问题，即 0-1 规划问题。下面利用 Excel 做规划求解，使总的空驶距离最短。图 3-43 所示为多对多车辆调度（方案二）规划求解 Excel 模型。

	A	B	C	D	E	F	G
1	距离	客户1（齐齐哈尔）	客户2（绥化）	客户3（鸡西）	目的地1（伊春）	目的地2（鹤岗）	目的地3（双鸭山）
2	车辆A（四平）	471	435	575	619	653	658
3	车辆B（辽源）	498	434	539	613	633	629
4	车辆C（吉林）	436	312	386	468	485	476
5							
6	指派/不指派	客户1（齐齐哈尔）	客户2（绥化）	客户3（鸡西）	派去车辆数		可派车辆数
7	车辆A（四平）					≤	3
8	车辆B（辽源）					≤	3
9	车辆C（吉林）					≤	3
10	派来车辆数						
11		=	=	=			
12	需要车辆数	3	2	2			
13	目标函数	min(Z)					

图 3-43　多对多车辆调度（方案二）规划求解 Excel 模型

此方案只需要使 C13 最小就行。表 3-23 给出了多对多车辆调度（方案二）规划求解 Excel 模型中各单元格的具体设置。具体的规划求解参数设置和规划求解选项设置如图 3-44 和图 3-45 所示。

表 3 – 23　　多对多车辆调度（方案二）规划求解 Excel 模型单元格设置

单元格	扩展工作表的公式	备注
E7	SUM（B7：D7）	向下填充至 E9 单元格
B10	SUM（B7：B9）	向右填充至 D10 单元格
C13	SUMPRODUCT（B2：D4，B7：D9）＋ SUMPRODUCT(E2：G4，B7：D9)	从发车处空驶到客户处的空驶距离＋ 从目的地空驶回发车处的空驶距离

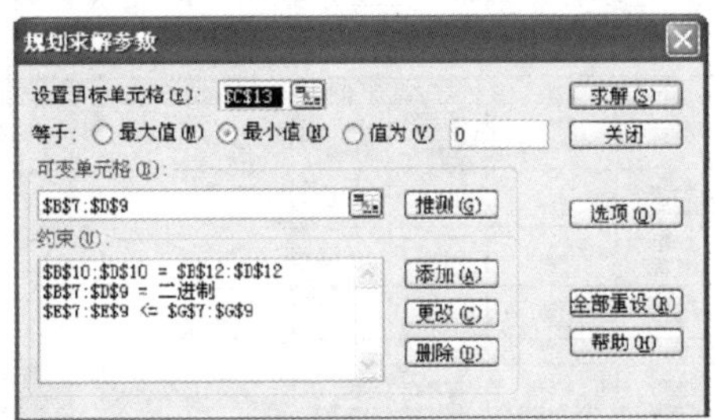

图 3 – 44　多对多车辆调度（方案二）规划求解参数设置

规划求解选项
最长运算时间(T): 100 秒
迭代次数(I): 100
精度(P): .000001
允许误差(E): 5 %
收敛度(V): .0001
☑采用线性模型(M)　☐自动按比例缩放(U)
☑假定非负(G)　☐显示迭代结果(R)
估计：⊙正切函数(A) ○二次方程(Q)
导数：⊙向前差分(F) ○中心差分(C)
搜索：⊙牛顿法(N) ○共轭法(O)
确定　取消　装入模型(L)...　保存模型(S)...　帮助(H)

图 3 – 45　多对多车辆调度（方案二）规划求解选项设置

经 Excel 求解得到最小的空驶距离总和是 6999 千米，多对多车辆调度（方案二）规划求解结果如图 3 – 46 所示。

	A	B	C	D	E	F	G
1	距离	客户1（齐齐哈尔）	客户2（绥化）	客户3（鸡西）	目的地1（伊春）	目的地2（鹤岗）	目的地3（双鸭山）
2	车辆A（四平）	471	435	575	619	653	658
3	车辆B（辽源）	498	434	539	613	633	629
4	车辆C（吉林）	436	312	386	468	485	476
5							
6	指派/不指派	客户1（齐齐哈尔）	客户2（绥化）	客户3（鸡西）	派去车辆数		可派车辆数
7	车辆A（四平）	1	0	0	1	≤	3
8	车辆B（辽源）	1	1	1	3	≤	3
9	车辆C（吉林）	1	1	1	3	≤	3
10	派来车辆数	3	2	2			
11		=	=	=			
12	需要车辆数	3	2	2			
13	目标函数	min(Z)	6999				

图 3 – 46　多对多车辆调度（方案二）规划求解结果

第四章　物流库存控制模型与应用

库存管理与控制始终是企业生产经营过程中不可缺少的重要组成部分，是实现价值链增值的重要环节。在供应链管理模式下，库存是供应链管理的最大障碍，库存量的高低不仅影响单一企业的综合成本，而且也制约着整条供应链的性能。因此，如何建立适当的库存量，既减少库存成本又不影响正常的产品生产和对客户的服务，已经成为企业管理者实施供应链管理过程中必须考虑的首要问题。

第一节　库存概述

一、库存的含义及类型

所谓库存是指处于储存状态的物品或商品。库存具有整合需求和供给，维持各项活动顺畅进行的功能。一般来讲，企业系统为了保证生产和供应的连续性和均衡性，需要在不同生产和供应环节设立相应的仓库，以储备足够数量的物资（原材料、在制品、成品等），即库存。但是库存的数量必须有所限制，数量过多，不仅要占用大量的仓库面积或生产面积，还可能由于长期积压而使物资损坏变质，造成浪费，因此必须加强对库存系统的科学管理

狭义的观点认为，库存仅仅指的是在仓库中处于暂时停滞状态的物资。广义的观点认为，库存表示用于将来使用、暂时处于闲置状态的资源。因而需要明确两点：其一，资源停滞的位置，可以是在仓库里、生产线上或车间里，也可以是在非仓库中的任何位置，如汽车站、火车站及机场、码头等类型的流通节点上，甚至可以是在运输途中；其二，资源的闲置状态可能由任何原因引起，而不一定是某种特殊的停滞。资源闲置的原因大体有：①主动的各种形态的储备；②被动的各种形态的超储；③完全的积压。

根据《物流标准》（GB/T 18354—2021），库存的定义为：储存作为今后按预定的目的使用而处于备用或非生产状态的物品。广义的库存还包括处于制造加工状态和运输状态的物品。

传统上，制造性库存是指对公司产品有贡献或是产成品的组成部分的物资。制造

性库存一般可以分为原材料、备件、低值易耗品以及在制品。在服务行业，库存一般指用于销售的有形商品以及用于管理的低值易耗品。在制造行业，库存分析的目的是规范两个问题，即什么时候进行订货和订货量是多少。许多公司都努力与供应商建立长期供需关系，以便该供应商能为公司全年的需求提供服务。这样一来，问题就从“何时”与“订多少”转化为“何时”与“运送多少”。

一般地说，库存主要分为以下几种类型。

（1）安全库存。

安全库存是一种额外持有的库存，它作为一种“缓冲器”，用来预测由于自然界和环境干扰而造成的缺货，用来补偿在订货提前期内实际需求量超过期望需求量的部分。安全库存是一个变数，主要作用是指导预测，并随市场状况和企业战略调整而变。

（2）在途库存。

在途库存是指从一个地方到另一个地方处于运输线路中的库存，因此缩短运输的距离就能有效降低在途库存。从供应商到企业的这段距离应该尽可能缩短。首先需要根据产品的特性（价格、体积、质量等）选择合适的运输方式，对这段时间的管理会大大影响企业的在途库存。一般来说，价格高而且体积、质量较小的产品优先考虑空运，反之，考虑海运。合适的运输方式是要通过仔细比较运输时间的长短对库存乃至库存成本的影响以及运输费用的影响而做出的选择，否则不能达到整体优化的目的。例如，通用汽车公司的供应商会随着公司在上海设厂而纷纷将工厂移至上海，其目的就是缩短供应时间，降低库存成本。

（3）周转库存。

周转库存是指为生产和销售而暂时存放的库存。这种库存是为了缓冲需求之间在时间上的矛盾，保障供需各方面都能顺利进行。它可用订货批量的一半来描述。

二、库存成本的构成

库存成本是指与取得、拥有存货有关的一切成本的总和。它是物流作业成本中的一个主要组成部分。对于一般的制造商来说，库存成本占物流总成本的比例接近37%。对于批发商、配送商和零售商来说，其库存成本占物流总成本的比例更高。库存成本的构成主要包括四个方面，即库存持有成本、订货成本或生产准备成本、缺货成本和在途存货成本。

1. 库存持有成本

库存持有成本是指为保持库存而发生的成本。它可以分为固定成本和变动成本。固定成本与库存数量的多少无关，例如仓库折旧、仓库职工的固定月工资等；变动成本与库存数量的多少有关，例如库存占用资金的应计利息、破损和变质损失、安全费用等。变动成本主要包括以下四项成本：资金占用成本、仓储空间成本、库存服务成本和库存风险成本。

（1）资金占用成本。资金占用成本也称为利息成本或机会成本，是库存资本的隐含价值。资金占用成本反映失去的盈利能力，如果资金投入其他方面，就会要求取得投资回报，因此资金占用成本就是这种尚未获得回报的费用。资金占用成本是库存持有成本的最大组成部分，通常用持有库存的货币价值的百分比来表示，也可用确定企业新投资最低回报率来计算资金占用成本。

（2）仓储空间成本。仓储空间成本包括与产品运入、运出仓库有关的搬运成本以及储存成本。这项成本将随物资状态的不同而有很大变化，例如原材料经常是直接从火车卸货并露天存储，而产成品则要求更安全的搬运设备及更复杂的存储设备。仓储空间成本仅随库存水平的提高或降低而增加或减少。如果利用公共仓库，有关搬运及储存的所有成本将直接随库存数量的变化而变化，在做库存决策时，这些成本都要考虑。如果利用自有仓库，大部分仓储空间成本是固定的。

（3）库存服务成本。库存服务成本主要指保险金及税金。产品丢失或损坏的风险越高，其保险金也就越高。另外，许多国家将库存列入应税的财产，高水平库存意味着高税金。保险金及税金将随产品的不同而有很大变化，但在计算库存持有成本时，必须考虑它们。

（4）库存风险成本。库存风险成本是库存持有成本的主要组成部分，反映了一种非常现实的可能性，即由于企业无法控制的原因造成的库存贬值。

2. 订货成本或生产准备成本

订货成本或生产准备成本是指企业向外部的供应商发出采购订单的成本，或指企业内部的生产准备成本。

（1）订货成本。企业为了实现一次订货而进行的各种活动的费用，包括处理订货的办公费、差旅费、电话费等。订货成本中有一部分是与订货次数无关的，例如常设采购机构的基本开支等，这种成本称为订货的固定成本；另一部分与订货的次数有关，例如差旅费等，这种成本称为订货的变动成本。

（2）生产准备成本。当库存的某些产品不由外部供应而是企业自己生产时，企业为生产一批货物而进行改线准备的成本。其中添置某些专用设备需要的费用属于固定成本；与生产产品的数量有关的费用，例如材料费、加工费等属于变动成本。

（3）库存持有成本与订货成本的关系。订货成本和库存持有成本随订货次数或订货批量的变化而呈反方向变化。起初随着订货批量的增加，订货成本的下降比库存持有成本的增加要快，即订货成本的边际节约额比库存持有成本的边际增加额要多，使得总成本下降。当订货批量增加到某一点时，订货成本的边际节约额与库存持有成本的边际增加额相等，这时总成本最小。此后，随着订货批量的不断增加，订货成本的边际节约额比库存持有成本的边际增加额要小，导致总成本不断增加。

总之，随着订货批量的增加，库存持有成本增加，而订货成本降低，总成本线呈U形。订货成本与订货批量的关系如图4－1所示。

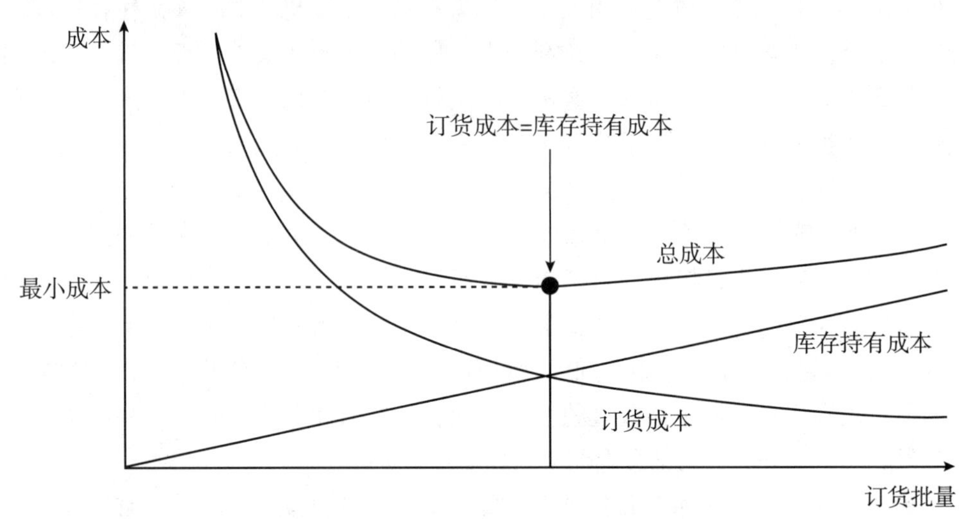

图 4－1 订货成本与订货批量的关系

3. 缺货成本

企业为了平缓需求方面的不确定性和延缓提前期，必须保留一定的保险库存。保险库存太大意味着多余的库存，而保险库存不足则意味着缺货或失销。缺货对企业的影响较大，可能造成停工，丧失销售机会等。

缺货成本是因供货中断而产生的各种损失，分析缺货成本的目的主要是确定在既定服务水平下，进行安全库存数量的决策。缺货成本由以下三部分构成。

（1）延期交货成本。延期交货有两种方式：第一，缺货商品在下次规则订货中补充；第二，快速延期交货，即快速地单独运输，补给客户。如果采用第一种方式，企业实际上没有经济损失，但是频繁延期交货可能导致商誉的损失，从而失去客户。如果采用第二种方式，就会发生特殊订单处理费用和运输费用。延期交货的特殊订单处理费用比一般的订单处理费用要高，由于延期交货的商品经常是小规模运输，运输成本较高，而且，延期交货的商品可能需要长距离运输，如从国内另一地区的仓库供货。此外，延期交货还可能需要利用快速、昂贵的运输方式。

（2）失销成本。如果顾客不允许延期交货，就会产生失销成本。许多公司都有生产替代商品的竞争者，当一个供应商没有客户所需要的商品时，客户就会从其他供应商处购买，从而形成失销。其直接损失是这种商品的利润损失，可以通过计算商品的利润，再乘以客户的订货批量来计算直接损失。除了直接损失外，还存在由于负责这笔业务的销售人员的人力、精力的浪费，形成机会损失。失销成本很难确定，因为机会损失难以计量，订货批量也难以确定，如许多客户习惯电话订货，在这种情况下，客户只是询问是否有货，而未指出要订多少货，也就不知道直接损失，一次缺货对未来销售的影响也是很难估计的。

（3）失去客户的成本。由于缺货，客户可能永远转向另一供应商，造成失去客户。

失去了客户，企业也就失去了未来的一系列收入，这种缺货造成的损失很难估计，需要用管理科学的技术以及市场营销研究方法来分析和计算。除了利润的损失，缺货还能造成信誉损失。

可以计算某次的缺货成本，也可以计算平均一次的缺货成本。计算某次的缺货成本时，需要先确定该次缺货成本的类型是延期交货成本、失销成本还是失去客户的成本，然后将该次缺货造成的各种损失相加即可。计算平均一次的缺货成本，应在市场调查的基础上，先计算三种类型的各类缺货成本，然后确定三种缺货成本类型的比例，再利用加权平均法计算平均一次的缺货成本。

4. 在途存货成本

库存成本中还有一个长期以来被忽视的成本，那就是已订购而未到货物的成本，即在途存货成本。在某些情况下，企业负责将产品运达客户，当客户收到订购产品时，产品的所有权转移，但从财务观点来看，产品仍是卖方的库存。因为这种在途库存在交给客户之前仍然属企业所有，运货所需的时间成本属于库存成本的一部分，然而快速交货意味着更高的运输成本。因此，企业要对运输成本与在途存货成本进行权衡。

三、影响库存控制决策的因素

在众多的影响库存控制决策的因素中，以下几个因素是不可忽视的。

1. 需求特性

（1）确定性需求和非确定性需求。

需求可分为确定性需求和非确定性需求，确定性需求指生产系统对物资的需求是可以预先确定的，反之则称为非确定性需求。确定性需求的生产系统的库存控制工作比较容易，管理者只需采用确定性的模型控制库存，保证进货的速度与需求消耗速度同步，便能维持合理的库存水平；而非确定性需求的生产系统的库存控制工作则比较复杂，由于需求情况频繁变动以及众多的不确定性因素的影响，无法准确地预计，因此管理者要采用随机性的模型控制库存，并且在考虑正常需求的同时，还要考虑保持一定的安全库存量作为额外的库存储备。

（2）规律性变化需求和随机性变化需求。

需求也可分为规律性变化需求和随机性变化需求。如果生产系统对物资的需求是有规律可循的，管理者在进行库存控制时，可以根据需求的变化规律管理库存，旺季时增加库存，淡季时减少库存，使得整体库存处于合理水平。如果生产系统对物资的需求是随机的，难以准确地预测，则需在设定正常性库存的基础上，进一步建立额外的安全库存，以防范突然出现的需求变化。

（3）独立性需求和相关性需求。

需求还可分为独立性需求与相关性需求。如果对某种物资的需求独立于对其他物资的需求，则称之为独立性需求。例如对汽车的需求独立于对计算机的需求，则称对汽车的需求是独立性需求。如果对某种物资的需求依赖于对其他物资的需求，则称之为相关性需求，即各种产品的生产所耗用的各种物资间存在关联关系，因此在进行企业的生产计划编制时，应该考虑相关性需求。

2. 订货提前期

订货提前期是影响库存控制决策的另一重要因素。订货提前期是指从发出订货指令到订货物资进入仓库所需要的时间。显然订货提前期的时间值越大，仓库的库存量就越大。因此，在考虑订货的决策时，物资的订货提前期是必须考虑的因素。

3. 物资单价

物资的单价越高，相同库存量下的库存资金数额也就越多，对这样的物资是不应该掉以轻心的，一些企业会增加采购次数缩减库存量，这也是库存控制的手段之一。

4. 保管费用与订货费用

每次订货都会发生一定的订货费用，例如检验费用、手续费用、谈判费用、差旅费等，这些费用与订货次数成正比，因此若订货费用高，应考虑减少订货次数。有了库存就必须进行保管，也就需要保管费用，显然保管费用与库存成正相关关系，所以对于保管费用高的物资，应该把库存控制在适当的水平上。

5. 服务水平

服务水平是指满足用户需求的百分比，当整个生产系统能够满足全部用户的订货需求时，称服务水平为100%；当能满足95%的需求时，称服务水平为95%，也称此时的生产系统的缺货概率为5%。

由于用户需求通常无法准确预测，因此常采用增大库存储备的方法来提高服务水平。在库存增加后，当用户的需求变化时，企业生产一时无法满足用户需求，则可以通过动用企业库存使用户需求得到满足。库存的增加意味着企业要占用更多的资金，产生更大的成本，因此对企业而言，盲目地提高服务水平并不一定会给企业带来期望的经济效益，应将服务水平定在一个合理的水平上。

第二节　库存技术与存储策略

一、库存技术

1. 定量订货法

所谓定量订货法就是订货点和订货量都是固定量的订货方法。当库存控制系统的现有库存量降到订货点及以下时，库存控制系统就向供应厂家发出订货，每次订货量均为一个固定的量。经过订货提前期，所发出的订货到达，库存量增加。订货提前期是从发出订货至到货的时间间隔，其中包括订货准备、发出订单、供方接受订货、供方生产、产品发运、提货、验收和入库等过程。显然，订货提前期一般为随机变量。定量订货示意如图4－2所示。

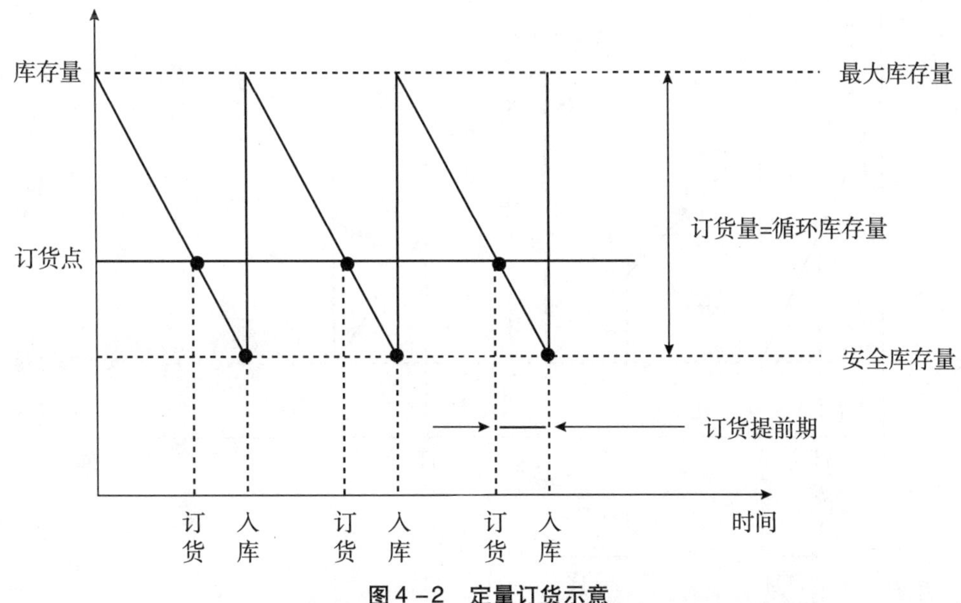

图4-2 定量订货示意

要发现现有库存量是否到达订货点，必须随时检查库存量。定量订货法需要随时检查库存量，并随时发出订货。这样，增加了管理工作量，但它使得库存量得到严密的控制。因此，定量订货法适用于重要物资的库存控制。

订货点和安全库存量可以用以下公式计算。

订货点 = 订货提前期需要量 + 安全库存量

= 平均订货提前期 × 平均日需要量 + 安全库存量

安全库存量 = （预计日最大消耗量 - 平均日需要量） × 平均订货提前期

2. 定期订货法

定期订货法是采用定期盘点，按照固定时间间隔来检查库存量，并提出订货。订货量根据盘点时的实际库存量和下一个订货周期的预计需求量而定。定期订货示意如图4-3所示。

这种方法的特征是盘点时间和订货时间固定，其订货量按下面公式进行计算。

订货量 = 订货周期需求量 + 安全库存量 - 现有库存量 - 已订未到量

“现有库存量”为提出订货时盘点的实际库存量；“已订未到量”为已经订货，预计在本次订货周期内会到达的期货数量。

3. ABC 分类法

ABC 分类法就是以某类物资品种数占物资总品种数的百分数和该类物资价值占物资总价值的百分数大小为标准，将物资分为 A、B、C 三类，进行分级管理的方法。因为在企业仓库里，不可能只储存一种物资，有些物资具有特殊性质或价值较高被要求特殊保管。如果对所有物资都采用相同的保管方法，则会耗费很多人力、财力，所以要利用 ABC 分类法，进行分类管理。

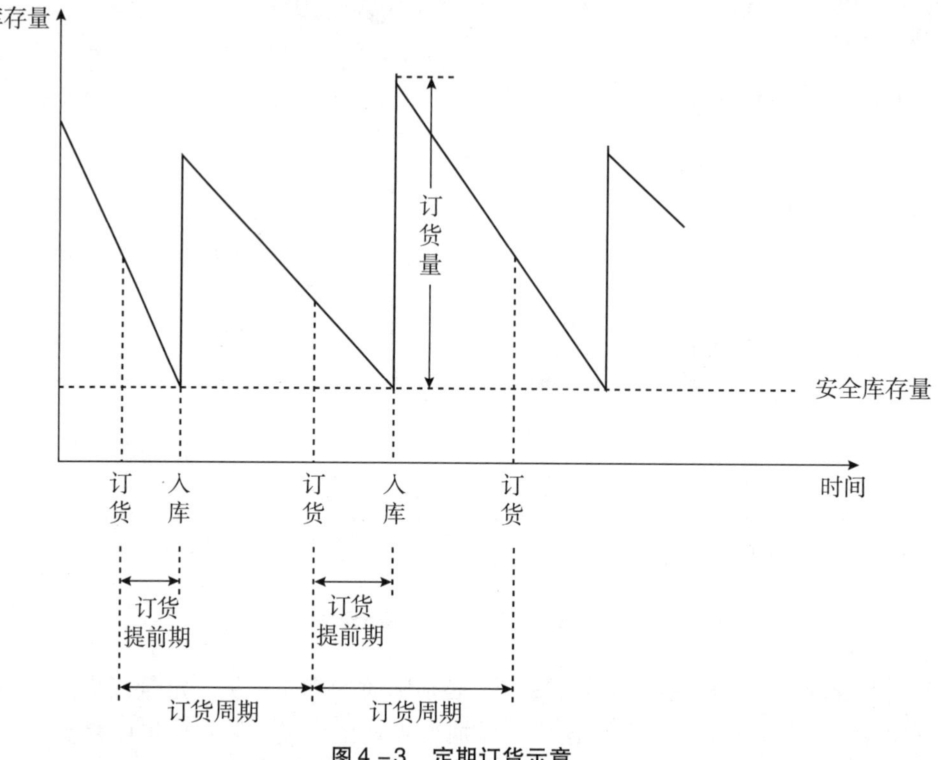

图 4－3　定期订货示意

ABC 分类法以品种数和价值为标准，根据排序结果将物资划分成 A、B、C 三类。A 类物资的价值约占物资总价值的 70%，品种数却仅占物资总品种数的 10%；B 类物资的价值约占物资总价值的 20%，品种数占物资总品种数的 20%；C 类物资的价值约占物资总价值的 10%，品种数却占物资总品种数的 70%。

对 A 类物资的存货控制，要计算每个项目的经济订货量和订货点，尽可能适当增加订货次数，以减少存货积压，也就是减少其昂贵的存货成本和大量的资金占用成本。

对 B 类物资的存货控制，也要计算每个项目的经济订货量和订货点，同时关注库存动态，但要求不必像 A 类物资那样严格，只要定期进行概括性的检查就可以，以节省存货成本和管理成本。

对 C 类物资的存货控制，由于该类物资数量多、单价低、存货成本也较低，因此可以适当增加每次的订货数量，减少全年的订货次数。对这类物资日常的控制，一般可以采用一些较为简化的方法进行管理。

例 4－1　对××公司成品库存管理现状进行研究及分析后，发现公司需要管理上千个成品库存，而传统的库存分类确给公司带来了很大的困扰，为了降低库存的管理成本，采用 ABC 分类法优化××公司的库存，加强对重要成品的控制，降低库存成本，提高库存周转率。

初步采取 2020 年下半年的数据，从 40 个品种中选取热销的 20 个品种，利用 ABC 分类法，通过整理出来的各品种单价、品目数，算出对应的销售额，根据排序再依次算出累计销售额。

$$销售额 = 单价 \times 品目数 \tag{4-1}$$

以前五类为例，计算出的销售额分别是 530880、311652、304416、235500、107604。累计销售额分别是 530880、842532、1146948、1382448、1490052。最后总累计销售额为 2154589。算出累计销售额百分比。

$$累计销售额百分比 = 累计销售额 \div 总累计销售额 \tag{4-2}$$

本例以累计销售额百分比为分类依据，把累计比率在 0% ~70% 的归为 A 类商品，累计比率在 70% ~90% 的归为 B 类商品，累计比率在 90% 以上的归为 C 类商品。先对销售额进行从大到小排序，再对 × ×公司成品库存进行 ABC 分类。分类结果如表 4 －1 所示。

表 4 －1　ABC 分类结果

品种	单价（元）	品目数	销售额（元）	销售额百分比（%）	累计销售额（元）	累计销售额百分比（%）	分类结果
水泵	480	1106	530880	24.64%	530880	24.64%	A
角磨机	132	2361	311652	14.46%	842532	39.10%	A
电锤	224	1359	304416	14.13%	1146948	53.23%	A
砂轮机	157	1500	235500	10.93%	1382448	64.16%	A
云石机	126	854	107604	4.99%	1490052	69.15%	A
无绳枪	195	500	97500	4.53%	1587552	73.68%	B
切割机	300	293	87900	4.08%	1675452	77.76%	B
电镐	291	300	87300	4.05%	1762752	81.81%	B
修边机	107	515	55105	2.56%	1817857	84.37%	B
电木铣	201	267	53667	2.49%	1871524	86.86%	B
手电钻	67	763	51121	2.37%	1922645	89.23%	B
冲击钻	96	455	43680	2.03%	1966325	91.26%	C
抛光机	170	239	40630	1.89%	2006955	93.15%	C
热风枪	44	894	39336	1.83%	2046291	94.98%	C
热熔器	112	212	23744	1.10%	2070035	96.08%	C
曲线锯	77	301	23177	1.08%	2093212	97.16%	C
电圆锯	66	325	21450	1.00%	2114662	98.16%	C
电刨	43	497	21371	0.99%	2136033	99.15%	C
吹风机	52	203	10556	0.49%	2146589	99.64%	C
电喷枪	80	100	8000	0.37%	2154589	100%	C
总数	3020	13044	2154589	100%			

注：表中数据存在四舍五入，不进行机械处理。

对于 A 类商品，其管理方法是：每件商品皆做编号；尽可能正确地预测需求量；少量采购，尽可能在不影响需求下减少库存量；请供货单位配合，力求出货量平稳化，以降低需求变动；与供应商协调，尽可能缩短订货提前期；采用定期订货法，对其存货必须做定期检查；必须严格执行盘点，每天或每周盘点一次，以提高库存精确度；对交货期限加强控制；商品放置于易于出入库的位置；实施商品包装外形标准化；采购必须经高层主管审核。

对于 B 类商品，其管理方法是：采用定量订货法，但对订货提前期较长或需求量有季节性变动趋势的商品宜采用定期订货法；每两周或三周盘点一次；中量采购；采购必须经中级主管核准。

对于 C 类商品，其管理方法是：采用复合制或定量订货法以求节省手续；大量采购，以便在价格上获得优惠；简化库存管理手段；安全库存量需求较大，以免发生库存短缺；每月盘点一次；采购必须经过基层主管核准。

二、存储策略

订货点法库存管理的策略模型很多，最基本的策略模型有四种：连续性检查的固定订货量、固定订货点策略模型，即（Q，R）策略模型；连续性检查的固定订货点、最大库存策略模型，即（R，S）策略模型；周期性检查策略模型，即（t，S）策略模型；综合库存策略模型，即（t，R，S）策略模型。

1. （Q，R）策略模型

图 4-4 为（Q，R）策略示意，该策略的基本思想是：对库存进行连续性检查，当库存量降低到订货点水平 R 时，即发出一个订货，每次的订货量保持不变，都为固定值 Q。该策略适用于需求量大、缺货费用较高、需求波动性很大的情形。

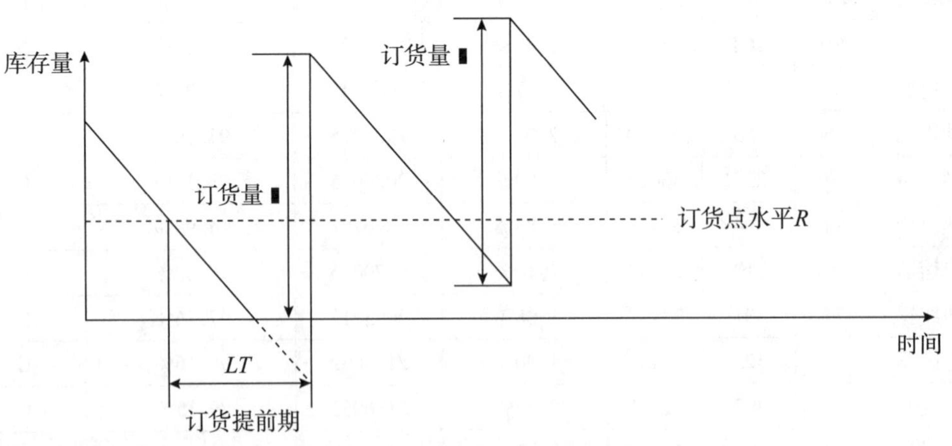

图 4-4　（Q，R）策略示意

2. （R，S）策略模型

该策略和（Q，R）策略一样，都是连续性检查类型的策略，也就是要随时检查

库存状态，当发现库存量降低到订货点水平 R 时，开始订货，订货后使最大库存量保持不变，即为固定值 S，若发出订单时库存量为 I，则其订货量即为（$S-I$）。该策略和（Q，R）策略的不同之处在于其订货量是按实际库存量而定，因而订货量是可变的。

3. （t，S）策略模型

该策略是每隔一定时期检查一次库存，并发出一次订货，把现有库存补充到最大库存水平，如果检查时库存量为 I，则订货量为（$S-I$）。如图 4-5 所示，经过固定的检查周期 t，发出订货，这时库存量为 I_1，订货量为（$S-I_1$）。经过一定的时间（LT——订货提前期，可以为随机变量），库存补充（$S-I_1$），库存量到达 A 点。再经过一个固定的检查周期 t，又发出一次订货，订货量为（$S-I_2$），经过一定时间（LT），库存量到达 B 点。如此周期性检查库存，不断补给。该策略不设订货点，只设固定的检查周期和最大库存量。该策略适用于一些不很重要的或使用量不大的物资。

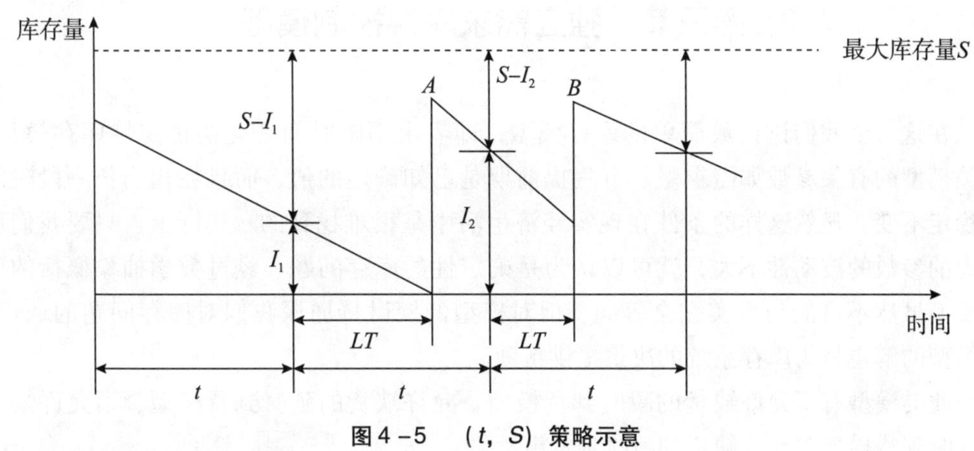

图 4-5　（t，S）策略示意

4. （t，R，S）策略模型

该策略是（t，S）策略和（R，S）策略的综合。如图 4-6 所示，这种补给策略有一个固定的检查周期 t、最大库存量 S、订货点水平 R，当经过固定的检查周期 t 后，若库存量低于订货点水平 R，则发出订货，否则，不订货。订货量的大小等于最大库存量减去检查时的库存量。当经过固定的检查周期到达 A 点时，此时库存量已降低到订货点水平 R 之下，因而应发出一次订货，订货量等于最大库存量 S 与当时的库存量 I_1 的差，即 $S-I_1$。经过一定的订货提前期后在 B 点订货到达，库存量补充到 C 点，在第二个固定的检查周期到来时，此时库存量位置在 D 点，比订货点水平 R 高，无须订货。第三个固定的检查周期到来时，库存点在 E 点，等于订货点水平 R，又发出一次订货，订货量为 $S-I_3$，如此，周期进行下去，实现周期性库存补给。

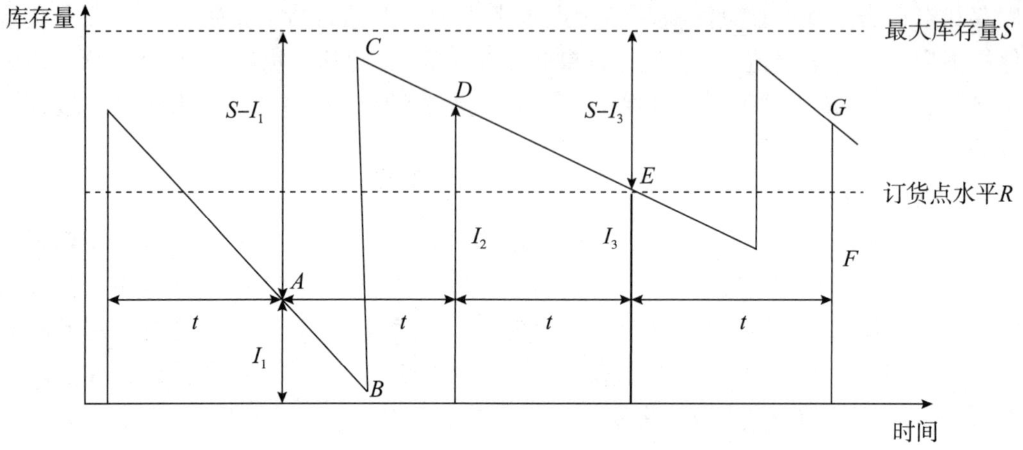

图4-6 (t, R, S) 策略示意

第三节 独立需求库存控制模型

在这一节我们讨论最简单的库存模型，即需求不随时间变化的确定性库存模型，这类模型的有关参数如需求量、订货提前期是已知确定的值，而且在相当长一段时间内稳定不变。显然这样的条件在现实经济生活中是很难找到的。实际上，只要我们所考虑的参数的波动性不大，就可以认为是确定性的库存问题。经过数学抽象概括的库存模型虽然不可能与现实完全等同，但对模型的探讨将加深我们对库存问题的认识，其模型的解也将为库存系统的决策提供帮助。

此类模型有不允许缺货的瞬时到货模型、允许缺货的延时到货模型、不允许缺货的延时到货模型和允许缺货的瞬时到货模型。

一、不允许缺货的瞬时到货模型

不允许缺货的瞬时到货模型即经济订货批量（Economic Order Quantity，EOQ）模型。当企业按照经济订货批量来订货时，可以使订货成本和存储成本总和最小化。该模型适用于整批间隔进货，不允许缺货的库存问题，即某种物资单位时间的需求量为常数 D，库存量以单位时间消耗数量 D 的速度逐渐下降，经过时间 T 后库存量下降到零，此时开始订货并随即到货，库存量由零上升为最高库存量 Q，然后开始下一个存储周期，形成多周期库存模型。

1. 模型假设

经济订货批量可以用数学模型来表示，假设存在以下基本前提。

（1）缺货成本无穷大。

（2）当库存量降至零时，可以立即得到补充。

（3）需求是连续、均匀的。

（4）每次订货量不变，订货成本不变。

（5）单位存储成本不变。

2. 经济订货批量模型

经济订货批量模型下的库存量变化状态如图 4－7 所示。

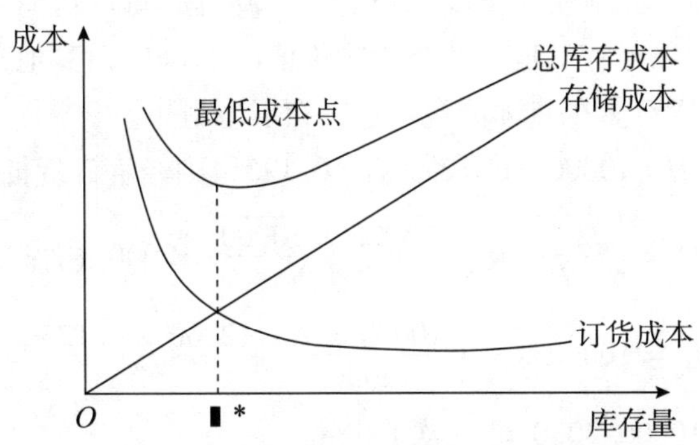

图 4－7　经济订货批量模型下的库存量变化状态

通常，假设在不允许缺货的条件下，年总库存成本 = 年购置成本 + 年订货成本 + 年存储成本。即：

$$TC = DP + \frac{DC}{Q} + \frac{QH}{2}$$

式中：TC——年总库存成本；

DP——年购置成本；

$\frac{DC}{Q}$——年订货成本；

$\frac{QH}{2}$——年存储成本；

D——年需求量；

P——单位购置成本；

C——单位订货成本；

H——单位年存储成本；

$\frac{Q}{2}$——平均库存量；

$\frac{D}{Q}$——年订货次数；

Q——订货量。

经济订货批量就是使总库存成本达到最低时的订货量，它是通过平衡订货成本和存储成本两方面得到的。其计算公式为：

$$EOQ = \sqrt{\frac{2CD}{H}}$$

此时：

$$最低年总库存成本\ TC = DP + H(EOQ)$$

$$年订货次数\ N = \sqrt{\frac{DH}{2C}}$$

$$订货间隔周期\ T = 365/N$$

例4－2 某元器件企业每年需要某货物10000件，每件价值1元，单位订货成本估计为25元，单位货物年存储成本约为货物价值的12.5%，其他条件均符合基本经济订货批量模型，问每次订多少货才能使年总库存成本最小。

解：根据题意有 $D=10000$，$C=25$，$H=0.125$，则经济订货批量为：

$$EOQ = \sqrt{\frac{2CD}{H}} = \sqrt{\frac{2 \times 25 \times 10000}{0.125}} = 2000\ (件/次)$$

$$年总库存成本\ TC = 10000 \times 1 + \frac{10000 \times 25}{2000} + \frac{2000 \times 0.125}{2} = 10250(元)$$

年订货次数 $N=10000/2000=5$（次）

$$订货间隔周期\ T = \frac{365}{5} = 73(天)$$

利用软件求解过程如下。

（1）打开WinQSB软件，选择Inventory Theory and System（存储理论与系统）程序，新建一个问题，选择“Deterministic Demand Economic Order Quantity（EOQ）Problem（确定型需求经济订货批量问题）”问题类型（见图4－8）。

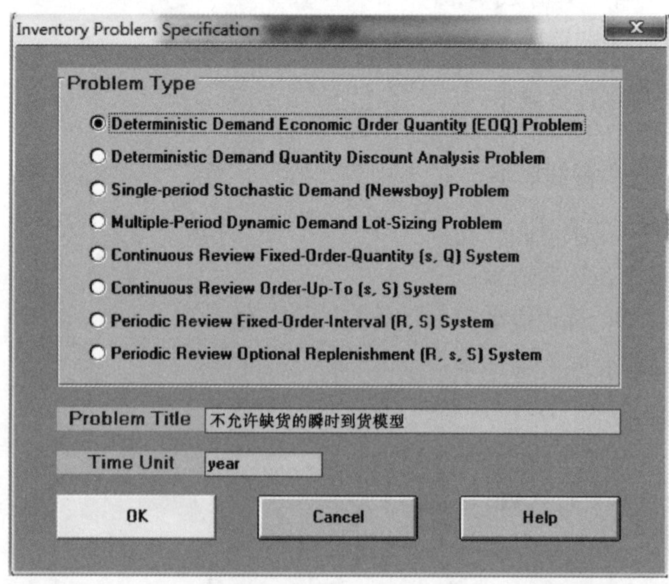

图4－8 选择问题类型（不允许缺货的瞬时到货模型）

（2）填入相对应的原始数据（见图4－9）。

图4－9中数据解读：年需求量（Demand per year）为10000件，单位订货成本

DATA ITEM	ENTRY
Demand per year	10000
Order or setup cost per order	25
Unit holding cost per year	0.125
Unit shortage cost per year	M
Unit shortage cost independent of time	
Replenishment or production rate per year	M
Lead time for a new order in year	
Unit acquisition cost without discount	1
Number of discount breaks (quantities)	
Order quantity if you known	

图4－9　输入原始数据（不允许缺货的瞬时到货模型）

（Order or setup cost per order）为25元/年，单位存储成本（Unit holding cost per year）为0.125元/年，单位购置成本（Unit acquisition cost without discount）为1元。

（3）运行求解，得到某货物的计算结果（见图4－10）。

12-18-2020	Input Data	Value	Economic Order Analysis	Value
1	Demand per year	10000	Order quantity	2000
2	Order (setup) cost	¥25.0000	Maximum inventory	2000
3	Unit holding cost per year	¥0.1250	Maximum backorder	0
4	Unit shortage cost		Order interval in year	0.2
5	per year	M	Reorder point	0
6	Unit shortage cost			
7	independent of time	0	Total setup or ordering cost	¥125.0000
8	Replenishment/production		Total holding cost	¥125.0000
9	rate per year	M	Total shortage cost	0
10	Lead time in year	0	Subtotal of above	¥250.0000
11	Unit acquisition cost	¥1.0000		
12			Total material cost	¥10000.0000
13				
14			Grand total cost	¥10250.0000

图4－10　某货物库存模型求解（不允许缺货的瞬时到货模型）

图4－10中数据解读：订货批量（Order quantity）为2000件/次；订货间隔周期（Order interval in year）是0.2年，约为73天，此数据也可参看图4－11；再订货点（Reorder point）是0，因为假设货物瞬间到货，当某货物库存量降到0件时，就要再次进行订货；年订货成本（Total setup or ordering cost）为125元；年存储成本（Total holding cost）为125元；年缺货成本（Total shortage cost）为0元；上述成本总计（Subtotal of above）为250元；加入货物原有价值，最后年总库存成本为10250元。

从图4－12可以看出，当按照$EOQ=2000$进行订货时，此时的存储成本和订货成本曲线相交于一点，两者均为125元。

二、允许缺货的延时到货模型

模型假设：需求是连续均匀的，即需求速度D是常数；补充需要一定时间，不考虑拖后时间，只考虑到货时间，即一旦需要补货可立刻开始，但供应需一定周期。设

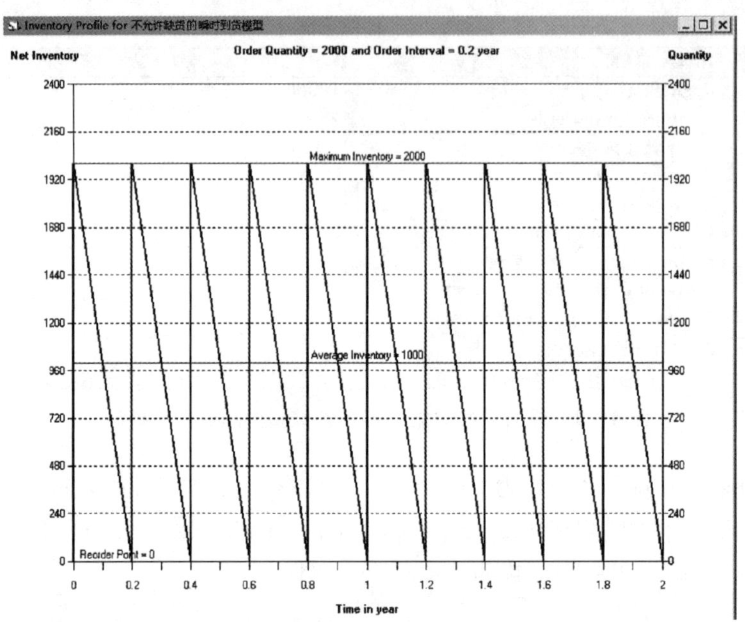

图 4－11　订货间隔周期和库存量（不允许缺货的瞬时到货模型）

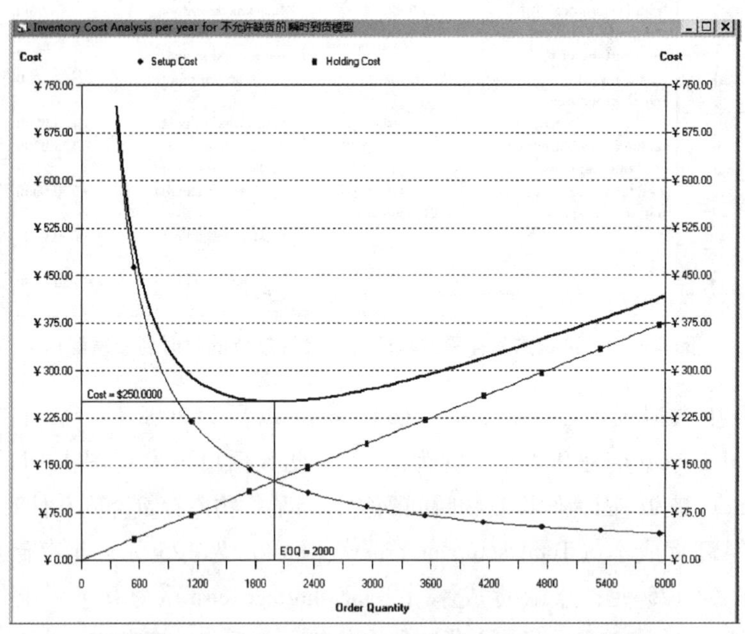

图 4－12　经济订货批量（不允许缺货的瞬时到货模型）

供应是连续均匀的，即供应速度 P 为常数，同时设 P 大于 D。单位存储成本已知，单位缺货成本已知，订货成本已知。

例 4－3　某企业经营某种商品，正常供应条件下，每天可接收到 100 件该商品，根据历年经营数据统计，每天销售 80 件。单位存储成本为每件每天 2 元，单位缺货成本为每件每天 5 元，每次订货成本为 800 元，求最优库存策略。

利用软件求解过程如下。

（1）打开 WinQSB 软件，选择 Inventory Theory and System（存储理论与系统）程序，新建一个问题，选择“Deterministic Demand Economic Order Quantity（EOQ）Problem（确定型需求经济订货批量问题）”问题类型（见图 4－13）。

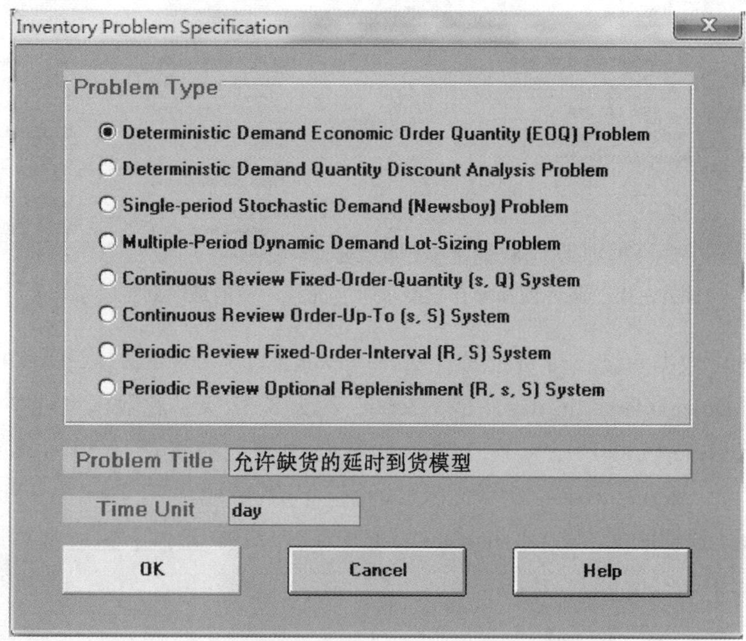

图 4－13　选择问题类型（允许缺货的延时到货模型）

（2）填入相对应的原始数据（见图 4－14）。

DATA ITEM	ENTRY
Demand per day	80
Order or setup cost per order	800
Unit holding cost per day	2
Unit shortage cost per day	5
Unit shortage cost independent of time	
Replenishment or production rate per day	100
Lead time for a new order in day	
Unit acquisition cost without discount	
Number of discount breaks (quantities)	
Order quantity if you known	

图 4－14　输入原始数据（允许缺货的延时到货模型）

图 4－14 中数据解读：日需求量（Demand per day）为 80 件，单位订货成本（Order or setup cost per order）为 800 元，单位存储成本（Unit holding cost per day）为 2 元/天，单位缺货成本（Unit shortage cost per day）为 5 元/件 · 天，每日收货率（Replenishment or production rate per day）为 100%。

（3）运行求解，得到某种商品的计算结果（见图 4－15）。

12-18-2020	Input Data	Value	Economic Order Analysis	Value
1	Demand per day	80	Order quantity	669.328
2	Order (setup) cost	¥800.0000	Maximum inventory	95.6183
3	Unit holding cost per day	¥2.0000	Maximum backorder	38.2473
4	Unit shortage cost		Order interval in day	8.3666
5	per day	¥5.0000	Reorder point	-38.2473
6	Unit shortage cost			
7	independent of time	0	Total setup or ordering cost	¥95.6183
8	Replenishment/production		Total holding cost	¥68.2988
9	rate per day	100	Total shortage cost	¥27.3195
10	Lead time in day	0	Subtotal of above	¥191.2366
11	Unit acquisition cost	0		
12			Total material cost	0
13				
14			Grand total cost	¥191.2366

图 4－15　某种商品库存模型求解（允许缺货的延时到货模型）

图 4－15 中数据解读：订货批量（Order quantity）为 669.328，约为 670 件/次；订货间隔周期（Order interval in day）是 8.3666，约为 8.37 天，此数据也可参看图 4－16；再订货点（Reorder point）是－38.2473，也就是说最大缺货量是 39 件；年订货成本（Total setup or ordering cost）为 95.6183 元；年存储成本（Total holding cost）为 68.2988 元；年缺货成本（Total shortage cost）为 27.3195 元；上述成本总计（Subtotal of above）为 191.2366 元。

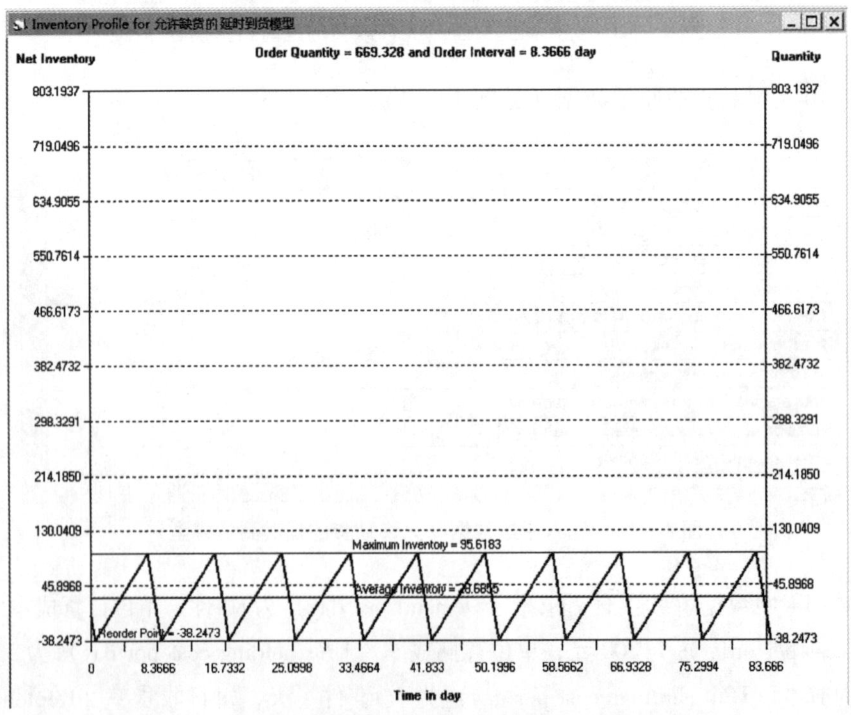

图 4－16　订货间隔周期和缺货量（允许缺货的延时到货模型）

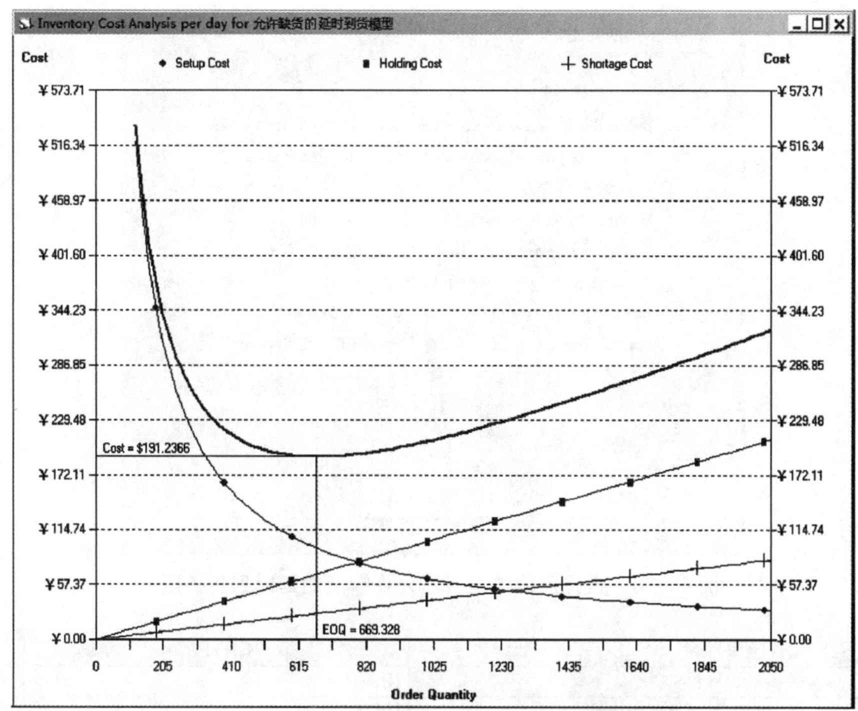

图 4－17　经济订货批量（允许缺货的延时到货模型）

从图 4－17 可以看出，当按照 670 件/次进行订货时，此时订货成本、缺货成本和存储成本的总和最低。

三、不允许缺货的延时到货模型

模型假设：在一定时间 t 内补充库存 Q，单位时间里的补货量 $P = Q/t$，需求速度 D，应满足 $P > D$，其余假设同不允许缺货的瞬时到货模型。

例 4－4　某企业每月销售某种商品 10000 件，每月购进 25000 件（在边补充边销售期间，订购后需 6 天才开始到货），单位存储成本为 0.05 元/月，单位订货成本为 1000 元，求最优库存策略。

利用软件求解过程如下。

（1）打开 WinQSB 软件，选择 Inventory Theory and System（存储理论与系统）程序，新建一个问题，选择"Deterministic Demand Economic Order Quantity（EOQ）Problem（确定型需求经济订货批量问题）"问题类型（见图 4－18）。

（2）填入相对应的原始数据（见图 4－19）。

图 4－19 中数据解读：月需求量（Demand per moon）为 10000 件，单位订货成本（Order or setup cost per order）为 1000 元，单位存储成本（Unit holding cost per moon）为 0.05 元/月，订货提前期（Lead time for a new order in moon）为 6 天，每月补充库存（Replenishment or production rate per moon）为 25000 件。

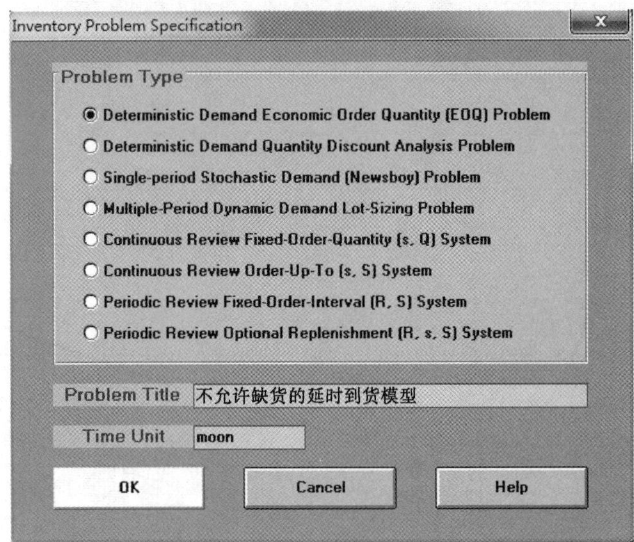

图 4－18　选择问题类型（不允许缺货的延时到货模型）

DATA ITEM	ENTRY
Demand per moon	10000
Order or setup cost per order	1000
Unit holding cost per moon	0.05
Unit shortage cost per moon	M
Unit shortage cost independent of time	
Replenishment or production rate per moon	25000
Lead time for a new order in moon	6
Unit acquisition cost without discount	
Number of discount breaks (quantities)	
Order quantity if you known	

图 4－19　输入原始数据（不允许缺货的延时到货模型）

（3）运行求解，得到某种商品的计算结果（见图 4－20）。

12-18-2020	Input Data	Value	Economic Order Analysis	Value
1	Demand per moon	10000	Order quantity	25819.89
2	Order (setup) cost	¥1000.0000	Maximum inventory	15491.93
3	Unit holding cost per	¥0.0500	Maximum backorder	0
4	Unit shortage cost		Order interval in moon	2.5820
5	per moon	M	Reorder point	8360.223
6	Unit shortage cost			
7	independent of time	0	Total setup or ordering cost	¥387.2983
8	Replenishment/production		Total holding cost	¥387.2983
9	rate per moon	25000	Total shortage cost	0
10	Lead time in moon	6	Subtotal of above	¥774.5967
11	Unit acquisition cost	0		
12			Total material cost	0
13				
14			Grand total cost	¥774.5967

图 4－20　某种商品库存模型求解（不允许缺货的延时到货模型）

图4－20中数据解读：订货批量（Order quantity）为25819.89，约为25820件/次；最大库存量（Maximum inventory）为15491.93，约为15492件；订货间隔周期（Order interval in moon）是2.5820月，约为78天，此数据也可参看图4－21；再订货点（Re-order point）是8360.223；年订货成本（Total setup or ordering cost）为387.2983元；年存储成本（Total holding cost）为387.2983元；上述成本总计（Subtotal of above）为774.5967元。

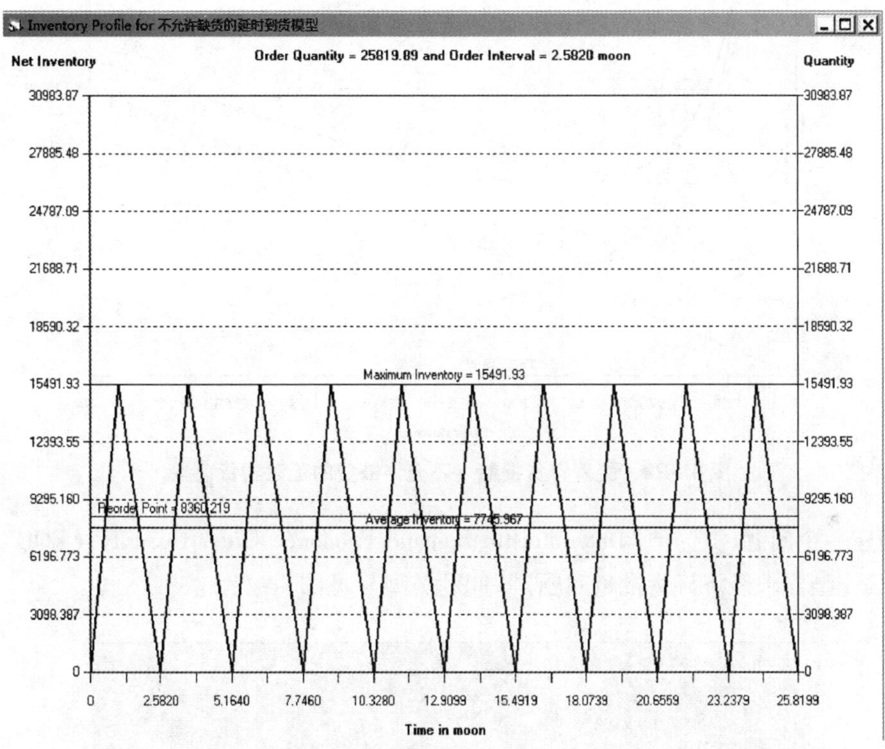

图4－21　订货间隔周期和最大库存量（不允许缺货的延时到货模型）

从图4－22可以看出，当按照25820件/次进行订货时，此时订货成本和存储成本的总和最低，并且订货成本等于存储成本。

四、允许缺货的瞬时到货模型

模型假设：在一定时间 t 内补充库存 Q；需求速度 D，允许缺货；其余假设同不允许缺货的瞬时到货模型。

例4－5　某企业每年销售A种材料24000单位（允许缺货，瞬时补充）。已知单位存储成本为0.1元/月，单位订货成本为350元，单位缺货成本为0.2元/单位·月，试求最优库存策略。

利用软件求解过程如下。

（1）打开WinQSB软件，选择Inventory Theory and System（存储理论与系统）程

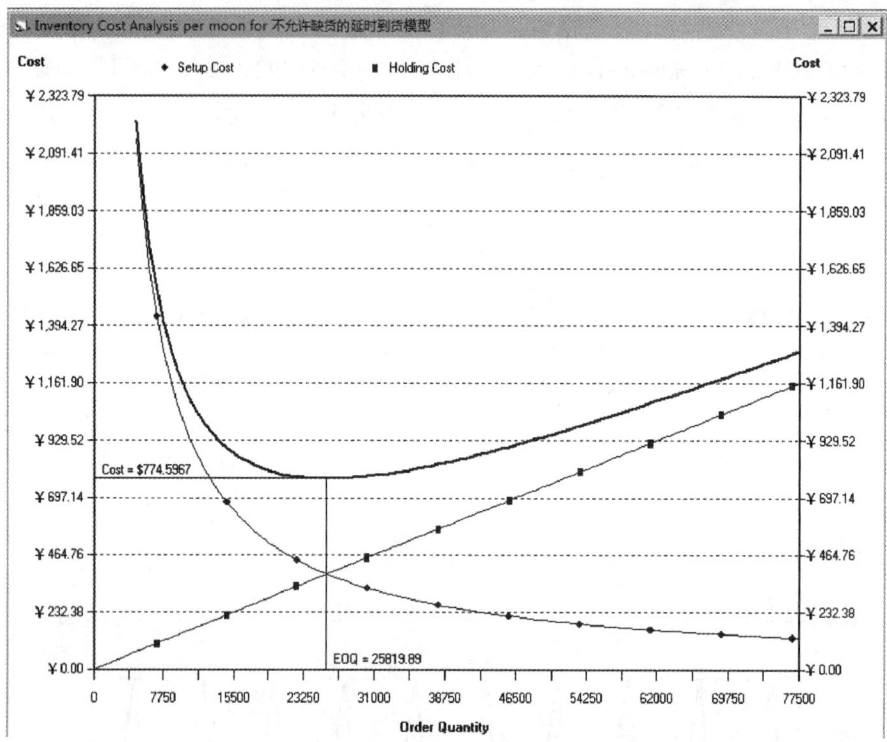

图4－22　经济订货批量（不允许缺货的延时到货模型）

序，新建一个问题，选择“Deterministic Demand Economic Order Quantity（EOQ）Problem（确定型需求经济订货批量问题）”问题类型（见图4－23）。

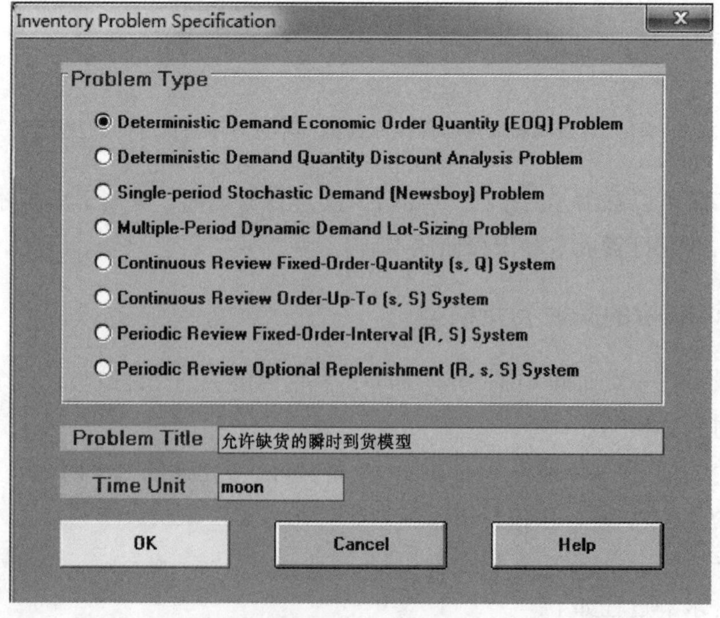

图4－23　选择问题类型（允许缺货的瞬时到货模型）

（2）填入相对应的原始数据（见图4－24）。

DATA ITEM	ENTRY
Demand per moon	2000
Order or setup cost per order	350
Unit holding cost per moon	0.1
Unit shortage cost per moon	0.2
Unit shortage cost independent of time	
Replenishment or production rate per moon	M
Lead time for a new order in moon	
Unit acquisition cost without discount	
Number of discount breaks (quantities)	
Order quantity if you known	

图4－24　输入原始数据（允许缺货的瞬时到货模型）

图4－24中数据解读：月需求量（Demand per moon）为2000单位，单位订货成本（Order or setup cost per order）为350元，单位存储成本（Unit holding cost per moon）为0.1元/月，单位缺货成本（Unit shortage cost per moon）为0.2元/单位·月。

（3）运行求解，得到A种材料的计算结果（见图4－25）。

12-18-2020	Input Data	Value	Economic Order Analysis	Value
1	Demand per moon	2000	Order quantity	4582.576
2	Order (setup) cost	¥350.0000	Maximum inventory	3055.051
3	Unit holding cost per	¥0.1000	Maximum backorder	1527.525
4	Unit shortage cost		Order interval in moon	2.2913
5	per moon	¥0.2000	Reorder point	-1527.525
6	Unit shortage cost			
7	independent of time	0	Total setup or ordering cost	¥152.7525
8	Replenishment/production		Total holding cost	¥101.8350
9	rate per moon	M	Total shortage cost	¥50.9175
10	Lead time in moon	0	Subtotal of above	¥305.5050
11	Unit acquisition cost	0		
12			Total material cost	0
13				
14			Grand total cost	¥305.5050

图4－25　A种材料库存模型求解（允许缺货的瞬时到货模型）

图4－25中数据解读：订货批量（Order quantity）为4582.576，约为4583单位/次；最大库存量（Maximum inventory）为3055.051，约为3056单位；订货间隔周期（Order interval in moon）是2.2913月，约为69天，此数据也可参看图4－26；再订货点（Reorder point）是－1527.525，也就是说最大缺货量约是1528单位；年订货成本（Total setup or ordering cost）为152.7525元；年存储成本（Total holding cost）为101.8350元；年缺货成本（Total shortage cost）为50.9175元；上述成本总计（Subtotal of above）为305.5050元。

从图4－27可以看出，当按照4583单位/次进行A种材料订货时，此时订货成本、缺货成本和存储成本的总和最低。

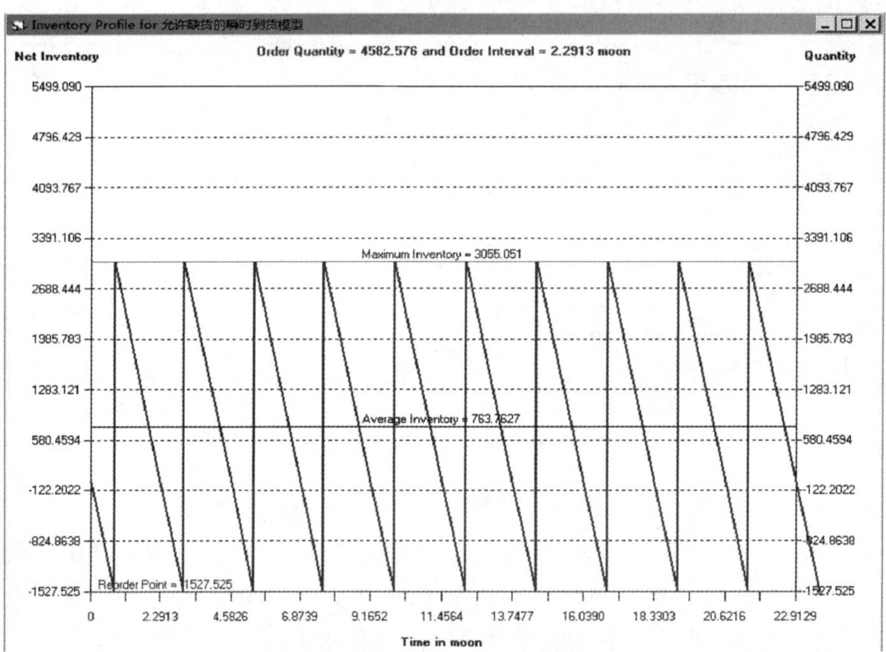

图 4-26　订货间隔周期和最大库存量（允许缺货的瞬时到货模型）

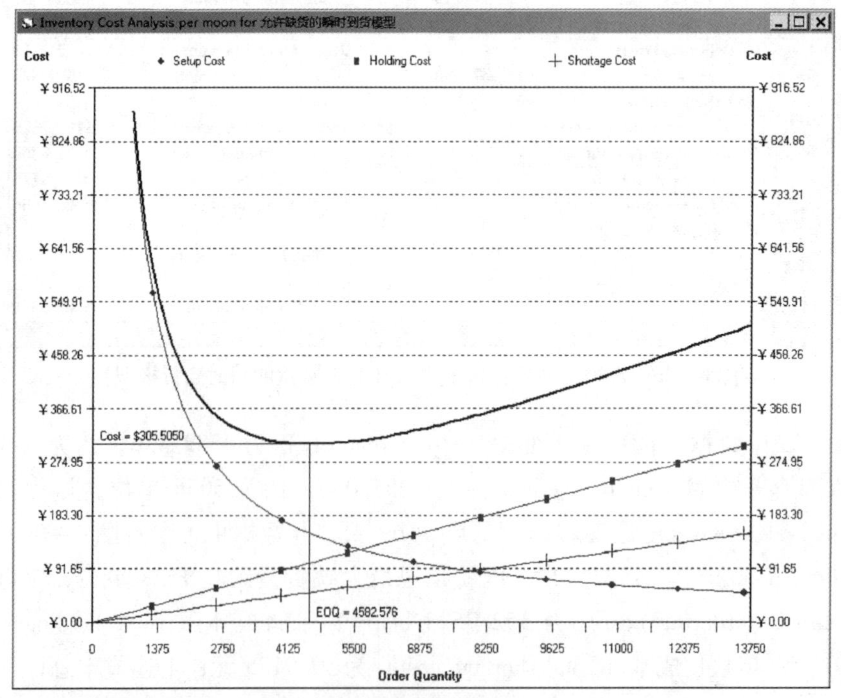

图 4-27　经济订货批量（允许缺货的瞬时到货模型）

第五章　区域物流系统模型与应用

目前对于区域物流的定义还没有统一的观念。董千里认为，区域物流是在一定区域规划和构筑促进社会经济最佳战略实现的物流系统，及其与物流运营与监控等有关的活动体系。谢如鹤等认为，区域物流有狭义和广义之分，狭义的区域物流是指一个国家之内的一定区域的物流活动，包括运输、仓储、装卸搬运、流通加工和信息传递等功能实体性的流动，以及物流过程中各个环节的物品运动。例如珠江三角洲、长江三角洲及环渤海地区等经济带所发生的物流都可以看作是区域物流，这也是本章所研究的区域物流。区域物流系统与区域物流发展政策、区域经济和区域产业结构有着深刻的内在联系。

第一节　区域物流系统概述

一、区域物流系统的内涵与特征

（一）区域物流的概念

区域物流是空间范围建立在区域基础之上的一种宏观物流。结合物流的概念和区域的特点，可以将区域物流定义为：在一定的区域地理环境中，以大中型城市为中心，以区域经济规模和范围为基础，结合物流辐射的有效范围，将区域内外的各类物品从供应地向接收地进行有效的实体流动的物流活动。

区域物流是以区域地理为前提的，区位条件的差异性是形成区域物流的地理条件。区域物流是以大中型城市为依托的，这突出了大中型城市是处于区域物流经济的中心位置，是实现物流资源空间聚集的主要表现形式，如广州、上海、杭州、宁波、连云港、青岛、烟台、天津、大连、南京、郑州、西安、重庆等大中型城市都建立了与之相应的物流基地、物流园区等。

（二）区域物流系统的基本目标

区域物流系统的基本目标可归纳为：根据国家物流体系的总体发展战略和布局，

结合区域资源特点及市场需求，制定相应的物流发展规划，通过加强本区域物流基础设施建设，尤其是物流配套设施和市场体系建设，充分利用当地的区位优势、经济优势、资源优势，来满足区域物流需要和降低物流成本，提高区域竞争力，服务区域经济发展，同时扩大物流服务的规模和范围，辐射周边区域，从而增强本区域的物流功能和经济实力。这往往也是许多地区将现代物流业作为支柱产业发展的重要原因。

（三）区域物流的特征

区域物流具有以下几方面的特征。

1. 区域性

区域物流是以区域为范围，尽管强调中心城市在物流方面的作用，但它不同于城市物流。城市物流的主要功能是满足该城市的经济活动需要和居民生活需要。

2. 适应性

区域物流与区域经济的发展水平、规模密切相关。区域经济的发展是区域物流的基础，没有区域经济，也就没有区域物流；不同区域经济的规模和产业形态，要求与之相适应的区域物流服务，这样才能使区域经济持续、健康地发展。

3. 距离经济性

距离经济性对区域物流的划分具有重要的影响。不论在哪一个区域，在发达、健康的物流市场环境下，区域内的物流企业必然是区域物流组织的主体。因此，从物流企业运作的角度来看，物流企业必然要遵循距离经济性的原则，这就使得物流企业运作的范围有一个距离的限制，即如何在最佳的距离范围内实施有效的物流运作，使物流企业既能向顾客提供优质、满意的物流服务，又尽可能地获得更多的利润。

4. 中心性

区域地理位置及区域中心城市对区域物流的形成和发展具有中心作用。区域经济受区域地理位置的影响，因此，区域地理位置是区域经济的基础，同时也是区域物流的基础。由于区域中心城市处在重要的地理位置，具有优越的经济条件等有利因素，所以，它是区域物流的集聚中心，也是区域物流业发展的中心，对区域物流业的发展具有重要作用。

（四）区域物流系统发展的意义

20 世纪 80 年代以来，美国、日本等发达国家开始了一场对各种物流功能、物流要素进行整合的“物流革命”。首先，形成了以企业为核心的物流系统，物流管理也随之成为企业内一个独立的职能部门。其次，物流资源整合和一体化扩展到企业之间，形成了关联度高、以供应链管理为核心的物流系统，出现了为工商企业和消费者提供专业化服务的“第三方物流企业”。最后，一个区域范围的物流企业和物流系统对资源重新整合，发展成为区域物流平台。区域物流系统发展的意义体现在以下两个方面。

（1）区域物流系统的建立是现代物流发展的完整性、开放性、共同性特征要求。从完整性来看，区域物流系统打破了运输环节独立于生产环节之外的行业界限和独立于产业集聚之外的区域限制，从整体上完成最优化的生产体系设计和运营，实现对货物流、资金流和信息流的有机统一，经济区域的内聚力在一定程度上依靠区域物流系统得以维系。从开放性来看，区域物流系统维持经济区域内以及不同经济区域间的相互联系，把传统运输方式下相互独立的海、陆、空的各种运输方式按照科学、合理的流程组织起来，形成一种有效利用区域内资源的服务体系。从共同性来看，有两个层面的含义：一是物流企业服务业务的综合化，或物流一体化趋势；二是物流配送系统的地域中心化，或物流配送的区域化趋势。两者有一种层次递进关系，后者是前者高度发达后的必然结果。

（2）区域物流系统是现代物流产业集聚发展的要求。产业集聚视经济体为一种网络组织形式，强调发挥区域各种资源要素的整合能力及其协同效应。现代物流是支持社会扩大再生产的血脉，是一个跨行业、多部门、各种运动形式交集的活动和产业形态。此外，物资流通活动要求有一个有效的、完备的物流基础条件作为支撑，这个基础条件即为区域物流平台。区域物流平台的构建实际上是其各构成要素的项目建设，需要从基础设施、物流设备等多方面进行统筹规划、协调发展。

二、影响区域物流系统发展的因素

影响区域物流系统发展的主要因素有以下几个方面。

（一）区域地理位置

区域地理位置是决定区域物流的前提条件。这是因为任何一个地区，由于其地理位置的差异，在客观上形成了区域地理的现实状态，如平原与山区，沿海与内陆，边疆与内地等。这种地理位置的差异，使得在经济全球化环境下，物品的跨区域、跨国际的流动形成了差异，如国际物流的流动，其主要的方式是通过港口以海洋运输的方式，在各港口之间实现转接。因此，港口地区无疑成为国际物流的物流中心（节点）。

（二）区域经济的发展状况

区域经济是区域物流发展的基础，其规模、结构和发展水平决定了区域物流的规模、结构和发展水平。区域的产业结构往往对区域物流的主要活动形式产生重要影响，如中西部地区，原材料工业、农业是其产业结构的主体，因此，区域物流的主要活动是以铁路、水运为运输方式的大宗货物运输；东部地区的产业结构主体是高新技术产业，珠江三角洲地区的产业结构主体是制造业，其区域物流的主要活动采用多种运输方式，同时，对时间的响应要求较高，对物流企业的物流服务水平要求也较高。因此，区域经济和区域的产业结构的变动趋势，将对区域物流服务水平、规模等产生重要的影响。

（三）区域物流基础设施的状况

物流基础设施的状况具体指公路网、铁路网、水运网、航空网等的状况（密度、分布、覆盖的范围等），以及货场、港口的吞吐量等。所以，区域物流基础设施的规模、运营效率直接影响区域物流活动的效率和效益。

（四）距离经济性

物流活动的两个基本原理：一是规模经济性原理；二是距离经济性原理。规模经济性原理体现在随着物流规模的增长，物流企业的平均物流成本逐渐降低。距离经济性原理体现在随着物流运输距离的增加，物流企业的物流运输成本逐渐减少。作为区域物流活动的主体——物流企业，必然遵循距离经济性原理，即选择最佳的运输方式和运输距离，以提高利润、降低物流费用。而各种不同的运输方式，通常有一个最佳的距离范围。公路运输的最佳距离范围在500千米以内，超出这一距离范围，公路运输的经济性将下降。另外，从时间角度来看，超过500千米的公路运输，也难以发挥其及时性、灵活性的优势。铁路运输的最佳距离范围在500千米~1500千米，航空运输的最佳距离范围在1500千米以上。由于航空运输的局限性，长距离的内陆运输主要以铁路运输和水路运输为主。从事物流活动的企业，在追求企业最佳经济效益的活动中，必然要遵循距离经济性原理，这就使得物流企业的物流活动的范围有一个距离的限制，而这一限制则构成区域物流的主要辐射范围。

三、区域物流系统规划

区域经济是一种聚集经济，合理的区域物流系统对区域经济发展起着基础性的作用。区域物流系统规划是区域物流系统运行与优化的重要前提。

（一）区域物流系统规划的主要内容

区域物流系统是综合运输网络中涉及货物运输的主要组成部分，其系统规划涉及区域经济发展水平、运输结构、物流基础设施布局和运行机制。区域性运输结构和物流系统化要适应产业结构、人民生活水平、经济效益和社会效益的需要。在多数情况下，区域物流系统规划是在现有运输网络和拟建运输网络基础上，完善区域物流设施、物流节点规划与布局。这要求在进行物流系统规划时应该有一个合理的操作程序。

区域物流系统规划主要是在区域物流需求的种类构成、流量、流向等方面预测的基础上，对不同层次的物流设施（区域物流中心、城域物流中心、市配送中心）的总体布局和建设数量、规模、功能定位和服务水平等方面进行研究，主要有以下三方面。

（1）区域内物流设施网络规划，即物流中心、配送中心的建设规模、数量、位置。

（2）区域内物流设施的功能定位：服务范围、服务对象及所要求的服务水平。

（3）区域内各层次物流设施间的相互协作关系。

区域物流系统规划可分为宏观和微观两方面，宏观的区域物流系统规划是通过大量调查和分析论证，确定区域物流设施宏观总体布局，即规划区域内哪些城市适合作为物流设施的选址城市。合理的宏观区域物流系统规划可以更好地发挥物流的联网运作能力，从而最大限度地满足社会经济发展和人民生活对物流服务的需求。微观的区域物流系统规划是确定某一物流设施在选址城市的空间相对位置，确定新（改）建的地点和规模，以及配置相应的软硬件设施。

（二）区域物流系统规划的原则

区域物流系统如果按行政区域的划分进行规划，则计划区域的资料易于收集，容易为政府所关注和支持，但其弊端也很明显。由于是按行政区域的划分来规划，强化了行政干预力量，往往会违背市场规律，对物流中心这样的企业化组织来讲，会受到严重制约。

如果是按经济区域的划分进行区域物流系统的规划，则适应了生产力的发展，体现了自然资源分布状况，同时，也体现了区域物流中心的完整性和开放性。完整性是指区域物流中心加强了经济区域内各个部门的相互联系；开放性是指区域物流中心不断从外界获得商品和信息，同时又向外界传递商品和信息，以维持经济区域内以及不同经济区域间的相互联系。

因此，区域物流系统规划的原则应该按照“经济区域”而不是按照“行政区域”进行。虽然经济区域和行政区域可能出现某种重合和一致，但它们完全是两个不同的概念。经济区域和行政区域之间的一个差别是经济区域划分不像行政区域划分那样有明确具体的界限，它的界限是模糊的。经济区域和行政区域之间的另外一个差别是行政区域划分常以自然地势、人口数量以及行政管理作用等因素为依据，具有相对长期的稳定性，而经济区域的发展表现得相当活跃。

我国传统的流通过程的情况是商品流通分散地集中在各个行政区域内，说明区域划分不是以经济区域来划分的。这种情况得以存在并维持的基础是地区间趋同的产业结构和行政手段的人为限制，其低效率和低效益使其越来越缺乏生命力。目前，随着我国经济和商品流通的发展以及物流业的崛起，经济区域流通现象已逐渐显现。如长江三角洲经济区、珠江三角洲经济区、环渤海经济区和闽南三角洲经济区等，这些经济区域流通市场可以使各经济区域获取、享受分工和流通的利益，促进了产业、技术在空间的转移。

（三）区域物流节点体系

单独的物流中心只能在局部范围内起作用，对于大范围甚至全国的经济区域来讲，应该将多个物流中心进行合理布局，才能满足组织物流的需要。这种多个物流中心的合理布局及合理分工、合理衔接，就是物流网络，即区域物流节点体系。

1. 物流网络与物流节点的概念

货物在流通的过程中有两种存在方式：运动和静止。货物运动的线路和静止的据点相互交错、连通，构成了一个复杂的网络结构，这个复杂的网络结构就是物流网络。我们把货物静止的据点称为物流网络中的物流节点。物流线路与据点的结构组成、联系方式的不同，形成了不同的物流网络。物流节点又称物流结点，是物流网络中连接物流线路的交接之处。

全部物流活动是在物流线路和物流节点进行的。在物流线路上进行的活动主要包括集货运输、干线运输、配送运输等。物流功能要素中的包装、装卸搬运、保管、分货、配货、流通加工等都是在物流节点上完成的。物流线路上的活动也是靠物流节点来组织和联系的，如果离开了物流节点，物流线路上的活动必然陷入瘫痪。因此，物流节点是区域物流系统中非常重要的组成部分。

物流节点在现代物流网络中具有重要作用，而且也是整个物流网络的“灵魂”，因而备受重视，对于具有中枢功能的物流节点，又称其为物流中枢或物流枢纽。

2. 物流节点的功能

物流节点在区域物流系统中的主要功能有以下几种。

（1）衔接功能。物流节点将各个物流线路连接成一个系统，使各个线路通过物流节点变得更为贯通，而不是互不相干。

（2）信息功能。物流节点是整个区域物流系统信息传递、收集、处理、发送的集中地，这种信息功能在现代区域物流系统中起着非常重要的作用，也是复杂物流单元能够连接成有机整体的重要保证。

（3）管理功能。区域物流系统的管理和指挥机构往往集中设置于物流节点之中，实际上，物流节点大都是集管理、指挥、调度及货物处理为一体的物流综合设施。整个区域物流系统的运转有序化和正常化取决于物流节点的管理功能实现的情况。

3. 物流节点的种类

在各个区域物流系统中，物流节点起着不同的作用，根据物流节点的主要功能，可将其分成以下几类。

（1）转运型节点。转运型节点是指以接连不同运输方式为主要职能的节点，如铁道运输线上的货站、编组站、车站，不同运输方式之间的转运站。一般而言，由于这种节点处在运输线上，又以转运为主，所以货物在这种节点上停滞的时间较短。

（2）储存型节点。储存型节点是指以存放货物为主要职能的节点。货物在这种节点上停滞的时间较长。在区域物流系统中，储备仓库、营业仓库、中转仓库、货栈等都是属于此种类型的节点。

（3）流通型节点。流通型节点是指以组织货物在区域物流系统中运动为主要职能的节点。常提到的流通仓库、流通中心、配送中心就属于这类节点。

（4）综合型节点。综合型节点是指在区域物流系统中集中于一个节点全面实现两种以上主要功能，并且在节点中并非独立完成各自功能而是将若干功能有机结合于一体，如具有完善设施、有效衔接和协调工艺的集约型节点。这种节点是适应物流大量化、复杂化的需要。在一个节点中要求实现多种功能转化而使区域物流系统更简化和高效，是现代区域物流系统中物流节点发展的方向之一。

需要说明的是，在各种按主要功能分类的节点中，都还可以承担其他职能，即不排除其他职能。如在转运型节点中，往往设置有储存货物的货场或站库，从而其也具有一定的储存功能。

第二节　区域物流中心选址规划

一、区域物流中心选址规划方法

区域物流中心一般位于具有一定规模和综合服务能力的特定地区。在这里，从事国际、国内物流运输，保管，包装，搬运，流通加工，货物分发，转运等业务的各类企业集中在一起，利用各种现代物流设施和管理技术与手段，以尽可能低的成本，为客户提供优质、高效的各种相关服务。区域物流中心的建设规划包括确定区域物流中心的数目、区域物流中心的位置和区域物流中心的规模等。

区域物流中心的选址和布局必须在充分调查分析的基础上综合考虑自身经营的特点、商品特性及竞争形势、交通状况等方面的因素。在详细分析现状及对未来变化进行预测的基础上使区域物流中心的建设能具有相当的柔性，以提高区域物流中心对市场变化的适应能力。

（一）最小运输费用分析法

最小运输费用分析法是指用坐标和费用函数求出的区域物流中心至顾客之间运输费用最小的地点的方法。

运输费用是物流成本的重要组成部分，所以在仅考虑区域物流中心的经济效益的情况下，利用运输费用来选择区域物流中心的位置是简单可行的。但是由于区域物流中心的布局不仅要考虑其建成后的经济效益，还要考虑随之而产生的环境效益和社会效益，所以仅利用这种方法作参考分析。

（二）重心法

重心法是指利用物体的重量，使用简单的实验器具，求得地址位置的方法。具体步骤如下。

（1）在缩尺地图上将现有主要客户分布的确切位置，及现有供应商的位置和其他设施的配送范围明确标出。

（2）该缩尺地图贴在平板上，并在所标的各点上穿一个孔。

（3）在细绳上分别挂一个小锤，每个小锤的总量是根据顾客需要量按比例求出的。

（4）把拴有小锤的细绳分别穿过小锤所对应的孔，然后在平板上把各线的线端集中起来打一个结，待各小锤都达到平衡后，其所在地图上的位置即为所求的区域物流中心布局位置。

重心法省去了复杂的定量运算，操作简单。但它和最小运输费用分析法的不足之处一样，无法把影响选址的众多因素考虑进去，往往选址与现实条件不符合（如落在山区或水域）。

（三）层次分析法

层次分析法（Analytic Hierarchy Process，AHP），是把复杂问题分解成各个组成要素，通过两两比较，确定每一层次中诸因素的相对重要性，决策者通过对每个因素进行分析判断，然后综合确定决策方案的相对重要性的总的排序的决策方法。用层次分析法进行区域物流中心选址规划研究时，可以根据地理优势、环境条件、交通条件、基础设施以及市场功能等有关因素，对各个选址的重要性进行评价排序（见图5－1）。首先把区域物流中心选址评价作为目标层，依据影响区域物流中心选址的因素，可以选取各个选址的优势、设施、功能、发展潜力作为准则层，每项准则又包含各自的决策指标（因素）。层次结构中最低的一层是方案层，这里即为选择的各个“选址”。

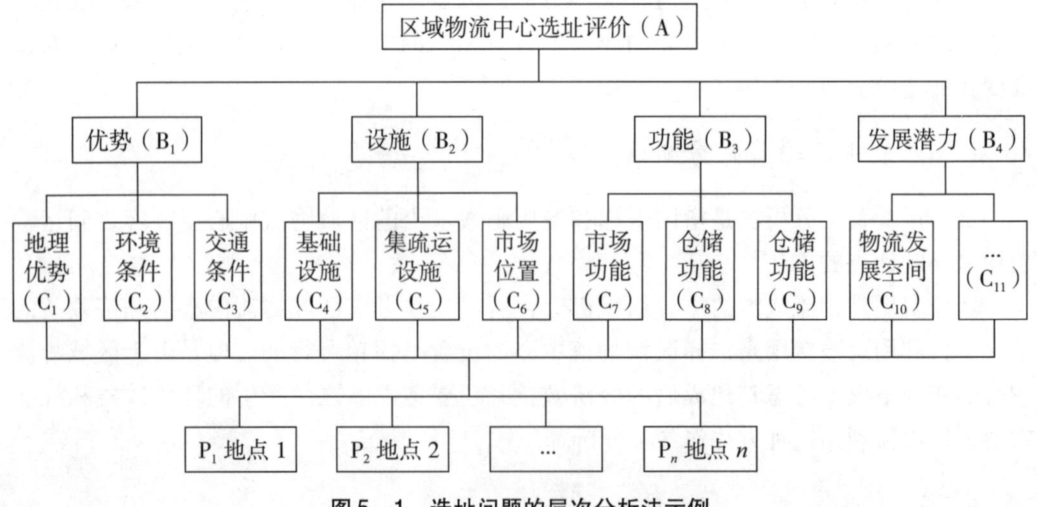

图5－1　选址问题的层次分析法示例

二、区域物流中心选址规划数学模型

选址问题可以通过一个最为简单的实例来理解：在一条直线（街道）上选择一个有效位置（商店），即一种设施选址。为了能够让在这条街道上的所有顾客到达商店平均距离最短，在不考虑其他因素的情况下，这条街道的中点是最为合理的位置。

上面是最为简单的一个选址问题，实际上，街道各个位置可能出现顾客的概率是不一样的，如果我们需要考虑这个条件的限制，那么我们就需要给整条街道不同位置加上一个权重ω_i进行分析。由于不同的选址模型的权重设计方法并不是完全一样的，所以，问题将变得复杂。如果权重等外部条件都确定的情况下，此类问题可以用以下的目标函数进行评价：

$$\min Z = \sum_{i=0}^{s} \omega_i(s - x_i) + \sum_{i=s}^{n} \omega_i(x_i - s) \tag{5-1}$$

或者：

$$\min Z = \int_{x=0}^{s} \omega(x)(s - x)\mathrm{d}x + \int_{x=s}^{n} \omega(x)(x - s)\mathrm{d}x \tag{5-2}$$

式中：ω_i ——街道第 i 个位置出现顾客的概率；

x_i ——街道第 i 个位置到所选地址的距离，x 为正数；

s ——所选地址的位置。

式（5-1）适用于离散点选址模型，而式（5-2）适用于连续点选址模型。

这是一个很简单的选址模型，下面将分别对连续点选址模型和离散点选址模型进行介绍。

（一）连续点选址模型

连续点选址指的是在一条路径或者一个区域里面的任何位置都是可选方案，需要从无限的点中选择一个最优点。

1. 交叉中值模型

交叉中值模型是用来解决连续点选址问题的一种十分有效的模型，它是利用选址距离进行计算的。利用交叉中值的方法可以对单一的选址问题在一个平面上的加权的选址距离进行最小化。其相应的目标函数为：

$$\min Z = \sum_{i=1}^{n} \omega_i\{|x_i - x_s| + |y_i - y_s|\} \tag{5-3}$$

式中：ω_i ——与第 i 个需求点对应的权重；

(x_i, y_i) ——第 i 个需求点的坐标；

(x_s, y_s) ——服务设施点的坐标；

n——需求点的总数目。

需要注意的是，这个目标函数可以用两个互不相干的部分来表达。

$$\min Z = \sum_{i=1}^{n} \omega_i |x_i - x_s| + \sum_{i=1}^{n} \omega_i |y_i - y_s| \tag{5-4}$$

在上面介绍的在一条街道上进行商店选址的问题中，选择的就是所有可能需要服务的对象到目标点的绝对距离总和最小。相似地，在这个问题里面，最优位置也就是如下坐标组成的点：x_s 是在 x 方向的所有的权重 ω_i 的中值点；y_s 是在 y 方向的所有的权重 ω_i 的中值点。

2. **精确重心法**

交叉中值模型由于其本身的局限性，例如使用的是城市距离，只适合解决一些小范围的城市内的选址问题。下面介绍的精确重心法，在评价的过程中使用的是欧几里得距离，即直线距离，它使选址问题变得复杂，但是有着更为广阔的应用范围。

在使用了欧几里得距离之后，目标函数变为：

$$\min Z = \sum_{i=1}^{n} \omega_i [(x_i - x_s)^2 + (y_i - y_s)^2]^{1/2} \tag{5-5}$$

这是一个双变量系统，分别对 x_s 和 y_s 求偏微分，并且令其为零，这样就可以得到两个微分等式。应用这两个等式分别对 x_s 和 y_s 进行求解，即可以求出下面的一对隐含有最优解的等式：

$$x_s = \frac{\sum_{i=1}^{n} \frac{\omega_i x_i}{d_{is}}}{\sum_{i=1}^{n} \frac{\omega_i}{d_{is}}} \tag{5-6}$$

$$y_s = \frac{\sum_{i=1}^{n} \frac{\omega_i y_i}{d_{is}}}{\sum_{i=1}^{n} \frac{\omega_i}{d_{is}}} \tag{5-7}$$

式中，$d_{is} = [(x_i - x_s)^2 + (y_i - y_s)^2]^{1/2}$。

在式（5-6）和式（5-7）中，可以看到在等式的左右两端出现了 x_s 和 y_s（在右端包含在 d_{is} 项内），因此该微分方程组不能直接求解。对于这个问题，可以通过迭代的方法进行求解，这需要提供一组初始值 x_s 和 y_s，然后利用 $x_{s(i-1)}$ 和 $y_{s(i-1)}$ 求出 $d_{is}(i-1)$，再用它去求出 x_{si} 和 y_{si}，求解过程如下：

$$x_{si} = \frac{\sum_{i=1}^{n} \frac{\omega_i x_i}{d_{is}(i-1)}}{\sum_{i=1}^{n} \frac{\omega_i}{d_{is}(i-1)}} \tag{5-8}$$

$$y_{si} = \frac{\sum_{i=1}^{n} \frac{\omega_i y_i}{d_{is}(i-1)}}{\sum_{i=1}^{n} \frac{\omega_i}{d_{is}(i-1)}} \tag{5-9}$$

式中，$d_{is}(i-1) = [(x_i - x_{s(i-1)})^2 + (y_i - y_{s(i-1)})^2]^{1/2}$。

如果该迭代过程具有收敛性，那么经过无限次的迭代之后，可以得到一个最优解 x_s^* 和 y_s^* 。但是在实际上，可以迭代的次数是有限的，所以在迭代过程中需要确定一个终止准则。设置终止准则有两个方法，其一是根据经验和以前的实验结果，直接设置一个确定的迭代次数 N；其二是分析每次得到的迭代结果 x_{s-1} 和 y_{s-1} ，当两次迭代得到的结果变化小于某一个阈值 Δx_{slimit} 、Δy_{slimit} 时，迭代过程结束，即满足式（5－10）和式（5－11）。

$$\Delta x_s = [x_{si} - x_{s(i-1)}] \leqslant \Delta x_{slimit} \tag{5-10}$$

$$\Delta y_s = [y_{si} - y_{s(i-1)}] \leqslant \Delta y_{slimit} \tag{5-11}$$

（二）离散点选址模型

离散点选址指的是在有限的候选位置里面，选取最为合适的一个或者一组位置为最优方案，相应的模型就叫作离散点选址模型。它与连续点选址模型的区别在于：它所拥有的候选方案只有有限个位置，我们考虑问题的时候，只需要对这几个有限的位置进行分析。

对于离散点选址问题，目前主要有两种模型可供选择，分别是覆盖模型和 P 中值模型。其中覆盖模型常用的有集合覆盖模型和最大覆盖模型。

1. 覆盖模型

所谓覆盖模型，就是对于需求已知的一些需求点，确定一组服务设施来满足这些需求点的需求。在这个模型中，需要确定服务设施的最小数量和合适的位置。该模型适用于商业物流系统，如零售点的选址、加油站的选址、配送中心的选址等；公用事业系统，如急救中心的选址、消防中心的选址等；计算机与通信系统，如有线电视网的基站的选址、无线通信网络基站的选址等。根据解决问题方法的不同，可以分为集合覆盖模型和最大覆盖模型。集合覆盖模型的目标是用最小数量的服务设施去覆盖所有的需求点。最大覆盖模型的目标是在给定数量的服务设施下覆盖尽可能多的需求点。

从图 5－2、图 5－3 的图解中，可以看出这两类模型的区别，即集合覆盖模型要满足所有的需求点，而最大覆盖模型则覆盖尽可能多的需求点，两种模型的应用情况取决于服务设施的资源充足与否。

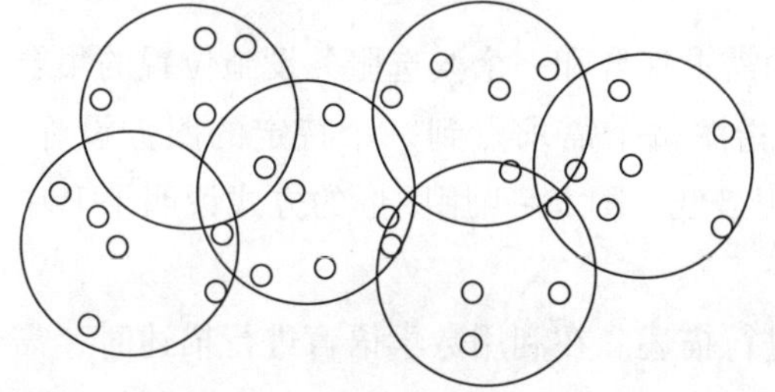

图 5－2 集合覆盖模型

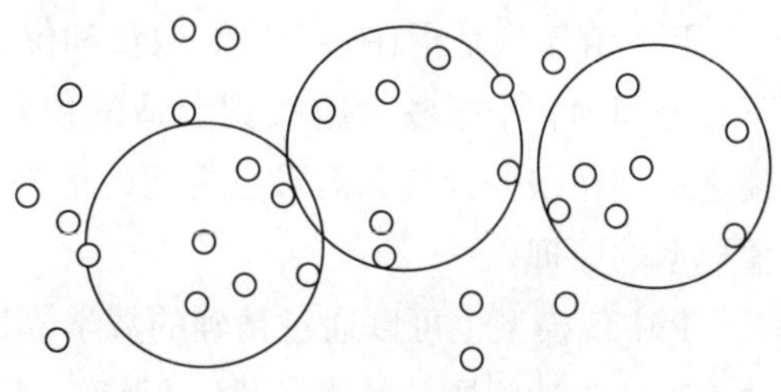

图 5－3 最大覆盖模型

下面分别对两种模型的构建和求解进行介绍。

（1）集合覆盖模型的目标是用尽可能少的服务设施去覆盖所有的需求点，相应的目标函数可以表达为：

$$\min \sum_{j \in N} x_j \tag{5-12}$$

约束条件为：

$$\sum_{j \in B(j)} y_{ij} = 1, i \in N \tag{5-13}$$

$$\sum_{j \in A(j)} d_i y_{ij} \leqslant C_j x_j, j \in N \tag{5-14}$$

$$x_j \in \{0,1\}, j \in N \tag{5-15}$$

$$y_{ij} \geqslant 0, i、j \in N \tag{5-16}$$

式中：N——$N=(1, 2, \cdots, n)$，在研究对象中的 n 个需求点；

d_i ——第 i 个需求点的需求量；

C_j ——服务设施节点 j 的容量；

$A(j)$——服务设施节点 j 所覆盖的需求点的集合；

$B(j)$——$B(j)=\{j \mid i \in A\ (j) \mid\}$ 可覆盖需求点 i 的服务设施节点 j 的集合；

x_i——$x_i = \begin{cases} 1，假设该服务设施位于节点 j； \\ 0，假设该服务设施不位于节点 j； \end{cases}$

y_{ij} ——需求点 i 的需求中被分配给服务设施节点 j 的部分。

式（5－12）为最小化服务设施的数目，式（5－13）保证每个需求点的需求得到完全满足，式（5－14）是对每个服务设施的服务能力的限制，式（5－15）保证一个地方最多只能投建一个服务设施，式（5－16）允许一个服务设施只提供部分需求。

对于像此类带有约束条件的极值问题，有两大类方法可以进行求解。一是精确计算法，利用该方法能够找到小规模问题的最优解，由于运算量方面的限制，一般也只适用小规模问题的求解。二是启发式算法，利用该方法所得到的结果不能保证是最优解，但是可以保证是可行解，可以对大型问题进行有效的分析和求解。

（2）集合覆盖模型和最大覆盖模型基本原理相似，不同之处是最大覆盖模型是在给定的服务设施数量的前提下，覆盖尽可能多的需求点。

2. P 中值模型

P 中值模型是指在一个给定数量和位置的需求集合和一个候选服务设施位置的集合下，分别为 p 个服务设施找到合适的位置并指派每个需求点到一个特定的服务设施，使之达到在服务设施和需求点之间的运输费用最低。图 5－4 用图形的方式说明了 P 中值模型的原理。

P 中值模型也可以通过精确的数学语言进行描述。在利用数学语言进行描述时，需要准确地表达问题的约束条件、目标，还有合理的变量定义。一般 P 中值问题的目标函数是：

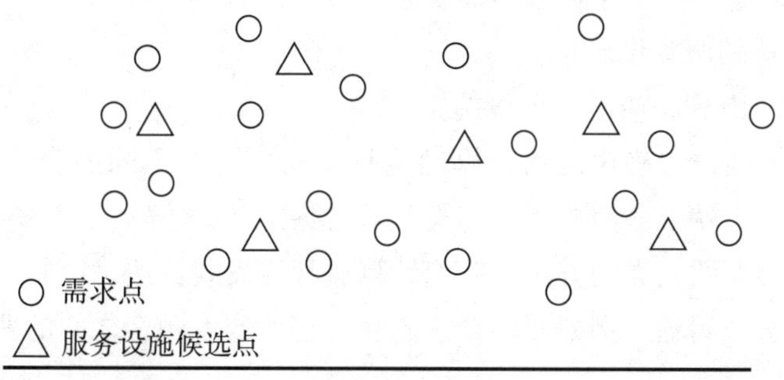

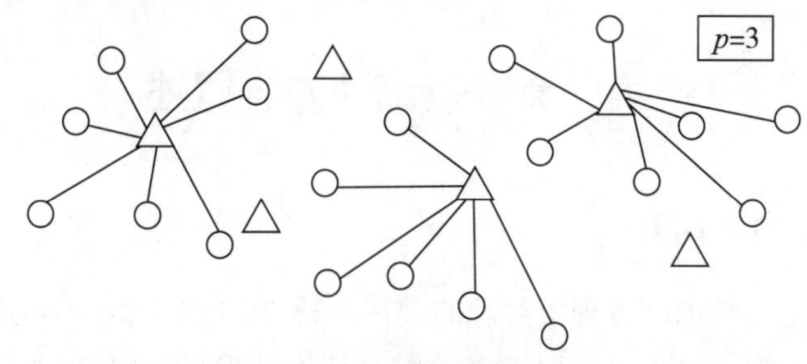

图 5－4　P 中值模型的图形表达

$$\min \sum_{i \in N} \sum_{j \in M} d_i c_{ij} y_{ij} \tag{5-17}$$

约束条件为：

$$\sum_{j \in M} y_{ij} = 1, i \in N \tag{5-18}$$

$$\sum_{j \in M} x_j = p \tag{5-19}$$

$$y_{ij} \leqslant x_j, i \in N, j \in M \tag{5-20}$$

$$x_j \in \{0,1\}, j \in M \tag{5-21}$$

$$y_{ij} \in \{0, 1\}, i \in N, j \in M \tag{5-22}$$

式中：N——N（1，2，…，n），系统中的 n 个需求点；

d_i——第 i 个需求点的需求量；

M——M =（1，2，…，m），m 个服务设施的候选地点；

c_{ij}——从需求点 i 到服务设施节点 j 的单位运输费用；

p——可以建立的服务设施总数（$p < m$）；

x_j——$x_j = \begin{cases} 1, \text{假如在} j \in M \text{建立服务设施} \\ 0, \text{其他情形} \end{cases}$

y_{ij}——$y_{ij} = \begin{cases} 1, \text{假如需求点} i \in N, \text{由服务设施节点} j \in M \text{来提供服务} \\ 0, \text{其他情形} \end{cases}$

式（5－17）是 P 中值模型的目标函数，式（5－18）保证每个需求点只有一个服务设施来提供相应的服务，式（5－19）限制了总的服务设施数目为 p 个，式（5－20）有效地保证没有服务设施的地点不会有需求点对应。从上面 P 中值模型的不同表达方式中可以看出，求解一个P中值模型需要解决以下两方面的问题。

（1）选择合适的服务设施位置。

（2）指派需求点到相应的服务设施中去。

一旦服务设施的位置确定之后，再确定每个需求点到不同的服务设施的单位运输费用，然后使其最小就十分简单了。与覆盖模型相似，求解一个P中值模型的服务设施选址问题，主要有两大类的方法：精确计算法和启发式算法。P中值模型一般适用于工厂或者仓库的选址问题，例如要求在它们和零售商或者顾客之间的费用最小。

第三节　系统动力学概述

一、系统动力学简介

系统动力学是由美国麻省理工学院的福雷斯特于20世纪50年代提出的，最早应用在工业管理中，后来，又逐步应用于城市综合研究，形成了城市动力学。最有影响的还是在20世纪70年代将系统动力学方法应用于全球人口、资源、粮食、环境等方面的发展研究中。罗马俱乐部在全世界发行的研究报告《增长的极限》中，提出了著名的世界动力学模型。20世纪70年代至80年代是系统动力学发展的鼎盛时期，应用遍及社会、经济、环境、军事等领域的许多方面，故将该研究方法统称为系统动力学（System Dynamics，SD）。

什么是系统动力学？简单地说，系统动力学是研究信息反馈系统动态行为的计算机仿真方法。它有效地把信息反馈的控制原理与因果关系的逻辑分析结合起来，面对复杂的实际问题，从研究系统的内部结构入手，建立系统的仿真模型，并对模型实施各种不同的政策方案，通过计算机仿真展示系统的宏观行为，寻求解决问题的正确途径。

系统动力学是一种研究复杂系统的方法，它针对实际系统中存在的问题，从系统的整体观出发，充分估计和研究其影响因素，不回避复杂性，特别注重研究系统内部的非线性相互作用、协同以及延迟效应等问题。

系统动力学遵循系统工程“凡系统必有结构，系统结构决定系统功能”的思想，根据系统内部组成要素互为因果的反馈特点，从系统的内部结构来寻求问题发生的根源，而不是用外部干扰或随机事件来说明系统的行为性质。例如，用系统动力学建立的美国能源模型，它是根据美国人的习惯、限制条件和决策方式来解释美国的能源问题，而不是用阿拉伯的石油禁运和气候的恶劣等外部因素来进行解释。外部干扰也可通过内部结构起重要作用，但决定因素还是内部结构。

系统动力学是面向问题的，而不是面向整个系统的，即系统动力学模型都是围绕某一个系统问题来进行。

系统动力学是一种连续系统的计算机仿真方法，因此，它也有自己的仿真语言和仿真软件。虽然它的精度不够高，但是作为一种结构化建模仿真方法，在许多社会经济管理问题中已能满足要求。虽然它不是预测方法，但是它具有一定的预测功能。

二、系统动力学的建模步骤

用系统动力学观点提出并要解决的问题有两个共同特点。第一，系统动力学问题是动态的问题，这些问题通常是用随时间连续变化的量来表示的；第二，系统动力学问题使用反馈来揭示原因和寻找解决办法。在系统动力学理论中，社会系统、经济系统、管理系统等都是反馈系统。

用系统动力学观点进行建模仿真的全过程可大致分为以下七个阶段。

（1）问题辨识与定义。在建模阶段，有三个注意点：明确建模目的；面向问题而不是系统；问题源自反馈结构。

（2）系统概念开发与结构开发。

（3）系统动力学仿真模型构造。

（4）模型行为分析。

（5）模型评价。

（6）政策分析。

（7）模型使用执行。

用系统动力学观点研究问题的过程是一个迭代进行的过程，每一步都有可能反复，但每次反复都将加深对系统和问题的理解。

三、因果反馈结构

（一）因果关系

系统是由相互联系、相互影响的元素组成的。在系统动力学中，元素之间的联系或关系可以概括为因果关系，正是这种因果关系的相互作用，最终形成系统的功能。因果关系分析是系统动力学建模的基础，也是对系统内部结构关系的一种定性描述。通常因果关系用一个箭头线表示，即 $A \rightarrow B$，变量 A 表示原因，变量 B 表示结果。箭头线表示因果链，表示 A 到 B 的作用。

一般地，当变量 A 变化时将引起变量 B 变化，假定 $\Delta A > 0$，$\Delta B > 0$，ΔA、ΔB 分别表示变量 A、变量 B 的改变量。

若满足下列条件之一，则称变量 A 到变量 B 具有正因果关系，简称正关系，用“+”标在因果链上：变量 A 加到变量 B 中；变量 A 是变量 B 的乘积因子；变量 A 变到 $A \pm \Delta A$，有变量 B 变到 $B \pm \Delta B$，即变量 A、变量 B 的变化方向相同。

若满足下列条件之一，则称变量 A 到变量 B 具有负因果关系，简称负关系，用“-”标在因果链上：变量 A 从变量 B 中减去；$1/A$ 是变量 B 的乘积因子；变量 A 变到 $A \pm \Delta A$，有变量 B 变到 $B \pm \Delta B$，即变量 A、变量 B 的变化方向相反。

这里只考虑了两两之间的因果关系，即在因果关系分析中假设其他条件不变。因此，在此假设条件下，出生使人口总数增长，即使在人口总数减少的情况下，这一因果关系也总是对的。因为出生不是影响人口总数的唯一原因，死亡也是原因之一。如果加上死亡原因，就不是其他条件不变的假设下进行因果关系分析。对于“一结果多原因”的情况，应根据上述假设，分别进行单个的因果关系分析。

（二）因果反馈回路与反馈系统

某因果关系中的结果经常是另一因果关系中的原因，若干因果链串联起来，形成一个因果序列。这在一些复杂系统中经常可以找到，特别是社会经济、生态等系统中。然而，一个指定的初始原因依次对整个因果链发生作用，直到这个初始原因变成它自身的一个间接结果，这个初始原因依次作用，最后影响自身，这种闭合的因果序列叫因果反馈回路。在这里，反馈的意义就是信息的传递与返回。一组相互联结的因果反馈回路的集合就构成了反馈系统。

了解系统动态特性的主要方法是回路分析法（因果关系和反馈思想）。因果反馈回路中的因果关系都是相互的，从整体上讲，人们无法判定任意两种因素谁是因、谁是果。社会和个人的决策过程也是这样。导致行动的决策是企图改变系统的状态；改变了的状态又产生进一步的变化，这即形成了因果反馈回路。因此，互为因果就成了因果反馈回路的基本特征。

反馈分为正反馈与负反馈，一般原则是：若因果反馈回路包含偶数个负的因果链，则其极性为正，叫正因果反馈回路；若因果反馈回路包含奇数个负的因果链，则其极性为负，叫负因果反馈回路。

（三）系统动力学流程

因果反馈回路表达了系统发生变化的原因，即反馈结构，但这种定性描述还不能确定使回路中的变量发生变化的机制。为了进一步明确表示系统各元素之间的数量关系，并建立相应的动力学模型，系统动力学通过广义的决策反馈机制来描述上述机制，如图 5－5 所示。

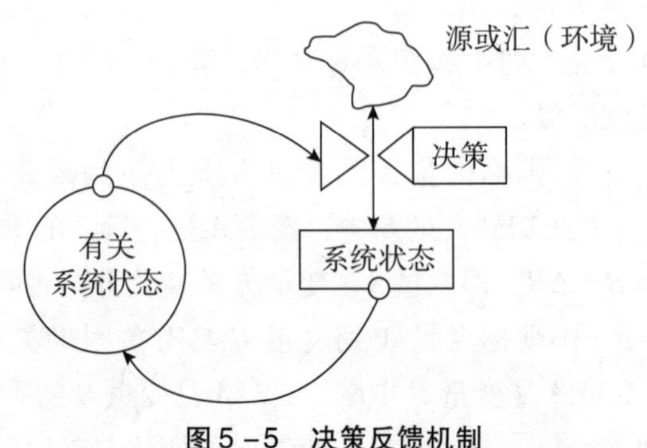

图 5－5　决策反馈机制

在决策反馈机制中，决策总是根据可收集、获得并应用的信息做出的，决策控制了行动，而行动又将影响系统状态，有关系统状态的新情况又促使决策得以修正。

任何决策反馈机制一定要包含两种基本变量，一种是状态变量（或称为流位变量），另一种是决策变量，也称变化率（或称流率变量）。这里的状态变量一般是一个积累量，如人口数量、固定资产、污染量、库存量等，它们能表征系统某种属性，表达了一种积分过程。决策变量是指状态变量变化的速度，在系统中描述物质的实际流动，如人出生与死亡、固定资产的投资形成与折旧、污染的产生与消除、货物的入库与出库等。

在系统动力学中，设状态变量 $\boldsymbol{X} = [x_1, \cdots, x_n]^{\mathrm{T}}$，变化率为 $\boldsymbol{R} = [r_1, \cdots, r_m]^{\mathrm{T}}$，依据以上分析，有：

$$\frac{\mathrm{d}\boldsymbol{X}}{\mathrm{d}r} = \boldsymbol{R}$$

或写成：

$$\boldsymbol{X}_t = \boldsymbol{X}_0 + \int_{t_0}^{t} \boldsymbol{R}\mathrm{d}t$$

又由于变化率 $\boldsymbol{R}$ 是状态变量 $\boldsymbol{X}$ 以及参数 t 的非线性函数，故上式通常不可能有解析解，可采用数值解法求解。如欧拉法，上式可写成：

$$\boldsymbol{X}(t + \Delta t) = \boldsymbol{X}(t) + \Delta t \cdot \boldsymbol{R}$$

在系统动力学的仿真中，Δt 用 DT 表示，$\boldsymbol{X}(t + \Delta t)$、$\boldsymbol{X}(t)$ 分别表示现在时刻、前一时刻状态值，即 Lever（现在）和 Lever（过去），$\boldsymbol{R}$ 为流入 $\boldsymbol{R}_{in}$、$\boldsymbol{R}_{out}$ 的净流率，有：

$$\text{Lever（现在）} = \text{Lever（过去）} + DT \times (\boldsymbol{R}_{in} - \boldsymbol{R}_{out})$$

从系统动力学的观点来看，因果反馈回路只是动态系统的结构表达，而系统中状态的改变、决策的制定却是系统变化的机制。但这一机制的正常作用却是靠两种系统流来维系的，即物质流和信息流。

物质流表示在系统中流动的实体，用实线表示。信息流表示连接状态和变化率的信息通道，是与因果关系相连的信息的传输线路，用虚线表示。

物质流是一种守恒流，信息流不是一种守恒流。从某一状态取出信息并不使该状态值发生变化，信息可以多次使用，在信息取出的地方画一个小圆圈表示信息的来源。

有了这些基本的要素，我们就可以在深入分析、研究系统变量的数量并确定关系的基础上，将因果关系图转换成流图。流图是一种更适合于系统动力学定量的由计算机仿真模型建立的图形表达。

在画流图时，有一些基本的变量与表示符号。流图不仅能表达因果关系图的全部含义，而且还能使系统的流、变量及其性质一目了然，反映出系统模型是怎样通过系统内部的各种流来沟通的，进一步把流图的关系定量化，实现系统动力学仿真。

一般地，系统动力学仿真采用连续系统计算机仿真语言 DYNAMO 进行仿真。DYNAMO 是 DYNAmic Model 的缩写，含义是将实际问题构造成具有反馈结构的动态模型，并通过计算机仿真得到该系统随时间变化的动态行为。

DYNAMO 语言一开始就与系统动力学结合在一起，最早来源是麻省理工学院 1958 年负责编制的一个工业管理问题的计算机程序，现在已发展成有多种版本的专用仿真语言。DYNAMO 也可与模型联系在一起使用，即 DYNAMO 模型，通常是指一个用 DYNAMO 语言写成的完整程序。因此，DYNAMO 可以表示三重含义：一种语言、一种软件和一段程序代码。

第四节　基于系统动力学的区域物流系统仿真

应用系统动力学的方法可以对区域物流系统进行仿真，在仿真的基础上进一步分析，并可以由此进行区域物流系统的优化。

一、区域物流系统的因果关系图

针对某区域物流系统的情况，经过系统要素分析，在深入剖析区域物流系统的基础上，我们可以得到区域物流系统的因果关系图，如图5－6所示。在图5－6中，包括以下几个基本反馈环，如图5－7所示。

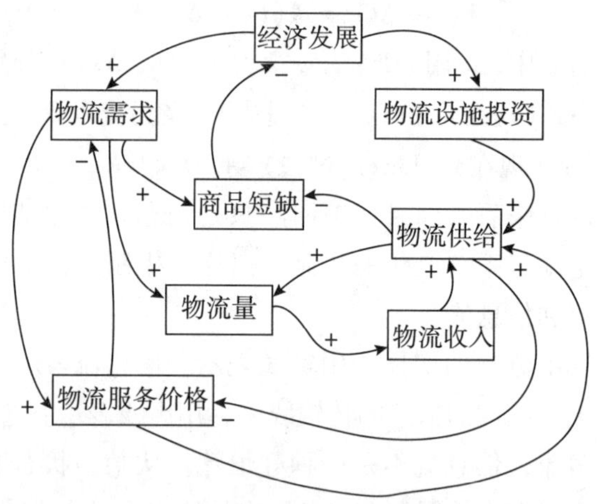

图5－6　区域物流系统的因果关系图

环（a）为负反馈环。表示经济的发展将引起物流需求的增加，物流需求的增加将导致商品短缺，从而将限制经济的进一步发展。

环（b）为正反馈环。表示经济的发展促使国家增加对物流设施的投资，从而增强物流供给的能力，改善商品短缺的状况，最终将促进经济的进一步发展。供给的增加将使区域物流系统部门完成更多的物流量，在一定条件下能够自我发展。同时，该正反馈环说明了物流设施作为基础设施和社会公益性设施，社会效益明显，因此需要政府在客观上增加物流设施投资，实行倾斜的产业政策，以增加物流供给能力。

环（c）为正反馈环。该环描述了物流产业或物流企业的自我发展机制。物流供给能力的改善，将使物流企业能够完成更多的物流量，从而使物流收入增加，使其在一定的条件下能够自我发展。

环（d）为负反馈环。该环表示物流服务价格对于物流需求的调节作用。

环（e）为负反馈环。它表示物流服务价格对于物流供给能力的调节机制。在我国目前情况下，随着物流产业市场化机制的进一步完善，这些表征市场特点的反馈机制将起着更加明显的作用。

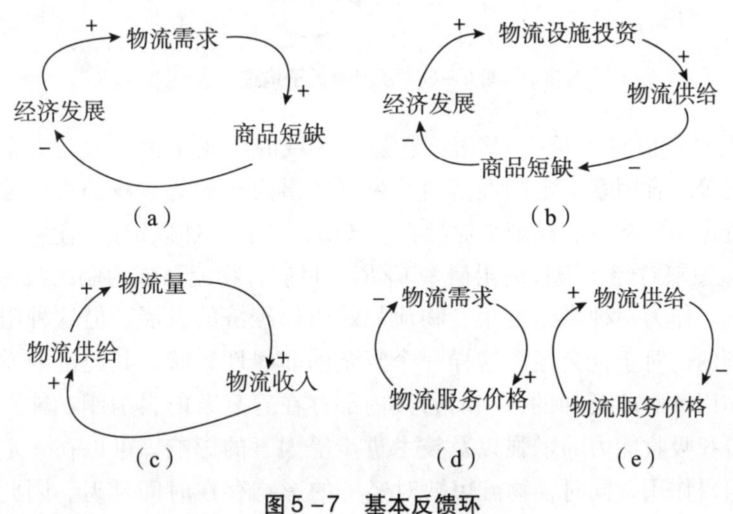

图5－7　基本反馈环

二、经济增长子构造

根据系统要素分析的结果，我们把社会总产值作为模型的积累变量（Level 变量）来衡量区域经济的发展水平。经济增长子构造如图 5－8 所示。图中：*CZL* 为社会总产值；CZR_1 为社会总产值自增长率；CZR_2 为物流短缺对经济增长的阻碍率；A_1 为社会总产值增长系数；*DQL* 为物流短缺量；*XQL* 为物流需求量；*NLL* 为物流供给量；D_1 为物流短缺对经济上限影响因子；D_2 物流短缺对经济下限影响因子；D_3 为物流短缺对经济增长的阻碍因子。其相应的构造方程为：

$$\text{L } CZL.K = CZL.J + (CZR_1.JK - CZR_2.JK)$$

$$\text{R } CZR_1.KL = CZL.K \times \text{TABLE}(A_1)$$

$$\text{R } CZR_2.KL = \text{MAX}(D_1 \times CZR_1.JK,\ \text{MIN}.K)$$

$$\text{A MIN}.K = \text{MIN}[D_2 \times CZR_1.JK,\ \text{TABLE}(D_3) \times \text{DELAY}_1(DQL.K)]$$

$$\text{A } DQL.K = XQL.K - NLL.K$$

区域经济的发展受诸多因素的影响，在区域物流系统动力学模型中，我们把影响区域经济增长的因素分为以下两部分。

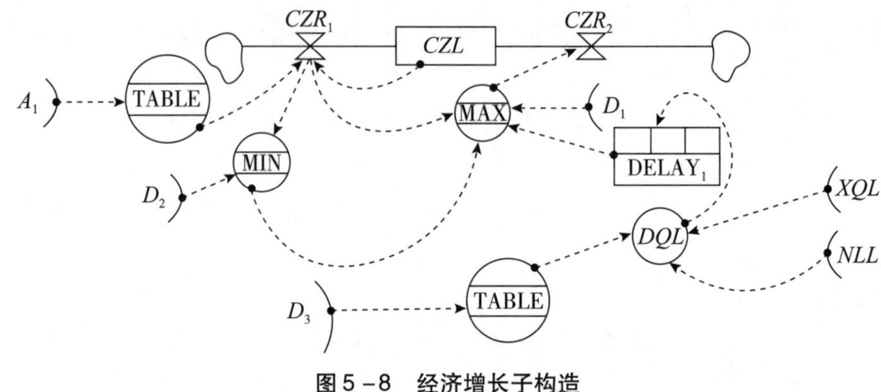

图 5-8　经济增长子构造

（1）社会总产值自增长率 CZR_1。它是由区域的产业结构、劳动力素质、地理条件、资源状况等综合因素决定的经济自我发展的潜力与趋势。我们可以通过对历史数据的分析和近远期经济发展规划来对社会总产值自增长率加以定量描述。

（2）物流短缺对经济增长的阻碍率 CZR_2。目前，物流已成为制约我国经济发展的主要因素之一。作为一种供给约束，物流短缺阻碍经济的发展，但这种阻碍作用是有一定影响范围的。对于社会经济这样一个复杂的非线性系统，其经济的发展是在诸多因素的共同作用下向前延伸的，同时，其内部存在着复杂的自组织功能，通过产业结构的调整，自我吸收能力的增强以及技术进步等因素的影响，可以在一定程度上抵消物流短缺的阻碍作用。同时，物流短缺对经济的影响存在时间延迟。因此，我们用一系列函数（MAX 最大值函数，MIN 最小值函数，DELAY 延迟函数，TABLE 表函数等）来描述这种时间延迟的影响。

三、物流需求子构造

物流需求源于社会经济活动的需要，是派生性需求。因此，在区域物流系统动力学模型中，物流需求不作为积累变量，而是作为辅助变量。物流需求子构造如图 5-9 所示。图中：XQH 为物流需求；XQK 为相关信息流、商流需求；B_1 为物流需求系数；XF 为消费水平；RK 为区域人口数量；RKR_1 为人口出生率；RKR_2 为人口死亡率；HYJ 为货运价格影响因子；B_2 为人口出生率影响因子；B_3 为人口死亡率影响因子；B_4 为社会总产值中生活消费的比例；B_5 为消费水平影响因子；B_6 为人口影响因子。

其相应的构造方程为：

$$\text{A } XQH.K = CZL.K \times \text{TABLE}(B_1) \times HYJ.K$$

$$\text{A } XF.K = B_4 \times CZL.K$$

$$\text{L } RK.K = RK.J + DT \times (RKR_1.JK - RKR_2.JK)$$

$$\text{R } RKR_1.KL = RK.K \times \text{TABLE}(B_2)$$

$$\text{R } RKR_2.KL = RK.K \times \text{TABLE}(B_3)$$

$$\text{A } XQK.K = (B_5 \times XF.K + B_6 \times RK.K) \times HYJ.K$$

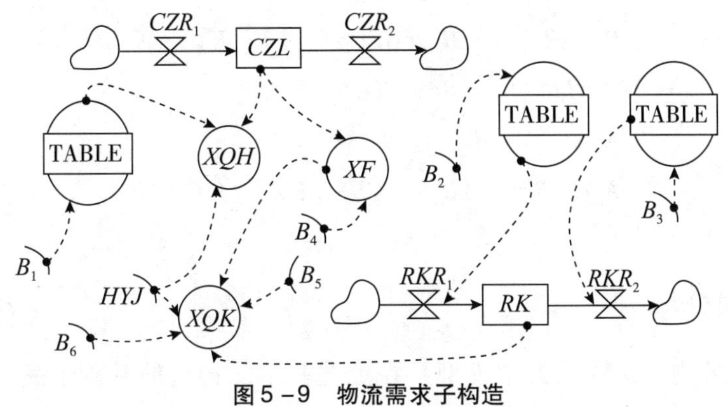

图 5－9　物流需求子构造

四、物流供给子构造

影响物流供给的主要因素有以下几种。

（1）物流效率。物流效率主要表现为社会效益，因此，作为经济发展的必要条件，政府（包括中央和地方）必须从宏观上保证对物流有一定的投入，增加物流供给。

（2）物流收入。作为一个独立的物质生产部门，物流部门必须要有自我生存与发展的能力。因此，物流企业要把物流收入的一部分转化为投资。

（3）运价政策。国家的运价政策对物流供给亦有影响。

物流供给子构造如图 5－10 所示。图中：NLL 为物流能力；NLR_1 为物流能力增长率；NLR_2 为物流设备消耗率；B_4 为能力设备转换系数；TZ 为物流投资量；TZ_1 为物流部门自我投资量；TZ_2 为社会物流部门投资量；B_1 为投资效果系数；B_2 为物流部门固定资产投资比例；B_3 为国民收入再分配中物流投资比例；$YSSR$ 为物流部门收入；YL 为物流部门完成运量；KYJ 为客运价格影响因子。

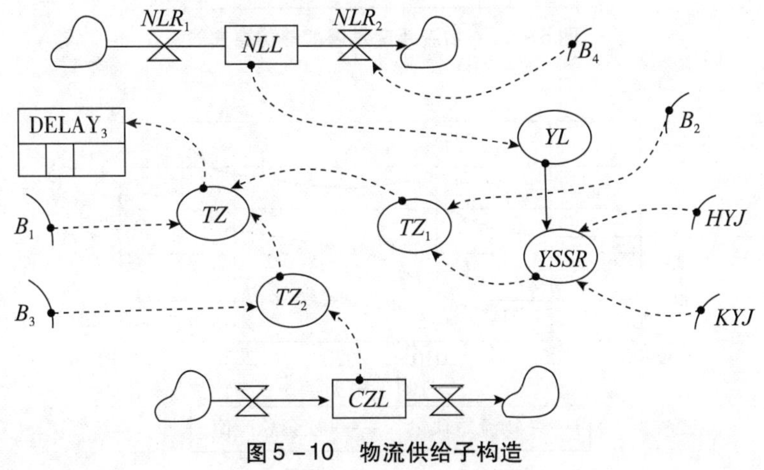

图 5－10　物流供给子构造

其相应的构造方程为：

$$L\ NLL.K = NLL.J + DT \times (NLR_1.JK - NLR_2.JK)$$

$$R\ NLR_1.KL = B_1 \times \mathrm{DELAY}_3\ (TZ.K) \times NLL.K$$

$$R\ NLR_2.KL = B_4 \times NLL.K$$

$$A\ TZ_1.K = B_2 \times YSSR.K$$

$$A\ YSSR.K = YL.K \times (HYJ.K + KYJ.K)$$

$$A\ TZ_2.K = B_3 \times CZL.K$$

五、结果分析

实际的区域物流系统动力学模型是在上述基本子构造的基础上完善而成的。以全国为一个区域（不包括台湾省）进行仿真分析，得到以下一些基本观点。

（一）不同的物流发展战略对经济的影响差别显著

我们分别对物流超前发展战略、物流同步发展战略、物流滞后发展战略进行仿真实验，得到不同的社会总产值曲线和物流短缺量曲线，如图 5 – 11、图 5 – 12、图 5 – 13 所示。

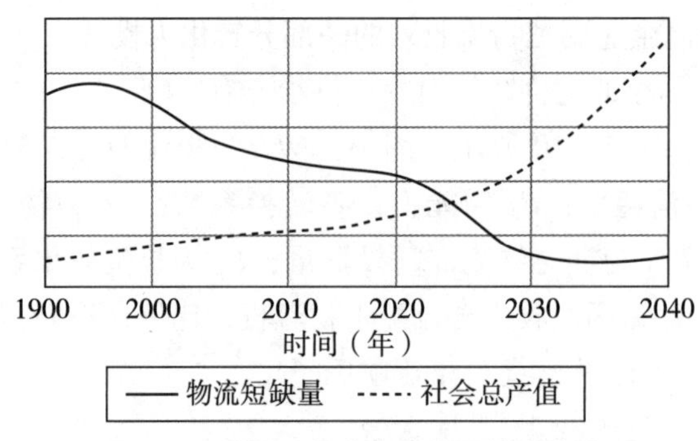

图 5 – 11　物流超前发展战略仿真曲线

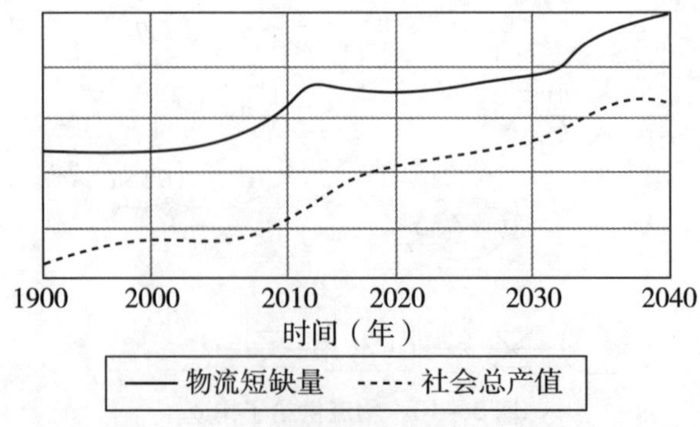

图 5 – 12　物流同步发展战略仿真曲线

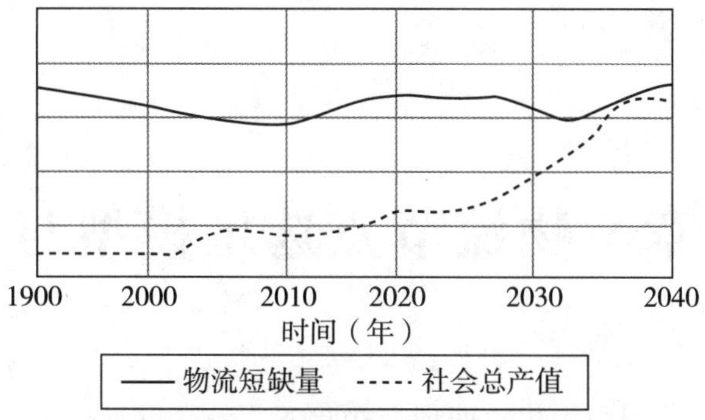

图5－13　物流滞后发展战略仿真曲线

（二）政府必须保证对物流有足够的投入

就我国目前情况而言，物流部门的自我发展能力很弱，很难适应社会需要，我们仿真实验了一种极端情况，即将政府对物流部门的投资反馈环断开，然后进行仿真，在这种情况下，物流状况逐渐恶化，物流短缺量曲线和社会总产值曲线如图5－14所示。

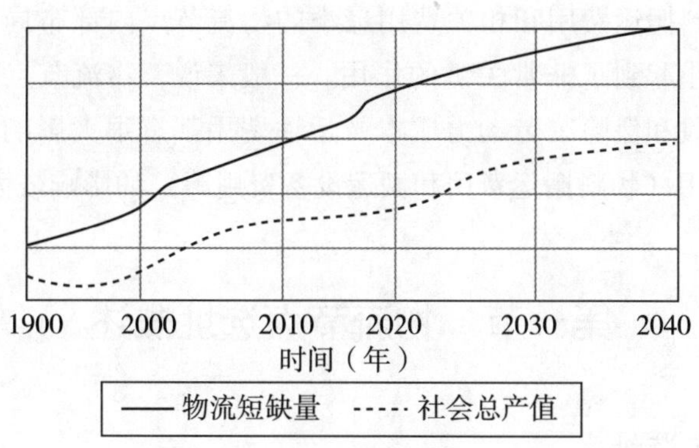

图5－14　物流自我发展仿真曲线

（三）要逐步完成物流市场

增强物流企业活力，首先要形成市场机制，即价格真正能发挥其双向调节（调节需求、调节供给）作用，否则，增强物流企业活力的政策很难达到预期的效果。

（四）要重视物流价格对物流结构的调整作用

从仿真结果来看，除了物流投资，物流价格对物流结构亦有重要的调整作用。合理的物流价格有助于合理的综合物流体系的形成。

第六章　物流节点选址模型与应用

货物在物流运作过程中主要有两种存在状态：静态和动态。货物的动态主要是借助运输工具在运输线路上流动。货物的静态主要是在物流节点停顿或静止的车辆上。由此对物流系统的分析可分为两个主要方面：静态物流系统分析和动态物流系统分析。静态物流系统分析根据货物对象的停顿位置，可分为相关子系统的分析，如货物量研究——库存控制，停顿位置研究——物流节点选址。动态物流系统分析侧重货物流通载体的研究，如运输配送问题。

物流节点规划涉及两个重要的物流决策问题：物流节点选址和物流节点内部布局。前者考虑的是根据费用或其他选择标准选择最佳设施节点地址。后者考虑的是最优安排和布局。为使材料搬运费用和相关费用最小的物流节点内部布局和物流节点选址对保证物流总费用最小起到了非常关键的作用。一般来说，物流节点选址对土地使用和建筑费用、地方税收和保险、劳动力成本及运输费用都有很大影响。物流节点内部布局对工厂内物流费用（物料搬运费用和搬运设备费用等）的影响较大。

第一节　物流节点选址概述

一、物流节点选址

（一）物流节点选址的意义

选址在整个物流系统中占有非常重要的地位。选址问题主要属于物流管理战略层的研究问题。选址决策就是确定所要分配的物流节点的数量、位置以及分配方案。这些物流节点主要指物流系统中的节点，如仓库、配送中心、零售商网点等。

就单个企业而言，物流节点的位置决定了整个物流系统的其他层次的结构；反过来，物流系统的其他层次（库存控制、物资调运、车辆调度、线路规划等）的结构规划又会影响物流节点选址决策。因此，物流节点选址与库存、运输成本存在密切联系。一个物流系统中物流节点数量增加，库存及由此引起的库存成本往往会增加，如图 6－1 所示。所以，减少物流节点数量、扩大物流节点的规模是降低库存成本的一个有效措施。

随着物流节点数量的增加，运输距离逐渐减少，运输成本逐渐降低，但是，物流节点数量增加到一定程度的时候，由于单个订单的数量过小，增加了运输次数，从而造成运输成本的增加，如图6－2所示。因此，确定物流节点的合理数量，也是选址规划的主要任务之一。物流节点的数量、分布将直接影响该物流系统的物流服务成本以及其服务范围。

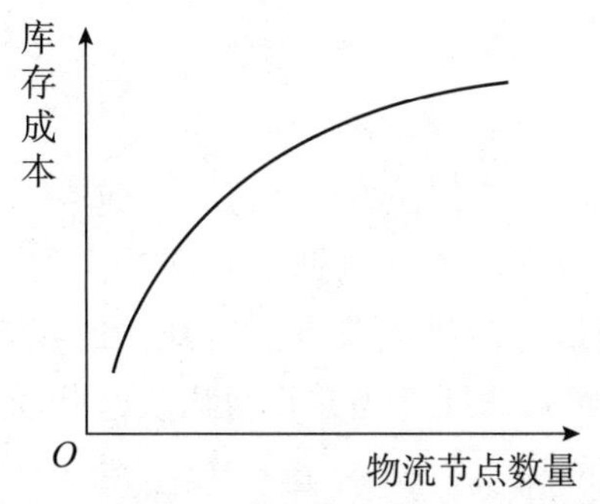

图6－1　物流节点数量与库存成本之间的关系

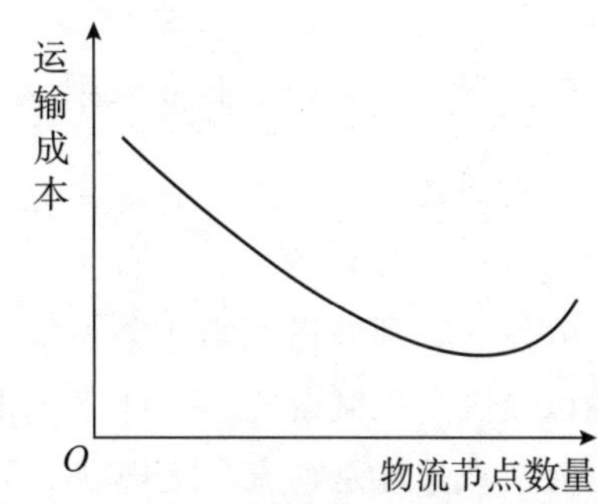

图6－2　物流节点数量与运输成本之间的关系

（二）物流节点选址的目标

1. 成本最小化

成本最小化是物流节点选址决策最常用的目标。与物流节点选址相关的成本主要有运输成本、土地成本和库存成本。运输成本取决于运输距离与运输单价。物流节点位置合理，运输距离就小。运输单价则取决于运输方式，运输方式的选择与物流节点所在地的交通运输条件及顾客所在地的交通运输条件直接相关。土地成本即取得土地使用权的费用，与物流节点选址直接相关，即使采用租赁经营的方式，土地成本也会在租金中体现。库存成本与物流节点选址直接相关。

2. 物流量最大化

物流量是反映物流节点作业能力的指标。传统的反映物流量的主要指标是吞吐量和周转量，但是这两个指标无法适应物流多物品、小批量、高频度等趋势。物流节点选址与顾客距离越远，则周转量越大，费用也越高。换句话说，以吨千米最大为决策目标，物流节点选址是与顾客距离越远越好，这显然违背我们设置物流节点的根本目的。由于目前缺乏能科学地评价物流的指标，在物流节点选址决策时物流量可作为参考目标考虑。

3. 服务最优化

与物流节点选址决策直接相关的服务指标主要有速度和准时率，一般来说，物流节点选址与顾客距离越近，则送货速度越快，订货周期越短，而订货周期越短，准时率越高。

4. 发展潜力最大化

物流节点投资大，服务时间长，因此，在选址时，不仅要考虑在现有市场条件下的成本最小化、服务最优化等目标，还要考虑物流节点未来的发展潜力，即物流节点生产扩展的可行性及顾客需求增长的潜力。

5. 综合评价目标

单纯考虑成本、物流量、服务或发展潜力可能不能满足投资决策者的需要，这时，可以采用多目标决策方法。

（三）物流节点选址的原则

物流节点选址是指在一个具有若干供应点及若干需求点的经济区域内选一个地址设置物流节点的规划过程。较佳的物流节点选址方案是使商品通过物流节点的汇集、中转、分发，直到输送到需求点的全过程的效益最好。物流节点拥有众多的建筑物、构筑物以及固定机械设备，一旦建成很难搬迁，如果选址不当，将付出长远代价。因此，物流节点选址是物流系统规划中至关重要的环节。

物流节点存在的价值在于能够通过物流节点将各种物流活动进行集约化处理，在满足降低物流成本、减少物流活动对城市影响的条件下支持企业各种物流活动。不同的物流系统对物流节点选址的要求不同，但总体来说物流节点选址应遵从以下原则。

（1）充分考虑服务对象的分布。

（2）经济发展中心地区或城市。

（3）各种交通方式重叠和交汇地区。

（4）物流资源较优地区。

（5）土地开发资源较好地区。

（6）符合区域物流特点。

（7）有利于整个物流网络的优化。

（8）有利于各类节点的合理分工、协调配合。

（9）地区管理和人才资源较好地区。

（四）物流节点选址决策的影响因素

就物流节点选址决策的影响因素而言，大致可以分为外部因素及内部因素两大类。外部因素包括宏观政治及宏观经济、基础设施及环境、竞争对手等；内部因素包括企业的发展战略，产品、技术或服务的特征等。

1. 外部因素

（1）宏观政治及宏观经济。

宏观政治主要指一个国家的政权是否稳定、法制是否健全，是否存在贸易禁运政策等，这一点是显而易见的，大多数企业都不愿意在动乱的国家或地区投资。宏观政治因素是无法量化的指标，主要依靠企业的主观评价。宏观经济因素包括税收政策、关税政策、汇率政策等，这一点与企业的选址决策直接相关，企业总是会寻求最宽松的经济环境。以 Dell 为例，1984 年，Michael Dell 在得克萨斯州的奥斯汀成立了 Dell 公司。1994 年，相邻城市 Round Rock 提供 Dell 一个一揽子的优惠税收政策，如将 Dell 所交的 2% 的销售税的 31% 返还 60 年，100% 免除 Dell 的财产税 5 年，75% 免除 5 年，50% 免除 50 年等，于是，Dell 就将总部移到了 Round Rock。同样，Dell 将工厂建在田纳西州以及将亚洲的第一个工厂建在马来西亚也是同样的原因。

关税政策引起的市场壁垒也是企业选址的一个重要因素。如果一个国家的关税较高，要么，企业放弃这个市场，要么，企业会选择在这里建厂以躲避高额关税。例如，Dell 通过在我国厦门建立工厂来扩大中国市场。Dell 在爱尔兰建立欧洲市场的第一个工厂，一是由于当地低成本、高质量的劳动力以及爱尔兰较低的企业税；二是由于爱尔兰是欧共体成员国，在爱尔兰制造的计算机产品可以直接发往欧洲市场，无须缴纳增值税；三是由于爱尔兰属于欧元区，可以通过欧元的稳定性降低欧洲市场的汇率风险。

（2）基础设施及环境。

基础设施包括交通设施、通信设施等，环境包括自然环境及社会环境等。现代企业中，物流成本往往要超过制造成本，而一个良好的基础设施对于降低物流成本是十分关键的，所以，基础设施在物流节点选址决策中占有重要地位。由于信息流的通畅、快捷对于降低需求的扭曲、降低库存成本有重要影响，所以，通信设施的质量对于物流节点选址决策也是一个重要因素。劳动力成本是物流节点选址决策的一个关键因素，越来越多的国际企业选择在亚洲建立自己的制造工厂，就是由于当地低价的劳动力。除去劳动力成本，劳动力的素质也同样重要。Dell 在爱尔兰的工厂建立在 Limerick，最初是看重当地较低的劳动力成本，但是，随着其他供应商的进入，劳动力成本越来越高，由于当地的劳动力素质比较高，Dell 没有选择离开。

（3）竞争对手。

所谓“知己知彼，百战不殆”，在物流节点选址决策中必须考虑竞争对手的布局情况，根据物流节点提供的物流服务的特征，来决定是靠近竞争对手还是远离竞争对手。

2. 内部因素

内部因素往往是最主要的。物流节点选址决策首先要与企业的发展战略相适应。例如，制造企业如果选择生产劳动密集型产品，则必然要选择生产成本低的地区；而选择生产高技术类型的产品，则必须选择劳动力素质高的地区，而这些地方往往劳动力成本较高。对于服务企业来说，如果选择在连锁便利店经营，则必须选择人口密集区域；而选择在超市经营，则要选择人口不是非常密集的区域。

（五）物流节点选址的步骤

在进行物流节点选址时，可以按照图 6－3 中所示的步骤进行。

1. 约束条件分析

约束条件是指系统或系统环境中那些由于种种原因而不能改变的因素。在某种意

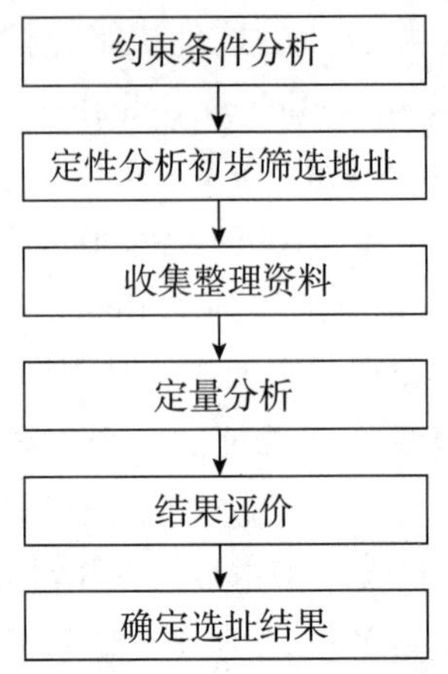

图6－3　物流节点选址的步骤

义上讲，每一个约束条件都能使初步筛选地址情形得以简化，因为它减少了需要进行分析的可供选择方案的数目。例如，资金的约束可以使我们把选址的注意力放在收集整理特定区块的资料，而不必考虑所有区块。物流节点选址决策常见定量分析约束条件有资金、交通运输条件、能源条件、政府对土地用途的规划、经济政策和竞争对手。资金：资金约束将会影响区块决策，因为不同位置的土地价格差异非常大。交通运输条件：由于只能选择能够到达用户的运输方式，所以，必须在相应的范围内进行选址，如对多数用户而言，公路运输是唯一能到达用户的运输方式，则物流节点的位置必须在公路交通枢纽或干线附近。能源条件：水、电等能源是物流节点赖以生产的基础，选址时能源条件将限制物流节点的选址范围。政府对土地用途的规划：地方政府对使用不同区块的土地有各种不同的限制，物流节点只允许建在政府指定的区域范围内。经济政策：税收、关税等与企业的选址决策直接相关，企业总是会寻求较宽松的经济环境，如企业往往希望将物流节点建在政府规划的物流园区内，以享受特定的待遇。竞争对手：竞争对手的分布将影响物流节点选址，企业将根据自身的产品或服务特征，决定是靠近竞争对手或是远离竞争对手。此外，一些特殊商品的物流节点选址还受温度、湿度等自然因素的约束。

2. 定性分析初步筛选地址

在对上述约束条件进行充分分析后，就可以初步确定选址范围，即确定初始候选地点。

3. 收集整理资料

确定物流节点位置需要对影响其位置选择的相关因素进行定量分析和定性分析，为此，在确定物流节点位置前需要收集整理大量的相关数据、资料，以作为选址的依据。需要收集整理的相关数据、资料包括客户分布情况，客户生产经营状况，产品特征，物流量，交通状况，运输率，运输批量、频率，土地价格，物流节点的建设成本，客户对运输的时效性要求等。

4. 定量分析

选址方法的研究已经成为一个受人关注的研究领域。随着应用数学和计算机的普及，数学方法广泛地用于解决选址问题。在进行物流节点选址时，需要根据对现有条件的掌握情况、选址要求等，针对不同情况选用一种或多种具体模型进行定量分析。

5. 结果评价

结合市场适应性、购置土地条件、服务质量等对计算所得结果进行评价，看其是否具有现实意义及可行性。

6. 确定选址结果

以定量分析结果为基础，通过定性分析求出合理的解，但是所得解不只是符合条件的满意解。

二、物流节点选址的主要问题与方法

（一）物流节点选址问题的分类

物流节点选址是指用数学方法或仿真模拟方法确定物流系统中节点的数量、位置和规模，其目标是通过合理规划物流节点的结构和布局，使物流成本达到最小。在建立选址模型之前，首先确定以下几个问题。

选址的对象是什么？

选址的目标区是怎样的？

选址目标和成本函数是什么？

有什么样的一些约束？

根据以上问题，选址模型可以分为相应的类型，针对不同类型的选址模型，可建立不同的数学模型，进而选择相应的算法进行求解。这样，就可以得到该选址问题的方案。

一般地，可将物流节点选址问题按下面几种方法分类。

1. 按设施对象划分

不同的设施其功能不同，选址时所考虑的因素也不相同；在决定设施定位的因素中，通常某一个因素会比其他因素更重要。在工厂和仓库选址中，最重要的因素通常是经济因素。服务设施（零售网点）选址时，到达的容易程度则是首要的考虑因素。在地址带来的收入起决定性作用的选址问题中，利用地址带来的收入减去场地成本就得到该地址的盈利能力。

2. 按设施的维数划分

根据被定位设施的维数，可以将物流节点选址问题分为体选址、面选址以及线选址。体选址是用来定位三维物体的，例如卡车和飞机的装卸或箱子外货盘负载的堆垛。面选址是用来定位二维物体的，例如一个制造企业的部门布置。线选址是用来定位一维物体的，例如在配送中心的分拣区域，分拣工人向传送带按照订单拣选所需要的货品。

更高维度的物流节点选址问题也是存在的，但是相当少。如果问题的约束条件或者参数随时间改变，那么这个选址问题就成为带有“时间维”的四维选址问题。这种问题通常也叫“动态选址问题”。其他的选址特性可以在建筑过程中转化为约束，例如，一架飞机上的负载不仅对货物的尺寸有要求，而且货物的重量需要沿着机身平衡分布，并与机身正交。

3. 按设施的数量划分

根据设施的数量，可以将物流节点选址问题分为单一设施选址和多设施选址。单一设施选址与多设施选址是截然不同的。单一设施选址无须考虑竞争力、设施之间需求的分配、集中库存的效果、设施成本与数量之间的关系等，而运输成本是要考虑的首要因素。

4. 按选址目标区域的特征划分

按照选址目标区域的特征，可以将物流节点选址问题分为连续选址、网格选址及离散选址三大类。

连续选址是指在一个连续空间内所有点都是可选方案，需要从无限的点中选择一个最优的点。选址模型是连续的，而且通常也可以被相当有效地分析。这种方法称为连续选址法，常用于解决设施的初步定位问题。

网格选址的待选区域是一个平面，并被细分成许多相等面积（通常是正方形）的区域。候选地址的数量是有限的，但是也相当大。这种方法称为网格选址法，典型的应用是解决仓库中不同货物的存储位置的分配问题。例如将 100000 种货物分配到 200000 个可能位置上，如果使用网格选址法，将产生 20000000000 个二进制分配变量，这么多的变量是不可能得到可行的表述和合理的解决方案的。

离散选址的目标选址区域是一个离散的候选位置的集合。候选位置的数量通常是有限的，且很少，可能事先已经过了合理分析和筛选。这种模型是较切合实际的，称为离散选址法，常用于解决设施的详细选址设计问题。

5. 按目标函数划分

按照目标函数的不同，可以将物流节点选址问题分为以下几种。

（1）可行点问题/最优点问题。对于许多选址问题来说，首要的目标是得到一个可行方案，即一个满足所有约束的解决方案。可行方案得到以后，第二步的目标是找到一个更好的解决方案。

（2）中点问题。在区域中选择若干个设施位置，使得客户到最近设施的距离（或成本）的“合计”最小。这种目标通常在企业问题中应用，所以也称为“经济效益性”。在中点问题中，选择设施的数量往往预先确定，当选择设施的数量为 P 时，称为 P 中点问题。

（3）中心问题。根据使客户到最近设施的距离（或成本）的“合计”最小的原则，在区域中选择设施的最优位置的问题称为中心问题。由于中心问题的目标函数可以表示为 $\min_{x}\{\max_{j} D(x)\}$，因此，中心问题也称为 min－max 问题。其中，x 为新的待定设施的位置，j 为客户编号，$D(x)$ 为新设施在 x 位置时到客户 j 的距离。

（4）单纯选址问题/选址分配问题。如果新设施和已存在设施间的关系与新设施的位置无关，而是固定的，则选址问题称为单纯选址问题，也称为有固定权重的选址问题。如果这种权重与新设施的位置相关，那么，这些权重本身就成为变量，这种问题被称作选址分配问题。例如，配送中心的客户分配问题，添加一个新的配送中心不仅改变了原配送中心分配的客户的数量，同时也改变了客户与配送中心之间的距离。

6. 按约束种类划分

根据约束种类的不同，可以将物流节点选址问题分为有能力约束的选址问题和无能力约束的选址问题。如果新设施的能力没有限制，那么选址问题就是无能力约束的选址问题；反之，若各设施具有所能够满足需求的上限，就是有能力约束的选址问题。无能力约束的选址问题往往被称为“单纯设施配置问题”。

（二）物流节点选址的常用方法

物流节点选址的方法大体上有以下几类。

1. 专家选择法

专家选择法是以专家为索取信息的对象，运用专家的知识和经验，考虑选址对象的社会环境和客观背景，直观地对选址对象进行综合分析研究，寻求其特性和发展规律，并进行选择的一类选址方法。专家选择法中最常用的有因素评分法和德尔菲法两种。

2. 解析法

解析法是通过数学模型进行物流节点选址的方法。采用这种方法首先根据问题的特征、已知条件以及内在的联系建立数学模型或者图论模型，然后对模型求解，获得最佳布局方案。采用这种方法的优点是能够得到较为精确的最优解，缺点是对一些复杂问题建立恰当的模型比较困难，因而在实际应用中受到很大的限制。解析法中最常用的有重心法和线性规划法两种。

3. 仿真法

仿真法是将实际问题用数学方法和逻辑关系表示出来，然后通过仿真及逻辑推理确定最佳布局方案。这种方法的优点是比较简单，缺点是选用这种方法进行选址，分析者必须提供预定的各种网点组合方案以供分析评价，从中找出最佳组合。因此，决策的效果依赖于分析者预定的组合方案是否接近最佳方案。

该法是针对模型的求解而言的，是一种逐次逼近的方法。该方法的优点是模型简单，需要进行方案组合的个数少，因而，容易寻求最佳的答案，缺点是这种方法得出的答案很难保证是最优化的，一般情况下只能得到满意的近似解。

上述方法体现现实情况的程度、计算的速度和难度、得出最优解的能力各不相同。显然，没有任何模型具有某一选址问题所需求的所有特点，也不可能由模型的解直接导出最终决策。因此，我们只能希望这些模型可以提供指导性解决方案。有效利用这些模型不仅需要我们充分认识其优势，还需要了解其缺陷。

值得注意的是，任何模型在实际应用中都表现出一定的缺陷，但这并不意味着模型没有使用价值。重要的是选址模型的结果对实际问题的敏感程度。如果简化假设条件，对选址的建议影响很小或根本没有影响，那么可以证明简单的模型比复杂模型更有效。

第二节　常用物流节点选址模型和方法

一、连续点选址模型

（一）交叉中值模型

交叉中值模型是利用选址距离进行计算。通过交叉中值法可以对单一的选址问题在一个平面上的加权的选址距离进行最小化。其相应的目标函数为：

$$\min Z = \sum_{i=1}^{n} w_i \{ |x_i - x_s| + |y_i - y_s| \} \tag{6-1}$$

式中：w_i ——与第 i 个需求点对应的权重；

(x_i, y_i) ——第 i 个需求点的坐标；

(x_s, y_s) ——服务设施点的坐标；

n——需求点的总数目。

需要注意的是，这个目标函数可以用两个互不相干的部分来表达。

$$\min Z = \sum_{i=1}^{n} w_i |x_i - x_s| + \sum_{i=1}^{n} w_i |y_i - y_s| \tag{6-2}$$

例 6-1　一个报刊公司想在某地区开设一个新的报刊亭，主要的服务对象是附近的 5 个住宿小区的居民。图 6-4 笛卡儿坐标系中确切地表达了这些需求点的位置，表 6-1 是各个需求点对应的权重。这里，权重代表每个月潜在的顾客需求总量，基本可以用每个小区中的总的居民数量来近似。经理希望通过这些信息来确定一个合适的报刊亭的位置，要求每个月顾客到报刊亭所行走的距离总和最小。

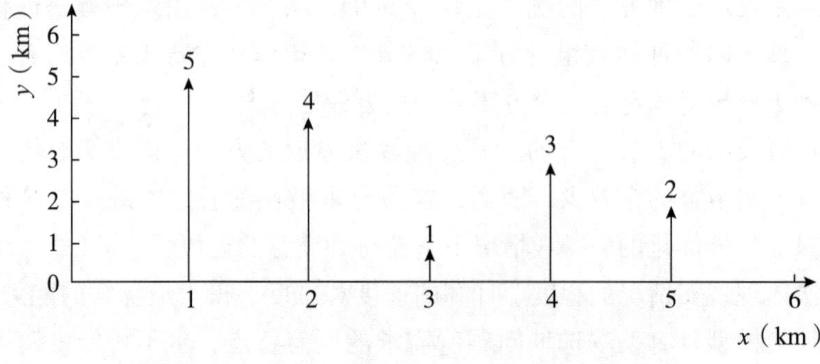

图 6-4　报刊亭选址问题需求点分布图

表 6 – 1　　需求点对应的权重

需求点	x 坐标	y 坐标	权重
1	3	1	1
2	5	2	7
3	4	3	3
4	2	4	3
5	1	5	6

首先，需要确定中值：

$$\overline{W} = \frac{1}{2}\sum_{i=1}^{n} w_i \tag{6-3}$$

从表 6 – 1 中，我们可以得到中值 $\overline{W} = (3+7+1+3+6)/2 = 10$。

为了找到 x 方向上的中值点 x_s，从左到右将所有的 w_i 加起来，按照升序排列到中值点，如表 6 – 2 所示。然后重新再由右到左将所有的 w_i 加起来，按照升序排列到中值点。可以看到，从左边开始到需求点 1 刚好达到中值点，而从右边开始则是到需求点 3 达到中值点。回到图 6 – 4，发现在需求点 1 和需求点 3 之间 1km 的范围内对于 x 方向都是一样的，也就是说：$x_s = 3\text{km} \sim 4\text{km}$。

接着寻找 y 方向上的中值点 y_s。从上到下，逐个叠加各个需求点的权重 w_i 。在考虑需求点 5、需求点 4 时，其权重和为 9，仍没有达到中值点 10，但是加上需求点 3 的权重后，权重和达到 12，超过中值点 10，如表 6 – 3 所示。所以从上到下的方向考虑，报刊亭应该设置在需求点 3 或需求点 3 以上的位置。然后从下往上，在需求点 1 和需求点 2 之后，权重和达到 8，仍没有达到中值点 10，当加上需求点 3 的权重后，权重和达到 11。这说明，报刊亭应该在需求点 3 或者它下面的位置。结合两个方面的限制和图 6 – 5 的相对位置，在 y 方向，只能选择一个有效的中值点，即 $y_s = 3\text{km}$。

表 6 – 2　　x 轴方向的中值计算

需求点	沿 x 轴位置	$\sum w_i$
从左到右		
5	1	6 = 6
4	2	6 + 3 = 9
1	3	6 + 3 + 1 = 10
3	4	
2	5	

续表

需求点	沿 x 轴位置	$\sum w_i$
	从右到左	
2	5	7 = 7
3	4	7 + 3 = 10
1	3	
4	2	
5	1	

表 6-3　　　　y 轴方向的中值计算

需求点	沿 y 轴位置	$\sum w_i$
	从上到下	
5	5	6 = 6
4	4	6 + 3 = 9
3	3	6 + 3 + 3 = 12
2	2	
1	1	
	从下到上	
1	1	1 = 1
2	2	1 + 7 = 8
3	3	1 + 7 + 3 = 11
4	4	
5	5	

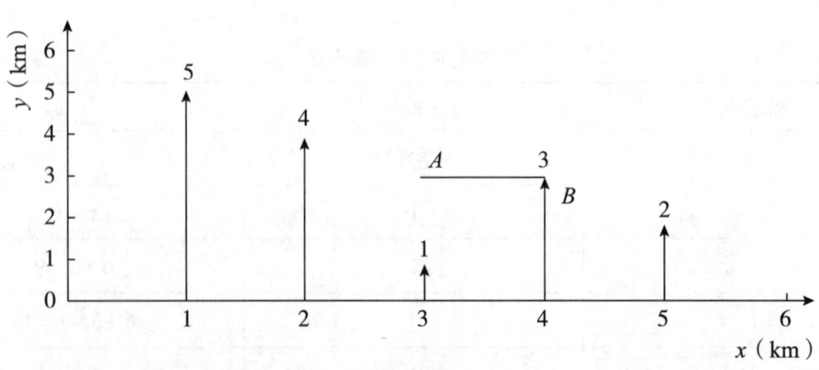

图 6-5　可能的方案

综合考虑 x、y 方向的影响，最后可能的位置为 A、B 间线段上的任意一点（见

图6－5）。表6－4为位置A、B之间的加权距离比较。从比较的结果可以看到，它们直接的加权距离是完全相等的，即可根据实际情况，选择A、B间线段上的任意一点。就像本例中说明的，如果在方向上也有一个范围，那么整个可能的选择范围就是一个区域；如果在x方向也是一个点，那么可选的地点就只有一个点了。

表6－4　位置A、B之间的加权距离比较

位置A（3，3）				位置B（4，3）			
需求点	距离	权重	总和	需求点	距离	权重	总和
1	2	1	2	1	3	1	3
2	3	7	21	2	2	7	14
3	1	3	3	3	0	3	0
4	2	3	6	4	3	3	9
5	4	6	24	5	5	6	30
			56				56

（二）重心法和微分法

1. 重心法

重心法是一种模拟方法。这种方法将物流系统中的需求点和资源点看成是分布在某一平面范围内的物体系统，各点的需求量和资源量分别看成是物体的重量，物体系统的重心作为物流节点的最佳设置点，利用求物体系统重心的方法来确定物流节点的位置。

现仅讨论用重心法在计划区域内设置一个物流节点的简单情况。

在某计划区域内，有n个资源点和n个需求点，各点的资源量或需求量为ω_j（$j=1, 2, \cdots, n$），它们各自的坐标是（x_j, y_j）。需设置一个物流节点，设物流节点的坐标为（x，y），物流节点至资源点或需求点的运费率为C_j。

根据求平面中物体系统重心的方法有：

$$\begin{cases} x \cdot \sum_{j=1}^{n} C_j\omega_j = \sum_{j=1}^{n} C_j\omega_j x_j \\ y \cdot \sum_{j=1}^{n} C_j\omega_j = \sum_{j=1}^{n} C_j\omega_j y_j \end{cases}$$

整理后得：

$$\begin{cases} x = \sum_{j=1}^{n} C_j\omega_j x_j / \sum_{j=1}^{n} C_j\omega_j \\ y = \sum_{j=1}^{n} C_j\omega_j y_j / \sum_{j=1}^{n} C_j\omega_j \end{cases} \tag{6-4}$$

代入数字，实际求得（x，y）的值即为所求物流节点的位置坐标，记为$(\bar{x}, \bar{y})$。

重心法的最大特点是计算方法简单，但这种方法并不能求出精确的最佳物流节点位置（当然这种精确位置有时可能是没有实用价值的），因为这种方法将纵向和横向的距离视为互相独立的量，与实际是不相符的，往往其结果在现实环境中不能实现，因此只能作为一种参考结果。

例 6－2 某超市要在某地建立一所地区级中央配送中心，要求该配送中心能够覆盖该地区五个连锁分店，各分店的坐标及月销售量如表 6－5 所示，要求求出一个理论上的配送中心的位置。

表 6－5　各分店的坐标及月销售量

分店	坐标	月销售量（标准箱）
连锁一分店	（325，75）	1500
连锁二分店	（400，150）	250
连锁三分店	（450，350）	450
连锁四分店	（350，400）	350
连锁五分店	（25，450）	450

重心法首先要在坐标系中标出各分店的地理位置（见图 6－6），目的在于确定各分店之间的相对距离。为了方便，我们也将各分店的月销售量（物流运作量）标注在点的旁边。坐标系可以随便建立，但必须反映各分店的相对距离。在国际选址中，经常采用经度和纬度建立坐标系。

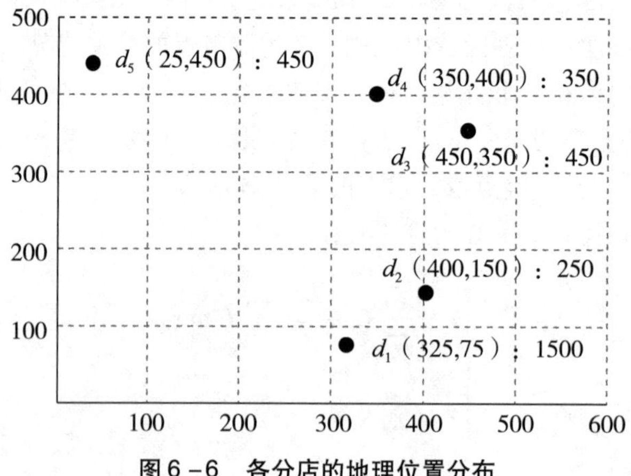

图 6－6　各分店的地理位置分布

根据图 6－6 中的数据，利用重心坐标的计算公式，可得重心的 x 坐标和 y 坐标，即：

$$\begin{cases} x = \dfrac{(325\times1500)+(400\times250)+(450\times450)+(350\times350)+(25\times450)}{1500+250+450+350+450} \approx 307.9 \\ y = \dfrac{(75\times1500)+(150\times250)+(350\times450)+(400\times350)+(450\times450)}{1500+250+450+350+450} \approx 216.7 \end{cases}$$

故所求配送中心在原坐标系中的位置坐标为（307.9，216.7）。

2. 微分法

微分法是要利用重心法的结果作为初始解，并通过迭代获得精确解。

仍以重心法讨论的物流系统为例，设总运输费用为 F，则：

$$F = \sum_{j=1}^{n} C_j\omega_j[(x - x_j)^2 + (y - y_j)^2]^{1/2}$$

使总运输费用 F 最小的物流节点位置，其坐标（x，y）必须满足：

$$\begin{cases} \dfrac{\partial F}{\partial x} = \sum\limits_{j=1}^{n} C_j\omega_j(x - x_j)/[(x - x_j)^2 + (y - y_j)^2]^{1/2} \\ \dfrac{\partial F}{\partial y} = \sum\limits_{j=1}^{n} C_j\omega_j(y - y_j)/[(x - x_j)^2 + (y - y_j)^2]^{1/2} \end{cases} \tag{6-5}$$

式（6－5）为一元节点选址的微分方程，由式（6－4）得：

$$\begin{cases} x = \dfrac{\sum\limits_{j=1}^{n} {}_j\omega_j x_j/[(x - x_j)^2 + (y - y_j)^2]^{1/2}}{\sum\limits_{j=1}^{n} C_j\omega_j/[(x - x_j)^2 + (y - y_j)^2]^{1/2}} \\ y = \dfrac{\sum\limits_{j=1}^{n} C_j\omega_j y_j/[(x - x_j)^2 + (y - y_j)^2]^{1/2}}{\sum\limits_{j=1}^{n} C_j\omega_j/[(x - x_j)^2 + (y - y_j)^2]^{1/2}} \end{cases} \tag{6-6}$$

式（6－6）右边仍含有未知数 x、y，此时最佳物流节点位置坐标还不能解出，如果要将式中右边的 x、y 完全消除，计算起来是相当复杂的，为此，下面采用一种简便的迭代法求解。

迭代法求解必须事先给出一个初始解，通常的方法是由重心法求得物流系统的重心坐标，以重心坐标作为初始解。重心坐标可由式（6－4）求得。记重心坐标为（x^0，y^0），将（x^0，y^0）代入式（6－6）导出的迭代公式为：

$$\begin{cases} x^{k+1} = \dfrac{\sum\limits_{j=1}^{n} C_j\omega_j x_j/[(x^k - x_j)^2 + (y^k - y_j)^2]^{1/2}}{\sum\limits_{j=1}^{n} C_j\omega_j/[(x^k - x_j)^2 + (y^k - y_j)^2]^{1/2}} \\ y^{k+1} = \dfrac{\sum\limits_{j=1}^{n} C_j\omega_j y_j/[(x^k - x_j)^2 + (y^k - y_j)^2]^{1/2}}{\sum\limits_{j=1}^{n} C_j\omega_j/[(x^k - x_j)^2 + (y^k - y_j)^2]^{1/2}} \end{cases} \tag{6-7}$$

求得（x^1，y^1）后，再将（x^1，y^1）代入式（6－7），反复进行，直至两次迭代结果相同为止。这时即获得物流节点最佳位置坐标（$\overline{x}$，$\overline{y}$），但在实际运用中还只是一个参考值。

例6－3 某计划区域内资源点与需求点的分布情况如图6－7所示。各点资源量、需求量和运费率如表6－6所示。需在该计划区域内设置一个物流节点D，只考虑运输费用，求物流节点D的最佳位置。

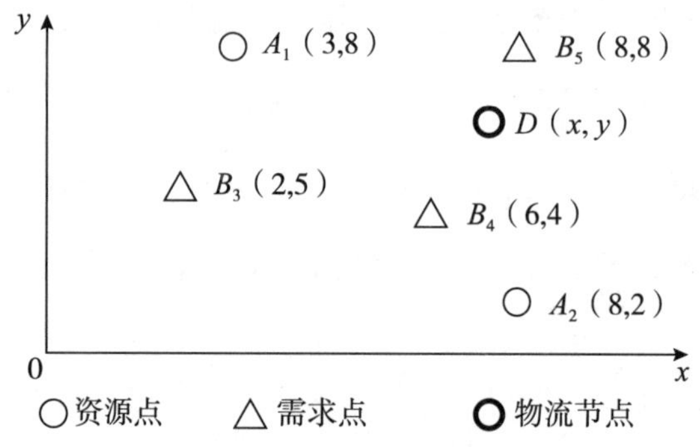

图6－7 某计划区域内资源点与需求点的分布情况

表6－6 各点资源量、需求量和运费率

	资源量或需求量（件）	至物流节点的运费率
A_1	2000	0.5
A_2	3000	0.5
B_3	2500	0.75
B_4	1000	0.75
B_5	1500	0.75

先由式（6－4）求得重心坐标(x^0, y^0)。

$$x^0 = \frac{2000 \times 0.5 \times 3 + 3000 \times 0.5 \times 8 + 2500 \times 0.75 \times 2 + 1000 \times 0.75 \times 6 + 1500 \times 0.75 \times 8}{2000 \times 0.5 + 3000 \times 0.5 + 2500 \times 0.75 + 1000 \times 0.75 + 1500 \times 0.75} = 5.16$$

$$y^0 = \frac{2000 \times 0.5 \times 8 + 3000 \times 0.5 \times 2 + 2500 \times 0.75 \times 5 + 1000 \times 0.75 \times 4 + 1500 \times 0.75 \times 8}{2000 \times 0.5 + \times 3000 \times 0.5 + 2500 \times 0.75 + 1000 \times 0.75 + 1500 \times 0.75} = 5.18$$

将(x^0, y^0)代入式（6－7）得$x^1 = 5.04, y^1 = 5.06$。

再将(x^1, y^1)代入式（6－7）得x^2和y^2。如此反复进行，各次迭代结果如表6－7所示。

表6－7 迭代结果

迭代次数k	x^k	y^k	总运费（元）
0	5.16	5.18	215000
1	5.04	5.06	214310

续表

迭代次数 k	x^k	y^k	总运费（元）
2	4.99	5.03	214270
3	4.97	5.03	214260
4	4.95	5.04	214250
…	…	…	…
29	4.91	5.06	214250
30	4.91	5.06	214250

求得物流节点最佳位置坐标为 $\overline{x} = 4.91, \overline{y} = 5.06$，即 $D(\overline{x}, \overline{y}) = D(4.91, 5.06)$，最低运输费用为 214250 元。

由于微分法是利用重心法求得的结果作为初始解，所以有时也称作精确重心法。

利用微分法虽能求得精确最优解，但该精确最优解在现实生活中往往是难以实现的，由于其他因素的影响，决策者在考虑这些因素后有时不得不放弃这一精确最优解所在的位置，而去选择现实中可行的满意方案。另外，我们还应看到，这种方法迭代次数较多，计算工作量比较大，计算成本也较高。

微分模型是一种连续点选址模型，上述微分法的缺点也是连续点选址模型的缺点。连续点选址模型的更大弊病还在于，模型中将运输距离用坐标来表示，把运输费用看成是两点间直线距离的函数，这与实际情况是不相符的，因而计算出的结果可靠性较差。

（三）非线性规划模型

已有若干现成的设施，现欲建立一服务设施，如何选择建设地址，使付出的代价最小。例如一个居民区，把学校、商店选在什么位置使群众最方便；一个林区木材加工厂设在什么位置才能使各省林业局所提供的木材运费最低等都是最优选址问题，它们可用无约束的非线性规划模型来解决。如果学校不能建在繁华的闹市区或主要街道旁，木材加工厂不能建在生产易燃、易爆产品的工厂附近，这就构成了对问题的某种限制，这类问题可用有约束的非线性规划模型来解决。

某公司准备建立流通加工型配送中心，向各客户供应商品，现需确定配送中心建在什么位置，才能使配送中心向各客户供应商品的费用最低。

设配送中心向第 i 个客户供应商品的供应量为 ω_i，单位商品的运费为 β（元/吨·千米）。采用笛卡儿坐标系，设配送中心位置的坐标为 $P(x, y)$，各客户位置的坐标为 $P_i(x_i, y_i)$，如图 6－8 所示。则第 i 个客户与配送中心的距离可由解析几何的两点间距离公式求得：

$$d_i = \sqrt{(x - x_i)^2 + (y - y_i)^2}$$

配送中心向第 i 个客户供应商品的运费为：$c_i = \omega_i \cdot d_i \cdot \beta$。配送中心向各客户供应

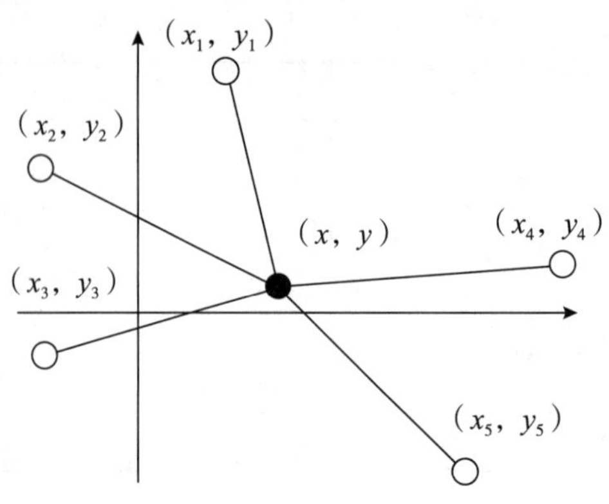

图6-8　客户分布图（1）

商品的总运费为：$C = \sum_{i=1}^{n} c_i = \beta \sum_{i=1}^{n} \omega_i d_i = \beta \sum_{i=1}^{n} \omega_i \sqrt{(x - x_i)^2 + (y - y_i)^2}$。

因此，该问题目标函数为：

$$\min C = \beta \sum_{i=1}^{n} \omega_i \sqrt{(x - x_i)^2 + (y - y_i)^2} \tag{6-8}$$

根据该模型，选择适当的 x、y 就可使 C 最小。由数学分析知，求函数极小值的必要条件为：$\frac{\partial C}{\partial x} = 0, \frac{\partial C}{\partial y} = 0$。解得：

$$\frac{\partial C}{\partial x} = \beta \sum_{i=1}^{n} \frac{\omega_i}{d_i}(x - x_i) = 0 \tag{6-9}$$

$$\frac{\partial C}{\partial y} = \beta \sum_{i=1}^{n} \frac{\omega_i}{d_i}(y - y_i) = 0 \tag{6-10}$$

$$x = \frac{\sum_{i=1}^{n} \frac{\omega_i x_i}{d_i}}{\sum_{i=1}^{n} \frac{\omega_i}{d_i}} \tag{6-11}$$

$$y = \frac{\sum_{i=1}^{n} \frac{\omega_i y_i}{d_i}}{\sum_{i=1}^{n} \frac{\omega_i}{d_i}} \tag{6-12}$$

由式（6-11）和式（6-12）知，d_i 仍为 x、y 的函数，故该解不是以显函数形式给出的，可采用迭代法求解。其迭代过程为：预先给定 $x^{(0)}$、$y^{(0)}$，代入式（6-11）和式（6-12）的右端，得到 $x^{(1)}$、$y^{(1)}$，再将 $x^{(1)}$、$y^{(1)}$ 代入式（6-11）和式（6-12）的右端得到 $x^{(2)}$、$y^{(2)}$，如此计算下去，直到计算出 $x^{(n+1)}$、$y^{(n+1)}$，使 $|P(x^{(n+1)}, y^{(n+1)}) - P(x^{(n)}, y^{(n)})| \leqslant \varepsilon$（$\varepsilon$ 为预先确定的精度）为止，即可得到满足一定精度要求的配送中心的位置坐标。这一过程与重心法选址基本一致，但在具体应用过程中，由于受到自然条件或法律法规的制约，重心法确定的点并不可行，即模型应用受到了相关约束条件的限制，而非线

性规划模型则能根据现实条件，设立相关的约束。

如果在某个位置不允许建立配送中心，可将该位置以约束条件的形式表示。如在原点附近是一个半径为 R 的水库，且有一条河流（为简化问题，假设河为直线型，其斜率为1，且忽略其宽度），如图6－9所示，配送中心不能建在河流中和水库上，该限制条件可描述为：

$$x^2 + y^2 \geqslant R^2$$

$$x + y \neq 1$$

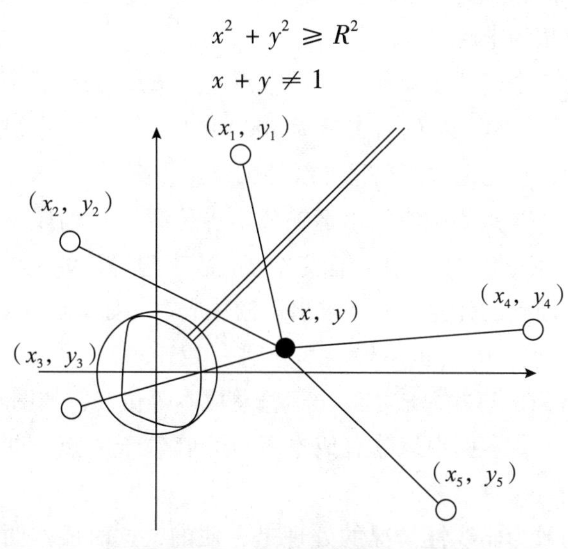

图6－9　客户分布图（2）

因此得到有约束的非线性规划模型的目标函数为：

$$\min C = \beta \sum_{i=1}^{n} \omega_i d_i$$

约束条件为：配送中心不能建在水库上，即 $x^2 + y^2 \geqslant R^2$；配送中心不能建在河流中，即 $x + y \neq 1$。

通过求解该非线性方程确定问题的解。关于非线性方程的求解，读者可参考相关的运筹学教程或书籍。

从上述分析，我们可以看出重心法实际上是非线性规划模型的一个特例。

二、一元节点选址模型

一元节点选址问题是指在计划区域内设置节点的数目唯一的节点选址问题。在流通领域中，一元节点选址问题实际并不多，较多的则是多元节点选址问题。不过，对于多元节点选址问题，为了使模型简单化、计算工作量减少，常将它变换成一元节点选址问题来处理。因此，了解和掌握一元节点选址问题的处理方法也是十分必要的。一元节点选址问题的求解方法有以下几种。

（一）图解法

图解法是韦伯提出来的，所以也叫韦伯图解法。该方法利用二维坐标图进行直接分析，先在图上以资源点和需求点为中心画出成本等位线，然后根据成本等位线画出总成本等位线。总成本等位线必收敛于总成本最小点，则此点为节点最佳设置点。

由于一元节点选址问题在计划区域内只设置一个节点，则节点规模可根据需求预测确定。因此，节点规模是已知的，与节点规模有关的节点基建投资成本和存储费用也是固定不变的，而且与节点位置无关。绘制成本曲线时可不考虑这两项费用，只考虑运费率。

现举例说明图解法的求解过程。

某计划区域内有一个资源点 A 和两个需求点 B_1、B_2，需设置节点 D。资源点 A 的资源量为3500 单位，需求点 B_1 的需求量为1000 单位，需求点 B_2 的需求量为2500 单位。假定运费率已知，且与运输距离呈非线性关系。

先分别以 A、B_1、B_2 点为中心画出运输成本等位线（运输成本为运费率与运输量的乘积），如图6－10 中的虚线所示。虚线旁边的数字为等位线上的运输成本。根据图中三束等位线，对平面上的任意点一一求出运输总成本。如 x 点，由 A 点至 x 点的运输成本为42，x 点至 B_1 点、B_2 点的运输成本分别为12 和32。由此知 x 点的运输总成本为86。这时，再由各点的运输总成本绘出运输总成本等位线，如图6－10 中实线所示。从图6－10 中可以看出，本例中运输总成本等位线收敛于 A 点，即最佳点位置正好与资源点 A 重合。

图解法对费用函数为非线性情况的处理是方便的，这时成本曲线的密度为非均匀的。更大的好处在于，利用图解法不仅可以找出最优解，而且还能给出最优解附近的各种总成本等位线。这对决策者尤为重要，因为他们在进行最后决策时，由于考虑其他某些因素，如土地成本等，有时不得不放弃数学上的最优解，而选择稍次于最优解的满意方案。

图解法最大的缺点是在资源点和需求点较多的情况下，计算工作较繁复。

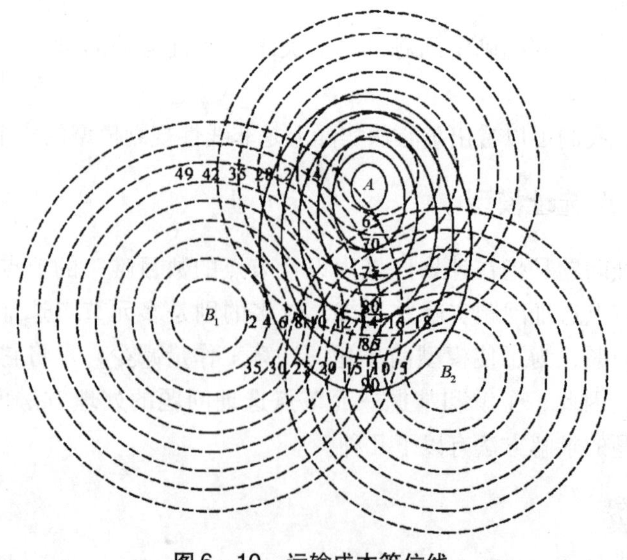

图6－10　运输成本等位线

（二）因素评分法

因素评分法常用来解决离散型一元节点选址问题，这也是在实际选址问题中最常用的一种有效方法。

因素评分法是首先将每一个备选地点都按因素计分，在允许的范围内给出一个分值；然后将每一个备选地点的各因素的得分相加或加权相加，求出总分后加以比较；最后，选择得分最多的地点为最终的方案。

使用因素评分法选址的主要步骤如下。

（1）给出备选地点。

（2）列出影响选址的各个因素。

（3）给出每个因素的分值范围（见表6－8）。

（4）由专家对各个备选地点的各因素进行评分。

（5）将每一个备选地点的各因素的得分相加，求出总分后加以比较，得分最多的地点中选。

表6－8给出了影响选址的因素及其分值范围。

表6－8　　影响选址的因素及其分值范围

影响因素	分值范围（分）	影响因素	分值范围（分）
建设成本相对比值	0～100	交通运输情况	0～100
运输成本相对比值	0～100	供水	0～10
区域内能源情况	0～330	气候	0～50
动力的可用性和供应稳定性	0～200	供应商情况	0～60
劳动力环境	0～100	税收政策和有关法律法规	0～20
生活条件	0～100		

因素评分法最大的缺点是没有将每一个影响因素所关联的成本考虑在内。例如，对某一个影响因素来说，最好和最坏的地址之间只有几百元的区别，而对另一个影响因素来说，最好和最坏的地址之间可能就有几千元的差别。第一个影响因素可能分值最高，但是对选址决策帮助不大；第二个影响因素分值不高，但是能反映各个地址的区别。为了解决这个问题，建议将每一个影响因素的分值根据权重来确定，而权重则要根据成本的标准差来确定，而不是根据成本值来确定，这样就把相关的成本考虑进来了。

三、多元节点选址模型

在现实的物流系统中，大多是多元节点选址问题，即在某计划区域内需要设置多个节点。多元节点选址问题中的节点数目有时有限制，有时没有限制。我们只讨论节点数目无限制的情况，对于节点数目有限制的问题，只需在模型中增加节点数目限制的约束即可。

多元节点选址问题通常有如图6－11所示的系统结构。图中有 m 个资源点 A_i（$i=1, 2, \cdots, m$），各资源点的资源量为 a_i；有 n 个需求点 B_j（$j=1, 2, \cdots, n$），各需求点的需求量为 b_j；有 q 个备选节点 D_k（$k=1, 2, \cdots, q$）；需求点可以从备选节点中转进货，也可以从资源点直接进货。假定各备选节点的基建投资成本、存储费用和运费率均已知，以总成本最低为目标确定节点选址的最佳方案。

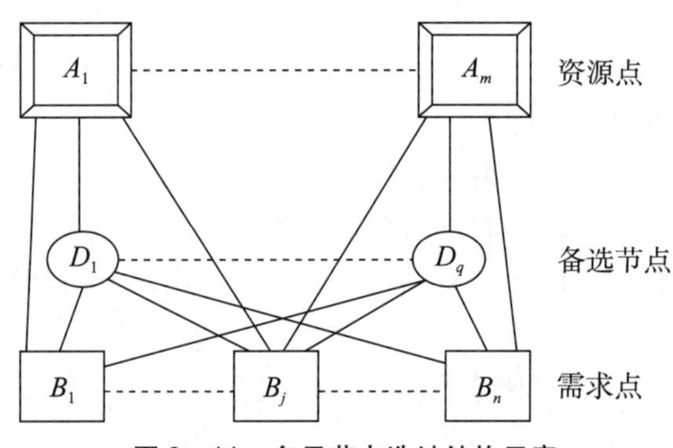

图6－11　多元节点选址结构示意

对于多元节点选址问题，可采用数学规划法、CFLP（Capacitated Facility Location Problem）法、运输规划法和鲍姆尔—沃尔夫法进行建模。

（一）数学规划法

下面分别以单品种节点和多品种节点的物流系统为对象，讨论多元节点选址的数学规划建模方法。

（1）多元单品种节点选址的建模方法。

多元单品种节点选址问题，只考虑一种产品。设 F 为多元单品种节点选址方案总成本，根据多元单品种节点选址的概念，使总成本降到最低，于是有目标函数：

$$\min F = \sum_{i=1}^{m}\sum_{k=1}^{q} C_{ik}X_{ik} + \sum_{k=1}^{q}\sum_{j=1}^{n} C_{kj}Y_{kj} + \sum_{i=1}^{m}\sum_{j=1}^{n} C_{ij}Z_{ij} + \sum_{k=1}^{q}(F_k W_k + C_k \sum_{i=1}^{m} X_{ik})$$

式中：X_{ik}——备选节点 k 从资源点 i 进货的数量；

Y_{kj}——需求点 j 从备选节点 k 中转进货的数量；

Z_{ij}——需求点 j 从资源点 i 直接进货的数量；

W_k——备选节点 k 是否被选中的决策变量；

C_{ik}——备选节点 k 从资源点 i 进货的单位商品进货费；

C_{kj}——备选节点 k 向需求点 j 供货的单位商品发送费；

C_{ij}——需求点 j 从资源点 i 直接进货的单位商品进货费；

F_k——备选节点 k 选中后的基建投资成本；

C_k——备选节点 k 中转单位商品的存储费用。

同运输问题一样，各资源点调出的商品总量不超过其生产能力；各需求点调进的商品总量不小于它的需求量，即：

$$\sum_{k=1}^{q} X_{ik} + \sum_{j=1}^{n} Z_{ij} \leqslant a_i \quad i = 1,2,\cdots,m$$

$$\sum_{k=1}^{q} Y_{kj} + \sum_{j=1}^{n} Z_{ij} \leqslant b_j \quad j = 1,2,\cdots,n$$

对任一备选节点，由于它既不生产商品，也不消耗商品，因此其调进商品总量应等于调出商品总量，即：

$$\sum_{i=1}^{m} X_{ik} = \sum_{j=1}^{n} Y_{kj} \quad k = 1,2,\cdots,q$$

另外，多元单品种节点选址模型经优化求解后的结果，可能有的备选节点被选中，而另一些被淘汰。被淘汰的备选节点中，经它中转的商品数量应为零。该要求可由下面的约束方程予以满足。

$$\sum_{i=1}^{m} X_{ik} - MW_k \leqslant 0$$

$$W_k = \begin{cases} 1, \text{备选节点 } k \text{ 被选中} \\ 0, \text{备选节点 } k \text{ 被淘汰} \end{cases}$$

式中 M 是一个相当大的正数。由于 X_{ik} 不可能小于零，故当 $W_k=0$ 时，$X_{ik}=0$ 成立；当 $W_k=1$ 时，M 是一个相当大的正数，MW_k 足够大，X_{ik} 为一有限值，所以不等式成立。

综上所述，可以写出多元单品种节点选址的建模方法如下。

$$\min F = \sum_{i=1}^{m}\sum_{k=1}^{q} C_{ik}X_{ik} + \sum_{k=1}^{q}\sum_{j=1}^{n} C_{kj}Y_{kj} + \sum_{i=1}^{m}\sum_{j=1}^{n} C_{ij}Z_{ij} + \sum_{k=1}^{q}\left(F_kW_k + C_k\sum_{i=1}^{m} X_{ik}\right) \tag{6-13}$$

约束条件为：

$$\sum_{k=1}^{q} X_{ik} + \sum_{j=1}^{n} Z_{ij} \leqslant a_i \quad i = 1,2,\cdots,m$$

$$\sum_{k=1}^{q} Y_{kj} + \sum_{j=1}^{n} Z_{ij} \geqslant b_j \quad j = 1,2,\cdots,n$$

$$\sum_{i=1}^{m} X_{ik} = \sum_{j=1}^{n} Y_{kj} \quad k = 1,2,\cdots,q$$

$$\sum_{i=1}^{m} X_{ik} - MW_k \leqslant 0$$

$$W_k = \begin{cases} 1, \text{备选节点 } k \text{ 被选中} \\ 0, \text{备选节点 } k \text{ 被淘汰} \end{cases}$$

$$X_{ik}, Y_{kj}, Z_{ij} \geqslant 0$$

这是一个混合整数规划模型，解这个模型求得 X_{ik}、Y_{kj}、Z_{ij} 和 W_k 的值。表示备选节点 k 的进货来源，$\sum_{k=1}^{q} X_{ik}$ 决定了该备选节点的规模；Y_{kj} 表示备选节点 k 与需求点 j 的供求关系与供货量，相应地也就知道了该备选节点的供货范围；$\sum_{j=1}^{n} Z_{ij}$ 表示直接进货部分，$\sum_{k=1}^{q} W_k$ 为计划区域内应布局备选节点的数目。

（2）多元多品种节点选址的建模方法。

对于多元多品种节点选址问题，从理论上讲只需在多元单品种节点选址问题中增加多品种的因素即可。但从实际情况看，由于各个品种都要按照各自的优化方案选择中选点，因此，同一需求点可能会需要同类不同品种的商品，它们将会分别从几个不同的备选节点进货，这势必导致出现某些需求量不多的商品的运输工具的利用率降低、运输成本增加的现象。在这种情况下，无论是需求点自己派车提货，还是由物流中心组织配送，其效果都是不佳的，实行商品的计划管理也是一种不利因素。为此，将各需求点所需同类不同品种商品的进货节点进行集中，使某一备选节点进货的数量降到一个最低限额。

若某计划区域内需设置 p 种商品的流通备选节点，引入表示品种的下标 l（$l=1$，2，…，p），考虑需求点 j 从某备选节点 k 进货的最低下限，由此对多元单品种节点选址的建模方法进行修正，具体如下。

$$\min F = \sum_{l=1}^{p}\sum_{i=1}^{m}\sum_{k=1}^{q} C_{lik}X_{lik} + \sum_{l=1}^{p}\sum_{k=1}^{q}\sum_{j=1}^{n} C_{lkj}Y_{lkj} + \sum_{l=1}^{p}\sum_{i=1}^{m}\sum_{j=1}^{n} C_{lij}Z_{lij} + \sum_{k=1}^{q}\left(F_kW_k + C_k\sum_{l=1}^{p}\sum_{i=1}^{m} X_{lik}\right) \tag{6-14}$$

约束条件为：

$$\sum_{l=1}^{p}\sum_{k=1}^{q} X_{lik} + \sum_{l=1}^{p}\sum_{j=1}^{n} Z_{lij} \leqslant a_{li} \quad i = 1,2,\cdots,m$$

$$\sum_{l=1}^{p}\sum_{k=1}^{q} Y_{lkj} + \sum_{l=1}^{p}\sum_{j=1}^{n} Z_{lij} \geqslant b_{lj} \quad j = 1,2,\cdots,n$$

$$\sum_{l=1}^{p}\sum_{i=1}^{m} X_{lik} = \sum_{l=1}^{p}\sum_{j=1}^{n} Y_{lkj} \quad k = 1,2,\cdots,q$$

$$\sum_{l=1}^{p} X_{lkj} - MI_{kj} \geqslant 0$$

$$\sum_{l=1}^{p}\sum_{i=1}^{m} X_{lik} - MW_k \leqslant 0$$

$$\sum_{l=1}^{p} Y_{lkj} - MI_{kj} \geqslant 0$$

$$W_k = \begin{cases} 1,\text{备选节点 } k \text{ 被选中} \\ 0,\text{备选节点 } k \text{ 被淘汰} \end{cases}$$

$$I_{kj} = \begin{cases} 1,\text{备选节点 } k \text{ 与需求点 } j \text{ 有供需关系} \\ 0,\text{备选节点 } k \text{ 与需求点 } j \text{ 无供需关系} \end{cases}$$

$$X_{lik}, Y_{lkj}, Z_{lij} \geqslant 0$$

该模型也是一个混合整数规划模型。解此模型求得 X_{lik}、Y_{lkj}、Z_{lij} 的值，以及 W_k、I_{kj} 的值。$\sum_{l=1}^{p}\sum_{k=1}^{q} X_{lik}$ 决定了备选节点 k 的规模，$\sum_{k=1}^{q} W_k$ 表示计划区域内设置备选节点的数目，由 I_{kj} 确定备选节点 k 与需求点 j 之间是否存在供需关系。当 W_k 等于 0 时，因 X_{lik} 和 Y_{lkj} 均为 0，故 I_{kj} 必为 0；当 W_k 等于 1 时，I_{kj} 可为 0 或 1，I_{kj} 为 0 时，表示备选节点 k 与需求点 j 无供需关系，当 I_{kj} 为 1 时，表示备选节点 k 与需求点 j 有供需关系。

对于混合整数规划模型的求解，最有效的方法是分支定界法，这种方法可以借用现成的计算机软件程序求解。有关分支定界法的具体内容本书不再赘述，请参看运筹学的相关书籍。

上面介绍的两类多元节点选址模型，是对实际问题大大简化之后得出来的，诸如节点规划的限制、设置成本和存储费用的非线性等因素，在以上两种模型中均未考虑。实际的节点选址问题要比它们复杂得多。例如，即使是经过问题简化以后得出的模型，特别是多元多品种节点选址模型，在商品品种，备选节点和源、汇数目较多的情况下，模型求解也是十分费时的，或者计算工作量大、成本高，或者根本不可能。因此，用混合整数规划模型解决多元节点选址问题，只适合于简单的情况，对复杂的问题，通常只能做理论上的分析。

（二）CFLP 法

CFLP 法是针对节点规模有限的情况提出的。这种方法只需要运用运输规划模型求解，使计算工作大为简化。

CFLP 法的基本思想是：首先假定节点选址方案已经确定，即给出一组初始节点设置地址，根据初始方案按运输规划模型求出各初始节点的供货范围，然后在各供货范围内分别移动节点到其他备选地址上，以使各供货范围内的总成本下降，找到各供货范围内总成本最小的新节点设置地址，再将新节点设置地址代替初始方案，重复上述过程，直至各供货范围内总成本不能再下降时为止。

为简单起见，以图 6－12 所示的物流网络结构为对象来介绍 CFLP 法的处理过程。

图 6－12 的物流网络没有反映出备选节点和资源点之间的进货关系，即不考虑备选节点的进货成本。显而易见，当资源点距离备选节点足够远时，这样处理问题是可以理解的。因为这时计划区域内各备选节点从资源点进货的进货成本的差异相对于进

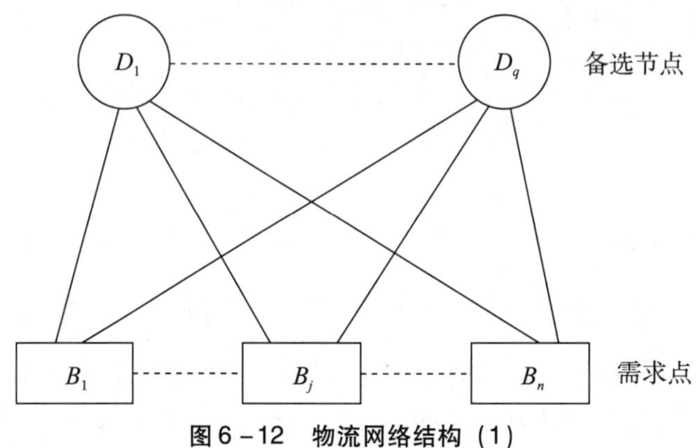

图 6－12　物流网络结构（1）

货成本本身是微不足道的，因而可以忽略。这样，各备选节点的进货成本均相等，所以在讨论节点选址时可不考虑。换句话说，进货成本与节点选址方案无关。

当然，如果资源点距离备选节点不远时，就必须考虑进货成本。在此情况下，只需将方法中的运输规划模型换成转运模型即可。下面先介绍 CFLP 法的基本步骤，然后举例说明。

假定某计划区域内节点的备选地址已确定，需从这些备选地址中选取 q 个设置节点。

步骤一，给出节点地址初始方案。

通过定性分析，根据备选节点的中转能力和商品需求的分布情况，恰当地选择 q 个点作为设置节点的初始方案。初始方案选择得是否恰当，将直接影响整个计算过程的收敛速度。

步骤二，确定各节点的供货范围。

用解运输问题的方法确定暂定节点的供货范围。

设有 q 个备选节点 D_k（$k=1, 2, \cdots, q$），其最大可能设置的规模为 d_k。如果有 n 个需求点，各需求点的需求量为 b_j（$j=1, 2, \cdots, n$）。以运输成本 F'最低为目标，即可构成运输规划模型如下。

$$\min F' = \sum_{k=1}^{q} \sum_{j=1}^{n} C_{kj} X_{kj} \qquad (6-15)$$

约束条件为：

$$\sum_{k=1}^{q} X_{kj} \leqslant d_k$$

$$\sum_{k=1}^{q} X_{kj} \geqslant b_j$$

$$X_{kj} \geqslant 0$$

其中：$k=1, 2, \cdots, q$；$j=1, 2, \cdots, n$。求解出运输问题，即可求得各备选节点

的供货范围（供货子区域）。

如果考虑备选节点的进货成本，式（6-15）则应为转运问题模型，解转运问题模型，除了能得到备选节点的供货范围，还能确定备选节点与资源点之间的供货关系。

为叙述方便，有时用 I_k（$k=1, 2, \cdots, q$）和 J_k 分别表示各供货子区域内的备选节点和需求点的集合。

求解出的运输问题的结果可能出现一个需求点同属于不同的供货子区域，但对整个问题的解决并无影响，因为只需在不同供货子区域的需求点集合中重复考虑即可。

步骤三，寻求备选地址的新方案。

在各供货子区域内移动节点到其他备选地址上，并按以下费用函数计算供货子区域内的区域总费用，即：

$$F_{ki} = \sum_{j \in J_k} C_{ij}X_{ij} + f_{ki} \quad k = 1,2,\cdots,q;i \in I_k$$

式中：f_{ki} 为备选节点设置成本。

在此基础上找出各供货子区域内使区域总费用最小的备选节点，即满足 $F_k = \min\{F_{ki}\}$（$k=1, 2, \cdots, q$）的节点的备选地址，对所有 q 个供货子区域可得到新的备选节点位置设置方案 $\{D_k\} = 1$。

步骤四，新旧方案对比。

为便于区别，引进迭代次数的上角标 n，$n=0$ 为初始方案。

对于 $\{D_k^0\}$ 和 $\{D_k^1\}$ 新旧两个方案，分析不等式：

$$\sum_{k=1}^{q} F_k^1 \leqslant \sum_{k=1}^{q} F_k^0 \tag{6-16}$$

如果 $\{D_k^1\}$ 和 $\{D_k^0\}$ 完全相同，说明已获得最终解，$\{D_k^1\}$ 即是满意的节点备选地址。否则，将新方案代替旧方案，重复步骤二至步骤四，直至 $\{D_k^n\}$ 和 $\{D_k^{n-1}\}$ 完全相同时为止。

按以上步骤求得的最终解，虽然在理论上没有证明是最优解，但从式（6-16）可以看出，区域总费用为：

$$F = \sum_{k=1}^{q} F_k^n$$

对 $\{D_k^0\}_{k=1}^{q}$ 是单调下降的，因此，我们可以相信所得到的解是满意解。

例 6-4　在某计划区域内的物流网络结构（见图 6-13）中有 12 个需求点，“△”中的数字为各需求点的需求量，弧线旁的数字为运价系数。现需要在 12 个需求点的位置上选取 3 个需求点作为节点的备选地址。假定备选节点的最大规模为 13，设定每个备选节点的固定成本为 10。

由题意知，该计划区域内节点备选地址为 12 个。

步骤一，根据调查分析，选定计划区域内的需求点 4、需求点 6、需求点 9 所在位置组成初始方案，即 $\{D_k^0\}_{k=1}^{3} = \{4, 6, 9\}$。

步骤二，以需求点 4、需求点 6、需求点 9 所在位置为发货点，各点发货量均为

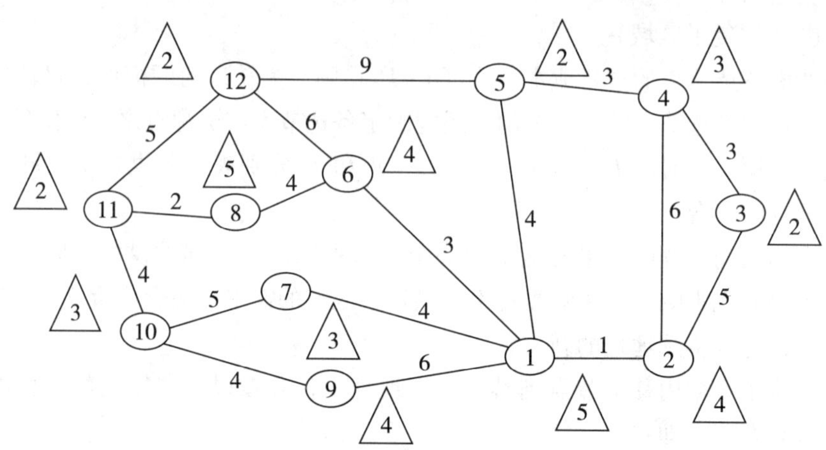

图6－13　物流网络结构（2）

13；以需求点为收货点，需求量已知；收货点、发货点之间的运价系数用最短路径法求得并构成运输规划模型，如表6－9所示。

表6－9　　运输规划模型

源、汇	运价系数												发货量
	1	2	3	4	5	6	7	8	9	10	11	12	
4	7	6	3	0	3	10	11	14	13	16	16	12	13
6	3	4	9	10	7	0	7	4	9	10	6	6	13
9	6	7	12	13	10	9	9	10	0	4	8	13	13
需求量	5	4	2	3	2	4	3	5	4	3	2	2	

求解出此运输问题，即可求得最优解，如表6－10所示，即为初始节点选址方案。

表6－10　　初始节点选址方案

源、汇	运价系数												发货量
	1	2	3	4	5	6	7	8	9	10	11	12	
4	2	4	2	3	2								13
6						4	2	5				2	13
9	3						1		4	3	2		13
需求量	5	4	2	3	2	4	3	5	4	3	2	2	

由表 6 - 10 所示的结果可知，各供货子区域的需求点集合为：

$J_1 = \{1, 2, 3, 4, 5\}$；$J_2 = \{6, 7, 8, 12\}$；$J_3 = \{1, 7, 9, 10, 11\}$

步骤三，寻找各供货子区域内使区域总费用最小的节点备选地址。

对 J_1 子区域有：

$$F_{1,1} = \sum_{j \in J_1} C_{1j}X_{1j} + f_{1,1} = 0 \times 2 + 1 \times 4 + 6 \times 2 + 7 \times 3 + 4 \times 2 + 10 = 55$$

$$F_{1,2} = 40 + 10 = 50$$

$$F_{1,3} = 53 + 10 = 63$$

$$F_{1,4} = 50 + 10 = 60$$

$$F_{1,5} = 49 + 10 = 59$$

$$F_1 = \min\{F_{1,1}, F_{1,2}, F_{1,3}, F_{1,4}, F_{1,5}\} = 50$$

所以，在 J_1 子区域内，在需求点 2 所在位置设置节点时区域总费用最小。

同理可以求得 J_2 子区域内需求点 6 所在位置为区域总费用最小的备选地址；J_3 子区域内需求点 10 所在位置为区域总费用最小的备选地址。于是有：$\{D_k^1\} = \{2, 6, 10\}$。

步骤四，以 {2，6，10} 为新方案，与原方案 {4，6，9} 比较。

显然，新方案 {2，6，10} 与原方案 {4，6，9} 不一样，必有：

$$\sum_{k=1}^{3} F_k^1 < \sum_{k=1}^{3} F_k^0$$

因此返回步骤二，重复步骤二至步骤四。

第二次迭代所得新方案为：$\{D_k^2\} = \{2, 6, 10\}$。

与第一次迭代结果比较，说明不能继续改进，已获得最终解。

所以，最佳节点备选地址为 {2，6，10}，节点规模均为 13。这样设置节点的区域总费用为 152。

上面讨论的是节点数目有限的情况，如果节点数目没有限制，则只需对节点数目为 1，2，3，…，12 诸情况分别进行讨论，找出使区域总费用最低的节点数目即可。

（三）运输规划法

运输规划法是前面介绍的数学规划法中多元节点选址模型的特例。多元节点选址模型式（6 - 13）中之所以出现 0 - 1 型整数变量，是由于考虑了节点的基建投资成本，因而使模型变得十分复杂，给计算求解带来许多困难。显然，如果不考虑节点的基建投资成本，那么模型将变成如下形式。

$$\min F = \sum_{i=1}^{m}\sum_{k=1}^{q} C_{ik}X_{ik} + \sum_{k=1}^{q}\sum_{j=1}^{n} C_{kj}Y_{kj} + \sum_{i=1}^{m}\sum_{j=1}^{n} C_{ij}Z_{ij} + \sum_{k=1}^{q}\sum_{i=1}^{m} C_k X_{ik} \quad (6-17)$$

约束条件为：

$$\sum_{k=1}^{q} X_{ik} + \sum_{j=1}^{n} Z_{ij} \leqslant a_i \quad i = 1,2,\cdots,m$$

$$\sum_{k=1}^{q} Y_{kj} + \sum_{j=1}^{n} Z_{ij} \geqslant b_j \quad j = 1,2,\cdots,n$$

$$\sum_{i=1}^{m} X_{ik} = \sum_{j=1}^{n} Y_{kj} \quad k = 1,2,\cdots,q$$

$$X_{ik}, Y_{kj}, Z_{ij} \geqslant 0$$

约束条件中第三组约束方程两边表示备选节点 k 的设置规模，若假定各备选节点均有一个足够大的设置规模上限 d_k，则此约束方程可改写成下面的两个等式。

$$\begin{cases} \sum_{i=1}^{m} X_{ik} + X_k = d_k \\ \sum_{j=1}^{n} Y_{kj} + X_k = d_k \end{cases} \quad k = 1,2,\cdots,q$$

式中：X_k 表示备选节点 k 的闲置能力。

经过以上整理后，并假定计划区域内的总资源等于总需求，式（6－17）就变成：

$$\min F = \sum_{i=1}^{m}\sum_{k=1}^{q}(C_{ik} + C_k)X_{ik} + \sum_{k=1}^{q}\sum_{j=1}^{n} C_{kj}Y_{kj} + \sum_{i=1}^{m}\sum_{j=1}^{n} C_{ij}Z_{ij} \tag{6-18}$$

约束条件为：

$$\sum_{k=1}^{q} X_{ik} + \sum_{j=1}^{n} Z_{ij} \leqslant a_i \quad i = 1,2,\cdots,m$$

$$\sum_{k=1}^{q} Y_{kj} + \sum_{j=1}^{n} Z_{ij} \geqslant b_j \quad j = 1,2,\cdots,n$$

$$\sum_{i=1}^{m} X_{ik} + X_k = d_k \quad k = 1,2,\cdots,q$$

$$\sum_{j=1}^{n} Y_{kj} + X_k = d_k \quad k = 1,2,\cdots,q$$

$$X_{ik}, Y_{kj}, Z_{ij}, X_k \geqslant 0$$

这是一个转运问题模型，解此模型可得决策变量 X_{ik}，Y_{kj}，Z_{ij}，X_k 的值，且：

$$\sum_{i=1}^{m} X_{ik} = \sum_{j=1}^{n} Y_{kj}$$

若 $\sum_{i=1}^{m} X_{ik} = 0$，说明备选节点 k 处不应设置节点，即备选节点 k 被淘汰；否则备选节点 k 被选中，其规模为：

$$d'_k = d_k - X_k \tag{6-19}$$

应该指出的是，备选节点的设置规模上限 d_k 并不需要由已知条件给出，而只需根据计划区域内的商品流通量估计设定，宜大不宜小。如果 d_k 设定过大，由式（6－19）可以看出，过大部分在优化求解后将通过闲置量 X_k 表示出来，对所求方案无任何影响。

综上所述，对不考虑节点的基建投资成本的节点选址问题，用转运问题模型很容易得到解决。该方法如此受欢迎，在于其相对简单的特性和较短的求解时间。其通用方程式是通过建立一个有关需求及供给分布位置的矩阵得到的。

表 6－11 描述了一个运输问题矩阵方程式的例子。在矩阵中，a_i（$i=1$，2，…，m）代表每一个分销中心的供给量，b_j（$j=1$，2，…，n）代表对每一个需求点的需求量，c_{ij}代表从分销中心运输到需求点的运输成本。矩阵代表连接运输流运行环的地理点的网络。表 6－11 的矩阵代表典型的运输问题结构。给定有限分销中心的供给量和特定的需求点，分析如何在满足所有需求的情况下使总运输成本最低。

表 6－11　　典型的运输问题结构

		需求量				
		b_1	b_2	b_3	…	b_n
供给量	a_1	c_{11}	c_{12}	c_{13}	…	c_{1n}
	a_2	c_{21}	c_{22}	c_{23}	…	c_{2n}
	a_3	c_{31}	c_{32}	c_{33}	…	c_{3n}
	…	…	…	…	…	…
	a_m	c_{m1}	c_{m2}	c_{m3}	…	c_{mn}

运输规划法的一般步骤是从可能选择的目录中确认最优分销中心的组合。例如，如果目标是确认使总运输成本最低的仓库位置组合，分析步骤包括现行组合和其他组合差异的评估。最后的解决方案是结合现行组合和其他组合，找到经过所有实验、比较并使总运输成本最低的仓库位置组合。由于解决方案取决于事先选择好的一系列仓库位置，所以最优化仅限于被评价的特殊选择。下面我们通过实例来分析这一选址模型的应用。

例 6－5　某计划区域内由两个资源厂 A_1、A_2，向四个需求用户（B_1～B_4）供应某种物资，拟定 D_1～D_3 为设置节点的备选地址，各点资源量、需求量和相互之间的运价系数，如表 6－12 所示，不考虑节点的基建投资成本，试制定该计划区域内节点的备选地址方案。

表 6 - 12　　供需关系表

源、汇	运价系数							资源量（吨）
	D_1	D_2	D_3	B_1	B_2	B_3	B_4	
A_1	1	2	3	4	5	4	3	4000
A_2	6	4	3	7	6	3	5	6000
D_1				5	3	1	3	
D_2				1	2	3	4	
D_3				8	7	6	5	
需求量（吨）	5500	5500	5500	2000	3000	1500	3500	

假设备选节点的设置规模上限均为 5500 吨；与转运问题一样，不允许二次中转，故令不同备选节点之间的运价系数为相当大的正数；同一备选节点作为源、汇时，令其源、汇之间的运价系数为 0。由此得运输规划模型，如表 6 - 13 所示。

表 6 - 13　　运输规划模型

源、汇	运价系数							资源量（吨）
	D_1	D_2	D_3	B_1	B_2	B_3	B_4	
A_1	1	2	3	4	5	4	3	4000
A_2	6	4	3	7	6	3	5	6000
D_1	0	M	M	5	3	1	3	5500
D_2	M	0	M	1	2	3	4	5500
D_3	M	M	0	8	7	6	5	5500
需求量（吨）	5500	5500	5500	2000	3000	1500	3500	

求解出此运输问题，即可求得最优解，如表 6 - 14 所示，即为最优节点的备选地址方案。

表 6 - 14　　最优解

源、汇	供货量（吨）							资源量（吨）
	D_1	D_2	D_3	B_1	B_2	B_3	B_4	
A_1	500						3500	4000
A_2		2000			2500	1500		6000

续表

源、汇	供货量（吨）							资源量（吨）
	D_1	D_2	D_3	B_1	B_2	B_3	B_4	
D_1	5000				500			5500
D_2		3500		2000				5500
D_3			5500					5500
需求量（吨）	5500	5500	5500	2000	3000	1500	3500	

由表 6 - 14 所示的最优解可以看出：

备选节点 D_1 从资源厂 A_1 进货，向需求用户 B_2、需求用户 B_3 供货，其设置规模为 3500 吨；

备选节点 D_2 从资源厂 A_2 进货，向需求用户 B_1、需求用户 B_2 供货，其设置规模为 3000 吨；

备选节点 D_3 全部闲置，说明该处不应该设置节点，即备选节点 D_3 被淘汰。

当然，选址时不考虑节点的基建投资成本是不现实的。为此，可对上述方法求得的布局方案进行必要的修正。修正的方法可采用“撤销比较法”进行。

“撤销比较法”的做法为：假定多元节点选址方案已经确定，取消其中某个节点，那么这个节点的基建投资成本被节约，但是该节点所属的需求用户必须改由其他节点供货，这势必增加其他费用。用节约的基建投资成本与增加的其他费用相比较，即可断定该节点是否应该被撤销。反复运用这种比较方法进行比较，直至总成本不能再下降时为止。“撤销比较法”进行的顺序是先取规模最小的节点，如果取消后总成本下降，则继续进行。这种方法在计算机上是比较容易实现的。

（四）鲍姆尔—沃尔夫法

鲍姆尔—沃尔夫法是一种启发式方法，避免了混合整数规划模型求解困难的问题，大大降低了计算成本。不仅如此，鲍姆尔—沃尔夫法还较好地解决了节点存储费用非线性的问题。

在前面讨论的几种节点选址模型和方法中，都把存储费用看成节点中转量的线性函数，即存储费用与节点规模的大小无关，显然这是不符合实际的。鲍姆尔—沃尔夫法用非线性函数来描述节点规模与存储费用之间的关系，如图 6 - 14 所示。

从图 6 - 14 中的曲线可以看出，随着节点规模的增大，存储费用曲线变得平坦，即费率下降，这是符合实际情况的。但是非线性函数的引入，使求解过程变得复杂。为了使问题简化，鲍姆尔—沃尔夫法在迭代求解过程中对非线性函数采取分段线性化的做法，即在每一次迭代过程中用边际成本表示存储费用。边际成本表示在一定节点

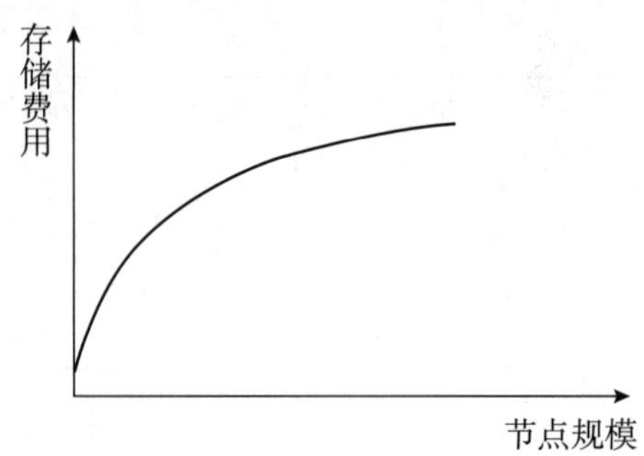

图 6－14　节点规模与存储费用之间的关系

规模下的单位货物存储费用。经过这样处理后，就可直接利用运输规划法计算求解。下面的讨论中，假定节点的存储费用与节点规模的关系为：

$$S_k = \mu_k\sqrt{d_k}$$

式中：S_k 为节点 k 的存储费用，d_k 为节点规模，μ_k 为常系数。设节点 k 某一规模时的边际成本为 C_k，有：

$$C_k = \frac{S_k}{2d_k} = \frac{\mu_k\sqrt{d_k}}{2d_k} \tag{6－20}$$

所以，如果知道节点 k 的规模，那么此规模下的存储费用也就容易按式（6－20）求得。下面介绍鲍姆尔—沃尔夫法的计算步骤。

步骤一，求初始方案。

开始时，令各备选地址上设置节点的规模均为 0，即 $d_k = 0$。因此，C_k^0（$k=1$，2，…，q）对应所有资源点和需求点，求资源点和需求点之间的最小费用，以 C_{ij}^0 表示，则：

$$C_{ij}^0 = \min(C_{ik}^0 + C_{kj}^0 + C_k^0) \quad i=1, 2, \cdots, m; j=1, 2, \cdots, n \tag{6－21}$$

上角标“0”表示初始值。由式（6－21）知，由资源点 i 向需求点 j 调运物资时经过的节点为 k。

各资源点的资源量和需求点的需求量均已知，以 C_{ij}^0 为运价系数构成运输规划模型。

$$\min F^0 = \sum_{i=1}^{m}\sum_{j=1}^{n} C_{ij}^0 X_{ij}^0$$

约束条件为：

$$\sum_{i=1}^{m} X_{ij}^0 = a_i \quad i = 1,2,\cdots,m$$

$$\sum_{j=1}^{n} X_{ij}^0 = b_j \quad j = 1,2,\cdots,n$$

$$X_{ij}^0 \geqslant 0$$

X_{ij}^0 表示由资源点 i 经节点 k 向需求点 j 调运物资的数量。由式（6－21）中 C_{ij}^0 与 C_k^0 的关系，不难求得各节点规模 d_k^0（$k=1$，2，…，q），即一组节点初始方案 $\{d_k^0\}_k^q = 1$。

步骤二，计算节点的边际成本。

以 d_k^0 表示节点规模，利用式（6－20），计算此规模下的存储费用 C_k^1。

$$C_k^1 = \frac{\mu_k \sqrt{d_k^0}}{2\,d_k^0} \quad k = 1,2,\cdots,q$$

步骤三，求改进方案。

用 C_k^1 代替 C_k^0，求解过程与求初始方案过程完全一样，求出一组新方案 $\{d_k^1\}_k^q = 1$。

步骤四，比较新旧方案，确定最终解。

将新方案 $\{d_k^1\}$ 与旧方案 $\{d_k^0\}$ 进行比较，如果两个方案完全相同，则新方案为最终解；否则返回步骤二，反复进行步骤二至步骤四，直到 $\{d_k^{n-1}\}$ 与 $\{d_k^n\}$ 完全相同时为止，即获得满意解。

鲍姆尔—沃尔夫法每次迭代使总成本单调递减是不难理解的，因为迭代过程中采用了线性规划法，每次迭代的结果是在使总成本最小的前提下寻求新的更好的布局方案。换言之，该方案是沿着存储费用下降的方向寻找最佳方案，直至存储费用不能再下降，或者存储费用下降会引起运输成本的上升而使总成本增大时，获得最终解。因此，应该相信这一最终解是我们所求的。值得注意的是，鲍姆尔—沃尔夫法有两个明显的缺陷：第一，与其他启发式方法一样，该法不能保证得到最优解，而且最终解的满意程度与备选节点选择的合理与否关系密切；第二，节点的基建投资成本在计算过程中没有涉及。

例6－6　有2个资源厂 $A_i(i = 1,2)$，可供资源量分别为40单位和50单位；有8个需求点 B_j（$j=1$，2，…，8），各需求点需求量如表6－15所示；已选定5个备选节点 D_k（$k=1$，2，…，5），存储费用和节点规模的关系为 $S_k = \mu_k \sqrt{d_k}$。其中 d_k 为1/2吞吐量，各备选节点存储费用函数以及它与源、汇点间的运费率分别列于表6－16、表6－17和表6－18所示。试制定节点选址方案。

表6－15　各需求点需求量

需求点	B_1	B_2	B_3	B_4	B_5	B_6	B_7	B_8
需求量	10	10	10	15	5	15	10	15

表6－16　存储费用函数

备选节点	D_1	D_2	D_3	D_4	D_5
存储费用	$75\sqrt{d_k}$	$80\sqrt{d_k}$	$75\sqrt{d_k}$	$80\sqrt{d_k}$	$70\sqrt{d_k}$
边际成本	$\frac{75\sqrt{d_k}}{2d_k}$	$\frac{80\sqrt{d_k}}{2d_k}$	$\frac{75\sqrt{d_k}}{2d_k}$	$\frac{80\sqrt{d_k}}{2d_k}$	$\frac{70\sqrt{d_k}}{2d_k}$

表 6 - 17　　资源厂至备选节点的运费率

A_i	D_k				
	D_1	D_2	D_3	D_4	D_5
A_1	7	7	8	12	11
A_2	14	12	9	6	8

表 6 - 18　　备选节点至需求点的运费率

D_k	B_j							
	B_1	B_2	B_3	B_4	B_5	B_6	B_7	B_8
D_1	5	11	3	8	5	10	11	11
D_2	14	16	8	9	4	7	4	4
D_3	10	11	3	5	2	5	9	5
D_4	15	13	9	6	7	2	10	2
D_5	9	7	3	2	6	5	12	8

设 C_k 为备选节点的边际成本，因备选节点的吞吐量为 $2d_k$，则

$$C_k = \frac{S_k}{2d_k} = \frac{\mu\sqrt{d_k}}{2d_k}$$

为便于观察分析，由表 6 - 16、表 6 - 17 和表 6 - 18 汇成费率表（见表 6 - 19）。

表 6 - 19　　费率表（1）

	D_1	D_2	D_3	D_4	D_5	B_1	B_2	B_3	B_4	B_5	B_6	B_7	B_8
A_1	7	7	8	12	11								
A_2	14	12	9	6	8								
D_1	$\frac{75\sqrt{d_k}}{2d_k}$					5	11	3	8	5	10	11	11
D_2		$\frac{80\sqrt{d_k}}{2d_k}$				14	16	8	9	4	7	4	4
D_3			$\frac{75\sqrt{d_k}}{2d_k}$			10	11	3	5	2	5	9	5
D_4				$\frac{80\sqrt{d_k}}{2d_k}$		15	13	9	6	7	2	10	2
D_5					$\frac{70\sqrt{d_k}}{2d_k}$	9	7	3	2	6	5	12	8

表 6 - 19 左上方一块表示资源厂与备选节点之间的运费率，右下方一块表示备选节点与需求点之间的运费率，左下方一块的对角线上为备选节点的边际成本。

由此可以看出，欲求一资源厂经过一备选节点到需求点的总运费率时，只需将上述三块中相应的三项费率求和即得。

下面我们按鲍姆尔—沃尔夫法计算步骤迭代求解。

步骤一，求初始方案。

开始时，我们不需要考虑存储费用，可以假设备选节点的边际成本均为0。从表6－20中可找出资源厂与需求点之间的最小运费率及其相应的中转节点。

表6－20　　资源厂与需求点之间的最小运费率

	B_1	B_2	B_3	B_4	B_5	B_6	B_7	B_8
A_1	12 / D_1	18 / D_1	10 / D_1	13 / D_5	10 / D_3	13 / D_3	11 / D_2	11 / D_2
A_2	17 / D_5	15 / D_5	11 / D_5	10 / D_5	11 / D_3	8 / D_4	16 / D_4	8 / D_4

表6－20中斜线下方数字为中转节点序号，上方数字为经该节点中转时资源厂与需求点之间的最小运费率。

由表6－20所示的运费率与资源厂的资源量和需求点的需求量构成供需平衡的运输规划模型（见表6－21）。

表6－21　　运输规划模型（1）

源	汇								资源量
	B_1	B_2	B_3	B_4	B_5	B_6	B_7	B_8	
A_1	12	18	10	13	10	13	11	11	40
A_2	17	15	11	10	11	8	16	8	50
需求量	10	10	10	15	5	15	10	15	

求解出此运输问题，即可求得表6－22所示的结果。表中斜线下方数字为中转节点序号，上方数字为中转量。

表6－22　　求得结果（1）

源	汇								资源量
	B_1	B_2	B_3	B_4	B_5	B_6	B_7	B_8	
A_1	10 / D_1		10 / D_1		5 / D_3		10 / D_2	5 / D_2	40
A_2		10 / D_5		15 / D_5		15 / D_4		10 / D_4	50
需求量	10	10	10	15	5	15	10	15	

由表 6－22 查得各备选节点的中转量后，代入表 6－16 中的公式，即可求得相应的存储费用和边际成本，如表 6－23 所示。

表 6－23　初始方案

备选节点	D_1	D_2	D_3	D_4	D_5
中转量	20	15	5	25	25
存储费用	336	310	168	400	350
边际成本（四舍五入）	8	10	17	8	7

表 6－23 为初始方案，其中的中转量为备选节点的设置规模，该方案总成本为 2499 元。

步骤二，第一次迭代。

利用表 6－23 中的数据，可得出新的费率表（见表 6－24）。

表 6－24　费率表（2）

	D_1	D_2	D_3	D_4	D_5	B_1	B_2	B_3	B_4	B_5	B_6	B_7	B_8
A_1	7	7	8	12	11								
A_2	14	12	9	6	8								
D_1	8					5	11	3	8	5	10	11	11
D_2		10				14	16	8	9	4	7	4	4
D_3			17			10	11	3	5	2	5	9	5
D_4				8		15	13	9	6	7	2	10	2
D_5					7	9	7	3	2	6	5	12	8

由表 6－24 求得运费率后，就又可以建立新的运输规划模型（见表 6－25）。

表 6－25　运输规划模型（2）

源	汇								资源量
	B_1	B_2	B_3	B_4	B_5	B_6	B_7	B_8	
A_1	20 / D_1	25 / D_5	18 / D_1	20 / D_5	20 / D_1	22 / D_4	21 / D_2	21 / D_2	40
A_2	24 / D_5	22 / D_5	18 / D_5	17 / D_5	21 / D_4	16 / D_4	24 / D_4	16 / D_4	50
需求量	10	10	10	15	5	15	10	15	

求解出此运输规划模型后，即可求得表 6－26 所示的结果。

表 6－26　　求得结果（2）

源	汇								资源量
	B_1	B_2	B_3	B_4	B_5	B_6	B_7	B_8	
A_1	10 / D_1		10 / D_1	5 / D_5	5 / D_1		10 / D_2		40
A_2		10 / D_5		10 / D_5		15 / D_4		15 / D_4	50
需求量	10	10	10	15	5	15	10	15	

由表 6－26 查得各备选节点中转量后，并代入表 6－16 中的公式，即可求得相应的存储费用和边际成本，如表 6－27 所示。这里备选节点 D_3 的中转量为 0，所以可以从备选节点中去掉。

表 6－27　　改进后的节点选址方案

备选节点	D_1	D_2	D_3	D_4	D_5
中转量	25	10	0	30	25
存储费用	375	253	0	439	350
边际成本（四舍五入）	8	13	∞	7	7

表 6－27 为第一次改进后的节点选址方案，方案的总成本为 2362 元。该方案与初始方案不一样，且总成本下降了 137 元，所以还需要继续改进。

步骤三，第二次迭代。

采用表 6－27 中的数据，可得出新的费率表（见表 6－28）。

表 6－28　　费率表（3）

	D_1	D_2	D_3	D_4	D_5	B_1	B_2	B_3	B_4	B_5	B_6	B_7	B_8
A_1	7	7	8	12	11								
A_2	14	12	9	6	8								
D_1	8					5	11	3	8	5	10	11	11
D_2		13				14	16	8	9	4	7	4	4
D_3						10	11	3	5	2	5	9	5
D_4				7		15	13	9	6	7	2	10	2
D_5					7	9	7	3	2	6	5	12	8

根据表 6－28 求得新的运费率，重新再建立新的运输规划模型（见表 6－29）。

表 6－29　　　　运输规划模型（3）

源	汇								资源量
	B_1	B_2	B_3	B_4	B_5	B_6	B_7	B_8	
A_1	20 / D_1	25 / D_5	18 / D_1	20 / D_5	20 / D_1	21 / D_4	24 / D_2	21 / D_2	40
A_2	24 / D_5	22 / D_5	18 / D_5	17 / D_5	20 / D_4	15 / D_4	23 / D_4	15 / D_4	50
需求量	10	10	10	15	5	15	10	15	

求解出此运输规划模型后，即可求得表 6－30 所示的结果。

表 6－30　　　　求得结果（3）

源	汇								资源量
	B_1	B_2	B_3	B_4	B_5	B_6	B_7	B_8	
A_1	10 / D_1		10 / D_1	5 / D_5	5 / D_1		10 / D_2		40
A_2		10 / D_5		10 / D_5		15 / D_4		15 / D_4	50
需求量	10	10	10	15	5	15	10	15	

至此，我们可以看到表 6－30 与表 6－26 所示的结果完全一样，说明方案已不能再继续得到改进，即获得最佳节点选址方案，如表 6－31 所示。

表 6－31　　　　最佳节点选址方案

备选节点	D_1	D_2	D_3	D_4	D_5
规模	25	10	0	30	25

第七章　物流系统绩效评价模型与方法

评价是根据明确的目标来测定对象系统的属性，并将这种属性变为客观定量的价值或者主观效用的行为过程。在这一过程中，包括三个关键步骤：一是明确评价的目的；二是建立评价指标体系；三是选择评价方法并建立评价模型。物流系统的评价是指通过对物流系统进行综合调查和整体描述，从总体上把握物流系统的现状，为物流系统的决策提供依据。

物流系统绩效评价是利用各种模型和资料，按照一定的价值标准，对各种物流方案进行比较分析，选择出最优方案的过程。物流系统绩效评价是选优和决策的基础。

本章主要讨论物流系统绩效评价的基本理论知识，重点介绍与物流系统绩效评价相关的指标体系、常用模型和方法。

第一节　物流系统绩效评价概述

在物流系统的开发与建设过程中，把环境因素、技术因素、社会因素、经济因素等合理地统一起来，把技术的先进性与经济性，方案的合理性、现实性、先进性，社会的需要与物流系统本身的供给很好地结合起来，是物流规划取得成功的基本保证，同时也是开发、建设、运营物流系统过程中进行方案评价与选择的客观需要。

物流系统绩效评价的主要目标是从系统所涉及的技术、经济、环境及社会等因素出发，选择技术、经济、环境、社会最优结合的方案。因此，在物流系统开发与建设过程中，应在市场调查和分析的基础上，对提出的各种技术方案进行分析、论证，针对技术上的先进性、生产上的可行性、经济上的合理性，进行综合评价、比较，选择最优方案。在物流系统规划过程的各个阶段均涉及若干方案的评价和选择，如物流园区的地址选择、物流系统的技术选择等，规划中每一个阶段和每一个层次都要对有关问题进行若干方案的评价和选择，因此，利用各种评价方法与手段解决物流系统规划的各阶段中所涉及的方案选择问题，具有重要的意义。

方案评价与选择的前提与基础是明确问题的性质，确定问题的范围。通过对多个方案进行比较，按照确定的原则、目标与要求对各个方案从技术、经济、环境、社会等多个角度进行评价，在其中选择技术先进、生产可行、经济合理的方案。物流系统绩效评价的内容包括物流网络技术方案、厂址方案、设施总体规划方案、物料搬运系统布置方案等，以上方案的选择是在物流系统规划的各个阶段中进行的。总之，物流系统绩效评价是指物流系统规划过程中各个阶段、各个层次所涉及的寻求最优技术、经济方案的决策过程。

物流系统规划与设施规划研究的问题大都是多因素、多目标的问题。在考虑直接因素的同时，也需要考虑间接因素；在考虑技术、经济等主要显性指标的同时，也需要考虑环境、社会等其他指标；在考虑方案所处的特定物流系统规划阶段的同时，也需要考虑本方案对物流系统其他阶段的影响。因此物流系统绩效评价具有系统性、综合性等特点。

一、物流系统绩效评价的目的与原则

（一）物流系统绩效评价的目的

对物流系统绩效进行综合评价，是为了从总体上寻求物流系统的薄弱环节，明确物流系统的改善方向。对物流系统绩效进行评价的目的主要有两个方面。

第一，在明确物流系统目标的基础上，提出技术上可行、财务上有利的多种方案之后，要按照预定的评价指标体系，详细评价这些方案的优劣，从中选出一个可以付诸实施的优选方案。物流系统绩效评价工作的好坏将决定选择物流系统决策的正确程度。

第二，通过对物流系统绩效进行评价，可以判断物流系统方案是否达到了预定的各项性能指标，环境的变化对物流系统提出了哪些新的要求，能否在满足特定条件下实现物流系统的预定目标，以及物流系统如何改进等。

（二）物流系统绩效评价的原则

物流系统绩效评价是一项复杂的工作，必须借助现代科学和技术发展的成果，采用科学的方法进行客观、公正的评价。评价是由人来进行的，评价方案及指标的选择也是由人来完成的，每个人的价值观在评价中起着重要的作用。因此，对物流系统绩效进行评价需要遵守一定的原则，这样评价才具有有效性和指导性。具体原则如下。

（1）评价的客观性。评价必须客观地反映实际，使评价结果真实可靠。客观的评价才能更好地把握物流系统现状，确定改进方向。评价的目的是决策，因此评价的质量影响决策的正确性。也就是说，必须保证评价的客观性，必须弄清评价资料是否全面、可靠、正确，防止评价具有倾向性，应注意集中各方面专家的意见，并考虑评价人员组成的代表性。

（2）方案的可比性。替代方案在保证实现物流系统的基本功能上要有可比性和一致性。对各个方案进行评价时，评价的前提条件、评价的内容要一致，对每一项指标都要进行比较。个别方案功能突出、内容有新意，也只能说明其相关方面，不能代替其他方面。

（3）指标的系统性。评价指标必须反映物流系统的目标，要包括物流系统目标所涉及的各个方面，而且对定性问题要有恰当的评价指标，以保证评价的全面性。由于物流系统目标往往是多元的、多层次的、多时序的，因此评价指标体系也可能是一个多元的、多层次的、多时序的有机整体。

（4）充分考虑物流系统中的“效益背反”现象。物流系统运营过程中，一个典型的特点是存在“效益背反”现象，即物流系统的不同主体和不同活动之间可能在目标上存在冲突。例如，运输和仓储两项作业在成本降低的目标上可能存在冲突等。因此，在进行物流系统绩效评价时，应明确评价目标，选择适当的评价指标进行整体评价。

二、物流系统绩效评价的标准

物流系统规划本身存在择优而用的问题，对物流系统绩效的评价是基础性环节之一。为了对各种可靠的方案做出客观公正的评价，应该在提出方案之前就制定好评价的标准。通常，物流系统绩效评价的标准主要包括以下几个方面。

（1）经济性，包括初始投资、运营费用的经济性、直接或间接的经济效益、投资回收期、全员劳动生产率等。

（2）可靠性，包括单个环节的可靠性和整个系统的可靠性、技术的成熟程度、设备故障率和排除故障的时间等。

（3）灵活性或柔性，包括适应产品设计更改和产量变化的能力、物流系统各部分与生产节奏匹配的能力、调整物流路线的可能性等。

（4）安全性，包括产品的安全和人员的安全以及正常运营和事故状态下的安全保障等。

（5）劳动强度，指需要劳动力的数量及作业状态可能引起的劳动者的疲劳程度。

（6）易操作性，指操作简单且不易出错，只需少量指令即可使设备及整个系统投入运营。

（7）服务水平，指物流系统对顾客的要求做出快速响应的能力。

（8）环境保护，指对自然环境的保护；对人类生活环境的保护。

（9）敏感性，指对外界条件变动的敏感程度。

三、物流系统绩效评价的基本步骤

在进行物流系统绩效评价时，首先要根据物流系统目标规定一组评价指标，其次确定评价的项目，最后制定评价的准则。对于物流系统而言，由于其存在不同的定位，其评价的思路与所采用的方法也不同。

具体来看，物流系统绩效评价总的方法有两大类，一类为单项指标比较评价，另一类为综合评价。单项指标比较评价是指在多个方案中，某些指标基本相同，只有某项主要指标不同，此时可比较该项主要指标的优劣情况而对方案进行取舍。例如，当方案的技术水平基本相同时，可对方案的经济效益进行比较，根据经济效益的高低评价方案的优劣；当经济效益基本相同，但技术水平差别较大时，可以根据技术水平的高低评价方案的优劣。由于物流系统的影响因素很多，所涉及的面十分广泛，因此利用单项指标比较评价的方法进行择优决策存在明显不足，往往需要全面地、综合地对所涉及的方案进行评估，即采用综合评价的方法。综合评价的方法是指根据物流系统所涉及方案的技术、经济、环境、社会等因素确定评价指标体系，利用多目标评价方法对方案进行评价与择优。

正确执行物流系统绩效评价的步骤是有效进行物流系统绩效评价的保证。一般来讲，物流系统绩效评价的步骤如图 7－1 所示。

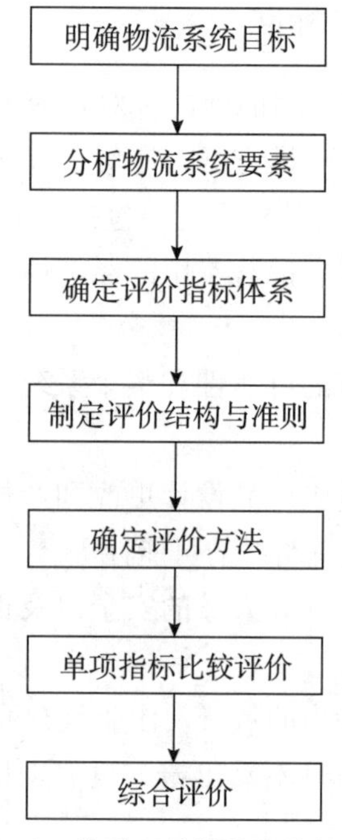

图 7－1　物流系统绩效评价的步骤

（1）明确物流系统目标。为了进行科学的定量评价，必须反复调查，了解建立物流系统的目标和为完成物流系统目标所考虑的具体事项，熟悉其可能的方案，进一步分析和讨论已经考虑的各个因素。

（2）分析物流系统要素。根据评价目标，集中收集有关资料和数据，对组成物流系统的各个要素及物流系统本身的性能、特征进行全面分析，找出评价的项目。

（3）确定评价指标体系。指标是衡量物流系统总体目标的具体标志。对于所评价的系统，必须建立能对照和衡量各个方案的统一尺度，即评价指标体系。评价指标体系必须科学地、客观地、尽可能全面地考虑各种因素，这样就可以明确地对各方案进行对比和评价，并针对其缺陷提出相应的对策。评价指标体系的选择由评价系统的目标和特点决定。评价指标体系可以在收集大量资料以及调查、分析的基础上得到，它是由若干个单项评价指标组成的整体，能反映所要解决问题的各项目标要求。

（4）制定评价结构与准则。在评价过程中，如果仅仅是定性描述物流系统要达到的目标，而没有定量表述，就难以做到科学评价。因此，要对所确定的指标进行定量化处理。有些指标本身是定量的数字，这时不需要进行更多的处理；当指标是定性的指标时，需要借助模糊数学的理论与方法进行相应的处理。每一个具体的指标可能是几个指标的综合，这是由评价系统的特性和评价指标体系的结构决定的，在评价时要根据评价指标体系与评价系统的特性来确定评价的结构。同时由于各指标的评价尺度不同，不同的指标就难以统一比较，这时必须将指标进行规范化，制定出评价准则，根据指标所反映的要素的状况，确定各指标的结构和权重。

（5）确定评价方法。物流系统在其各个阶段涉及多个方案的评价，其评价方法需要根据对象的具体要求而变化。总体来看，在确定评价方法时，需要考虑的因素主要包括系统目标、系统分析结果、费用与效果测定的方法、评价准则等。

（6）单项指标比较评价。单项指标比较评价是就物流系统的某一特殊方面进行详细的评价，以突出物流系统的特征。该评价不能解决最优方案的判定问题，只有综合评价才能解决最优方案的判定问题或方案择优的问题。

（7）综合评价。按照评价标准，在单项指标比较评价的基础上，从不同的观点和角度，对物流系统绩效进行全面评价。综合评价就是利用模型和各种资料，对比各种可行方案，从系统整体观点出发，综合分析问题，选择适当而且可以实现的优化方案。

第二节　物流系统绩效评价指标体系

一、物流系统绩效评价指标体系的基本内容

因为物流系统本身很复杂，所以物流系统绩效评价指标体系的制定存在一定的困难。一般来说，指标范围越宽，指标数量越多，则方案之间的差异越明显，越有利于判断和评价，但是确定指标的大类和指标的重要程度也就越困难，因此在确定评价指标体系时，不仅要考虑评价指标体系能否全面而客观地反映评价目标的要求，同时也需要考虑评价指标体系的确定是否有利于指标重要性、层次性等的判断以及数据处理和建模的完成。

物流系统绩效评价指标体系的建立要全面反映所要评价的物流系统的各项目标要求，尽可能做到科学、合理，且符合实际情况，这样才能被有关人员和部门的决策者所接受。因此，制定物流系统绩效评价指标体系需要在全面分析物流系统的基础上，首先拟定指标草案，此时通常使用德尔菲法，经过广泛征求专家意见、反复交换信息、统计处理和综合归纳等，最后确定物流系统绩效评价指标体系。

在物流系统规划过程中，确定物流系统绩效评价指标体系通常需要考虑以下几方面的内容：一是政策性指标，包括政府的方针、政策、法律与法规和区域经济发

展的规划与要求等；二是技术性指标，包括系统所使用设备的性能、寿命、可靠性、安全性、柔性与灵活性等；三是经济性指标，包括各个方案成本效益、建设周期与回收期等；四是社会性指标，包括社会福利、社会节约、对所在区域与国家经济发展所做的贡献、污染程度与生态环境的影响等；五是资源性指标。

二、物流系统绩效评价指标体系的确定

由于物流系统规划涉及面十分广泛，其不同阶段中均存在评价与择优的行为，因此要统一确定其评价指标体系是十分困难的。下面以物流园区规划为例，说明物流系统绩效评价指标体系的确定。

物流园区大多位于城市中心的边缘，交通条件良好，用地充足。为了吸引物流企业快速、有效地集聚，物流园区在空间布局时需要考虑物流市场需求、地价、交通设施、劳动力成本、环境等涉及经济、社会、自然等多方面的因素。物流园区规划的影响因素可以抽象并归纳为社会效益、经济效益与技术效能三个层面，在每一个层面下都需要考虑更具体的因素。物流园区规划过程中的典型评价指标体系如表 7－1 所示。

表 7－1　物流园区规划的评价指标体系

一级指标	二级指标	评价标准
社会效益	园区所在地交通状态	交通便利程度能满足采购与销售的需要
	区域发展规划	符合区域发展规划中的用地要求、发展目标要求
	污染状态	尽可能减少对环境的污染，最大限度地实现与环境相容
	对当地居民生活的影响	尽可能减轻对当地居民生活的干扰，要求减轻或消除噪声等负面影响
	地质、气候等自然环境的状态	能满足物流园区内的建筑、生活等要求
经济效益	当地消费容量与水平	接近消费市场，有充足消费容量和消费购买力
	运输成本	要求运输成本低
	地价因素	具有低地价区位优势
	周边企业状况	周边企业环境和谐，企业聚集程度适中
	劳动力成本	具有成本合适、数量充足、素质较高的劳动力资源
	公共设施状态	具有充足的供电、供水、排水等基本公共设施及便利的通信设备，有污水、固体废物处理能力
	资金落实程度	融资环境良好
	效益费用比	效益费用比合理
	投资收益率	投资收益率较好

续表

一级指标	二级指标	评价标准
技术效能	功能设计的完备程度和可靠程度	功能完备，同时具有较高的可靠性
	多式联运程度	多式联运运作协调、方便、可达性好
	利用现有设施程度	与现有的物流设施兼容
	是否靠近交通主干道	靠近交通主干道，特别是高等级公路的主干道出入口
	是否靠近货运枢纽	靠近公路货运集散中心，同时力求与铁路货运中心、港口中心及航空中心等距离最短
	道路运输网络完善程度	具有完善的道路运输网络
	总建筑面积满意度	能满足物流园区中长期发展的需要
	总站场面积满意度	能满足规划的中长期发展的需要
	土地面积利用率	土地面积利用率较高

第三节　物流系统绩效评价的常用模型与方法

研究物流系统绩效评价指标体系的主要目的是对物流系统绩效进行有重点的评价，一般来说，评价指标体系决定评价的模型与方法的采用，在物流系统绩效评价当中常用的模型与方法主要有以下几种。

一、关联矩阵模型

关联矩阵模型主要是用矩阵形式来表示各替代方案的有关评价指标及其重要程度与替代方案关于评价指标的价值评定量之间的关系。

设 $A_1,A_2,\cdots,A_m$ 是某评价对象的 m 个替代方案；$X_1,X_2,\cdots,X_n$ 是评价替代方案的 n 个评价指标；$W_1,W_2,\cdots,W_n$ 是 n 个评价指标的权重；$V_{i1},V_{i2},\cdots,V_{in}$ 是第 i 个替代方案 A_i（$i=1$，2，…，m）关于 X_j 指标（$j=1$，2，…，n）的价值评定量。则相应的关联矩阵表如表 7－2 所示。

表 7－2　　关联矩阵表

替代方案	$X_1,X_2,\cdots,X_j,\cdots,X_n$	V_i（加权和）
	$W_1,W_2,\cdots,W_j,\cdots,W_n$	
A_1	$V_{11},V_{12},\cdots,V_{1j},\cdots,V_{1n}$	$V_1 = W_1V_{11}+W_2V_{12}+\cdots+W_nV_{1n}$
A_2	$V_{21},V_{22},\cdots,V_{2j},\cdots,V_{2n}$	$V_2 = W_1V_{21}+W_2V_{22}+\cdots+W_nV_{2n}$
⋮	⋮	⋮
A_m	$V_{m1},V_{m2},\cdots,V_{mj},\cdots,V_{mn}$	$V_m = W_1V_{m1}+W_2V_{m2}+\cdots+W_nV_{mn}$

通常物流系统规划是多目标的，因此，评价指标也不是唯一的，而且衡量各评价指标的尺度不一定均是货币单位，在许多情况下是不相同的。针对这一问题，可以根据具体评价系统，确定其评价指标体系及相应的权重，然后计算各替代方案的综合评价值，即求出各评价指标的价值评定量的加权和。

应用关联矩阵模型的关键在于确定各评价指标的相对重要程度，以及根据评价主体给定的评价指标的评价尺度，确定评价指标的价值评定量。

下面结合物流系统中信息系统的方案选择来探讨关联矩阵模型的应用与求解过程。

1. 逐对比较法

逐对比较法的基本做法是：对各替代方案的评价指标进行逐对比较，对相对重要的指标给予较高的得分，据此可得到各评价指标的权重 W_j，再根据评价主体给定的综合的评价尺度，对各替代方案在不同的评价指标下一一进行评价，得到相应的价值评定量，进而求加权和得到综合价值评定量。

例 7－1 综合评价以下三种措施。这三种措施包括：A_1 自行开发新的信息系统；A_2 从专业软件商处直接引进新的信息系统；A_3 在原有信息系统的基础上开发新的信息系统。

根据软件专家与物流专家的讨论结果，确定其评价指标有 5 项：系统的可靠性、系统的功能完备性、系统的可维护性、系统的人机友好性和投资费用。针对上述三种措施，专家预测与评估的效果如表 7－3 所示。

表 7－3　　各替代方案的效果评价

替代方案	评价指标				
	系统的可靠性	系统的功能完备性	系统的可维护性	系统的人机友好性	投资费用
A_1	5	6	5	好	4.5
A_2	8	10	10	一般	10
A_3	3	4	2	好	3

应用逐对比较法，整个评价计算过程如下。

（1）用逐对比较法，求出各评价指标的权重（见表 7－4）。例如，表 7－4 中的系统的可靠性与系统的功能完备性相比，前者更为重要，得 1 分，后者得 0 分，依此类推，最后根据各评价指标的累计得分计算权重，如表 7－4 最后一列所示。

表 7－4　　逐对比较法示例表

评价指标	判定										得分	权重
	1	2	3	4	5	6	7	8	9	10		
系统的可靠性	1	1	1	1							4	0.4

续表

评价指标	判定										得分	权重
	1	2	3	4	5	6	7	8	9	10		
系统的功能完备性	0				1	1	1				3	0.3
系统的可维护性		0			0			1	0		1	0.1
系统的人机友好性			0			0		0		0	0	0.0
投资费用				0			0		1	1	2	0.2
合计	1	1	1	1	1	1	1	1	1	1	10	1.0

（2）由评价主体（一般为专家群体）确定评价尺度（见表7－5），以便统一度量替代方案在不同指标下的实施结果，便于求加权和。

表7－5　评价尺度示例表

评价指标	得分				
	5	4	3	2	1
系统的可靠性	8及以上	6～7	4～5	2～3	1及以下
系统的功能完备性	8及以上	6～7	4～5	2～3	1及以下
系统的可维护性	8及以上	6～7	4～5	2～3	1及以下
系统的人机友好性	很好	好	一般	差	很差
投资费用	0～2	2.1～4	4.1～6	6.1～8	8.1及以上

（3）根据表7－3及表7－5得到各替代方案各自评价指标的得分，如替代方案A_1的系统的可靠性评价值是5，而此值在表7－5中的得值区间为4～5，所以其得分为3，其他评价指标的判定过程类似。结合表7－4，对各替代方案的综合评价如下：

替代方案A_1：$V_1 = 0.4 \times 3 + 0.3 \times 4 + 0.1 \times 3 + 0.2 \times 3 = 3.3$

替代方案A_2：$V_2 = 0.4 \times 5 + 0.3 \times 5 + 0.1 \times 5 + 0.2 \times 1 = 4.2$

替代方案A_3：$V_3 = 0.4 \times 2 + 0.3 \times 3 + 0.1 \times 2 + 0.2 \times 4 = 2.7$

以上计算可用关联矩阵来表示，如表7－6所示。

表7－6　关联矩阵示例表

替代方案	系统的可靠性	系统的功能完备性	系统的可维护性	系统的人机友好性	投资费用	V_i $(i=1,2,3)$
	0.4	0.3	0.1	0.0	0.2	
A_1	3	4	3	4	3	3.3
A_2	5	5	5	3	1	4.2
A_3	2	3	2	4	4	2.7

由表7－6可知，$V_2 > V_1 > V_3$，故选择替代方案A_2，即从专业软件商处直接引进

新的信息系统。

2. Klee 法

对各评价指标间的重要性做出定量估计时，Klee 法比逐对比较法更为完善，是确定评价指标的权重和价值评定量的基本方法。下面基于例 7－1 来介绍 Klee 法的计算步骤。

（1）决定评价指标的权重。把评价指标以任意顺序排列起来；从下至上对相邻的评价指标进行评价，并用数值表示其重要程度，然后填入表 7－7 中的 R_j 列；把 K_j 列中对应最后一个评价指标的值设为 1，接着进行基准化，即按从下而上的顺序乘以 R_j 的值，从而求出 K_j 的值；把 K_j 归一化（使列合计值为 1），即为权重 W_j。

本例的权重计算值如表 7－7 所示。

表 7－7　评价指标的权重

评价指标	R_j	K_j	W_j
系统的可靠性	3	18	0.581
系统的功能完备性	3	6	0.194
系统的可维护性	0.5	2	0.065
投资费用	4	4	0.129
系统的人机友好性	—	1	0.032
合计	—	31	1.00

（2）用各评价指标对替代方案进行评价。把评价方案以任意顺序排列起来；计算方案 A_i 在指标 X_j 下的重要度 R_{ij}①；将替代方案的预计结果按比例计算出来，如表 7－8 中的 $R_{11}=\frac{X_{11}}{X_{21}}=\frac{5}{8}=0.625$②；把 K_{ij}列中对应每个评价指标的最下面一个值设为 1，接着进行基准化，即按从下而上的顺序乘以 R_{ij}的值，从而求出 K_{ij}的值；把 K_{ij}归一化（使列合计值为 1），即为权重 V_{ij}。

表 7－8　对替代方案按评价指标类别的评价

评价指标	方案	R_{ij}	K_{ij}	V_{ij}
系统的可靠性	A_1	0.625	1.667	0.313
	A_2	2.667	2.667	0.5
	A_3	—	1.00	0.187
	合计	—	5.334	1.00

① 计算系统的可靠性、系统的功能完备性、系统的可维护性和投资费用时参考表 7－3；计算系统的人机友好性时参考表 7－3 及表 7－5；计算投资费用时由于希望投资费用越小越好，因此其比例取其倒数。

② X_{11}为表 7－3 中替代方案 A_1 在评价指标“系统的可靠性”下的评价值，其他均类似。

续表

评价指标	方案	R_{ij}	K_{ij}	V_{ij}
系统的功能完备性	A_1	0.60	1.500	0.30
	A_2	2.50	2.500	0.50
	A_3	—	1.00	0.20
	合计	—	5.00	1.00
系统的可维护性	A_1	0.5	2.50	0.294
	A_2	5	5.00	0.588
	A_3	—	1.00	0.118
	合计	—	8.50	1.00
系统的人机友好性	A_1	1.333	1.000	0.364
	A_2	0.750	0.750	0.273
	A_3	—	1.00	0.364
	合计	—	2.750	1.00
投资费用	A_1	2.222	0.667	0.339
	A_2	0.3	0.300	0.153
	A_3	—	1.00	0.508
	合计	—	1.967	1.00

（3）计算综合价值评定量 $V_i = \sum_{j=1}^{n} V_{ij}W_j$

由表7－9所示可知，$V_2 > V_1 > V_3$，故选择替代方案A_2，即从专业软件商处直接引进新的信息系统。

表7－9　　替代方案综合评价得分计算表

替代方案	系统的可靠性	系统的功能完备性	系统的可维护性	系统的人机友好性	投资费用	V_i $(i = 1,2,3)$
	0.581	0.194	0.065	0.032	0.129	
A_1	0.313	0.3	0.294	0.364	0.339	0.314542
A_2	0.5	0.5	0.588	0.273	0.153	0.454193
A_3	0.187	0.2	0.118	0.364	0.508	0.232297

二、模糊综合评价模型

进行方案、人才、成果的评价时，人们往往是从多种因素出发，参照有关的数据，根据他们的判断，对复杂问题分别做出诸如“大、中、小”“高、中、低”“优、良、劣”“好、较好、一般、较差、差”等程度的模糊综合评价，此时就需要引进模糊综合评价模型进行运算，得出定量的综合评价结果，从而为正确决策提供依据。

1. 模糊综合评价的数学模型

对某一事物进行评价，若评价指标有 n 个，分别记为 $u_1,u_2,\cdots,u_n$，则这 n 个评价指标便构成了一个评价指标的有限集合 $U=\{u_1,u_2,\cdots,u_n\}$。

若根据实际需要将评语划分为不同等级，分别记为 $v_1,v_2,\cdots,v_m$，则这 m 个评语便构成了一个评语的有限集合 $V=\{v_1,v_2,\cdots,v_m\}$。

例如，对某物流项目进行评价，假如可以从科学性 u_1、实践性 u_2、适应性 u_3、先进性 u_4、专业性 u_5 出发来评价的话，则评价指标集合 $U=\{u_1,u_2,u_3,u_4,u_5\}$；若评语区分为很好 v_1、好 v_2、一般 v_3、差 v_4 四个等级，则评语集合 $V=\{v_1,v_2,v_3,v_4\}$。

若我们只着眼于科学性一个评价指标来评价该项目，采用“民意测验”的办法，结果是16%的人说它“很好”，42%的人说它“好”，39%的人说它“一般”，3%的人说它“差”，则这个结果可以用模糊集合表示，即 $B=0.16/$很好$+0.42/$好$+0.39/$一般$+0.03/$差，也可以将其简化为向量的形式，即 $\boldsymbol{B}=[0.16,0.42,0.39,0.03]$。

评价结果集合 B 是评语集合 V 这一论域上的模糊子集，评价结果集合 B 就是对被评价对象所做的单指标评价。一般地，对某一事物进行评价需要从不同方面来综合评价，从而得到一个综合的评价结果，该结果仍是评语集合 V 这一论域上的模糊子集 B，此时即是综合评价问题。

通常评语集合 V 为有限集合，则评价结果集合 B 为相应的有限模糊集合，$B=b_1/v_1+b_2/v_2+b_3/v_3+\cdots+b_m/v_m$，简化为向量的形式，即 $\boldsymbol{B}=[b_1,b_2,\cdots,b_m]$，其论域为 V，b_j 为 $\boldsymbol{B}$ 中相应元素的隶属程度（隶属度），且 $b_j\in[0,1]$，$j=1,2,\cdots,m$。

在实际评价工作中，各评价指标的重要程度往往是不相同的，考虑到这一客观事实，评价指标集合 A 实际上是评价指标集合 U 这一论域上的一个模糊集合，它也为一相应的有限模糊集合，即存在 $A=a_1/u_1+a_2/u_2+a_3/u_3+\cdots+a_n/u_n$。同样，可以用一个 n 维模型向量来表示，即 $\boldsymbol{A}=[a_1,a_2,\cdots,a_n]$，其论域为 U，a_i 是 $\boldsymbol{A}$ 中相应元素的隶属程度（隶属度），且 $a_i\in[0,1]$，$i=1,2,\cdots,n$，并应满足 $\sum_{i=1}^{n}a_i=1$。

一个模糊综合评价问题，就是将评价指标集合 U 这一论域上一个模糊集合经过模糊关系 $\boldsymbol{R}$ 变换为评语集合 V 这一论域上的一个模糊集合 B。因此，模糊综合评价的数学模型可以表示为 $\boldsymbol{B}=\boldsymbol{AR}$。其中 $\boldsymbol{B}$ 为模糊综合评价的结果；$\boldsymbol{A}$ 为模糊评价指标权重；$\boldsymbol{R}$ 为从 U 到 V 的一个模糊关系，是一个 $n\times m$ 的矩阵，其元素 r_{ij}（$i=1,2,\cdots,n$；$j=1,2,\cdots,m$）表示从第 i 个评价指标着眼做出第 j 个评语的可能程度；$\boldsymbol{B}=\boldsymbol{AR}$ 为模糊矩阵的乘积。在评价问题时，通常是让模糊向量 $\boldsymbol{A}$ 中各元素满足 $\sum_{i=1}^{n}a_i=1$，其中 a_i 是 u_i 的重要程度的度量，也即评价指标 u_i 的权重。

2. 模糊综合评价模型在物流规划中的应用实例

例 7－2　某一物流企业需要购买供应链管理软件，该类供应链管理软件技术有三个主要供应商。为了简化问题，只介绍有关的情况，如表 7－10 所示。现要从中选出优秀的软件技术供应商作为采购的对象。

表 7－10　　**三个供应商的有关情况**

项目	评价指标		
	技术水平	成功概率（%）	经济效益（万元）
甲	接近国际先进	70	100
乙	国内先进	100	200
丙	一般	100	20

（1）设评价指标集合 $U=$ ｛技术水平，成功概率，经济效益｝。

（2）为了简化运算，可以设定其评语集合 $V=$ ｛大，中，小｝，或 $V=$ ｛高，中，低｝。

（3）确定权重集合。在专家讨论、统一认识后，得出权重集合并将其化为向量的形式，即 $\boldsymbol{A}=[0.2, 0.3, 0.5]$。

（4）专家评价结果如表 7－11 所示。

表 7－11　　**专家评价结果**

项目	评价指标								
	技术水平			成功概率			经济效益		
	高	中	低	大	中	小	高	中	低
甲	0.7	0.2	0.1	0.1	0.2	0.7	0.3	0.6	0.1
乙	0.3	0.6	0.1	1	0	0	0.7	0.3	0
丙	0.1	0.4	0.5	1	0	0	0.1	0.3	0.6

（5）建立单指标评价矩阵。

对供应商甲有 $\boldsymbol{R}_{甲}=\begin{bmatrix}0.7 & 0.2 & 0.1\\0.1 & 0.2 & 0.7\\0.3 & 0.6 & 0.1\end{bmatrix}$，对供应商乙有 $\boldsymbol{R}_{乙}=\begin{bmatrix}0.3 & 0.6 & 0.1\\1 & 0 & 0\\0.7 & 0.3 & 0\end{bmatrix}$，

对供应商丙有 $\boldsymbol{R}_{丙}=\begin{bmatrix}0.1 & 0.4 & 0.5\\1 & 0 & 0\\0.1 & 0.3 & 0.6\end{bmatrix}$。

（6）进行综合评价。

$$\boldsymbol{B}_{甲} = \boldsymbol{A}\boldsymbol{R}_{甲} = [0.2, 0.3, 0.5]\begin{bmatrix} 0.7 & 0.2 & 0.1 \\ 0.1 & 0.2 & 0.7 \\ 0.3 & 0.6 & 0.1 \end{bmatrix} = [0.32, 0.4, 0.28]$$

类似地有 $\boldsymbol{B}_{乙} = \boldsymbol{A}\boldsymbol{R}_{乙}$，$\boldsymbol{B}_{丙} = \boldsymbol{A}\boldsymbol{R}_{丙}$。

（7）归一化处理。

$$\boldsymbol{B}_{甲} = \left[\frac{0.32}{0.32 + 0.4 + 0.28}, \frac{0.4}{0.32 + 0.4 + 0.28}, \frac{0.28}{0.32 + 0.4 + 0.28}\right] = [0.32, 0.4, 0.28]$$

同理可得：$\boldsymbol{B}_{乙} = [0.71, 0.27, 0.02]$，$\boldsymbol{B}_{丙} = [0.37, 0.23, 0.4]$

根据最大隶属原则进行决策。对于供应商甲而言，max（0.32，0.4，0.28）= 0.4；对于供应商乙而言，max（0.71，0.27，0.02）= 0.71；对于供应商丙而言，max（0.37，0.23，0.4）= 0.4。因此，从结果可以看出，供应商乙提供的供应链管理软件技术更为优秀，是首选的对象。

三、层次分析法

关于层次分析法，仅举例说明该方法在物流系统绩效评价中的应用。

例 7－3 某物流企业需采购设备，在采购时，需要对功能、价格与可维护性三个评价指标进行评价，考虑应用层次分析法对三个不同品牌的设备进行综合分析评价和排序，从中选出能实现物流系统总目标的最优设备。设备采购层次结构如图 7－2 所示。目标层中 A 表示物流系统总目标，即购买设备；判断层中 B_1 表示功能，B_2 表示价格，B_3 表示可维护性；方案层中 C_1、C_2、C_3 分别表示备选的三种品牌。

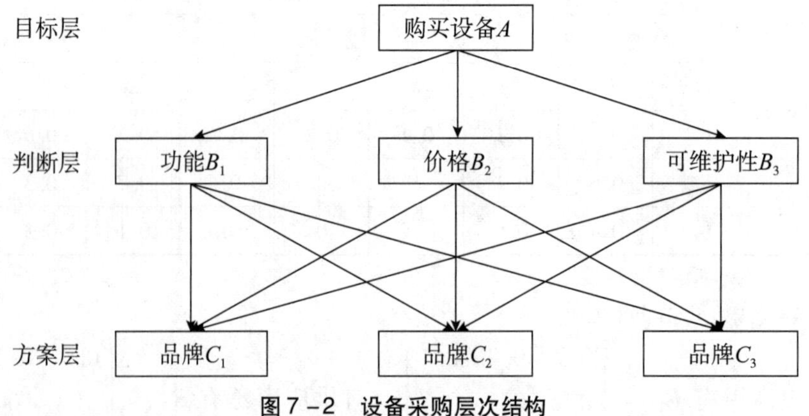

图 7－2 设备采购层次结构

（1）构造判断矩阵。

根据图 7－2 所示的结构模型，将图中各评价指标两两进行判断与比较，构造判断矩阵，判断矩阵 $\boldsymbol{A}-\boldsymbol{B}$（相对于物流系统总目标，判断层中各评价指标的相对重要性比较）如表 7－12 所示；判断矩阵 $\boldsymbol{B}_1-\boldsymbol{C}$（相对功能，各方案的相对重要性比较）如表 7－13 所示；判断矩阵 $\boldsymbol{B}_2-\boldsymbol{C}$（相对价格，各方案的相对重要性比较）如表 7－14 所示；判断矩阵 $\boldsymbol{B}_3-\boldsymbol{C}$（相对可维护性，各方案的相对重要性比较）如表 7－15 所示。

（2）计算各判断矩阵的层次单排序及一致性检验指标。

①判断矩阵 $\boldsymbol{A}-\boldsymbol{B}$ 的特征根、特征向量与一致性检验

表 7－12　　判断矩阵 $A-B$

A	B_1	B_2	B_3
B_1	1	1/3	2
B_2	3	1	5
B_3	1/2	1/5	1

表 7－13　　判断矩阵 B_1-C

B_1	C_1	C_2	C_3
C_1	1	1/3	1/5
C_2	3	1	1/3
C_3	5	3	1

表 7－14　　判断矩阵 B_2-C

B_2	C_1	C_2	C_3
C_1	1	2	7
C_2	1/2	1	5
C_3	1/7	1/5	1

表 7－15　　判断矩阵 B_3-C

B_3	C_1	C_2	C_3
C_1	1	3	1/7
C_2	1/3	1	1/9
C_3	7	9	1

计算判断矩阵 $\boldsymbol{A}-\boldsymbol{B}$ 各行元素的乘积 M，并求其 n 次方根，如 $M_1=1\times\frac{1}{3}\times2=$

$\frac{2}{3}, W_1 = \sqrt[3]{M_1} = 0.874$，类似地有：

$$W_2 = \sqrt[3]{M_2} = 2.466, W_3 = \sqrt[3]{M_3} = 0.464$$

对向量 $\boldsymbol{W} = [W_1, W_2, \cdots, W_n]^{\mathrm{T}}$ 规范化，有

$$W_1 = \frac{W_1}{\sum_{i=1}^{n} W_i} = \frac{0.874}{0.874 + 2.466 + 0.464} = 0.230$$

类似地有 $W_2 = 0.648, W_3 = 0.122$，求得特征向量 $\boldsymbol{W} = [0.230, 0.648, 0.122]^{\mathrm{T}}$。

$$\boldsymbol{AW} = \begin{bmatrix} 1 & \frac{1}{3} & 2 \\ 3 & 1 & 5 \\ \frac{1}{2} & \frac{1}{5} & 1 \end{bmatrix} [0.230, 0.648, 0.122]^{\mathrm{T}}$$

$$(AW)_1 = 1 \times 0.230 + \frac{1}{3} \times 0.648 + 2 \times 0.122 = 0.690。$$

类似地可以得到 $(AW)_2 = 1.948$，$(AW)_3 = 0.3666$。计算判断矩阵最大特征根

$$\lambda_{\max} = \sum_{i=1}^{n} \frac{(AW)_i}{nW_i} = \frac{0.690}{3 \times 0.230} + \frac{1.948}{3 \times 0.648} + \frac{0.3666}{3 \times 0.122} = 3.004$$

一致性检验有：$CI = \frac{\lambda_{\max} - n}{n - 1} = \frac{3.004 - 3}{3 - 1} = 0.002$，查同阶平均随机一致性指标，得 $RI = 0.580$，故 $CR = \frac{CI}{RI} = 0.003 < 0.100$。

②判断矩阵 $\boldsymbol{B}_1 - \boldsymbol{C}$ 的特征根、特征向量与一致性检验

类似于①的计算过程，可以得到矩阵 $\boldsymbol{B}_1 - \boldsymbol{C}$ 的特征根、特征向量与一致性检验如下：

$$\boldsymbol{W} = [0.105, 0.258, 0.637]^{\mathrm{T}}, \lambda_{\max} = 3.037, CR = 0.032 < 0.100$$

③判断矩阵 $\boldsymbol{B}_2 - \boldsymbol{C}$ 的特征根、特征向量与一致性检验

类似于①的计算过程，可以得到矩阵 $\boldsymbol{B}_2 - \boldsymbol{C}$ 的特征根、特征向量与一致性检验如下：

$$\boldsymbol{W} = [0.592, 0.333, 0.075]^{\mathrm{T}}, \lambda_{\max} = 3.013, CR = 0.011 < 0.100$$

④判断矩阵 $\boldsymbol{B}_3 - \boldsymbol{C}$ 的特征根、特征向量与一致性检验

类似于①的计算过程，可以得到矩阵 $\boldsymbol{B}_3 - \boldsymbol{C}$ 的特征根、特征向量与一致性检验如下：

$$\boldsymbol{W} = [0.149, 0.066, 0.785]^{\mathrm{T}}, \lambda_{\max} = 3.080, CR = 0.069 < 0.100$$

（3）方案层总排序。

方案层总排序，如表 7-16 所示。

表7－16　　方案层总排序

方案层	判断层			方案层总排序权重
	B_1	B_2	B_3	
	0.230	0.648	0.122	
C_1	0.105	0.592	0.149	0.426
C_2	0.258	0.333	0.066	0.283
C_3	0.637	0.075	0.785	0.291

（4）结论。

由表7－16可以看出，三种品牌的优劣顺序为：C_1, C_3, C_2，且品牌 C_1 明显优于其他两种品牌设备。

四、数据包络分析模型

数据包络分析（Data Envelopment Analysis，DEA）是一种新的系统分析方法，在理论研究和实际应用方面都有迅速的发展，已成为管理科学、系统工程和决策分析、评价技术等领域的一种非常重要的分析工具和手段。

（一）基本概念

1．决策单元

物流管理工作可以看作是一个物流企业、一个物流中心等的决策单元在一定可能范围内，通过一定数量的“投入”获得一定数量的“产出”的活动。虽然这种活动的具体内容不同，但其目的都是尽可能使这一活动取得最大的“效益”。由于从“投入”到“产出”需要经过一系列的决策才能实现，即“产出”是决策的结果，这样的单元称为决策单元（Decision Making Units，DMU）。

2．输入与输出

在物流管理工作中经常需要对具有相同类型的部门或单位（决策单元）进行评价，其评价的依据是决策单元的“输入”和“输出”。输入是指决策单元在某种活动中需要耗费的某些资源数量，例如投入的资金、劳动力、占地面积等；输出是指决策单元经过一定的输入之后，产生的表明该活动成效的某些信息。比如评价某一物流中心，输入可以是全年的资金、员工总数、库房总面积等，输出可以是年货物存储量、货物周转量等。根据输入和输出评价决策单元的优劣。决策单元在将输入转化成输出的过程中，实现自身的决策目标。

3．有效生产活动

设某个决策单元在一项生产活动中的输入向量 $\boldsymbol{x}=(x_1,x_2,\cdots,x_m)^{\mathrm{T}}$，输出向量

$\boldsymbol{y}=(y_1,y_2,\cdots,y_s)^{\mathrm{T}}$，于是我们可以简单地用（$x$，$y$）表示这个DMU的整个生产活动。称$T=\{(x,y)\mid$产出$y$能用$x$生产出来$\}$为所有可能的生产活动构成的生产可能集。

设（x，y）$\in T$，如果不存在（x，y）$\in T$，且$y\leqslant y'$，称（x，y）为有效生产活动。

4. 规模有效

如果投入增量相对百分比（$\Delta x/x$）大于产出增量相对百分比（$\Delta y/y$），表明投入规模的增加并未获得“理想”的产出效益，故称为规模效益递减；反之如果投入增量相对百分比（$\Delta x/x$）小于产出增量相对百分比（$\Delta y/y$），表明产出效益的增加大于投入规模的增加，则称为规模效益递增；如果（$\Delta x/x$）等于（$\Delta y/y$），则称为规模效益不变。

如果某一生产过程（x，y）处于规模效益递增状态，说明在x_0的基础上，适当增加投入量，最大产出有相对更大比例的增加，因此决策单元会有增加投入的积极性，反之将没有再增加投入的积极性。

如果对于投入规模x_0，当投入小于x_0时，均为效益递增状态，而当投入大于x_0时，均为效益递减状态，即就投入规模而言，无论大于或小于x_0，都不是最好的，我们称这样的决策单元对应的生产过程为规模有效。

（二）DEA的基本模型C^2R模型

1. C^2R模型

设有n个DMU_j（$j=1$，2，…，n），DMU_j的输入向量、输出向量分别为：

$$\boldsymbol{x}_j=(x_{1j},x_{2j},\cdots,x_{mj})^{\mathrm{T}}>0$$

$$\boldsymbol{y}_j=(y_{1j},y_{2j},\cdots,y_{sj})^{\mathrm{T}}>0$$

对固定的j_0（$1\leqslant j_0\leqslant n$），构造如下两个线性规划模型。

LP1：寻求DMU_j（$1\leqslant j\leqslant n$）的一种线性组合，在不比DMU_{j_0}原来投入更多的前提下，求其最大可能产出，并检查这一产出是否比原产出更多。相应模型为：

$$\max\omega=\omega^*$$

$$\mathrm{s}\cdot\mathrm{t}\cdot\begin{cases}\sum_{j=1}^{n}\lambda_j x_{ij}\leqslant x_{ij_0},i=1,2,\cdots,m\\\sum_{j=1}^{n}\lambda_j y_{kj}\leqslant y_{kj_0}\omega,k=1,2,\cdots,s\\\lambda_j\geqslant 0,\omega\geqslant 0,j=1,2,\cdots,n\end{cases}\tag{7-1}$$

式中m为投入个数，s为产出个数，n为决策单元个数。$\lambda_j(j=1，2，\cdots，n)$为$n$个DMU的某种组合权重，$\sum_{j=1}^{n}\lambda_j x_{ij}$和$\sum_{j=1}^{n}\lambda_j y_{kj}$为按这种权重组合的虚构DMU的投入和产出，$x_{ij_0}$和$y_{kj_0}$为所评价的第$j_0$个DMU的投入和产出。该模型是从投入不变、产出增加的角度构造的，用于研究产出的有效性。同理，从产出不变、投入减少的角度，可构造模型来研究投入的有效性。

LP2：寻求 DMU_j（$1\leqslant j\leqslant n$）的一种线性组合，在至少保持 DMU_{j_0} 产出的前提下，求其最小投入，并检查这一投入是否比原投入更小。相应模型如下：

$$\min\theta = \theta^*$$

$$\text{s}\cdot\text{t}\cdot\begin{cases}\sum_{j=1}^{n}\lambda_j x_{ij} \leqslant x_{ij_0}\theta, i = 1,2,\cdots,m \\ \sum_{j=1}^{n}\lambda_j y_{kj} \leqslant y_{kj_0}, k = 1,2,\cdots,s \\ \lambda_j \geqslant 0, \theta \geqslant 0, j = 1,2,\cdots,n\end{cases} \tag{7-2}$$

以上两个模型可写成：

$$\begin{cases}\max\omega = \omega^* \\ \sum_{j=1}^{n}\lambda_j x_j + s^- = x_{j_0} \\ \sum_{j=1}^{n}\lambda_j x_j - s^+ = y_{j_0}\omega \\ \lambda_j \geqslant 0, j = 1,2,\cdots,n \\ s^+ \geqslant 0, s^- \geqslant 0\end{cases} \tag{7-3}$$

$$\text{和}\begin{cases}\min\theta = \theta^* \\ \sum_{j=1}^{n}\lambda_j x_j + s^- = \theta x_{j_0} \\ \sum_{j=1}^{n}\lambda_j y_j - s^+ = y_{j_0} \\ \lambda_j \geqslant 0, j = 1,2,\cdots,n \\ s^+ \geqslant 0, s^- \geqslant 0\end{cases} \tag{7-4}$$

其中 s^+ 和 s^- 为松弛变量。

以上四个模型称为 C^2R 模型。以下主要讨论模型（7－4），研究投入的有效性。

2. DEA 有效性

以下从应用的角度不加证明地直接给出由模型（7－4）判断 DEA 有效性定理，它本质上就是在模型（7－4）下弱 DEA 有效和 DEA 有效的定义。

定理 7－1　对于线性规划模型（7－4）有：

（1）若模型（7－4）最优值 $\theta^*=1$，则第 j_0 个 DMU 为弱 DEA 有效，反之亦然。

（2）若模型（7－4）的最优值 $\theta^*=1$，并且满足所有的 $s^{-*}=0$，$s^{+*}=0$（每个分量都为零），则第 j_0 个 DMU 为 DEA 有效，反之亦然。

实际中，如何对多个 DMU 进行相对有效性评价呢？由定理 7－1 可知，如果模型（7－4）的最优值 $\theta^* <1$，说明第 j_0 个 DMU 不是弱 DEA 有效，当然更不是 DEA 有效。也就是说，它是非 DEA 有效，并且 θ^* 越小，其有效性越差。但若用模型（7－4）判定某个 DMU 为 DEA 有效，就需要检查所有的解 λ^*，s^{+*}，s^{-*}，θ^*，满足 $\theta^*=1$，$s^{+*}=s^{-*}=0$；如果只有 $\theta^*=1$，但并非所有的 $s^{+*}=0$，$s^{-*}=0$，只能说明第 j_0 个 DMU 是弱 DEA 有效，不能说是 DEA 有效。但对于模型（7－4）要判断所有的 $s^{-*}=0$，$s^{+*}=0$，并不是一件容易事，因此，在实际中经常直接使用的并非模型（7－4），而是一个稍加变化了的模型，这个模型就是所谓具有非阿基米德无穷小 ε 的 C^2R 模型。

非阿基米德无穷小 ε 是一个抽象的数学概念，可以理解为一个小于任意正数而大于零的数（实际使用中常取足够小的正数，例如 10^{-5}）。

带有非阿基米德无穷小 ε 的 C^2R 模型为：

$$
\begin{cases}
\min[\theta-\varepsilon(\hat{\boldsymbol{e}}^{\mathrm{T}}s^-+\boldsymbol{e}^{\mathrm{T}}s^+)=\theta^*] \\
\sum_{j=1}^{n}\lambda_j x_j+s^-=\theta x_{j_0} \\
\sum_{j=1}^{n}\lambda_j y_j-s^+=y_{j_0} \\
\lambda_j\geqslant 0, j=1,2,\cdots,n \\
s^+\geqslant 0, s^-\geqslant 0
\end{cases}
\tag{7－5}
$$

其中 $\hat{\boldsymbol{e}}=(1,\cdots,1)^{\mathrm{T}}\in R^m, \boldsymbol{e}=(1,\cdots,1)^{\mathrm{T}}\in R^s$

定理 7－2 设 ε 为非阿基米德无穷小，以上该线性规划问题的最优解为 $\lambda^*, s^{+*}, s^{-*}, \theta^*$。若 $\theta^*=1$，则 DMU_{j_0} 为弱 DEA 有效；若 $\theta^*=1$，且 $s^{+*}=0, s^{-*}=0$，则称 DMU_{j_0} 为 DEA 有效。

3. DEA 有效性的经济含义

如果把相同类型的 DMU 看成是某种生产活动，则 DEA 有效性具有一定的经济含义：在 C^2R 模型下为 DEA 有效的 DMU，从生产函数的角度讲，既是“技术有效”的，也是“规模有效”的。DEA 有效性的经济含义可分为以下三层。

（1）如果 $\theta<1$，在保持产出 y_{j_0} 不变的前提下，可以将投入 x_{j_0} 的各个分量均按同一比例减少，则表明可以用比 DMU_{j_0} 更少的投入而使产出不变，这正说明当前的 DMU_{j_0} 不是有效的生产活动，其既非技术有效也非规模有效。

（2）如果 $\theta=1$，要保持产出 y_{j_0} 不变，投入 x_{j_0} 的各个分量不可以全部继续减少，但可以减少部分投入，而保持产出 y_{j_0} 不变，则表明当前的 DMU_{j_0} 是弱 DEA 有效，但不是 DEA 有效。从生产理论来讲，它是技术有效而非规模有效。

（3）如果 $\theta=1$，要保持产出 y_{j_0} 不变，投入 x_{j_0} 的各个分量不仅不能整体按同比例减少，而且连部分投入也不能再减少，则表明当前的 DMU_{j_0} 是 DEA 有效，从生产理论来讲，它既是技术有效也是规模有效。

（三）应用 DEA 模型需要强调的几个问题

在进入实际应用前还需要强调以下几个问题。

（1）C^2R 模型是 DEA 方法中最基本的模型，由于实际生产过程的不同和经济活动的多样性，在这个模型的基础上又派生出了一些新的模型，比如：C^2GS^2 可以评价技术有效性；C^2W 模型可以处理无穷多个决策单元；锥比率 C^2WH 模型可以处理具有过多投入和产出的情况，并且锥的选取可以体现决策者或评价者的偏好。还有 C－D 型 DEA 模型、含有偏好信息的 DEA 模型等。在实际应用前可以根据评价的目的选择适宜的模型。

（2）评价对象是同种类型的 DMU，既可以横向对比，也可以纵向对比。

（3）由于 DEA 模型并不直接对指标数进行综合，因而建立模型前无须对数据进行无量纲化处理。可以证明，某个 DMU 的相对有效性评价结果与各投入产出指标的量纲选择无关。

（4）通过对 DEA 模型求解，可以将参评的多个 DMU 分成三类：第一类是 DEA 有效的 DMU；第二类是仅为弱 DEA 有效的 DMU；第三类是非 DEA 有效的 DMU。这三类显然已经序化，依次由“好”到“不好”。对于第一类 DMU，DEA 模型并不做出排序；对于第二类 DMU，DEA 模型也不做出排序；对于第三类 DMU，可按各 DMU 的相对有效性值（模型的最优值 θ^* ）来排序，θ^* 越小，其相对有效性越差。另外，更为重要的是，对第二类 DMU 和第三类 DMU 可以找出其“生产”过程中的问题，为管理者提供更为丰富的信息。

（四）DEA 模型应用的一般步骤

虽然 DEA 模型实际应用所涉及的领域不同、目的不同，但 DEA 模型在应用步骤上有若干共同点。DEA 模型应用的一般步骤如下。

1. 确定评价目的

DEA 模型的基本功能是“评价”，特别是进行多个同类样本间的“相对优劣性”的评价。为此需要明确哪些 DMU 能够或适宜在一起进行评价，通过什么样的输入/输出指标体系进行评价，选择什么样的 DEA 模型进行评价等，这些均应服从应用 DEA 模型的具体目的性。

2. 选择 DMU

选择 DMU 就是确定参考集。由于 DEA 方法是在同类的 DMU 之间进行相对有效性的评价，因此选择 DMU 的一个基本要求就是同类型。同类型应具有三个基本特征：第一，具有相同的目标和任务；第二，具有相同的外部环境；第三，具有相同的输入指标和输出指标。如果将较多的 DMU 放在一起组成一个参考集时，“同类型”反映得不够充分，若将它们按一定特性分成几个子集，则每个子集内的 DMU 能较好地体现出“同类型”。这样我们可以分别对这几个子集进行 DMU 分析，再将分析结果或独立或综合地进行再分析，这样往往能得到一些新的有用信息。

3. 建立输入/输出指标体系

建立输入/输出指标体系是 DEA 模型的一项基础工作，有几点要注意。第一，要考虑能够实现评价目的，即输入向量与输出向量的选择要服务、服从评价目的。第二，要能全面反映评价目的。第三，要考虑输入向量、输出向量之间的联系。如果某指标与已作为输入（出）指标之间呈现较强相关关系，则不要再选入输入向量。如果某指标与各输入指标相关关系较强，同时又与各输出指标相关关系较弱，则可将该指标归为输出向量，反之则归为输入向量。权重很小的指标可以考虑删除。第四，要考虑输入/输出指标体系的多样性。一般在实现评价目的的大前提下设计多个输入/输出指标体系，对各体系进行 DEA 分析后，将分析结果放在一起进行比较分析。

4. DEA 模型的选择

DEA 模型有多种形式，选择哪一个一要看 DMU 的实际背景，二要看评价目的。此外，评价中要对各指标的相对重要性有所体现。尽可能选用不同类型同时进行分析，再把分析结果相互比较，这样会使评价更全面、更准确。

5. 评价工作的表述

经过建模、求解，一般需从各 DMU 的 DEA 有效性，DMU 的相对规模收益、相对有效前沿面，非有效 DMU 的改善以及各 DMU 的相对有效性与输入/输出指标之间的关系等方面予以表述。

第八章　RaLC 软件在物流系统建模仿真中的应用

第一节　RaLC 软件概述

RaLC 软件的名称取自英文单词“Rapid”的前两个字母“Ra”和“Logistics Center”两个单词的首字母“LC”，是一款面向物流中心的快速建模与仿真分析工具。RaLC 软件的中文名称为“乐龙”。针对物流系统设计的不同需求，RaLC 软件可分为三种产品类型，分别为：在物流系统设计概念形成初期，通过三维动画对系统布局和运行效果进行演示的“RaLC－Pro”；通过向仿真模型导入用户实际数据，验证物流系统性能的“RaLC－Brain”；用于仓储管理系统设计和验证的“RaLC－Emu”。

RaLC 软件的界面如图 8－1 所示。其中菜单栏包含全面的软件操作控制功能；工具栏包含常用的建模控制功能；设备栏按钮可以快捷地向仿真模型中添加常用的物流

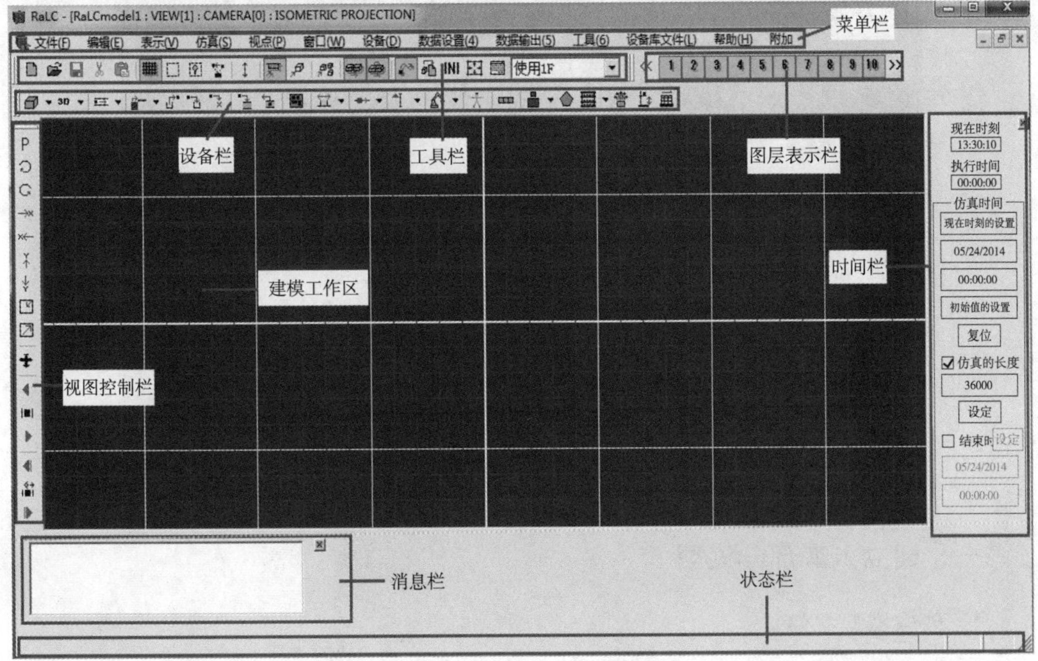

图 8－1　RaLC 软件的界面

设备；建模工作区用来实现设备布局、仿真模型的构建和可视化运行等操作；视图控制栏用来对建模工作区的视点进行调整，以使模型在构建和运行过程中呈现良好的交互可视化效果；时间栏对构建完成的模型的仿真运行进行控制；消息栏用以记录建模过程中的每一项操作；状态栏用以显示鼠标所指向的菜单命令和按钮的功能和使用方法；图层表示栏可以切换各图层的显示/不显示状态。最多可以设置 30 个图层。

第二节　仓储型物流中心设计

仓储型物流中心实施对商品的入库、存储和出库等操作。本节以仓储型物流中心建模为例，学习利用 RaLC 软件建立物流系统仿真模型的方法，掌握软件中部件生成器、托盘生成器、部件消除器、输送机、操作员、装货平台、卸货平台、平板车、智能点、自动化仓库等设备的特性和设置方法。该仓储型物流中心的具体物流过程分为入库流程和出库流程。入库流程：货物将通过合流输送机合流后，由机器人进行码垛托盘操作；码垛完毕的托盘通过平板车按照指定的逻辑分配至三个自动化仓库中入库存储。出库流程：自动化仓库根据出库指令将托盘出库至出库部件上，并通过平板车将其运送至平板车右下角的输出部件上；操作员将托盘上的货物卸载至分流输送机系统，空托盘将在部件消除器上消除；货物在分流输送机系统上进行分拣并装入对应笼车中。仓储型物流中心模型的三维视图如图 8－2 所示。

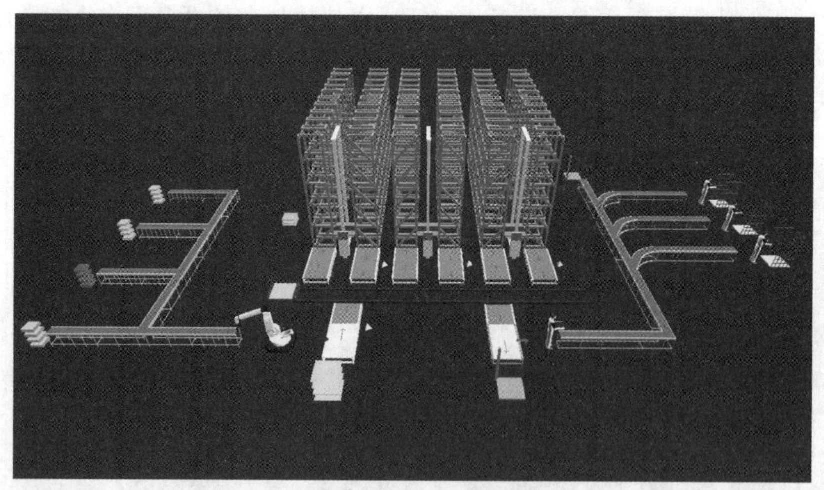

图 8－2　仓储型物流中心模型的三维视图

一、建立入库部分模型

1. 创建模型文件

可通过点击 Windows 的“开始”按钮，依次点击“所有程序”“CEC”“RaLC”，或者在桌面上找到▣，点击启动 RaLC 程序。

在 RaLC 启动画面中，点击菜单栏里的“文件”“新建”，或者工具栏中的“新建”▢按钮，创建一个模型文件。

可点击工具栏上的“网格”按钮▣，显示三维空间中建立模型的基面，即地面。初始值为 1m×1m 的网格线就会表示出来。可通过右键菜单中的“环境的设置”功能来调网格的大小，如图 8－3 所示。

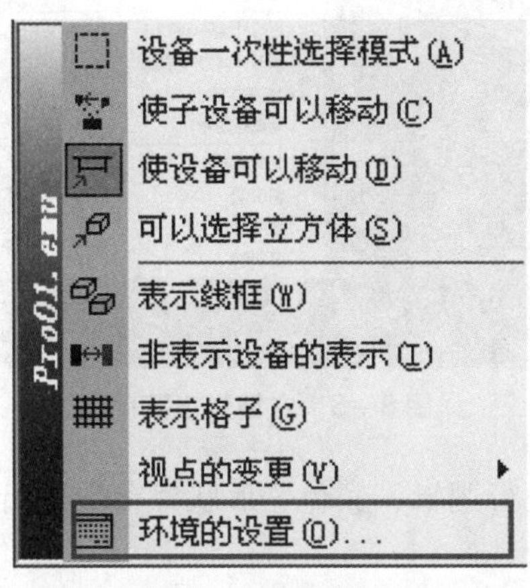

图 8－3　环境的设置

2. 设备的表示

点击设备栏上的“部件生成器”按钮▣，并在网格上点击鼠标左键将部件生成器表示到网格上。部件生成器用于自动生成货物，如图 8－4 所示。

图 8－4　自动生成货物

3. 设备属性的修改

鼠标左键选中部件生成器使其处于选择状态，点击鼠标右键后，会出现一个菜单，这种菜单称为右键弹出菜单，如图 8－5 所示。

点击右键弹出菜单中的“属性”，使属性对话框表示出来。在属性对话框中可对设

图 8－5　右键弹出菜单

备的速度、大小、位置、运行逻辑、颜色、形状等参数进行设定。所有的设备都具备自己的属性。

在“概要”选项卡中，将“条码”值改为A，然后点击“确定”按钮，如图8－6所示。

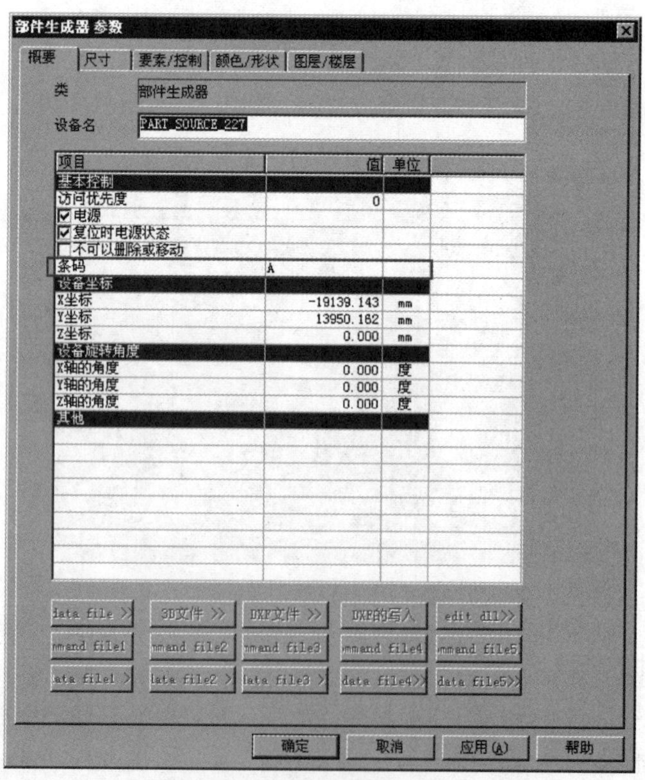

图 8－6　条码值改为 A

注：除了“属性”对话框以外，通过属性栏也可以快速修改设备模块的属性值。属性栏可通过“表示”菜单中的“属性栏”菜单项调出，如图 8－7 所示。

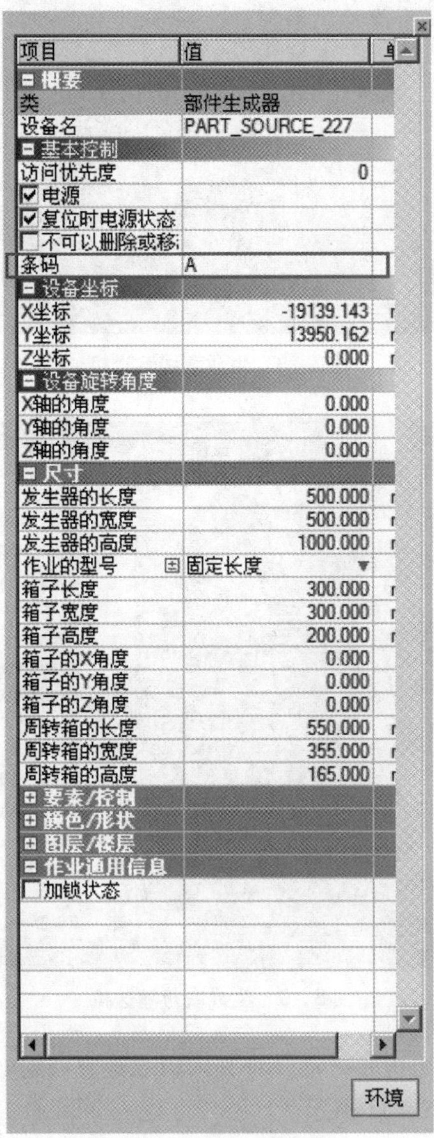

图 8－7　调出属性栏

4. 建立合流输送机系统

点击设备栏的“直线输送机”按钮，使直线输送机表示出来，如图 8－8 所示。

点击设备栏的“右折输送机”按钮，将光标移至网格上再点击左键表示出右折输送机，如图 8－9 所示。使右折输送机处于选择状态，点击鼠标右键打开右折输送机的属性对话框中“尺寸”选项卡，将“第 1 部分的长度”和“第 2 部分的长度”均改为 2000mm，然后点击“确定”，如图 8－10 所示。

图 8－8　生成直线输送机

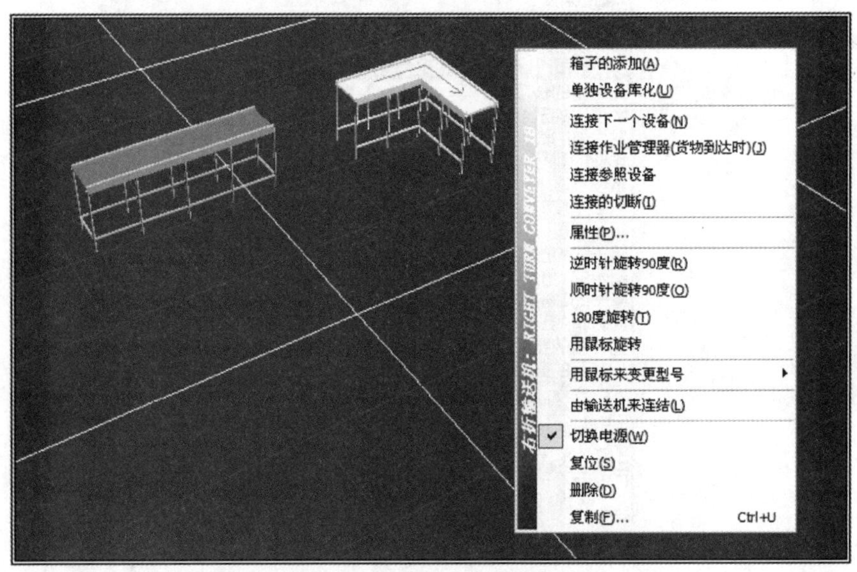

图 8－9　生成右折输送机

鼠标左键选中右折输送机并拖动，将其入口靠近直线输送机出口处。两段输送机将自动连接到一起，如图 8－11 所示。

注：默认设置下，自动连接的识别范围为 0.2m。

注：通过鼠标右键菜单中“环境的设置”选项，对自动连接距离进行设置，可设定不同的自动连接的间隔。初始值是半径 0.2m 之内，如图 8－12 所示。

点击设备栏的“右合流输送机”按钮，表示出右合流输送机。打开右合流输送机的属性对话框“尺寸”选项卡，将“合流前的长度”“右合流的长度”和“合流后的长度”均改为 2000mm，然后点击“确定”，如图 8－13 所示。

鼠标左键选中右合流输送机并拖动，将其主线入口靠近右折输送机出口处，连接两段输送机，如图 8－14 所示。

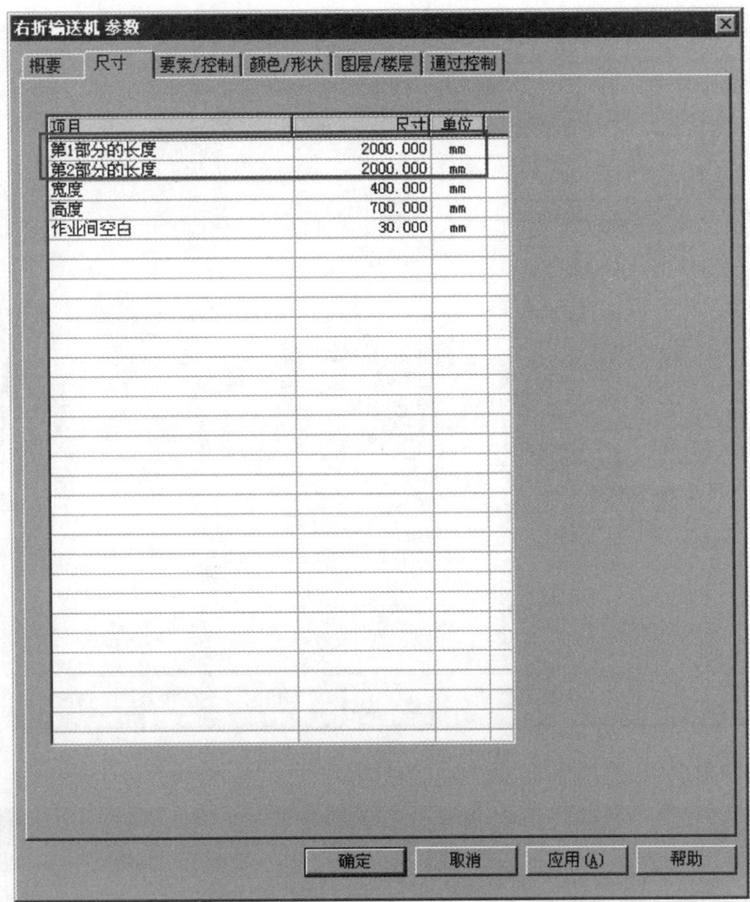

图 8－10　右折输送机尺寸更改

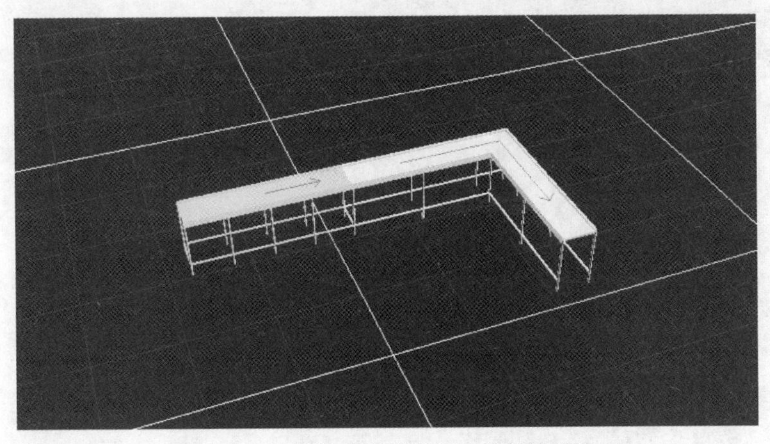

图 8－11　连接右折输送机和直线输送机

左键点击直线输送机使其处于选中状态下，通过“Ctrl + C”“Ctrl + V”的操作再增加一条直线输送机，如图 8－15 所示。

将粘贴出来的直线输送机移动至右合流输送机的支线入口处并连接（见 8－15）。

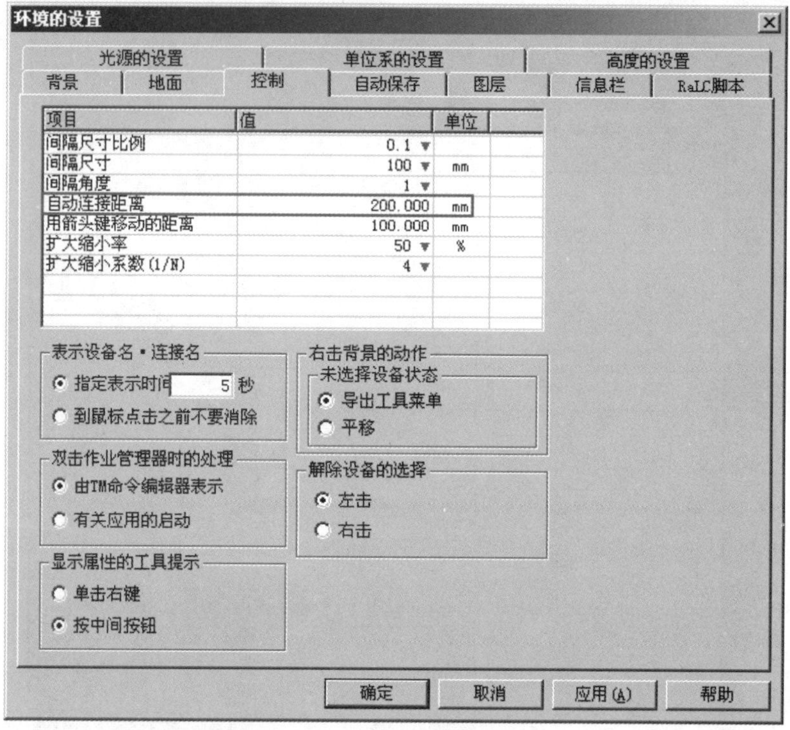

图 8－12　自动连接距离

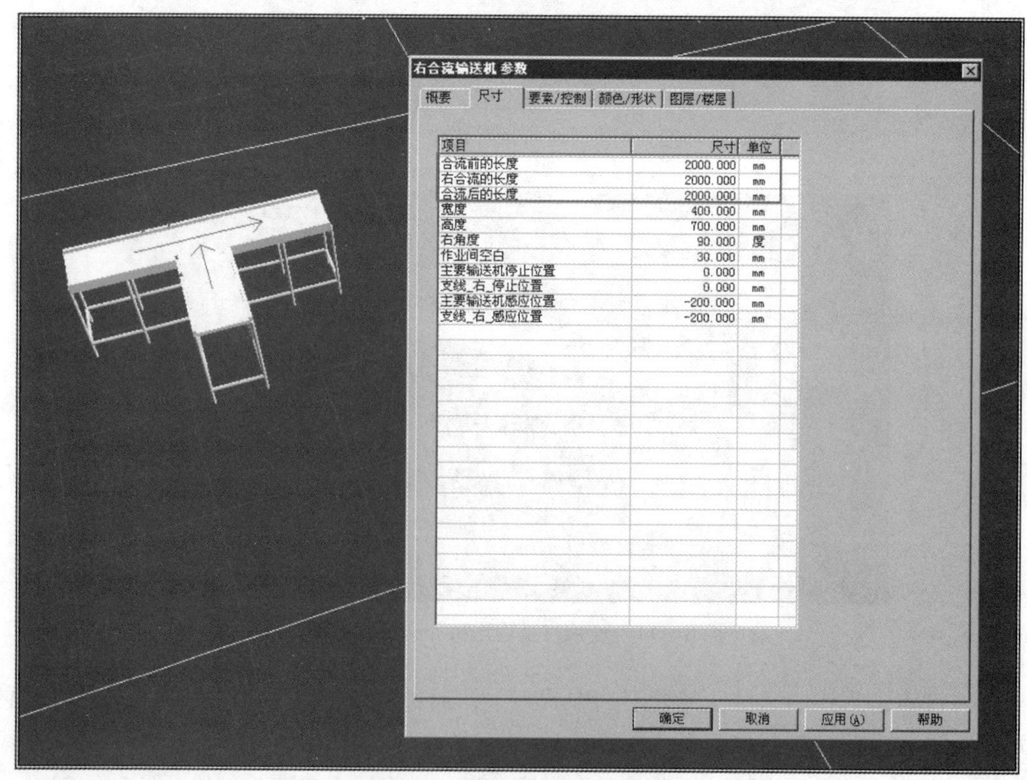

图 8－13　右合流输送机尺寸更改

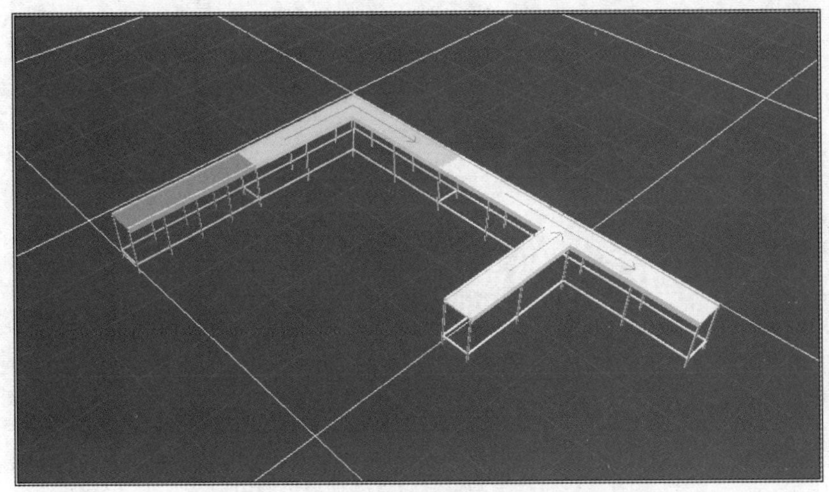

图 8 - 14 连接右合流输送机和右折输送机

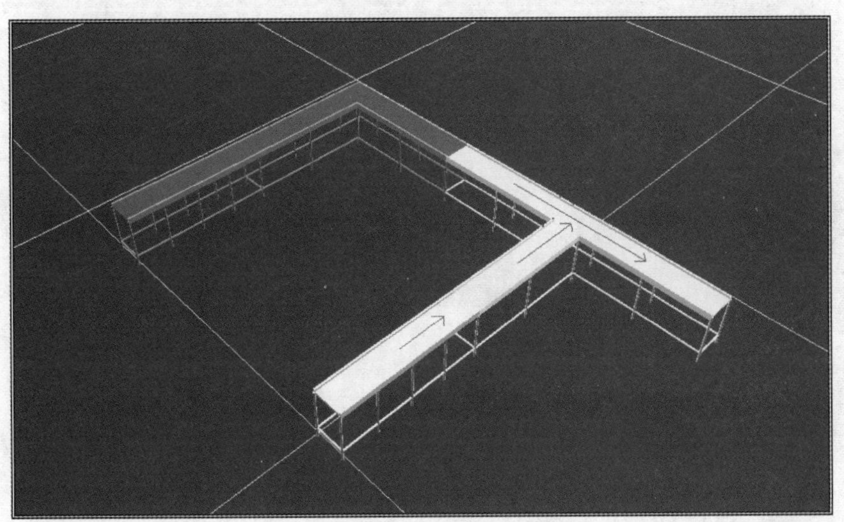

图 8 - 15 增加一条直线输送机

通过上述方法，复制右合流输送机及直线输送机，并连接到已有右合流输送机的出口处，如图 8 - 16 所示。

点击设备栏的“左合流输送机”按钮，创建左合流输送机，将“尺寸”选项卡中“合流前的长度”“左合流的长度”和“合流后的长度”均改为 2000mm，点击“确定”，如图 8 - 17 所示。

鼠标左键选中左合流输送机并拖动，将其支线入口靠近右合流输送机出口处，连接两段输送机，如图 8 - 18 所示。

复制粘贴出两段直线输送机，分别连接到左合流输送机的主线入口处和出口处，如图 8 - 19 所示。

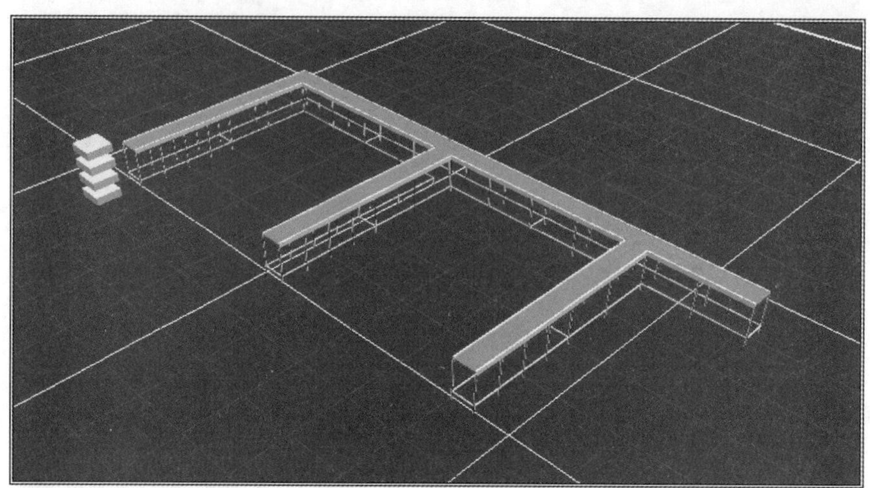

图 8－16　连接到已有右合流输送机的出口处

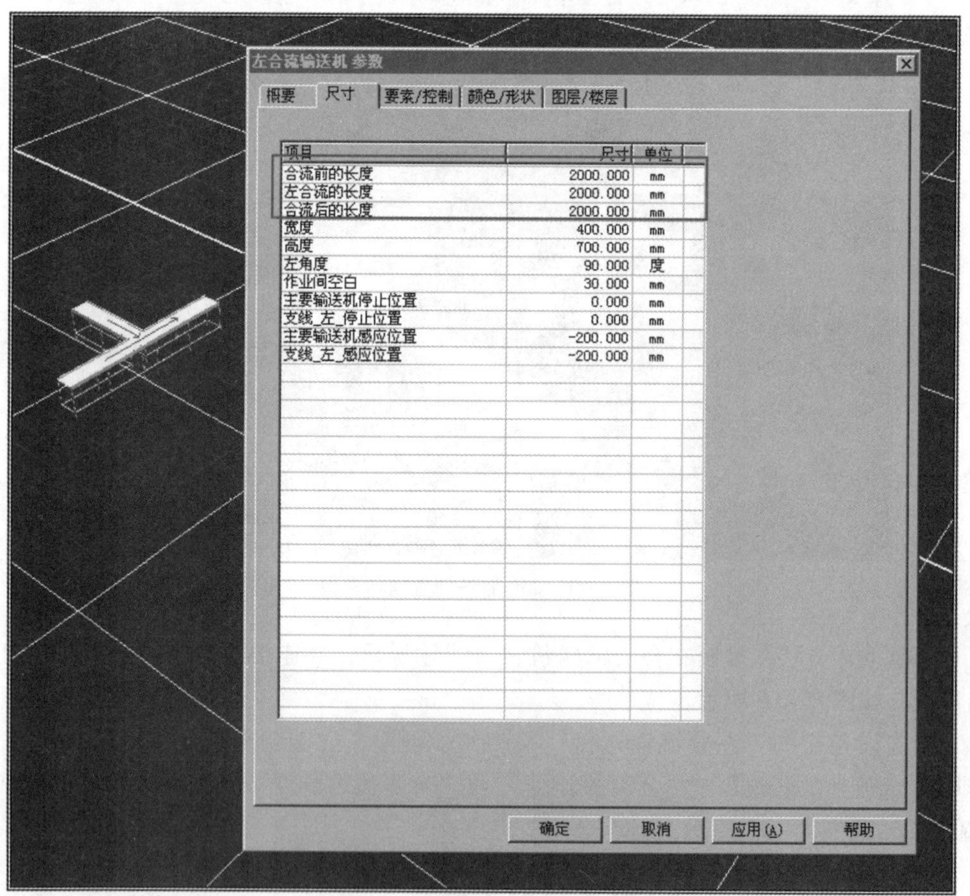

图 8－17　左合流输送机尺寸更改

选中已创建的部件生成器，复制粘贴出三个部件生成器（或者直接从设备栏上点击创建），分别放到右合流输送机系统空缺的三个入口处，如图 8－20 所示。

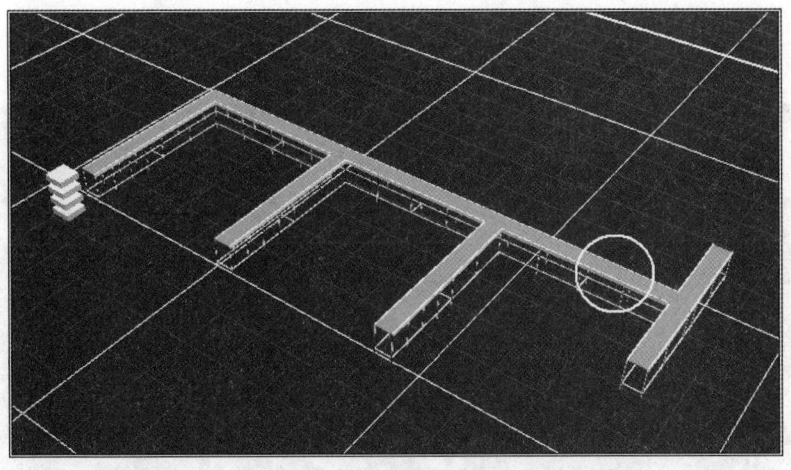

图 8 – 18　连接左合流输送机和右合流输送机

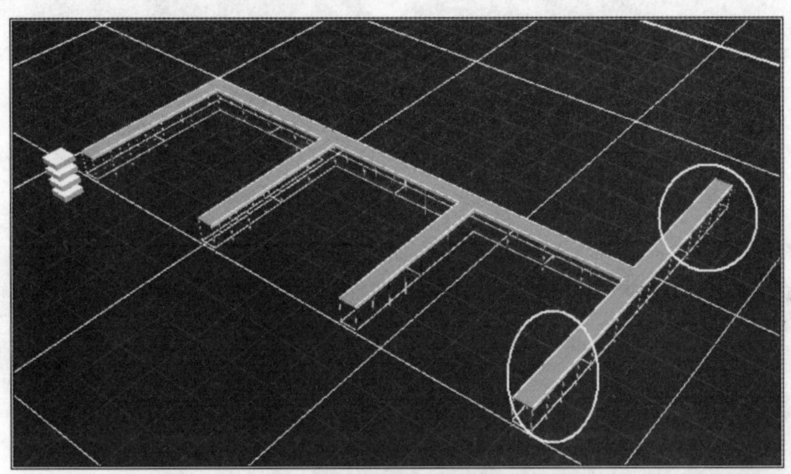

图 8 – 19　复制粘贴出两段直线输送机

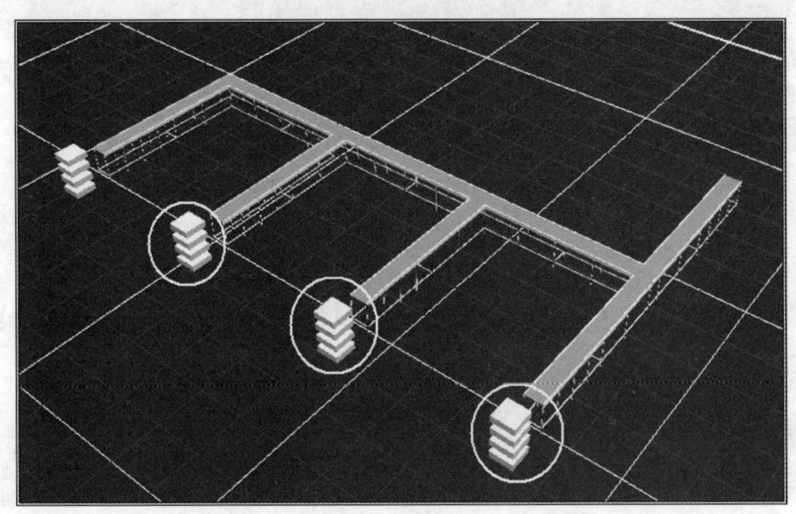

图 8 – 20　复制粘贴出三个部件生成器

分别右键单击四个部件生成器，选择弹出菜单的“连接下一个设备”选项，将光标移动至对应的直线输送机上点击左键建立连接，如图 8－21 所示。

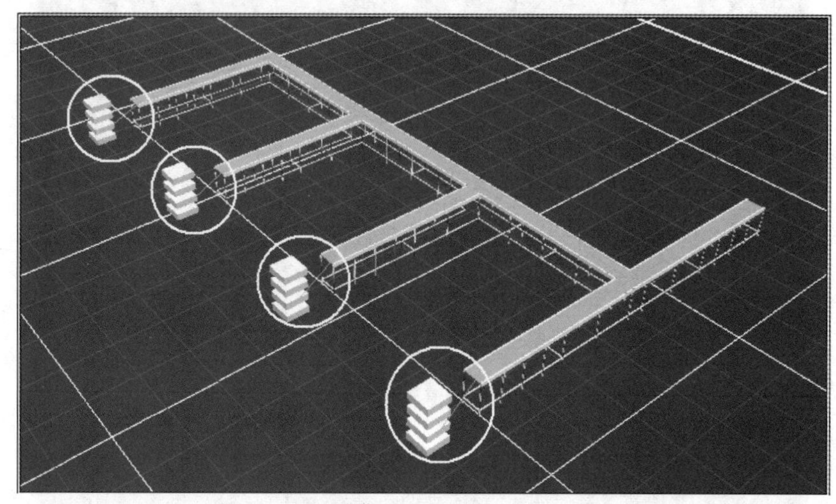

图 8－21　建立连接

分别选中四个部件生成器，在属性栏上将“概要”选项卡中“条码”分别设置为 A、B、C、D；将“要素/控制”选项卡中“时间间隔”改为 30s；在“颜色/形状”选项卡“基本颜色”中设置四种不同的颜色，如图 8－22 所示。

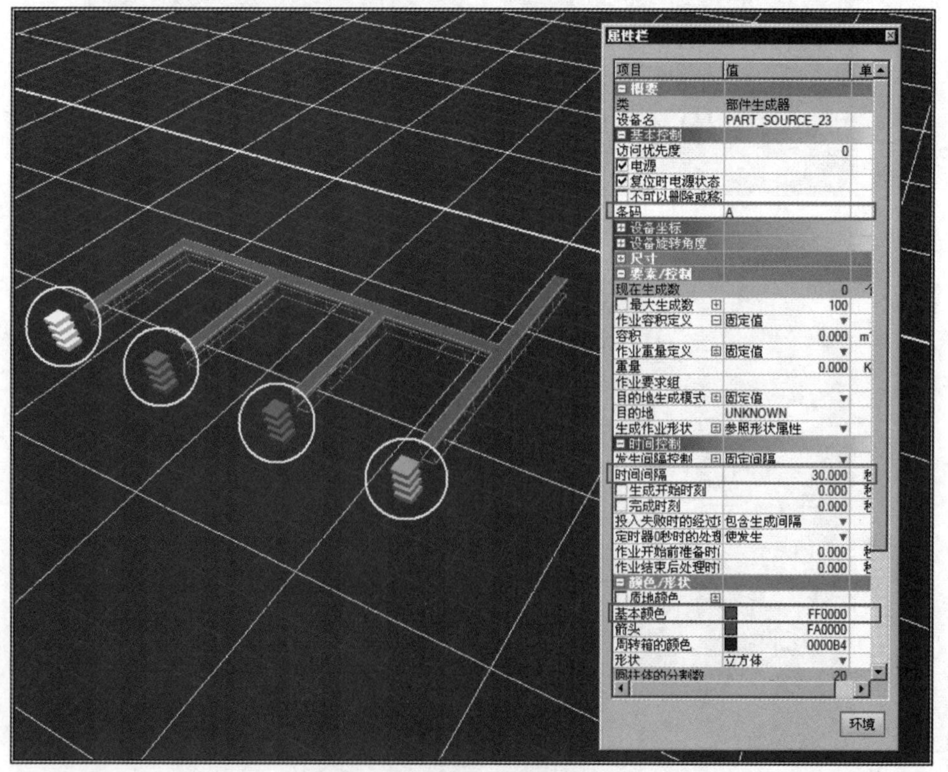

图 8－22　设置不同的颜色

5. 创建机器人

点击设备栏上“机器人”按钮，创建机器人，并将机器人放到左合流输送机出口的右侧，如图 8-23 所示。

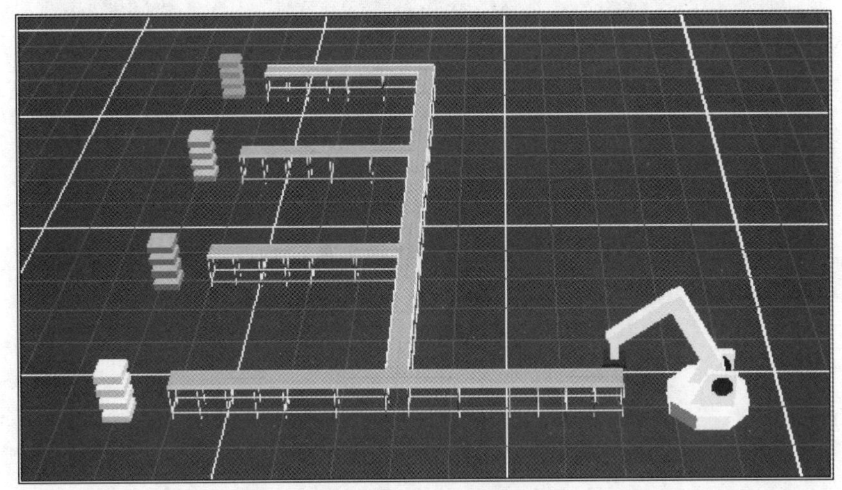

图 8-23　创建机器人

6. 装货平台的设定

点击设备栏上“装货平台”按钮，创建一个装货平台，并将其放到机器人的右侧，如图 8-24 所示，在装货平台右键菜单中选中“逆时针旋转 90 度”。

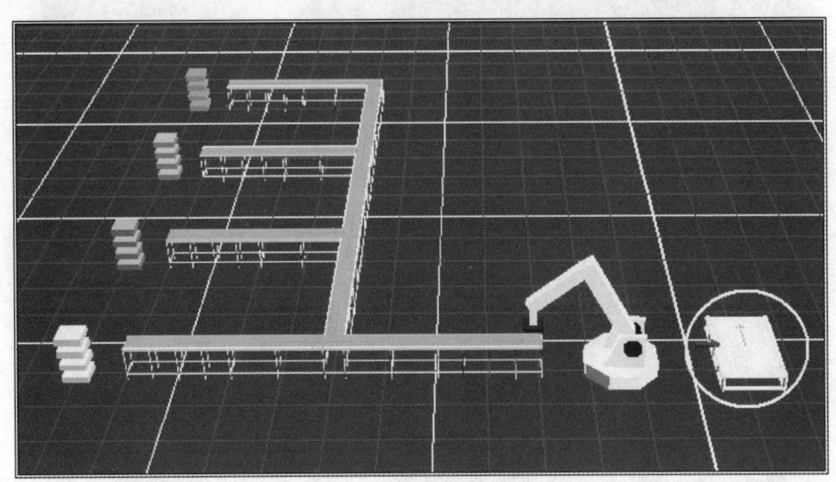

图 8-24　创建装货平台

选中机器人左侧的直线输送机，通过其右键菜单中“连接下一个设备”连接至机器人；同样通过机器人右键菜单中“连接下一个设备”连接至装货平台的子部件，如图 8-25 所示。

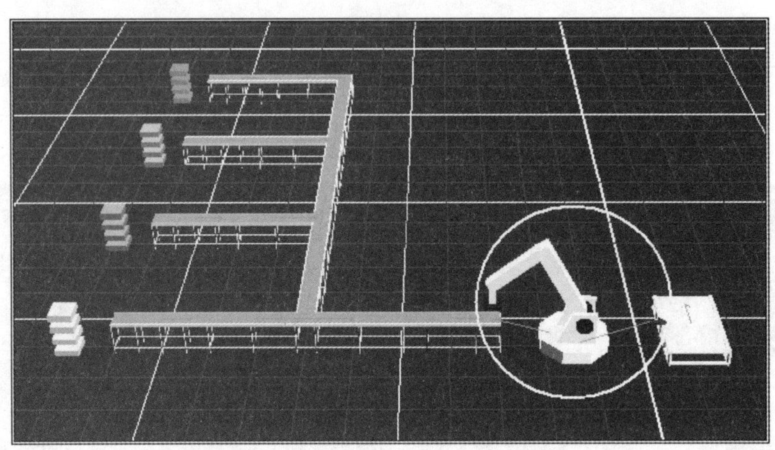

图 8－25　连接至装货平台的子部件

7. 平板车的设定

点击设备栏上“平板车”按钮，创建一个平板车，并将其放到装货平台上方，如图 8－26 所示。将平板车属性栏中的“尺寸”选项卡中“基盘的长度”改为 15000mm，并将“要素/控制”选项卡中“发送逻辑”选为“保证发送地是空的”。

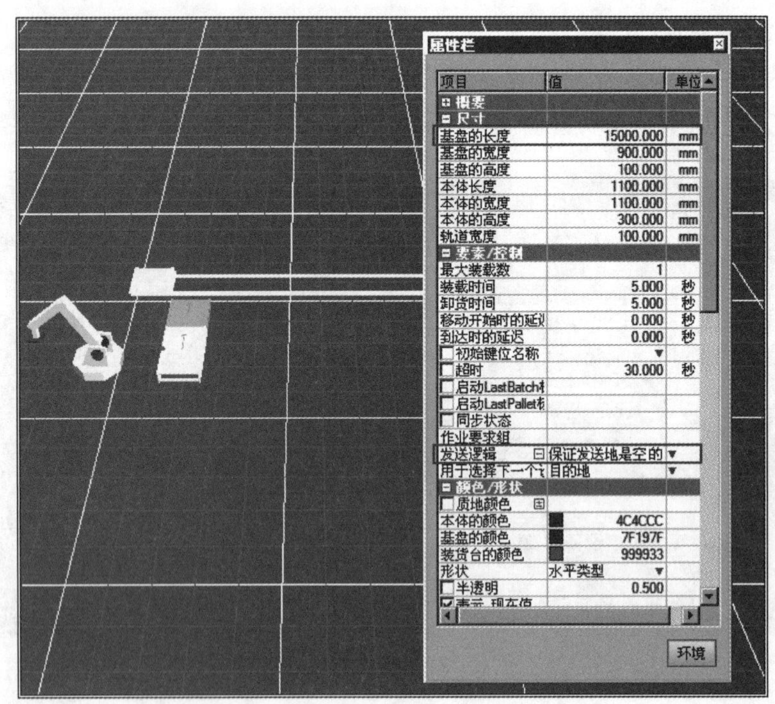

图 8－26　创建平板车

右键点击平板车，在右键菜单中选择“I/O 部分的添加（InMode）”创建一个平板车输入部件。选中此输入部件右键菜单中“旋转 180 度”并移至平板车左上方，与装货平台自动连接，如图 8－27 所示。

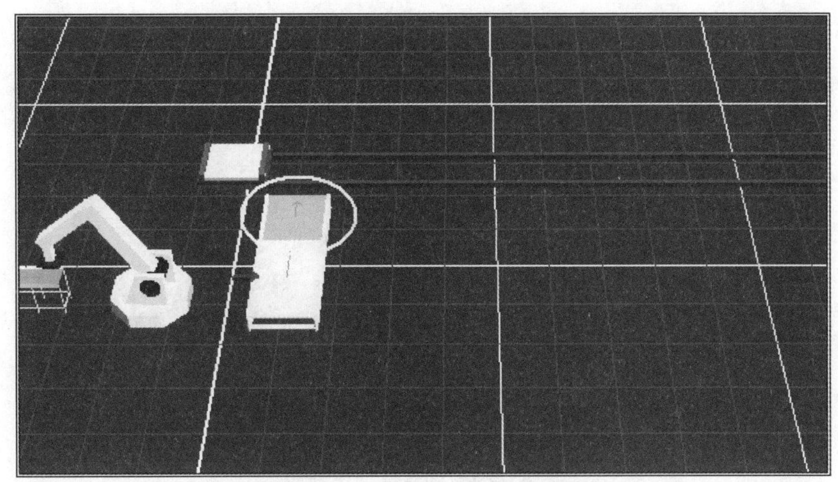

图 8－27　与装货平台自动连接

继续通过平板车右键菜单中"I/O 部分的添加（OutMode）"选项，创建一个平板车输出部件，然后将其移至平板车右下方，如图 8－28 所示。

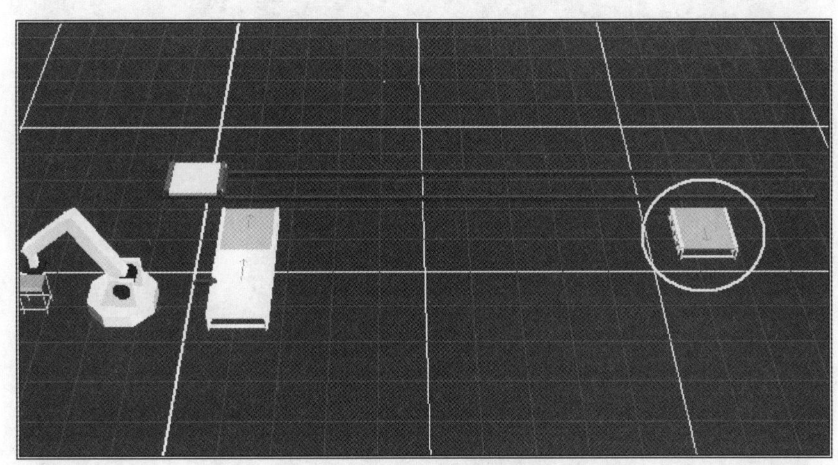

图 8－28　移至平板车右下方

8. 自动化仓库的设定

点击设备栏上"自动化仓库"按钮，创建一个自动化仓库，并将其放到平板车上方，如图 8－29 所示。

通过自动化仓库右键菜单中"I/O 部分的添加（InMode）"和"I/O 部分的添加（OutMode）"选项，创建一个自动化仓库输入部件和一个自动化仓库输出部件，如图 8－30 所示。

选中已创建的自动化仓库"Ctrl ＋ C""Ctrl ＋ V"，粘贴出另外两台自动化仓库并依次排列，如图 8－31 所示。注：当复制自动化仓库时，之前创建的输入/输出部件也将一同被复制，无须再创建。

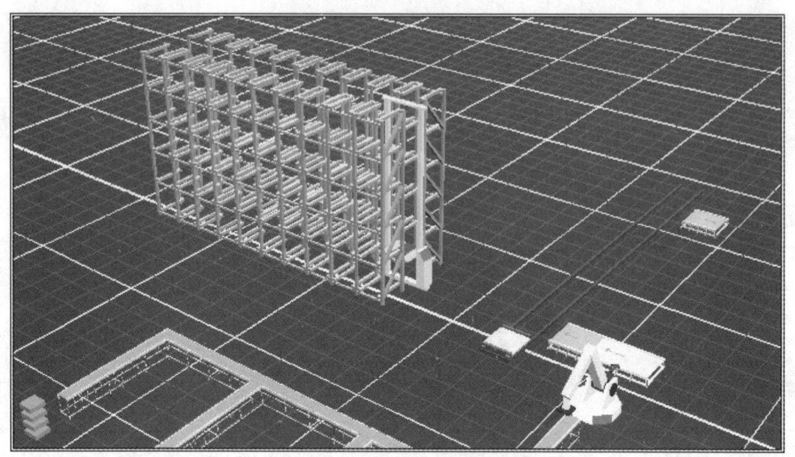

图 8－29　构建自动化仓库

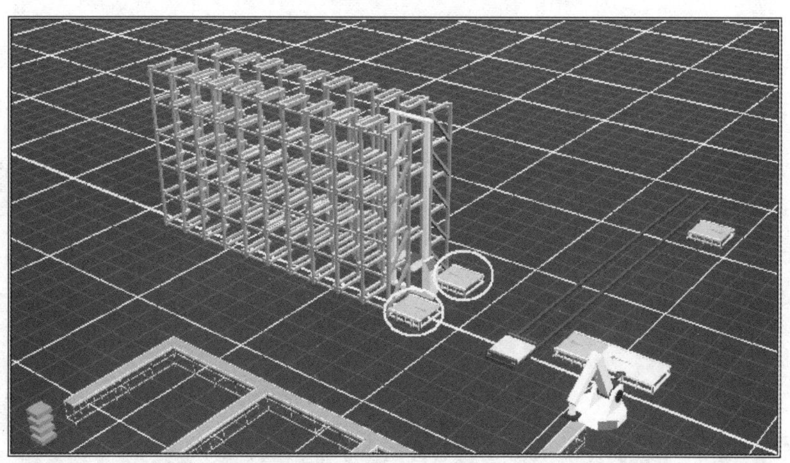

图 8－30　创建一个自动化仓库输入部件和一个自动化仓库输出部件

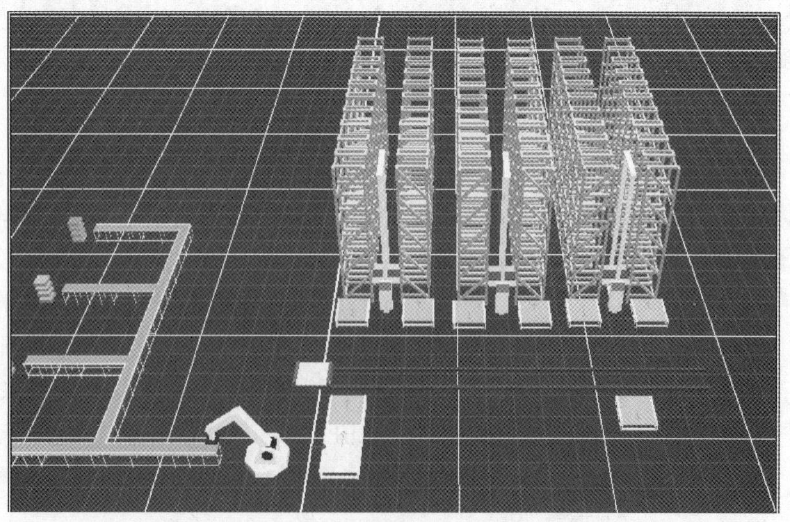

图 8－31　粘贴出另外两台自动化仓库

9. 继续添加平板车 I/O 部件

通过平板车右键菜单中“I/O 部分的添加（InMode）”选项，创建三个平板车输入部件，分别移至三台自动化仓库输出部件下方并连接，如图 8－32 所示。

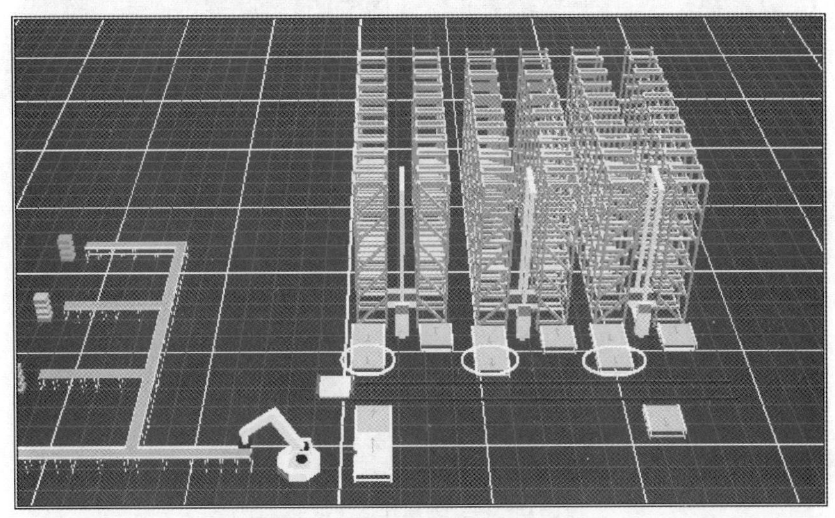

图 8－32 创建三个平板车输入部件

继续通过平板车右键菜单中“I/O 部分的添加（OutMode）”选项，创建三个平板车输出部件并旋转 180 度，分别移至三台自动化仓库输入部件下方并连接，如图 8－33 所示。

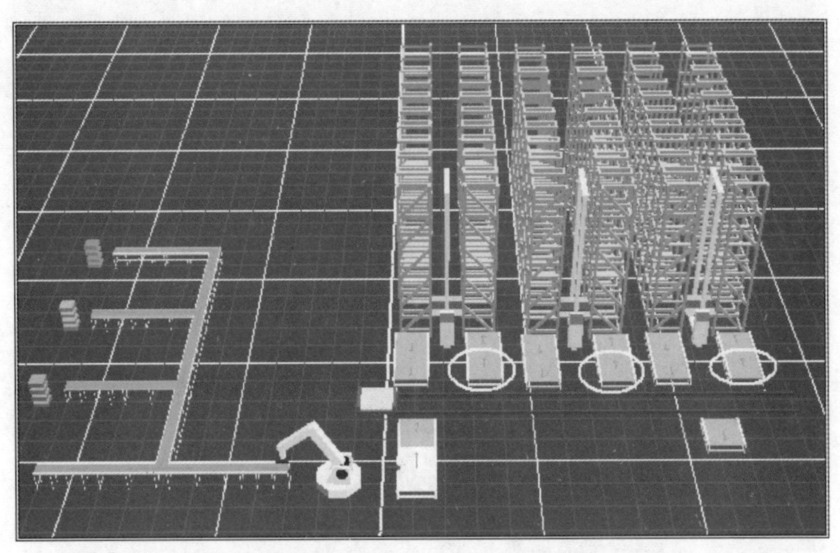

图 8－33 创建三个平板车输出部件并旋转 180 度

10. 添加托盘生成器

点击设备栏上“托盘生成器”按钮，创建一个托盘生成器，并将其放到装货平台下面，如图 8 - 34 所示。通过托盘生成器右键菜单中“连接下一个设备”选项连接装货平台。

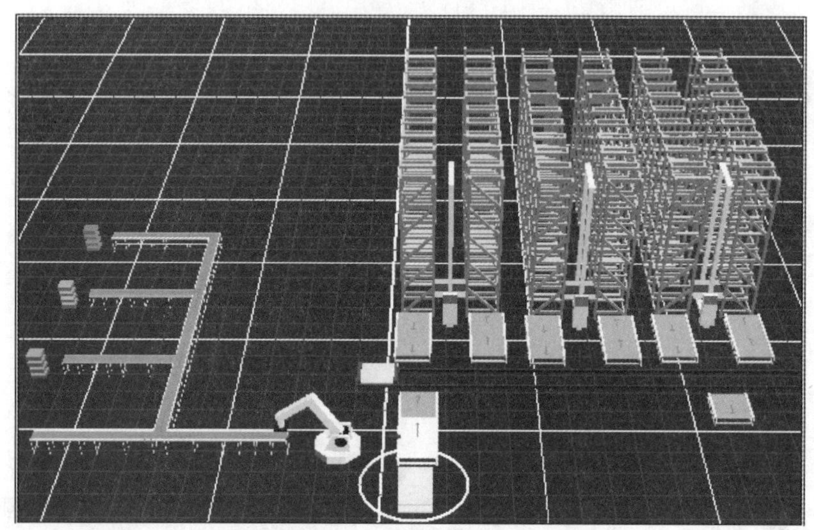

图 8 - 34　创建托盘生成器

11. 添加卸货平台及部件消除器

点击设备栏上“卸货平台”按钮，创建一个卸货平台，并将其放到平板车右下角输出部件下方。选中卸货平台右键菜单“顺时针旋转 90 度”并移至输出部件下方与其自动建立连接，如图 8 - 35 所示。

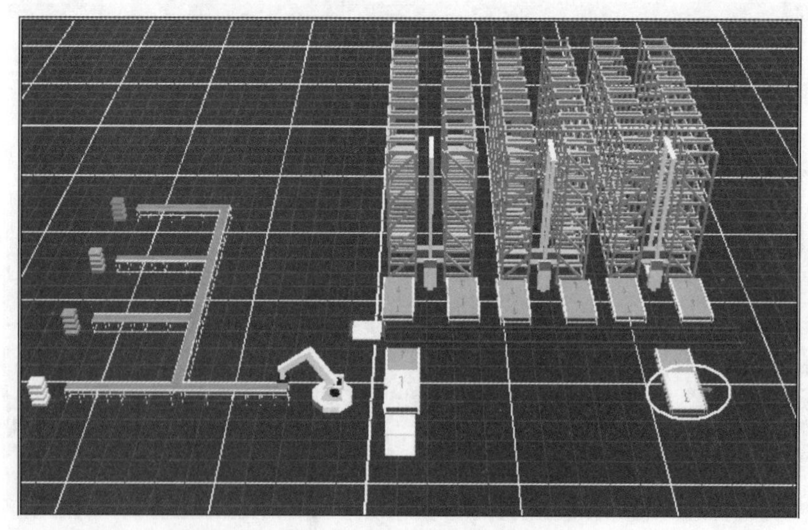

图 8 - 35　创建卸货平台

点击设备栏上“部件消除器”按钮，创建一个部件消除器，并将其放到卸货平台下方，如图 8 - 36 所示。然后选择卸货平台右键菜单“连接下一个设备”，连接到部

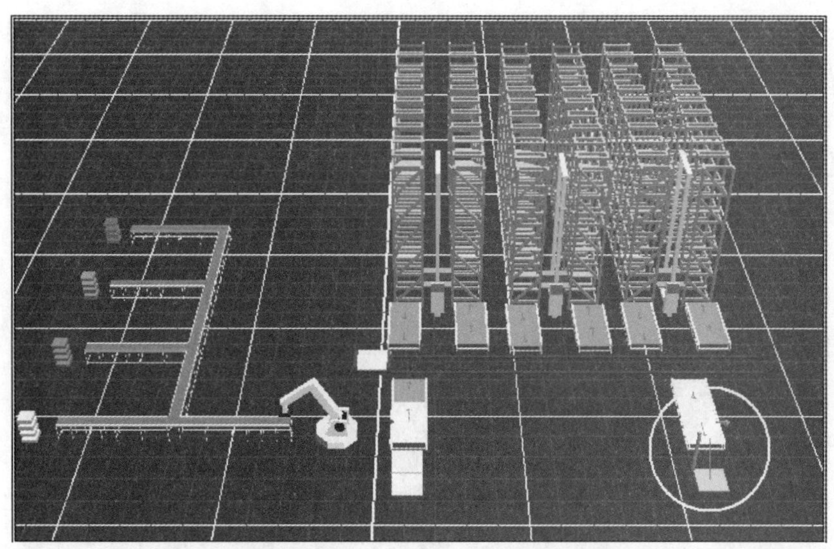

图 8－36　创建部件消除器

件消除器上。

12. 添加智能人

点击设备栏上“智能人”按钮，创建一个智能人，并将其放到卸货平台右侧，如图 8－37 所示。通过卸货平台附带红色箭头的右键菜单中“连接下一个设备”选项，连接到智能人上。

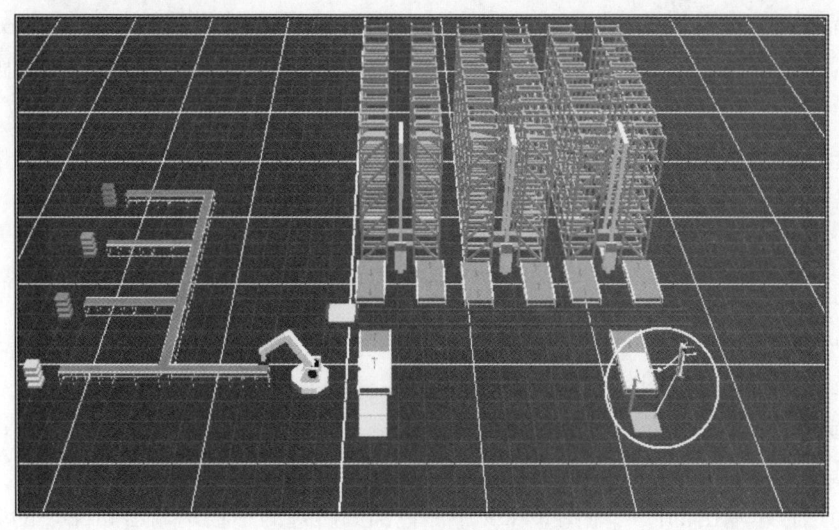

图 8－37　创建智能人

选择智能人右键菜单中“连接下一个设备”，连接到部件消除器上，如图 8－37 所示。

13. 添加智能点

点击设备栏上“智能点”按钮，创建一个智能点，并将其放到装货平台右侧，如图 8－38 所示，然后选择装货平台右键菜单中“连接下一个设备”，连接到智能点；再选择智能点右键菜单中“连接下一个设备”，连接到平板车输入部件。

注：智能点模块用于前后设备间的协调、按照用户所指定逻辑更新托盘（或货物）的各种属性信息。

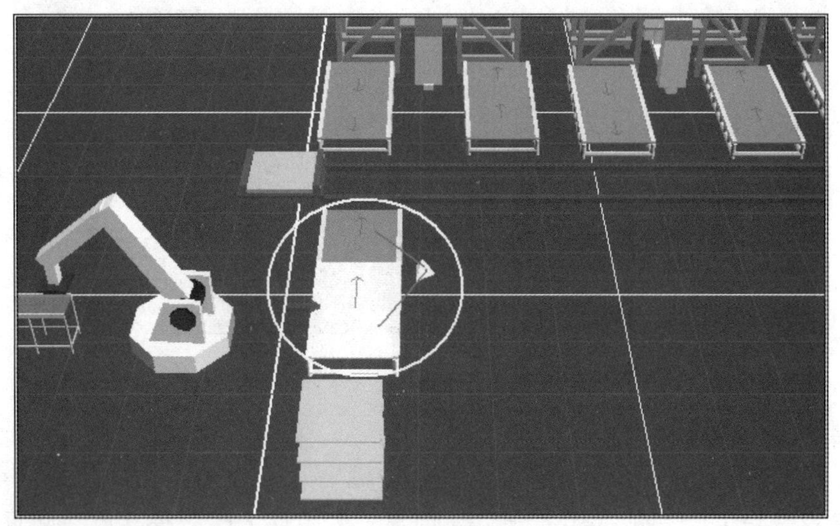

图 8－38　创建智能点

14. 设置智能点的规则

此智能点的作用是将装货平台上装货完成的入库托盘的目的地信息轮流改为平板车上方的三个输出部件名称。这样，当入库托盘移动至平板车时，平板车将根据其目的地信息将入库托盘送达指定的输出部件上。

智能点的每条规则分为 IF、THEN、ELSE 三个部分，其中 IF 部分用于设置条件，THEN 部分用于条件被满足时的操作，ELSE 部分用于条件不满足时的操作。

（1）规则 Rule1。

①打开智能点的属性对话框，首先点击“添加规则”，创建规则命名为 Rule1；

②选中 IF 部分的“计数”复选框，将参数 Counter1 对应的值设定为 0；

③选中 THEN 部分的“有效”复选框；

④选中 THEN 部分的“计数”复选框，将参数 Counter1 对应的值设定为 1；

⑤选中 THEN 部分的“作业通用信息”复选框，将参数选择为“目的地”，对应的值设定为平板车输出部件（见图 8－39 中白色圆圈所选的平板车输出部件）的名称 IO-SECTION_ 264（注：由于输入/输出部件名称是由系统自动赋予的，每次添加的输入/输出部件名称各不相同，因此本文中的名称仅作参考，下文同理）。

（2）规则 Rule2。

①继续点击“添加规则”，创建规则命名为 Rule2；

②选中 IF 部分的“计数”复选框，将参数 Counter1 对应的值设定为 1；

图 8－39　规则 Rule1

③选中 THEN 部分的“有效”复选框；

④选中 THEN 部分的“计数”复选框，将参数 Counter1 对应的值设定为 2；

⑤选中 THEN 部分的“作业通用信息”复选框，将参数选择为“目的地”，对应的值设定为平板车输出部件（见图 8－40 中白色圆圈所选的平板车输出部件）的名称 IOSECTION_ 265。

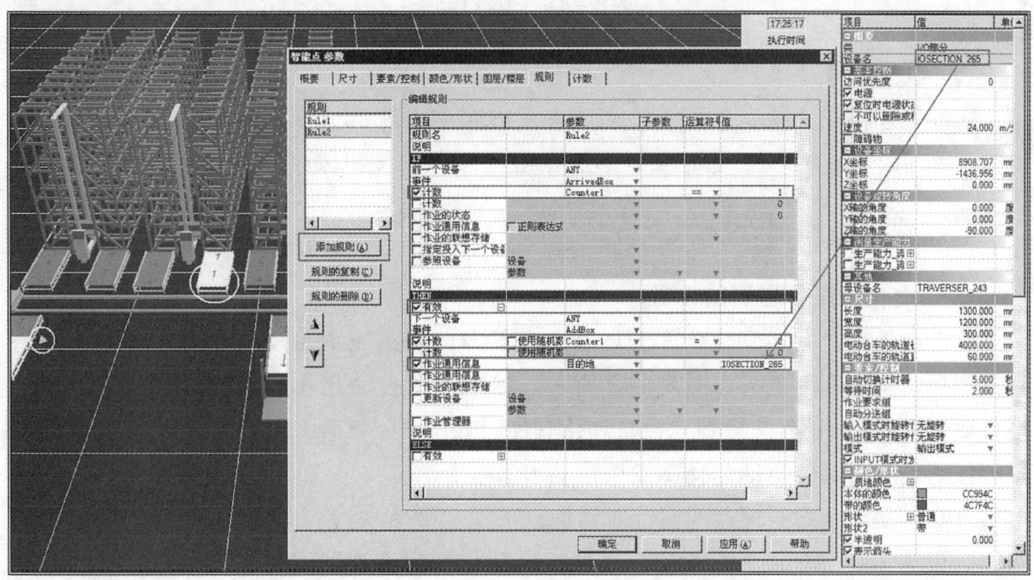

图 8－40　规则 Rule2

（3）规则 Rule3。

①继续点击“添加规则”，创建规则命名为 Rule3；

②选中 IF 部分的“计数”复选框，将参数 Counter1 对应的值设定为 2；

③选中 THEN 部分的“有效”复选框；

④选中 THEN 部分的“计数”复选框，将参数 Counter1 对应的值设定为 0；

⑤选中 THEN 部分的“作业通用信息”复选框，将参数选择为“目的地”，对应的值设定为平板车输出部件（见图 8 - 41 中白色圆圈所选的平板车输出部件）的名称 IOSECTION_ 266。

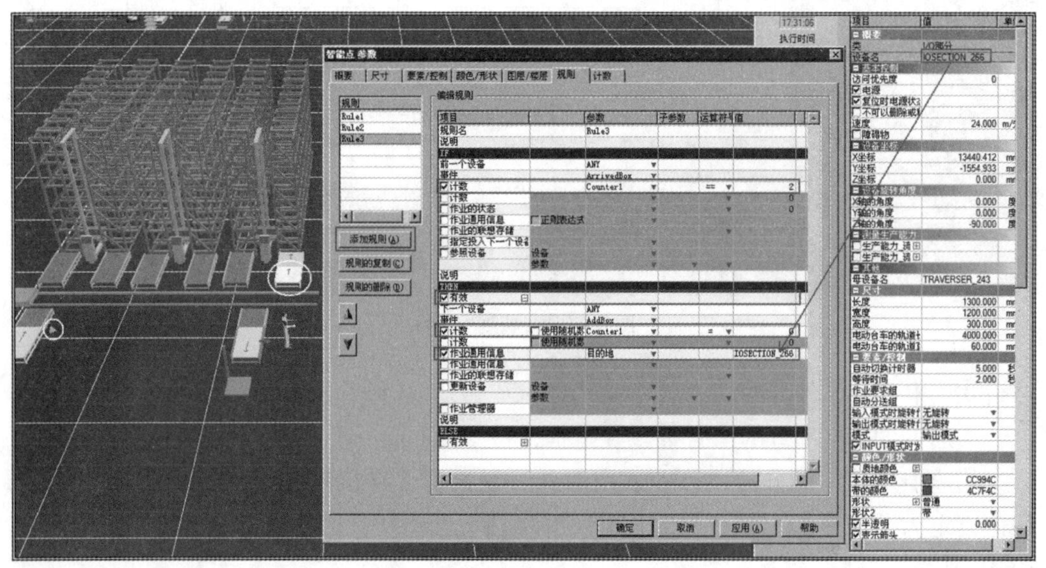

图 8 - 41　规则 Rule3

15. 模型的保存

完成上述操作步骤后，我们已完成本章内容中入库部分模型的建立。点击菜单栏里的“文件”“另存为”，指定文件名后点击“保存”按钮保存模型文件。

二、建立出库部分模型

1. 自动化仓库管理器的设置

点击设备栏上“自动化仓库管理器”按钮，创建一个自动化仓库管理器，并将其放至自动化仓库附近，如图 8 - 42 所示。然后选择自动化仓库管理器右键菜单“连接自动化仓库”，先后连接到三台自动化仓库，如图 8 - 43 所示。注：自动化仓库管理器的作用是向下属的自动化仓库发送自动出库指令。

打开自动化仓库管理器的属性对话框，选择“要素/控制”选项卡，将“固定出库间隔”设为 300s，如图 8 - 44 所示。注：自动化仓库管理器同时连接了三台自动化仓库，因此三台自动化仓库成为一个系统，每隔 300s 出库一次，三台自动化仓库依次循环出库。

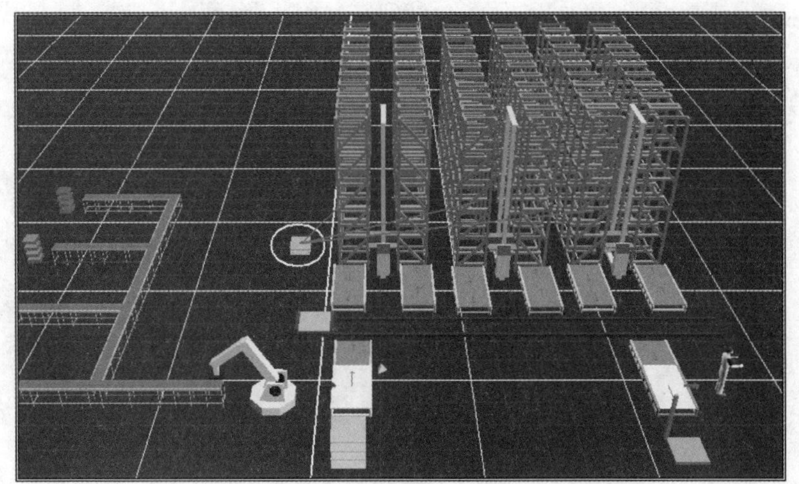

图 8－42　自动化仓库管理器的设置

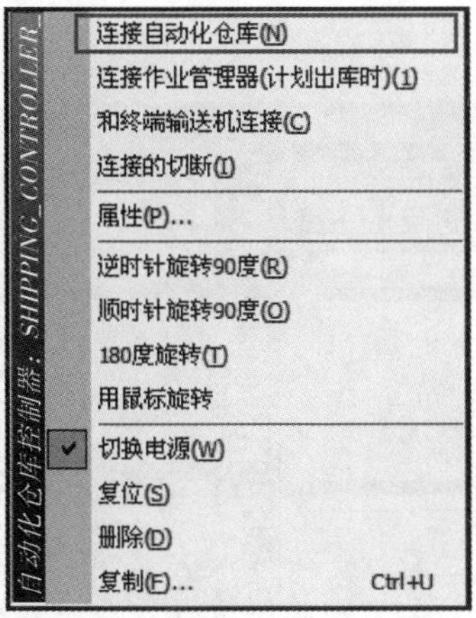

自动化仓库控制器：SHIPPING_CONTROLLER

连接自动化仓库(N)
连接作业管理器(计划出库时)(J)
和终端输送机连接(C)
连接的切断(I)
属性(P)...
逆时针旋转90度(R)
顺时针旋转90度(O)
180度旋转(T)
用鼠标旋转
切换电源(W)
复位(S)
删除(D)
复制(F)...　Ctrl+U

图 8－43　连接到三台自动化仓库

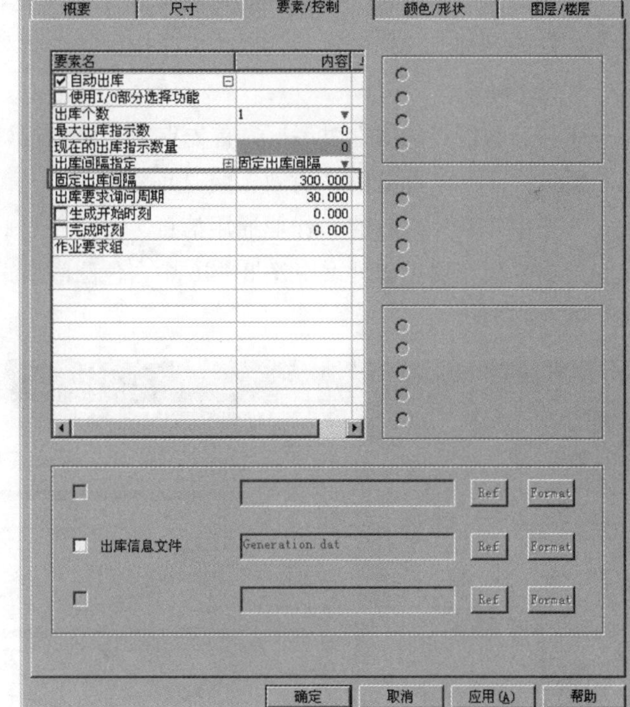

图 8－44　设置固定出库间隔

2. 智能点的设置

点击设备栏上“智能点”按钮，创建一个智能点，并将其放到左侧自动化仓库出库部件右侧。然后选择出库部件右键菜单“连接下一个设备”，连接到智能点；再选择智能点右键菜单“连接下一个设备”，连接到平板车输入部件，如图 8－45 所示。

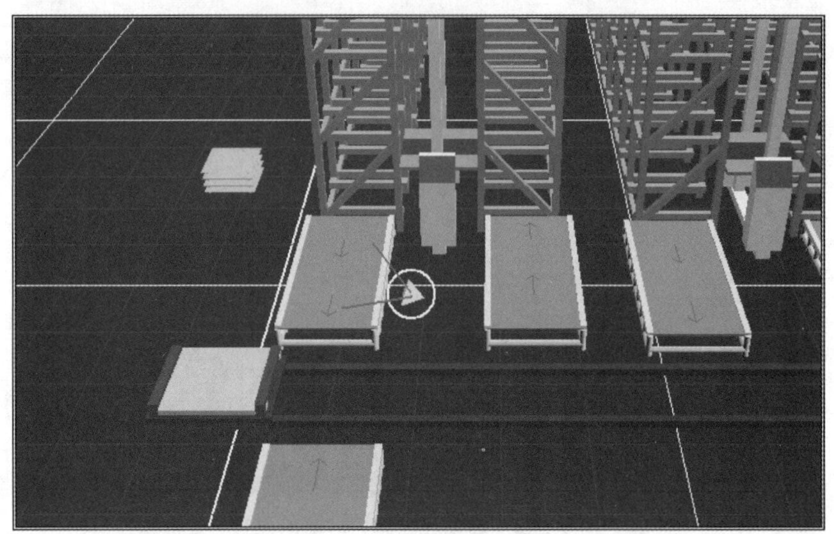

图 8 -45　智能点的设置

此智能点的作用是，将从对应自动化仓库出库托盘的目的地更新为平板车右下角输出部件的名称。这样平板车会把此出库托盘搬送至对应的输出部件上。

规则 Rule1。

①打开智能点的属性对话框，首先点击“添加规则”，创建规则命名为 Rule1；

②选中 THEN 部分的“有效”复选框；

③选中 THEN 部分的“作业通用信息”复选框，将参数选择为“目的地”，对应的值设定为平板车输出部件（见图 8 -46 中白色圆圈所选的平板车输出部件）的名称 IO-SECTION_ 251。

图 8 -46　规则 Rule1

3. 智能点的复制

复制上一步完成属性设置的智能点，并分别粘贴到平板车上方其他两个输入部件的右侧。选择自动化仓库出库部件右键菜单“连接下一个设备”，连接到对应智能点；再选择智能点右键菜单“连接下一个设备”，连接到平板车输入部件，如图 8 - 47 所示。

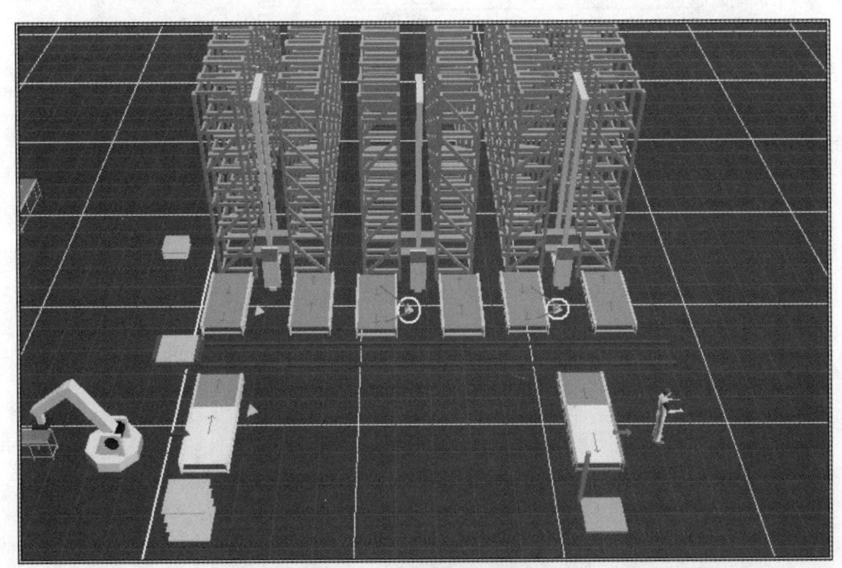

图 8 -47　智能点的复制

4. 分拣输送机系统的设置

点击设备栏的“直线输送机”按钮，使直线输送机表示出来，如图 8 -48 所示。

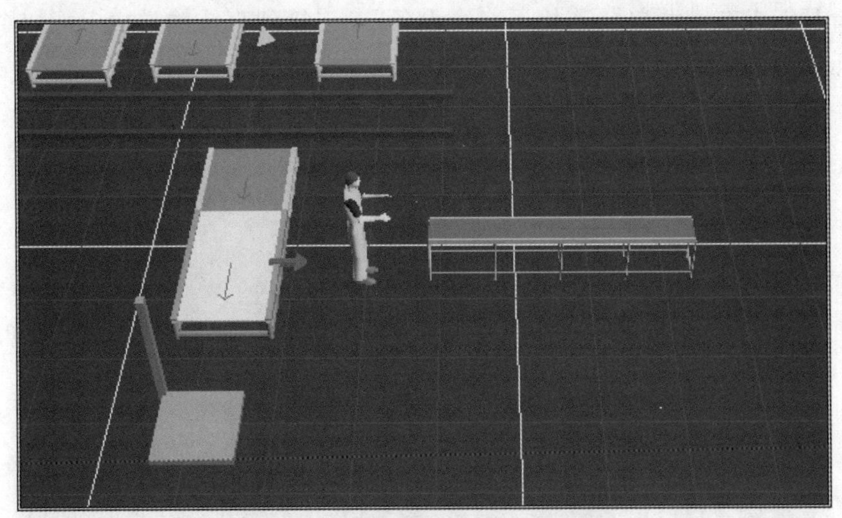

图 8 -48　分拣输送机系统的设置

打开直线输送机的属性对话框“尺寸”选项卡，将长度值改为3500mm，如图8-49所示。

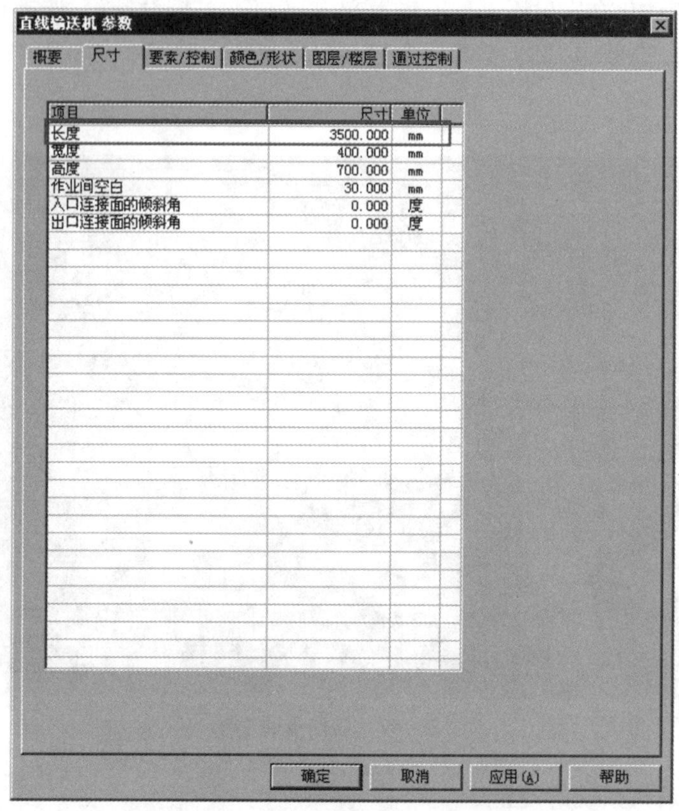

图8-49　直线输送机尺寸更改

选择智能人右键菜单“连接下一个设备”，连接到直线输送机上，如图8-50所示。

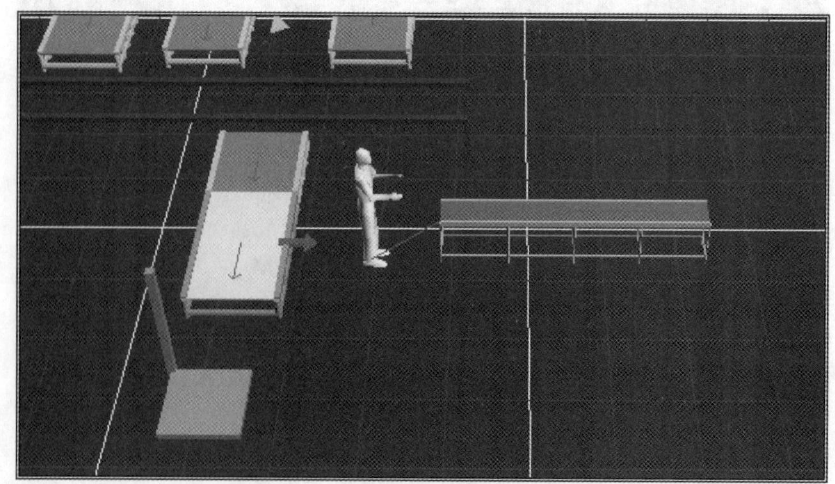

图8-50　连接智能人和直线输送机

点击设备栏的“左折输送机”按钮，表示出左折输送机。打开左折输送机的属性对话框，在“尺寸”选项卡中将“第 1 部分的长度”改为 1000mm，将“第 2 部分的长度”改为 3000mm。

鼠标左键选中左折输送机并拖动，将其入口靠近直线输送机出口处自动连接，如图 8－51 所示。

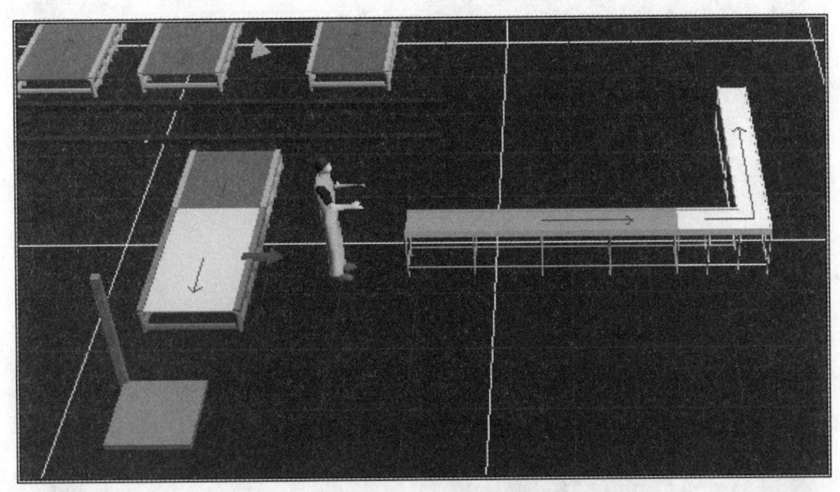

图 8－51　连接左折输送机和直线输送机

点击设备栏的“右分流输送机”按钮，表示出右分流输送机（分流输送机可使传送过来的物体分成两个方向流动）。打开右分流输送机的属性对话框，在“尺寸”选项卡中将“分流前的长度”和“分流后的长度”改为 1500mm，将“右分流的长度”改为 1000mm、“右角度”改为 30 度。

鼠标左键选中右分流输送机并拖动，将其入口靠近左折输送机出口处自动连接，如图 8－52 所示。

点击设备栏的“右曲输送机”按钮，表示出右曲输送机。

下面要连接右分流输送机的支线和右曲输送机，鼠标左键选中右曲输送机并拖动，将其入口靠近右分流输送机的支线出口处自动连接，如图 8－53 所示。

注：操作设备连接时，如果将连接目标搞错，则需重新设定连接。通过设备的右键弹出菜单“连接的切断”，切断两个设备间的连接后再重新连接，如图 8－54 所示。

接着打开右曲输送机属性对话框中的“尺寸”选项卡，将“角度”改成 60 度后点击“确定”按钮，如图 8－55 所示。

点击设备栏的“直线输送机”按钮，使直线输送机表示出来。打开直线输送机的属性对话框，点击“尺寸”属性，将长度改成 4000mm 后，点击“确定”按钮，如图 8－56 所示。

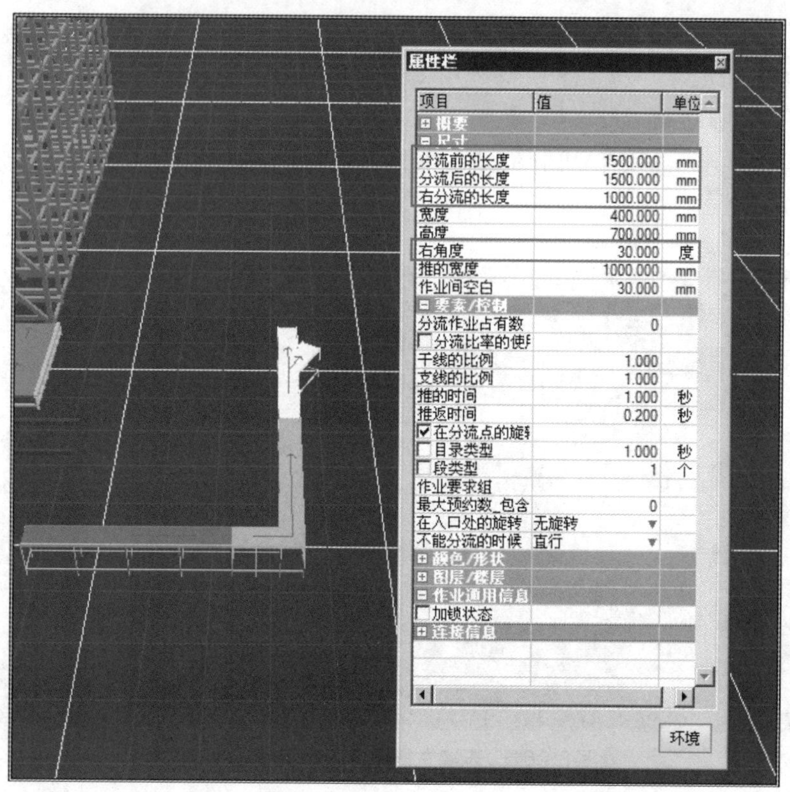

图 8－52　连接右分流输送机和左折输送机

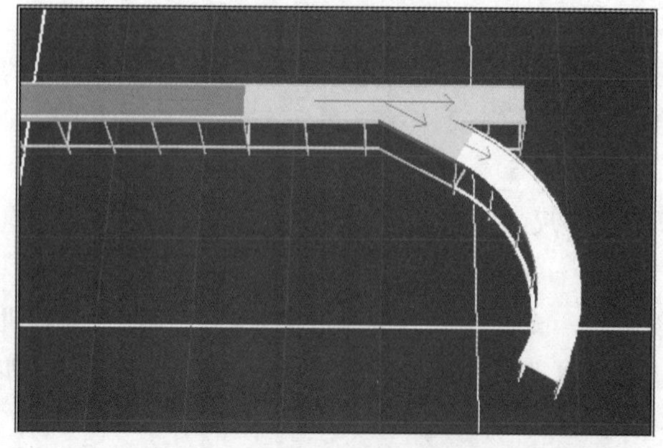

图 8－53　连接右分流输送机的支线和右曲输送机

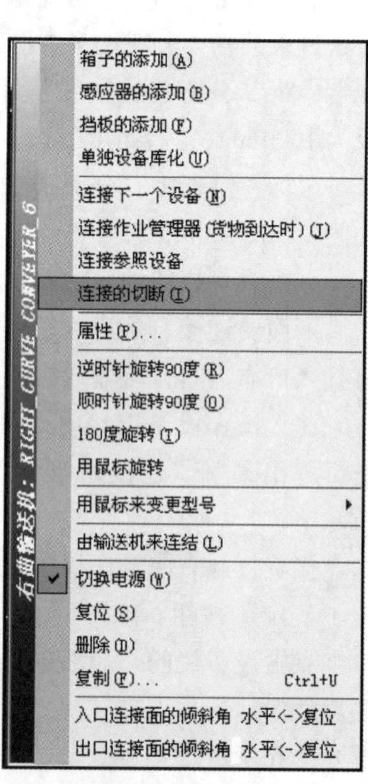

图 8－54　重新连接

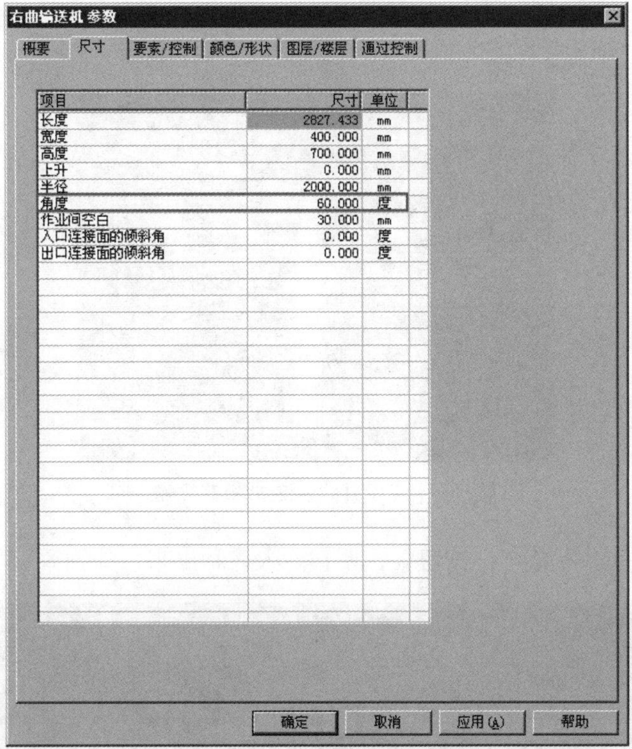

图 8 – 55　右曲输送机尺寸更改

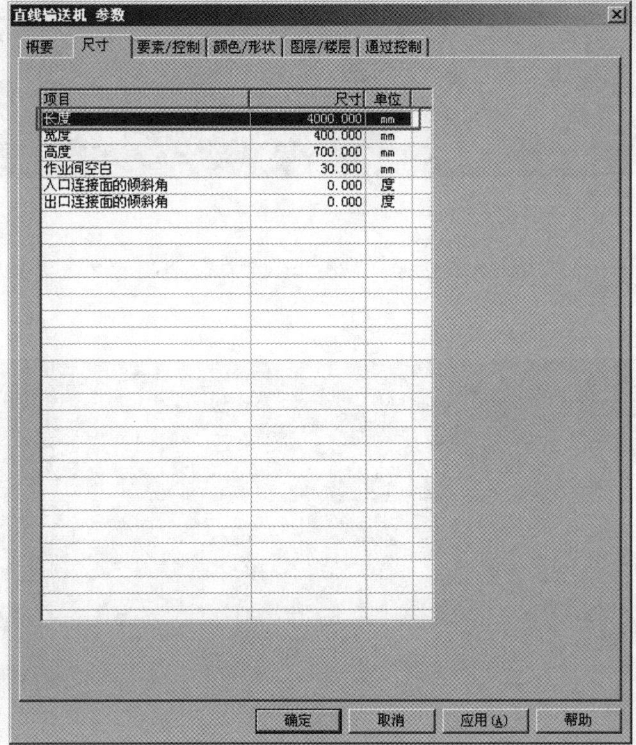

图 8 – 56　直线输送机尺寸更改

鼠标左键选中直线输送机并拖动，将其入口靠近右曲输送机的出口处自动连接，如图 8－57 所示。

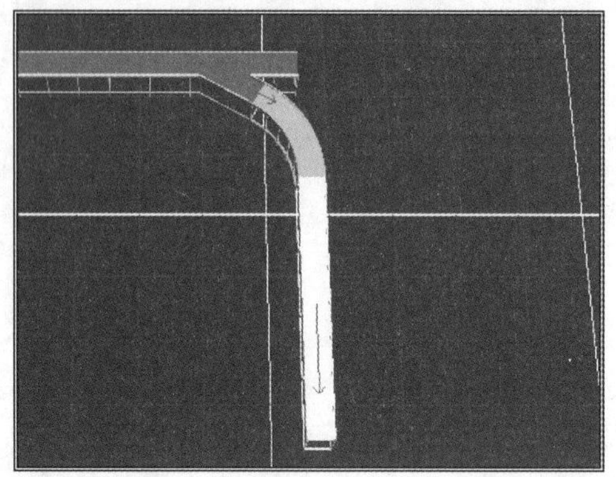

图 8－57 连接直线输送机和右曲输送机

点击设备栏的“智能人”按钮 ，使智能人表示出来，如图 8－58 所示。

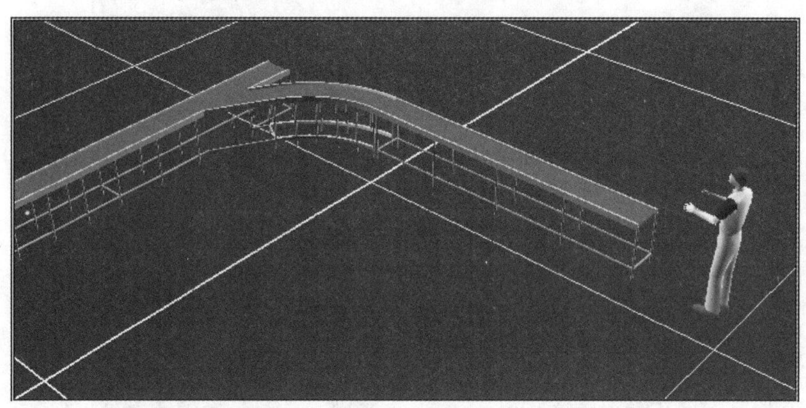

图 8－58 创建智能人

点击直线输送机的右键弹出菜单中的“连接下一个设备”，连接到智能人上，如图 8－59 所示。

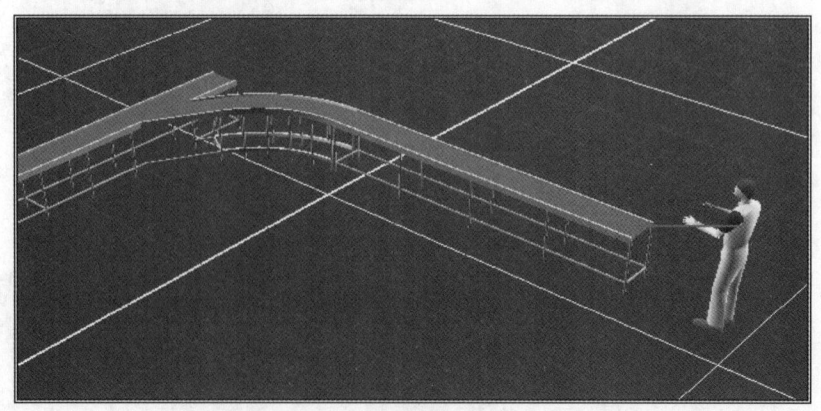

图 8－59 连接智能人

点击设备栏的“笼车”按钮，使笼车表示出来，如图 8－60 所示。

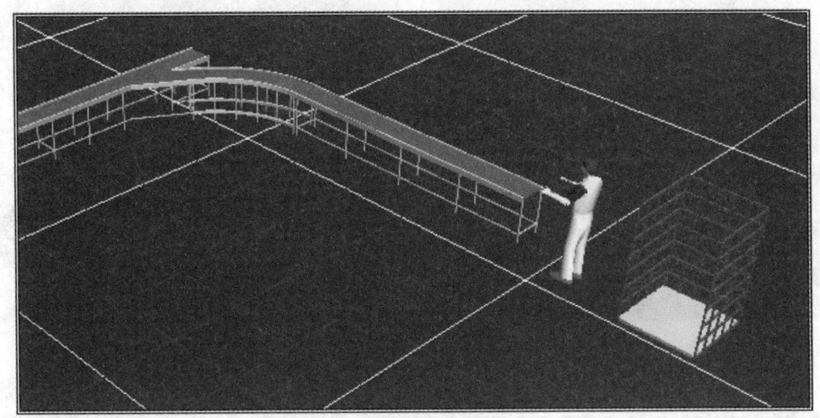

图 8－60　创建笼车

鼠标左键选中笼车，点击右键弹出菜单中的“顺时针旋转 90 度”，使其面向智能人。将笼车放在智能人的后方。

通过智能人右键弹出菜单的“连接下一个设备”，连接到笼车上，如图 8－61 所示。

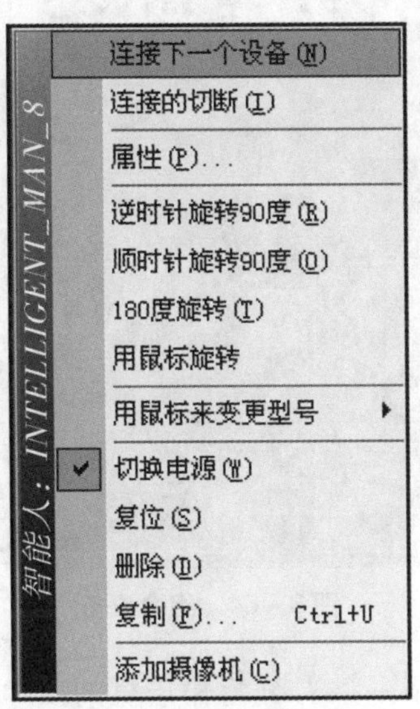

图 8－61　连接笼车

点击工具栏中的“选择”按钮□。通过鼠标左键拖动，将需要复制的设备包含到画出的红色矩形中（从右分流输送机到笼车的所有设备），如图 8－62 所示。

松开左键，被红色矩形围起来的设备将全部处于选择状态，如图 8－63 所示。

保持这种选择状态利用“Ctrl ＋ C”复制并“Ctrl ＋ V”粘贴选中设备，然后点击右键显示弹出菜单，从弹出菜单中点击“组化”，使上述选中设备组合为一个整体，如图 8－64 所示。

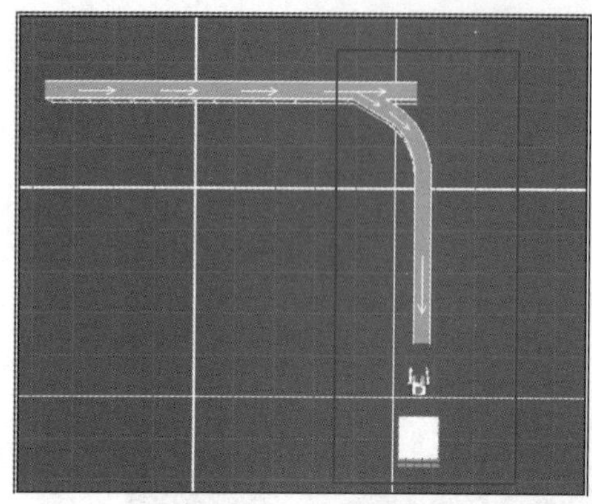

图 8－62　复制设备

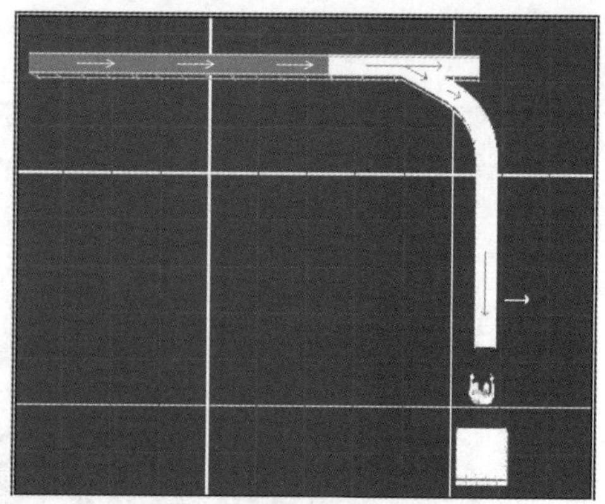

图 8－63　选择设备

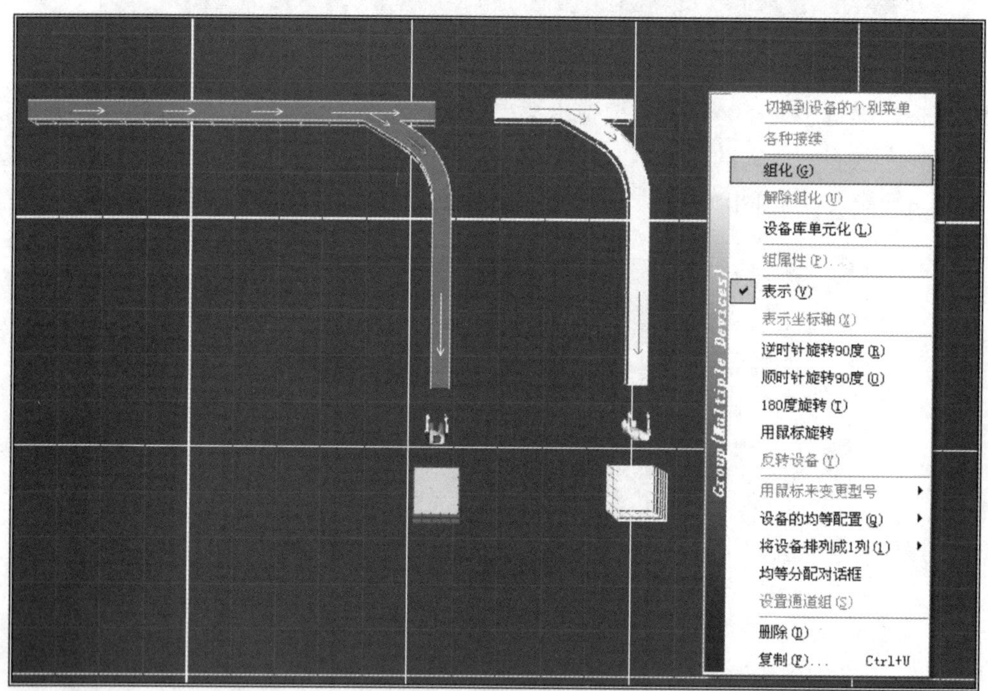

图 8－64　组合设备

把组化的设备群移动到第一条右分流输送机的出口，使设备自动连接起来，如图 8－65 所示。

用“Ctrl + V”再增加一套设备，并用和上面同样的方法连接起来，如图 8－66 所示。

点击设备栏的“直线输送机”按钮，使直线输送机表示出来，并与第三条右分流输送机连接，如图 8－67 所示。

点击设备栏的“部件消除器”按钮，将部件消除器表示出来。将部件消除器设置在直线输送机的出口附近。选择直线输送机右键菜单中的“连接下一个设备”，连接部件消除器，如图 8－68 所示。

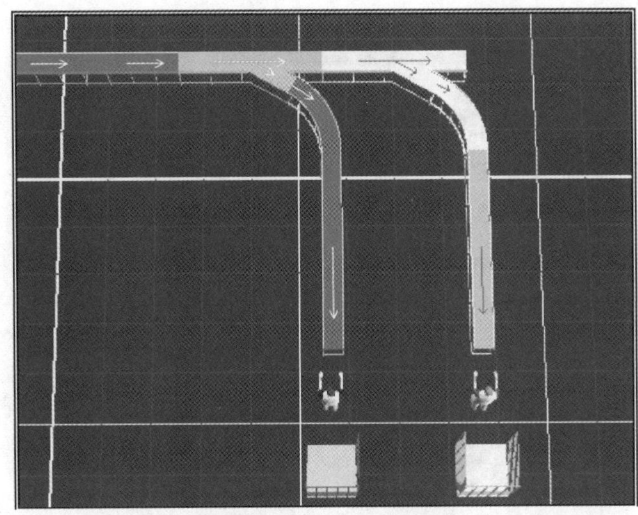

图 8－65　自动连接设备

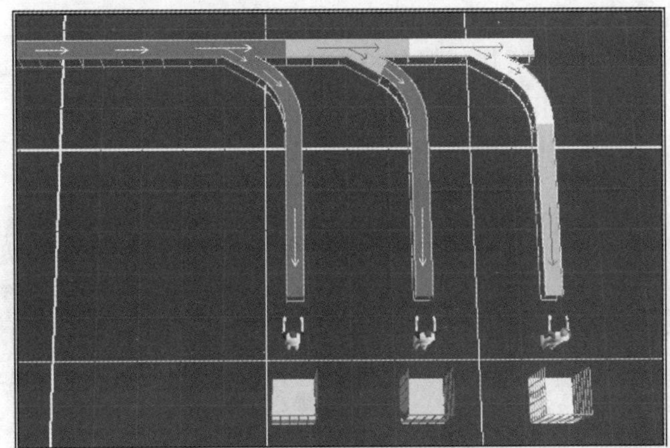

图 8－66　再连接一套设备

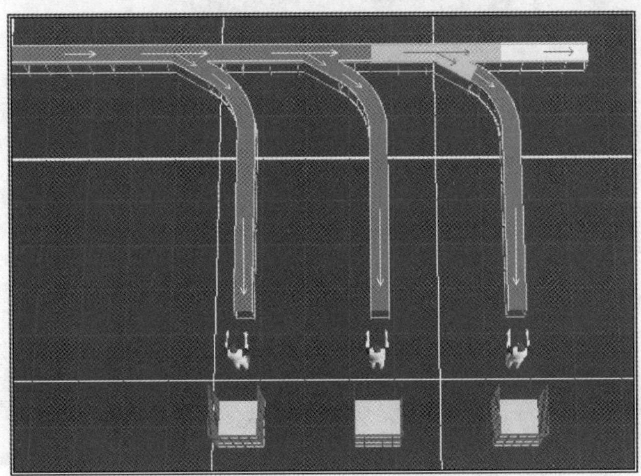

图 8－67　连接直线输送机和第三条右分流输送机

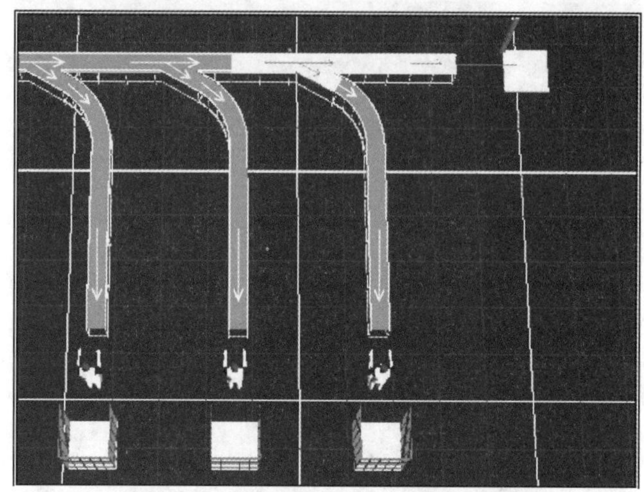

图 8－68　连接部件消除器和直线输送机

5. 分流输送机的分流条件设定

为了使传送过来的四种货物依据其种类进行分流，需要对三条分流输送机的分流条件进行设定。首先选中组合的设备，然后点击右键弹出菜单，选择“解除组化”菜单项，取消设备的组合，如图 8－69 所示。

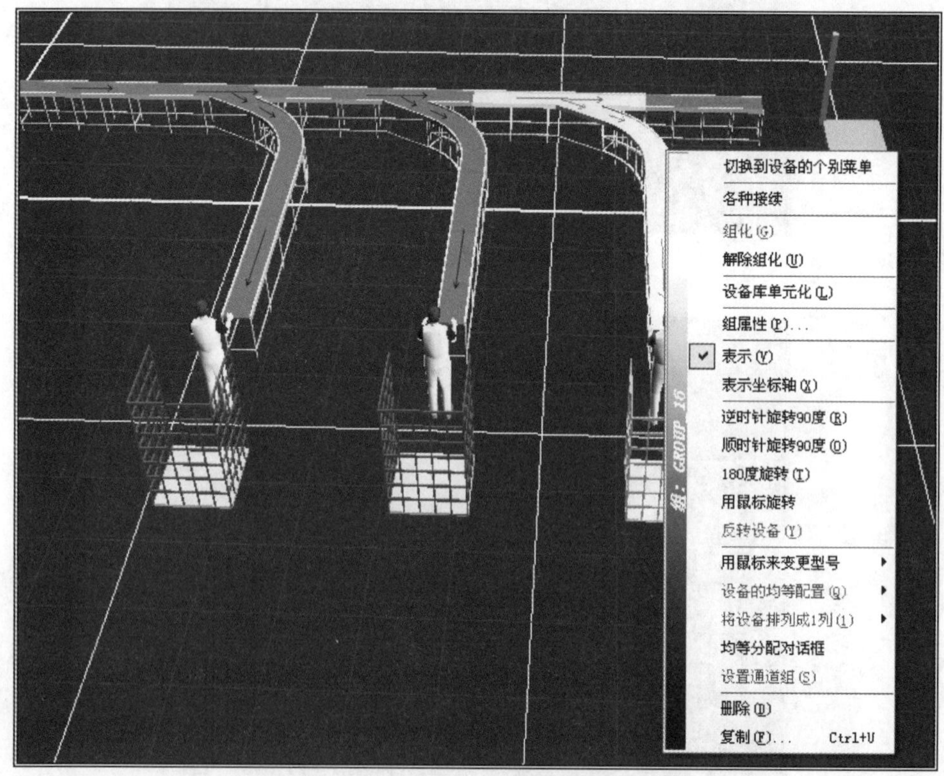

图 8－69　分流条件设定

在建立入库部分模型中，我们已经将四个部件生成器的条码分别设定为 A、B、C、D。因此，四种部件生成器中生成的货物将继承条码信息。下面的步骤将通过三个右分流输送机的分流功能，从四种货物中选择三种货物在三个分流点进行分流，剩下的一种货物将直接传送至部件消除器后被消除，如图 8－70 所示。

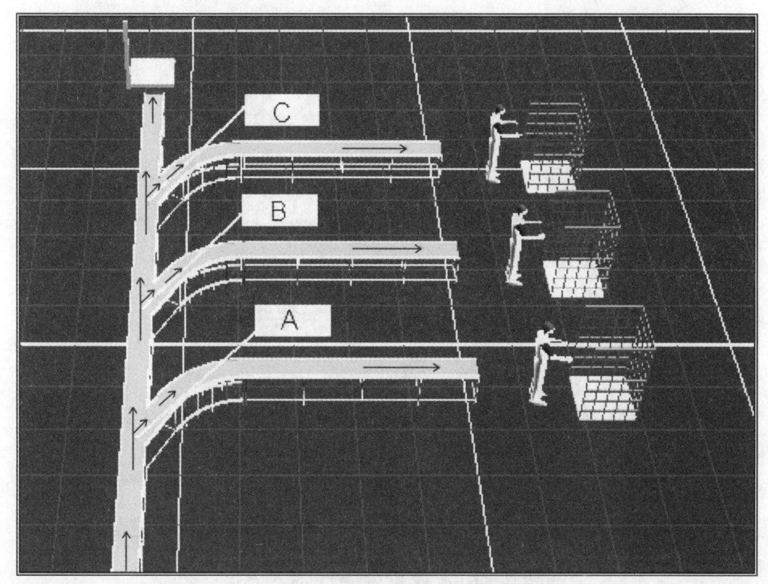

图 8－70　选择三种货物在三个分流点进行分流

打开第一条右分流输送机属性对话框中“分流控制”选项卡。点击“新建组”按钮，选择 Rule1，在下方的“正规表达式”右边的下拉列表中选择“条码”，然后输入 A。注意：设置完条码后，必须先按下“适用”按钮再按“确定”按钮，最后关闭对话框，如图 8－71 所示。

打开第二条右分流输送机属性对话框中“分流控制”选项卡。点击“新建组”按钮，选择 Rule1，在下方的“正规表达式”右边的下拉列表中选择“条码”，然后输入 B，如图 8－72 所示。

打开第三条右分流输送机属性对话框中“分流控制”选项卡。点击“新建组”按钮，选择 Rule1，在下方的“正规表达式”右边的下拉列表中选择“条码”，然后输入 C，如图 8－73 所示。

6. 模型的保存

完成上述操作步骤后，我们已完成出库部分模型的建立。点击菜单栏里的“文件”“另存为”，指定文件名后点击“保存”按钮，保存模型文件。

三、模型的模拟

通过点击时间栏上的“开始”按钮开始模拟。“时间模式”中可以选择“实时”或者“固定时间间隔”两种模式，其中，实时为按实际速度执行模拟，而固定时间间

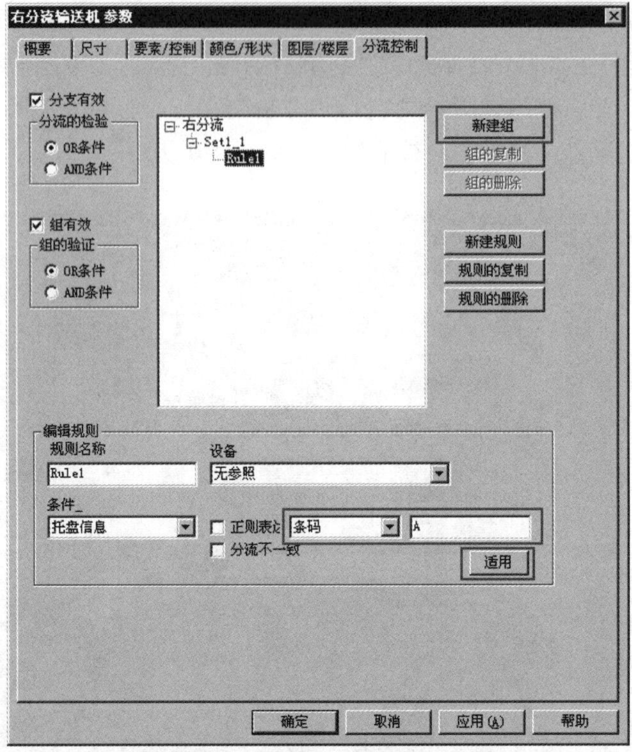

图 8－71　设置条码（输入 A）

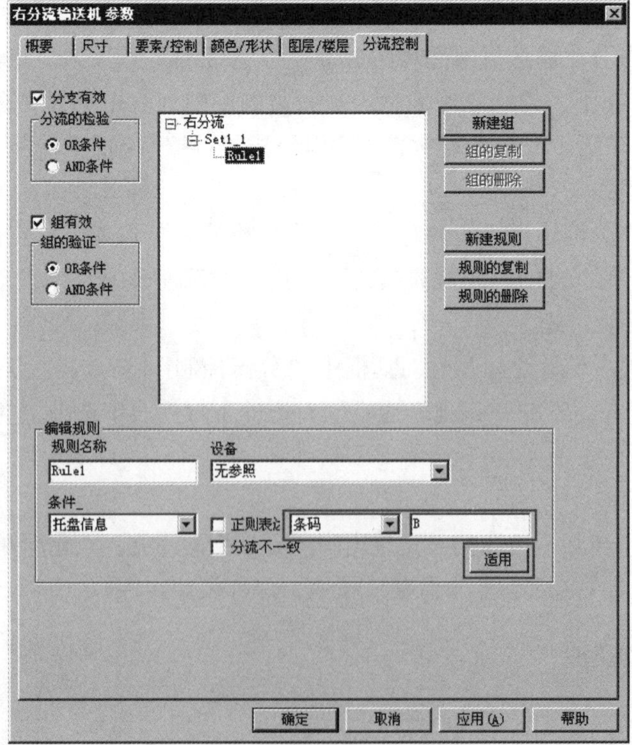

图 8－72　设置条码（输入 B）

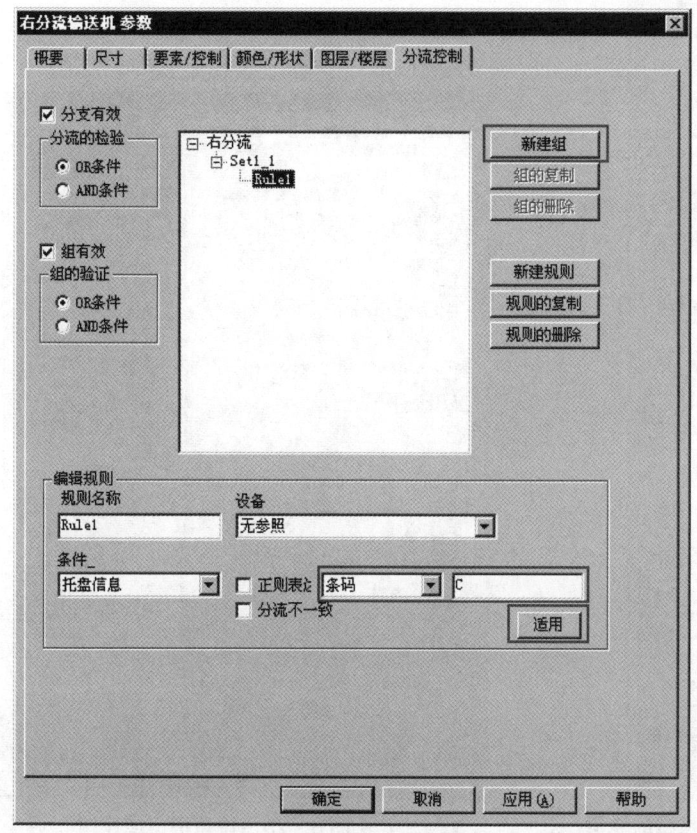

图 8-73　设置条码（输入 C）

隔可以设置任意执行速度比例，所设值越大，速度越快，如图 8-74 所示。

四、自动化仓库属性介绍

通过自动化仓库“进出库逻辑”选项卡，设置自动入库逻辑及自动出库逻辑，如图 8-75 所示。

通过自动化仓库“加速度的设置”选项卡，设置自动化仓库在水平方向和垂直方向的移动速度及加速度，如图 8-76 所示。注：点击“参数的变更”按钮，切换水平或垂直方向的速度参数。

通过自动化仓库“颜色/形状”选项卡，设置自动化仓库各部分颜色及形状相关属性，如图 8-77 所示。注：点击“表示左侧货架”和“右侧货架表示”复选框，设置是否显示自动化仓库两侧货架。

通过自动化仓库“个别高度/长度的变更”选项卡，选中“编辑各高度”复选框，可以单独设定自动化仓库货架的每个货层的高度；选中“编辑各长度”复选框，可以单独设定自动化仓库货架的每个货格的长度，如图 8-78 所示。

图8－74　模型的模拟

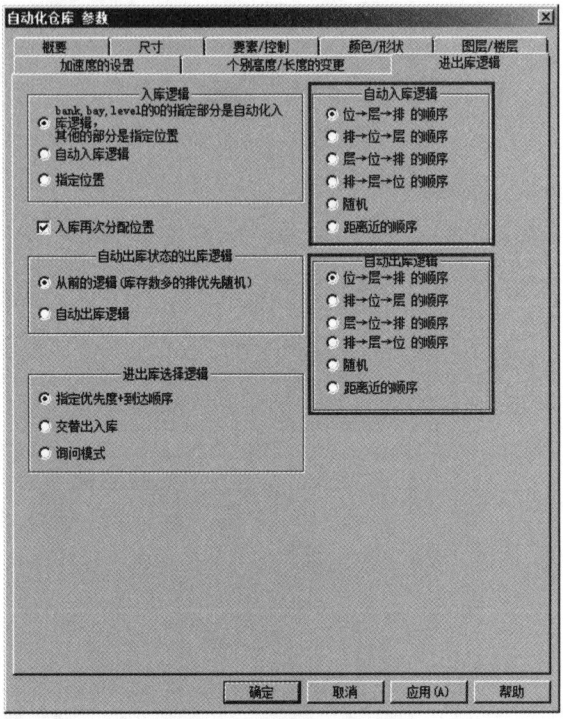

图8－75　设置进出库逻辑

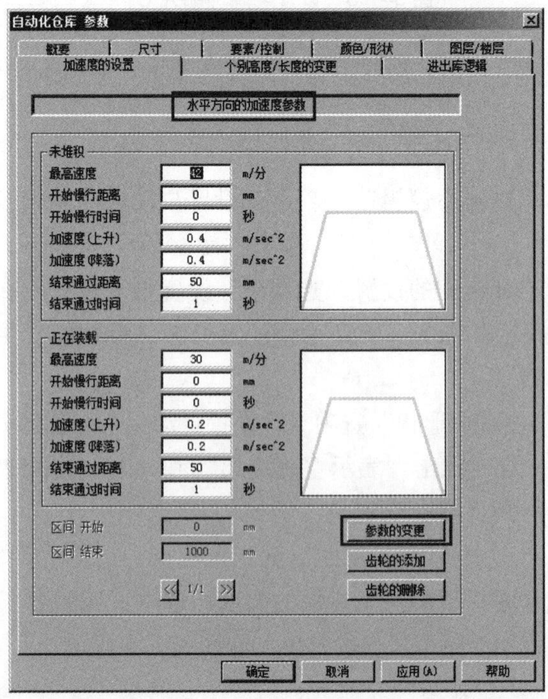

图8－76　设置自动化仓库在水平方向和垂直方向的移动速度及加速度

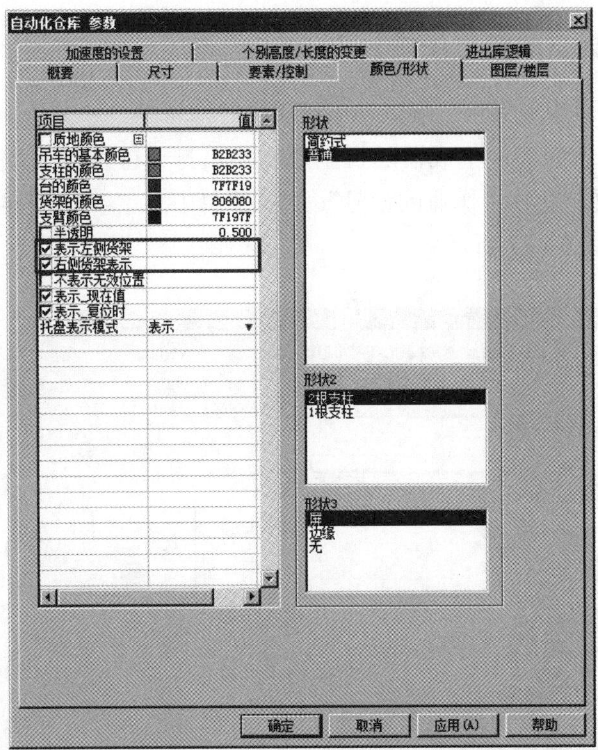

图 8－77　设置自动化仓库各部分颜色及形状相关属性

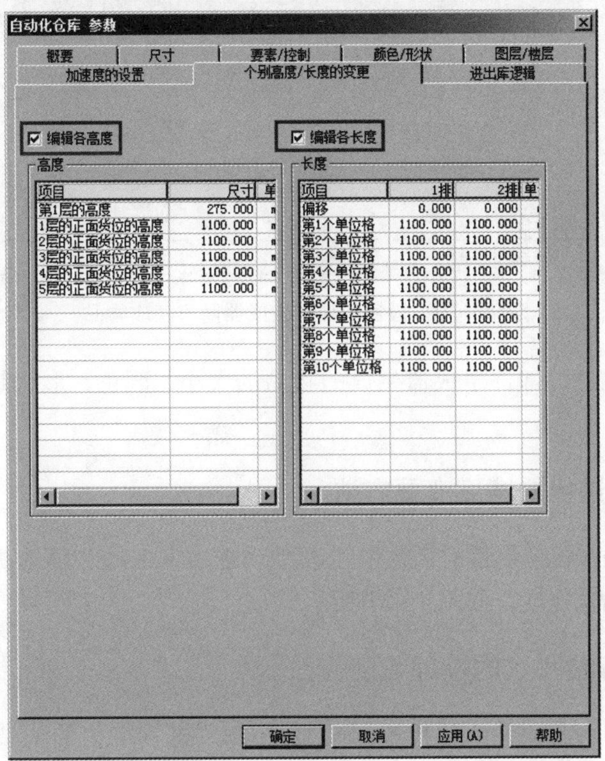

图 8－78　设定自动化仓库货架的每个货层的高度和每个货格的长度

五、部件生成器的随机生成

部件生成器可以生成大小、颜色、形状随机的物品。

下面尝试让橙色的部件生成器随机生成物品。打开橙色部件生成器的属性窗口，选择“尺寸”选项卡里的“作业的型号”下拉菜单中的“决定同样的随机数”，点击“确定”按钮，如图 8－79 所示。

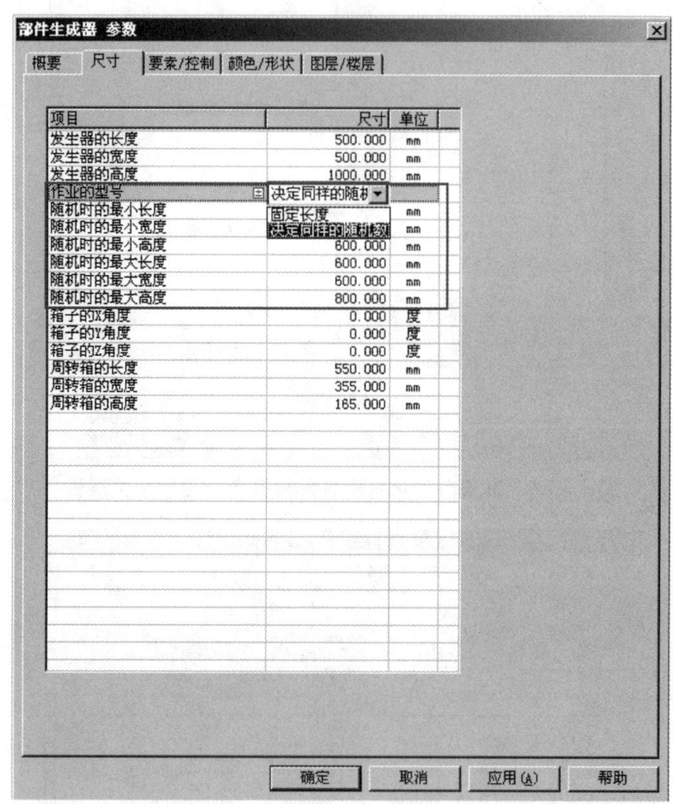

图 8－79　橙色的部件生成器随机生成物品

请观察只有橙色的部件生成器生成的物品的大小、颜色、形状是随机出现的，如图 8－80 所示。

六、直线输送机的速度变更方法

可通过直线输送机的属性对话框中“概要”选项卡中的“输送机的速度”一项改变直线输送机的输送速度，如图 8－81 所示。

七、装货/卸货平台的装卸数的修改

可通过装货平台的属性对话框中“要素/控制”选项卡中的“装货数”一项设定装货平台上托盘的装货数，如图 8－82 所示。

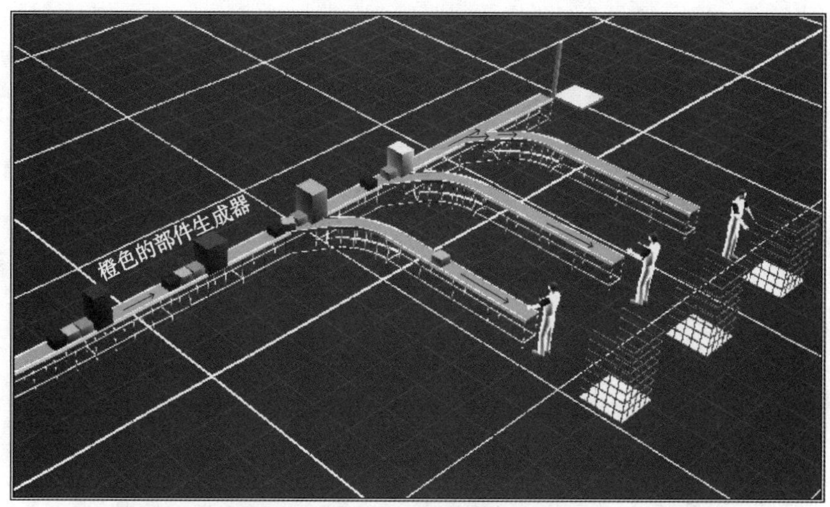

图 8－80 橙色的部件生成器生成的物品的大小、颜色、形状随机出现

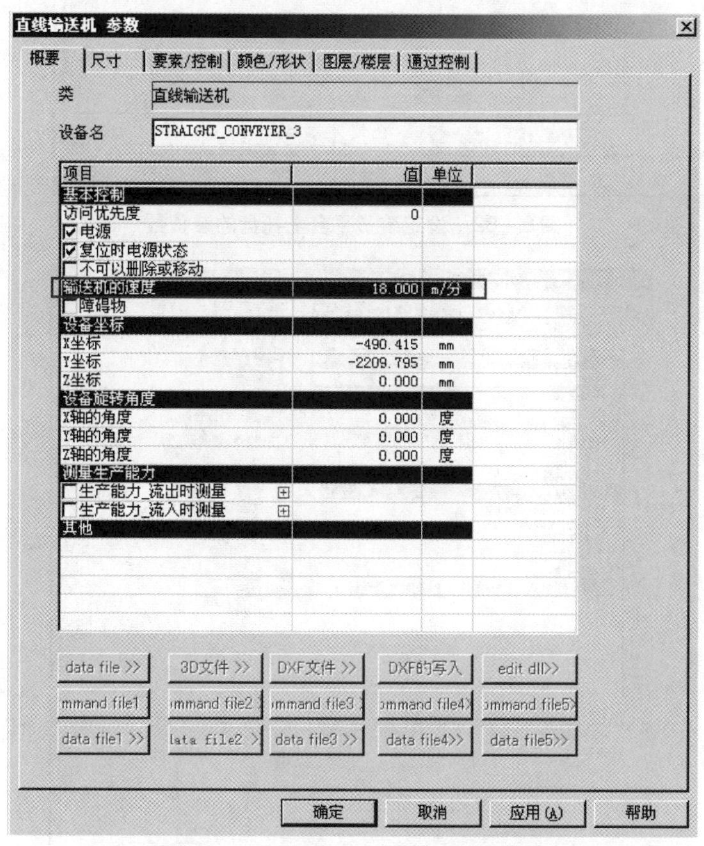

图 8－81 改变直线输送机的输送速度

可通过卸货平台的属性对话框中“要素/控制”选项卡中的“卸货数”一项设定卸货平台上托盘的卸货数，如图 8－83 所示。注：当卸货数设定为 0 时，表示将托盘上的货物全部卸载，而不是卸载 0 个货物的意思。

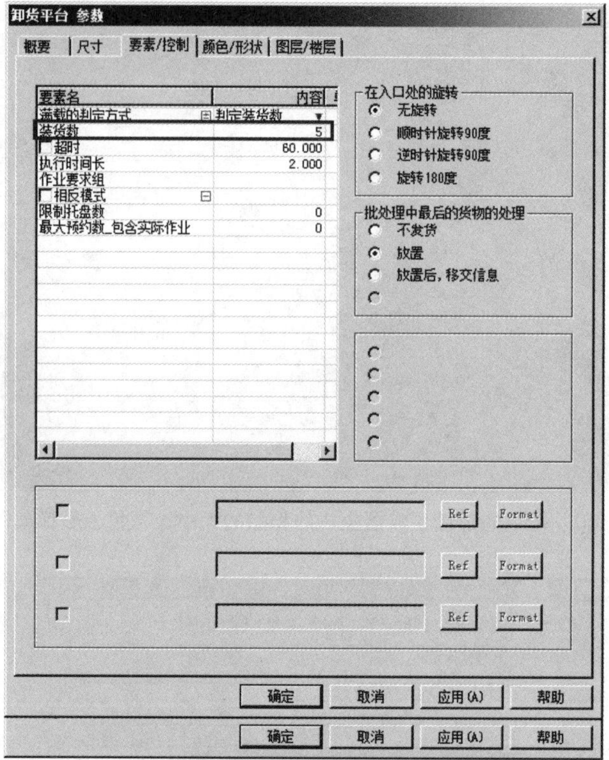

图 8－82　设定装货平台上托盘的装货数

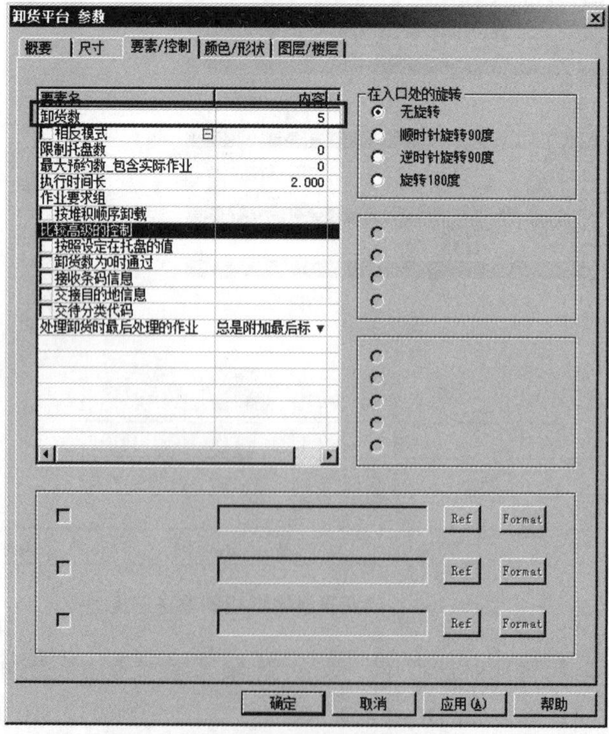

图 8－83　设定卸货平台上托盘的卸货数

第九章　FlexSim 软件在物流系统建模仿真中的应用

第一节　FlexSim 软件概述

FlexSim 软件作为一款强大的建模仿真工具，可以建立现实系统的三维计算机模型。通过仿真模型所呈现的逼真的图形动画和全面的性能报告，用户可以在系统实际运行之前及时发现问题，从而规避风险。利用仿真模型，用户能够以较低的成本在较短的时间内对系统进行分析，获得一系列解决方案的量化反馈，并快速逼近最优的解决方案，从而在系统设计和运行过程中为用户提供智能的决策支持。

从技术角度讲，FlexSim 软件属于离散事件系统仿真软件，可以对基于特定事件的，在离散的时间节点改变状态的系统进行仿真分析。离散事件系统仿真模型所处理的实体通常为实物，但是也可以为工作任务、电子信息等对象。这些实体在模型中会经历加工、排队、运输等一系列处理步骤，即临时实体处理流。临时实体处理流中的每一步操作都可能需要一个或多个资源，例如处理器、合成器、输送机、操作员、车辆等。这些资源有些是位置固定的，有些则是可移动的，有些专用于特定任务，而有些则可由多个任务共享。

多核技术的应用使得 FlexSim 软件能够建立复杂庞大的模型，并保证仿真模型运行得流畅和快速。底层开放的 C + 软件 + 语言编译接口使用户能够自由实现复杂的系统逻辑。可视化技术的高度集成，使 FlexSim 软件不仅能够以三维动画方式生动展示系统的运行效果，还可在仿真分析过程中提供丰富的可视分析手段，从而辅助设计人员完成最终系统的设计和优化。

在应用领域与场景方面，FlexSim 软件是一款可以在不同领域对各种类型系统进行仿真分析的通用工具。一些可能的应用场景包括：提升设备的利用率，减少等待时间和队列的长度，高效地分配资源，消除库存中断问题，尽量减小系统故障的负面影响，减少次品和废弃物的负面影响，研究替代的投资策略，研究成本降低计划，建立最优的批量和部件排序，解决材料加工问题，研究装配时间和工具转换的影响，优化商品和服务的优先级和分发逻辑，演示新设备的设计和性能等。总的来说，有三个方面的基本问题可以由 FlexSim 软件来解决：服务问题，即以尽可能低的成本处理顾客的服务请求，同时使顾客的满意度最高；生产问题，即从生产企业的实际情况出发，综合考虑成本、效率、生产能力、工艺水平等因素，制定最优的生产策略；物流问题，即以尽可能低的成本完成最优质的物流服务。

FlexSim 软件的界面如图 9 - 1 所示。其中菜单栏包含全面的软件操作控制功能；工具栏包含建立连接、断开连接、打开数据树视图、创建新的工作区域等常用的建模控制功能按钮；模型运行控制栏包含模型重置、模型运行、模型停止、设置模型运行时间和速度等功能；实体库包含固定资源类实体、任务执行器类实体、流体类实体等建模资源；建模工作区用来实现设备布局、仿真模型的构建和可视化运行等操作；快速属性栏提供对建模工作区、各类建模资源进行快捷的属性设置的功能；状态栏用以显示鼠标在建模工作区的坐标、建模资源的位置和状态等信息。

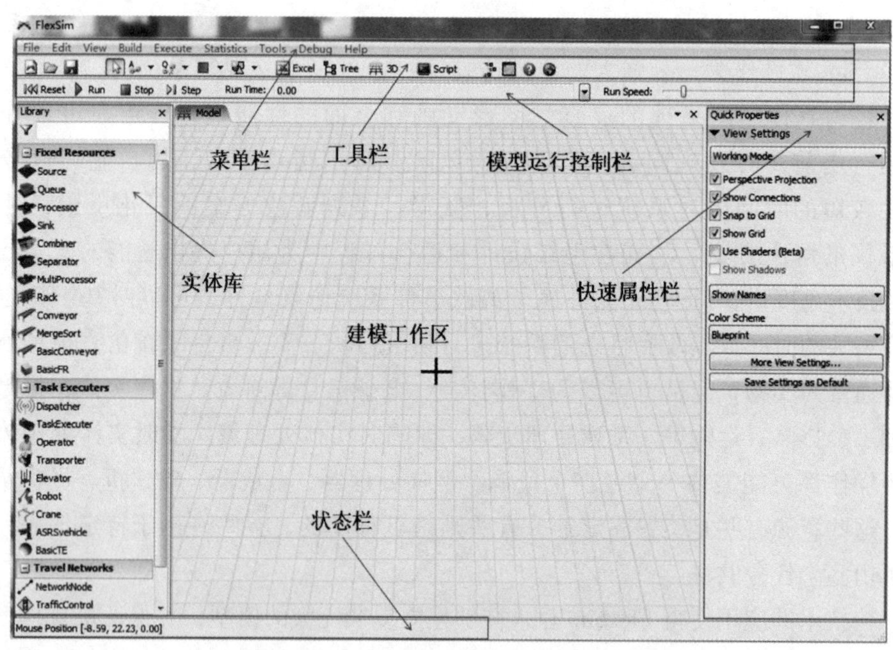

图 9 - 1　FlexSim 软件的界面

第二节　FlexSim 实体库与实体

一、FlexSim 实体库

在离散事件系统仿真模型中，建立模型所需的基本单元被称为实体，这些实体可以分为两类，分别是在系统仿真期间自始至终停留在系统中的永久实体，以及在系统仿真期间流经系统，在仿真结束时已经离开系统的临时实体。临时实体按一定规律不断产生，在永久实体作用下通过系统，最后离开系统。

在使用 FlexSim 软件建立仿真模型时，仍然需要遵循离散事件系统仿真建模理论中对实体的分类以及实体之间基本逻辑关系的定义，但是为了方便使用，FlexSim 实体库将建模所需要的实体分为五类，分别是固定资源类实体、任务执行器类实体、交通网络类实体、可视化工具类实体和流体类实体。

FlexSim 实体库中的实体通过面向对象的构造方法来实现，实体间存在父类/子类这样的层级关系。子类实体从其父类实体继承属性和默认的行为，同时会定制化其属性和行为以适应特定的情景。在 FlexSim 实体库的五种类型实体中，固定资源类实体和任务执行器类实体是两类常规的实体类型，它们作为父类构造了实体库中的大部分实体。

二、FlexSim 实体

1. 固定资源类实体

固定资源类实体是固定实体的父类。固定实体是指模型中位置固定的一类实体，包括发生器、暂存区、处理器、吸收器、合成器和分离器等。固定资源类实体定义了对临时实体的处理逻辑。在仿真模型中，虽然固定实体的种类众多，但是它们对临时实体的处理逻辑都是相似的，即通过固定实体自身的输入端口接收临时实体，在对临时实体实施所设定的处理后，再通过自身的输出端口释放临时实体，临时实体会被送入下一个固定实体接受进一步的操作，直至离开仿真模型。因此临时实体是以进入、接受操作处理和离开这些固定实体的方式来流经仿真模型的。

作为诸多固定实体的父类，固定资源类实体不需要在仿真模型中被显式地调用，而是需要对其子类——固定实体逐一进行编辑，以实现对临时实体的处理逻辑。下面对这一过程进行详细说明。

（1）打开输入端口寻找临时实体以接收。

当固定实体准备好接收临时实体时，其首先会检查自身是否处于拉式模式中。如果固定实体处于拉式模式中，就会调用自身的端口函数，该端口函数将会返回需要打开的输入端口的端口序号。如果端口函数的返回值为 0，则该固定实体将会打开所有输入端口。每当上游的一个临时实体被释放，下游的固定实体就会针对该临时实体调用自身的拉入条件函数。该函数的返回值为 1 或 0。当返回值为 1 时，该固定实体将会接收这个上游释放的临时实体；当返回值为 0 时，该固定实体则不会接收当前这个临时实体，而会针对上游释放的下一个临时实体，尝试再次调用拉入条件函数，以判断是否应该接收，或者应该进入空闲等待状态，直至上游的固定实体释放另一个临时实体。针对上游到来的临时实体，处于拉式模式中的固定实体会周而复始地重复这样的判断过程，以保证从特定的输入端口接收特定的临时实体。然而，当固定实体不是处于拉式模式时，就会摈弃所有的拉式逻辑判断过程，只会简单地等待接收首先到达的临时实体。

现举例说明固定实体的拉式逻辑。有两个相连的固定实体，其中下游的处于拉式模式的固定实体被设置为从上游的固定实体拉入临时实体。上游的固定实体当前包含五个临时实体，序号从 1 至 5。上游固定实体已经处理完成并释放了第 1、第 2 和第 3 个临时实体，同时尚有第 4 和第 5 个临时实体正在接受处理未被释放。当下游的拉式模式固定实体准备好接收上游固定实体发出的临时实体时，就会针对上游释放的三个临时实体重复调用拉入条件函数，直至拉入条件函数的返回值为 1。一旦获得返回值 1 以后，拉式模式固定实体就会接收该临时实体并结束其拉式逻辑，直至完成对所接收的临时实体的处理，并准备好接收下一个临时实体后，才会再次启用拉式逻辑，调用拉入条件函数。如果针对前三个临时实体所调用的拉入条件函数的三个返回值均为 0，则拉式模式固定实体将会进入等待状态。当第 4 个临时实体后期被释放时，拉式模式固定实体将会结束等待状态，并针对这个临时实体调用拉入条件函数，并根据函数的返回值判断是否应该接收该临时实体。对于第 5 个临时实体重复上述的判断过程。

（2）处理临时实体。

当临时实体进入固定实体后，就会根据固定实体的类型接受相应的操作处理，直至被释放。例如，如果固定实体是一个处理器，则临时实体会接受一段时间的预置和处理；如果固定实体为暂存区，则临时实体会进入队列进行排队，如果队列为空就会直接离开暂存区；如果固定实体为输送机，临时实体则会沿着输送机进行传输，直至到达输送机的末端。

（3）释放临时实体并确定需要打开的输出端口。

当固定实体中的某个临时实体需要被释放时，固定实体就会调用输出至端口函数。同从端口拉入函数一样，如果该函数返回一个大于 0 的值，则该数值表示一个端口序号。接下来固定实体会打开与返回值对应的输出端口。如果返回值为 0，则固定实体会打开所有的输出端口。如果返回值为 -1，则任何输出端口都不会被打开，当前的临时实体将不会被释放，需要后期调用释放临时实体命令“releaseitem ( )”，以显式地释放该临时实体，或者调用移动对象命令“moveobject ( )”，将临时实体移出固定实体。

一旦上游的固定实体打开输出端口，就会进入等待状态，直到下游的固定实体准备好接收临时实体。如果固定实体被设置为重新选择输出端口，则每当下游的固定实体准备好接收一个新的临时实体时，当前的固定实体都会为将要输出的临时实体重新选择输出端口。需要注意的是，只有当下游的固定实体达到变得可用的那个时点，才会触发上述的端口重新选择操作。如果下游的固定实体已经变得可用，则上游的固定实体不会持续地重新选择端口。如果需要在任意时间都能够手动强制重新选择输出端口，则需要在上游的固定实体中调用打开输出端口命令“openoutput ( )”。

（4）将临时实体转移至下一工位。

一旦上游的固定实体将临时实体释放，并且下游的固定实体已准备好接收该临时实体，如果此时上游固定实体的使用运输工具复选框没有被勾选，则临时实体会被立即传送到下游的固定实体中。如果使用运输工具复选框被勾选，则固定实体会调用请求运输工具函数。该函数将会返回一个指向任务执行器或任务分配器的引用。如果一个有效的引用被返回，则一个默认的任务序列会被自动创建，一个任务执行器将会装载临时实体并将其送到目的地。请求运输工具域还可以返回 0 值，此时固定实体会假设一个任务序列已经被用户显式地创建，固定实体本身不会再创建默认的任务序列。当用户需要独立创建任务序列时，可以在请求运输工具域的下拉列表中选择“手工创建任务序列”选项，从而手工进行代码的编辑。下面详细说明固定实体调用运输工具的流程。

如果将一个固定实体设置为使用运输工具来输送临时实体至下游的固定实体，并且当下游的固定实体已经准备好主动拉入或被动接收临时实体时，此时，临时实体不会立即被移入下游的站点，而是需要固定实体调用一个任务执行器，并为其创建一个任务序列来完成诸如行进至起始位置、拾起临时实体、行进至下游目标处、放下临时实体等操作。

使用运输工具来完成相应的任务涉及几个关键的步骤。首先，固定实体会调用自身的请求运输工具函数，从而得到对某一个任务执行器的引用，该任务执行器用于准备接收固定实体发出的任务序列。接下来，临时实体进入等待运输工具的状态。此时临时实体的目的地已经被确定下来，将不能再被改变。同时，每一个固定实体都会持续跟踪两个变量，分别为将要移入的临时实体的数量，表示为 nroftransportsin，以及将要移出的临时实体的数量，表示为 nroftransportsout。一旦固定实体调用了请求运输工具函数，其自身的 nroftransportsout 变量值就会增加，并通知下游的固定实体，下游的固定实体相应地就会增加其自身的 nroftransportsin 变量值。由此，固定实体创建了一个基础的任务序列：

步骤 1，行进至上游的固定实体，即行进任务；

步骤 2，装载临时实体，即装载任务；

步骤 3，如需要则进行中断去执行其他任务序列，即中断任务；

步骤 4，行进至下游的固定实体，即行进任务；

步骤 5，将临时实体卸载至下游的固定实体处，即卸载任务。

仿真过程中，固定实体可能处于的运行状态包括以下几种。

①正在生成。此种状态专用于发生器，是指发生器内当前不包含临时实体，发生器正在等待创建下一个临时实体。

②阻塞。此时临时实体已经被创建或接受完操作，等待离开当前的固定实体，但是下游的固定实体并未准备好接收这些临时实体。发生器或其他固定实体的阻塞状态通常是由于其下游固定实体被占用，无法开放输入端口引起的。

③空闲。固定实体内不包含临时实体，设备闲置不对临时实体进行处理。

④预置。在用户定义的预置时间内，对固定实体进行预置操作。

⑤处理。临时实体进入固定实体后，在用户定义的处理时间内接受相应的处理。

⑥等待操作员。固定实体等待操作员到达，以进行设备的预置或修复、产品的加工等操作。

⑦等待运输设备。当前的固定实体已准备好释放临时实体，下游的固定实体也已经做好接收准备，但是运输设备还没有到达始发地搬运临时实体。

⑧停机。固定实体因设备故障、维护和修理等原因而停机。

⑨空置。具有存储功能的固定实体内不包含临时实体。

⑩收集。固定实体为满足批量要求正在收集临时实体。

⑪释放。固定实体正在释放单个的或成批的临时实体。

⑫输送。临时实体正在沿输送机或分拣输送机等固定实体输送。

下面分别对每一个固定实体的属性做以说明。

发生器。发生器用于创建货物、订单、顾客等临时实体。每个仿真模型中至少应包含一个发生器以生成临时实体，这些临时实体在模型中转移流动，从而驱动模型运行。因为发生器只能用于产生临时实体而无法接收临时实体，所以与其他固定实体不同，发生器只有输出端口而没有输入端口。发生器有以下三种运行模式。

到达时间间隔模式。在这种模式下，发生器会调用其到达时间间隔函数，该函数的返回值为下一个临时实体到达之前需要等待的时间。当模型开始运行时，发生器首先会按照该函数的返回值等待一段时间，然后创建并输出一个临时实体。一旦临时实体被释放，发生器会再次调用该函数并按返回值进行等待，继而进入下一轮的循环。

到达计划模式。在此种模式下，发生器会按照用户定义的计划表创建临时实体。计划表中的每一行对应临时实体的一次到达。用户可以定义每次到达模型中的临时实体的到达时间、名称、类型、数量和标签值等内容。用户还可以选择是否需要重复执行计划表。

到达序列模式。此种模式类似于到达计划模式，只是不需要指定每次临时实体到达模型的时间，发生器会按照用户定义的序列表创建临时实体。同到达计划模式一样，用户可以选择是否需要重复执行序列表。

仿真过程中，发生器可能处于的运行状态包括正在生成和阻塞。

暂存区。暂存区用于存储下游的固定实体暂时无法接收的临时实体，在物流系统中，一般用来表示排队系统中的队列。默认情况下，暂存区遵循先入先出规则，即当下游固定实体准备好接收临时实体后，在队列中等待时间最长的临时实体会优先离开队列进入下游固定实体。当暂存区被设置为成批处理模式时，进入暂存区的临时实体不会立即被释放，只有在积累到确定的批量后才会被统一释放。暂存区内可以同时存储多个批量的临时实体。

暂存区可能处于的运行状态包括空置、收集、释放和等待运输设备。

处理器。处理器用于模拟加工设备和服务台等固定实体对产品、顾客和订单等临时实体的处理。处理器的处理功能在模型中体现为一定时间的延迟，总的延迟时间可分为预置时间以及随后的处理时间两部分。处理器的最大容量可以大于1，此时处理器将对临时实体进行并行处理。处理器可以调用操作员完成预置和处理操作，需要同时调用的操作员的数量可由用户定义。在全部的操作员到达之前，处理器将处于停机状态，直至确定数量的操作员全部到达，处理器才会恢复预置或处理操作。

处理器可能处于的运行状态包括空闲、预置、处理、阻塞、等待操作员、等待运输设备和停机。

吸收器。吸收器用于接收并销毁需要在模型中结束生命周期的临时实体。一旦临时实体进入吸收器将无法再被恢复，因此关于将要离开模型的临时实体的统计数据，需要在其进入吸收器之前或在吸收器的进入触发环节进行收集。吸收器只包含输入端口，而没有输出端口及相应的输出逻辑。仿真过程中，吸收器不存在运行状态的改变，只有对所接收的临时实体的统计。

合成器。合成器可以将临时实体永久性地整合到一起，或者将它们暂时整合以便后续拆解。模型运行过程中，合成器可以有三种工作模式来对临时实体进行整合，分别为打包、聚合和批处理。在打包模式下，合成器首先从第一个输入端口接收一个托盘作为容器，或选择其他临时实体作为容器，而后从其他输入端口接收临时实体并将其整合进先前的容器中。在聚合模式下，合成器将销毁除第一个输入端口之外的其余输入端口接收到的临时实体。在批处理模式下，合成器接收完确定种类和数量的临时实体，并按用户定义的时间完成预置和处理操作后，会直接将成批的临时实体输出。用户可以设置组件列表来确定需要整合到一起的临时实体的种类和数量。

合成器可能处于的运行状态包括空闲、收集、预置、处理、阻塞、等待操作员、等待运输设备和停机。

分离器。分离器用于对合成器合成的临时实体进行分解，或者对临时实体进行复制。当包装容器或临时实体进入分离器后，会经过预置和处理操作并消耗相应的时间。接下来，如果分离器处于分解模式，则临时实体将会从包装容器中被移出至分离器中，而后由分离器输出全部的临时实体，最后输出包装容器。如果分离器处于复制模式，则临时实体将会在分离器中按照确定的数量被复制，而后由分离器输出。

仿真过程中，分离器可能处于的运行状态包括空闲、预置、处理、阻塞、等待操作员、等待运输设备和停机。

复合处理器。复合处理器用于模拟对临时实体进行的一系列处理操作。当一台设备涉及多项处理，而每项处理所需要的时间或资源都不相同，或者一台设备被不同类型的处理序列所共享，在这些情况下，利用复合处理器可快捷地实现仿真方案。例如两种不同类型的临时实体需要两套不同的处理序列，但是它们需要共享同一台设备，此时可在一个复合处理器内同时定义全部两套处理序列，当临时实体进入复合处理器后，根据其类别为其选择处理步骤，对于不需要的处理步骤将处理时间设置为0。

同一时间一个复合处理器只能处理一个临时实体。临时实体进入复合处理器后，按用户预先定义的操作序列接受处理直至离开，然后复合处理器才能接收下一个临时实体。这不同于由多个独立的处理器组成的流水线作业，在流水线作业中，一个临时实体完成上游处理进入下游设备后，实施上游处理的处理器可继续接收下一个临时实体，而复合处理器在完成最后一个处理步骤并输出临时实体之前，其先前的处理步骤不会接收临时实体。

对于处理序列中的每一项处理与操作，用户可以定义处理的名称、处理时间、所需的操作员、任务的优先级等信息。

复合处理器可能处于的运行状态包括空闲、阻塞、等待操作员、等待运输设备，以及用户为处理序列中每一项处理所单独定义的状态。

货架。货架用于存储临时实体。用户可以定义货架的层数与列数、储位的尺寸、最大容量、临时实体的存放位置等内容。货架可以呈现多种可视化效果，以方便用户查看货架中的货物。按住键盘上的 X 键，反复用鼠标左键点击货架，则货架将在四种不同的可视化模式间切换。这四种可视化模式依次为完全模式、带储位的后视模式、后视模式以及线框模式。为了编制程序实现更为复杂的逻辑功能，用户可调用一些命令以获取货架的相关信息，这些信息包括指定的列或储位所存储的临时实体的总数、临时实体存放的列或层的位置、关于确定储位的临时实体的引用、货架总的列数或层数等。

仿真过程中，货架不存在运行状态的改变。

输送机。输送机用于沿着既定的路径输送临时实体。用户可以对输送机的长度、坡度、弯曲角度等布局属性进行设置。输送机可以分别在积累模式和非积累模式下工作。积累模式下的输送机类似辊式输送机，即使输送机末端的输出端口被阻塞，其前端仍保持输送状态，致使临时实体逐渐在输送机上积累。非积累模式下的输送机类似带式输送机，当输送机末端的输出端口被阻塞时，整个输送机都会停止输送。

输送机可能处于的运行状态包括空置、输送、阻塞和等待运输设备。

分拣输送机。分拣输送机拥有多个输入端口和输出端口，用于对临时实体进行汇集和分发。用户可以沿分拣输送机逐一设置每个输入端口和输出端口的位置，以及每个输出端口的阻塞参数。每当一个临时实体到达一个输出端口时，分拣输送机会查看该端口的发送条件，如果满足发送条件，则分拣输送机尝试向下游固定实体发送临时实体，如果下游固定实体有效，则发送成功，否则发送被阻塞。当临时实体在某一输出端口发送被阻塞时，如果该输出端口的阻塞参数设置为 0，则临时实体不会在该输出端口输出并继续沿分拣输送机输送；如果该输出端口的阻塞参数设置为 1，则整个分拣输送机会停止运行，临时实体会在输出端口前等待直至输出。

分拣输送机可能处于的运行状态包括空置、输送和阻塞。

基础输送机。基础输送机作为一个原始模型，可以辅助用户定制满足特定需求的输送机模型。用户可以调用基础输送机的相关命令，重写输送机的处理逻辑，例如如何接收和释放临时实体、临时实体进入输送机的放置位置以及临时实体的发送方向等。

基础固定资源。基础固定资源继承了固定实体几乎全部的类成员。用户可以以基础固定资源为基础，定制、重置、停止临时实体进入、离开等事件的处理逻辑，以此构造全新的实体资源，满足特定的建模方案。

2. 任务执行器类实体

在实体库中，任务执行器类实体是能够移动位置，完成特定任务的任务执行器的父类。这些任务执行器包括自动巷道堆垛机、基础任务执行器、起重机和任务分配器等，它们都从任务执行器的父类中继承基本的属性，能够作为固定处理工位的共享资源，完成行进、装载临时实体、卸载临时实体等仿真任务。

任务执行器同时也是分配器类的子类，因此它除了可以执行任务序列，还可以像分配器一样处理和分配任务序列。当任务执行器接收到一个任务序列，它首先检查是否已经存在一个激活的任务序列。如果不存在激活的任务序列，或者新接收到的任务序列比当前激活的任务序列具有更高的优先级，则任务执行器会开始执行新的任务序列，否则任务执行器就会遵循常规的分配器逻辑。如果任务序列没有立即被分派出去，则会在任务执行器的任务序列队列中排队，当任务执行器执行完激活的任务序列后，如果还有任务序列存在队列中，则任务执行器会接着执行剩余的任务序列。

任务执行器一些基本的属性可由用户自行定义，具体内容如下。

容量。该参数定义了任务执行器的最大容量。在默认操作中，任务执行器不会装载超过该设定数量的临时实体。

最大速度、加速度、减速度。这些参数用来定义任务执行器在执行一些任务时的最大速度和速度的改变情况，与这些参数相关的任务类型包括行进、行进至目的地等。

镜像阈值。当任务执行器和目的地节点之间的夹角超过这个阈值时，任务执行器的图像会做镜像显示，以保证面向正确的方向。该选项不会影响仿真模型的统计结果，只是为了使模型能够有良好的可视化效果。

行进时旋转。该选项用以确定任务执行器在行进过程中是否需要保持其自身方向与行进方向一致。该选项只影响可视化效果，并不对统计结果产生影响。

装卸货任务中偏转行进。该选项用以确定当任务执行器在装卸站点装卸临时实体时是否需要执行偏转行进。例如，如果该选项没有被选择，同时任务执行器是在所规划的网络中行进，则任务执行器只会行进到与装卸站点相连的网络节点，并停留在此处执行装卸任务，而不会行进到装卸站点的确切所在位置。

装载时间、卸载时间。该参数确定了任务执行器在装载/卸载临时实体之前需要等待的时间。如果任务执行器被设置为在执行装载/卸载任务时执行偏转行进，则任务执行器在到达装载/卸载站点后，首先会偏转至正确的方向，同时记录所消耗的时间，偏转完成后开始装载/卸载时间的计数，在完成装载/卸载时间的延迟后，开始执行装载/卸载任务。在仿真结果的统计报告中，偏转行进时间、装载时间和卸载时间是分别进行统计的数据，不会互相包含。

按照需要中断。当任务执行器遇到中断任务或调用子任务序列时执行此处选项。执行结果的返回值为关于一个任务序列的引用。该选项的运行逻辑为搜索任务执行器的任务序列的队列，以发现适于中断去执行的任务序列。

仿真过程中，任务执行器所处的运行状态完全依赖于任务执行器所要执行的任务的类型，下面是一些常见的任务执行器的运行状态。

空载行进。任务执行器在不装载任何临时实体的情况下向目的地行进。该状态仅与行进任务相关。

负载行进。任务执行器装载着临时实体向目的地行进。该状态仅与行进任务相关。

空载偏转行进。任务执行器不装载任何临时实体，执行偏转行进任务。

负载偏转行进。任务执行器装载临时实体，执行偏转行进任务。

装载。任务执行器正在装载临时实体。该状态对应装载任务。

卸载。任务执行器正在卸载临时实体。该状态对应卸载任务。

占用。任务执行器正在某一操作工位执行操作任务，处于被占用状态。该状态通常用于操作员，当操作员到达操作工位后，进入被占用状态，以完成对临时实体的处理，对设备的预置和维修等操作。该状态通常与使用任务相关。

堵塞。任务执行器当前正在行进，但是在交通网络中被阻塞了。

下面对任务执行器类实体的属性进行说明。

自动巷道堆垛机。自动巷道堆垛机是任务执行器的子类，是一种用于配合货架使用的运输工具。用户可以对自动巷道堆垛机沿巷道移动的速度和加速度，货叉升举和伸缩存取货物的速度，货叉的初始位置等信息进行定制，以精细地实现仿真方案。与其他任务执行器不同，自动巷道堆垛机在工作时只会发生平移而不会旋转，因此在一些模型中可以用自动巷道堆垛机来模拟穿梭车，或者用于模拟可衔接多个输送机的穿梭输送机。

基础任务执行器。基础任务执行器是任务执行器的子类，它继承了任务执行器几乎全部的类成员。用户可以在此基础上重写成员函数，构建全新的任务执行器模型，实现任务执行器在执行偏转行进、装载、卸载等任务时定制化的逻辑功能。

起重机。起重机是任务执行器的子类，用于模拟推式起重机，如龙门式起重机、高架起重机和动臂起重机。用户可以对起重机各部件的位移、货物的取放等操作的序列进行定制。

任务分配器。任务分配器用于控制一组运输设备或操作员。任务序列由一个实体发送给任务分配器，再由任务分配器委派给与其输出端口相连的运输设备或操作员。在这一过程中，任务分配器发挥了对任务序列的排队和路由功能。当任务分配器接收到任务序列后，会调用发送至函数。该函数返回一个大于 0 的值，对应任务分配器的输出端口号，引导任务分配器向与该端口相连的任务执行器发送任务序列。如果函数返回值为 0，任务分配器将会调用排队策略函数，根据所有接收到尚未发送出去的任务序列的优先级，对任务序列进行排序。

任务分配器是任务执行器的父类，所有的任务执行器都继承了任务分配器的类成员。因此，运输设备和操作员等任务执行器既可以执行任务序列，完成搬运临时实体、控制设备等操作，又可以像任务分配器一样，向同组内的其他任务执行器发送任务序列。与任务执行器不同的是，任务分配器不存在任何运行时的状态。

升降机。升降机是任务执行器的子类，默认情况下用于沿三维空间坐标中的 z 轴方向，即垂直方向运送临时实体，临时实体则沿升降机的 x 轴方向进出升降机。因为升降机仅能沿 z 轴方向移动，所以旋转升降机朝向后，可用其模拟其他需要沿固定方向移动的设备。

操作员。操作员是任务执行器的子类，可被其他实体调用完成设备的预置、操作和维修等任务，还可用于在固定实体间搬运临时实体。将操作员加入路径网络，可使其沿着规划好的路径行进。

堆垛机器人。堆垛机器人是任务执行器的子类，以抓取和摆放的方式在固定实体间运送临时实体。通常情况下，堆垛机器人的底座不会移动，而是以六关节旋转的方式移动临时实体，用户可以定义每个关节的旋转速度。

叉车。叉车是任务执行器的子类，主要用于在固定实体间搬运临时实体。

3. 交通网络类实体

交通网络类实体资源中包括网络节点和交通控制器两个实体。

网络节点用于定义路径网络，以使运输设备和操作员等任务执行器沿着规划好的路径行进。可以通过使用样条点改变路径曲度的方式实现对路径的调整。默认情况下，任务执行器会沿着网络中起点与终点两点之间最短的路径行进。

交通控制器用于控制交通网络中指定区域的交通。交通控制区域的构建是通过将网络节点与交通控制器相连接来完成的。交通控制区域中的网络节点由此变成了交通控制器的成员。对于隶属于同一交通控制器的网络节点，任意两个网络节点间的任一路径都被指定为受交通控制的路径，只有得到交通控制器的允许，任务执行器才能够在此路径上行进。

交通控制器在一定时间内仅允许确定数量的任务执行器进入交通控制区域，当交通控制区域满了以后，请求进入的任务执行器必须在该区域边缘等待，直到有任务执行器离开该区域，释放一部分空间。交通控制器还可以使用不限时交通模式，在此模式下，交通控制器会维护一个模式表，表中每种模式对应一系列允许通行的路径，当有任务执行器请求进入交通控制区域时，交通控制器会为其分配一个模式，从而允许任务执行器立即通过确定的路径，进入交通控制区域。

4. 可视化工具类实体

可视化工具类实体可以以容器、几何形体、嵌入的形状、文本或幻灯片等形式，在仿真模型中呈现数据和文本等信息。可视化工具类实体可以对模型空间进行装饰，以使其具有更加真实的外观效果。通过文本和幻灯片等实体实时呈现的模型运行数据，方便用户及时了解系统性能，交互地对模型进行调整。作为容器使用的可视化工具类实体，可以对模型中的实体分层次地进行组织和管理，从而使建模过程更加便捷。

5. 流体类实体

固定资源类实体、任务执行器类实体和交通网络类实体都是离散类型的实体，用来处理离散类型的临时实体，例如需要加工的零件、需要服务的顾客和需要处理的单据等。流体类实体则用来处理流体材料，例如饮料、药液和汽油等。流体类实体能够处理的材料类型较为广泛，不限于液体材料，几乎任何能够通过重量或体积来称量的材料都可以进行处理。由于所处理对象的计量单位有本质上的差异，在 FlexSim 软件中，流体类实体无法与离散类型的实体直接相互作用，因此一些流体类实体被设计用来作为中介，能够将离散类型的临时实体转化为流体，或者相反，由此实现流体类实体和离散类型的实体之间的交互。

由于 FlexSim 软件的根本属性，流体类实体并不是真正意义上实现了对连续系统的仿真。事实上，在利用流体类实体进行仿真建模时，是将连续的仿真时间分割成多个小的固定长度的时间片段，一个时间片段是仿真时间的一个推进步长，以此来实现对连续系统的近似。只有在每个仿真步长的结束点，模型中所有的流体类实体才会统计在该步长内各自接收和发送的各类流体材料的数量。流体材料也仅在仿真步长的结束点才会被移动。随着每个仿真步长的延长，仿真模型的运行速度会加快，但是仿真精度会有所下降。反之，则可以通过缩小仿真步长来提高仿真精度，但是相应的仿真模型的运行速度就会降低。因此用户需要权衡仿真精度与仿真模型的运行速度，以确定合适的仿真时间的推进步长。

在每个仿真步长结束时，在流体类实体间转移的流体材料的数量，与流体类实体的输入/输出速率、可供转移的流体材料的总量以及用于容纳流体材料的空间大小等因素有关。流体类实体的输入/输出速率由三个分别应用于输入端口和输出端口的数值定义，即流体类实体的总的最大速率、端口的最大速率以及每个独立端口的比例因子。流体类实体的总的最大速率是指单位时间内，允许通过所有端口输入或输出的流体材料的最大数量。与之类似，端口的最大速率是指单位时间内，允许通过任意一个端口输入或输出的流体材料的最大数量。每个独立端口的比例因子与端口的最大速率相乘，以计算某一确定端口的最大速率。这些比例因子用于限制一个或一些端口的流量，同时保持其他端口的最大流量不受影响。

下面分别对每一个流体类实体的属性进行说明。

流体搅拌器。流体搅拌器用于按照用户定义的百分比，将来自不同输入端口的流体物质进行混合。流体搅拌器通常被用于不需要成批量进行的管内混合，即随着流体物质在管道内混合，即刻就会向下游输出混合液体。用户可以定义经流体搅拌器输出的混合液体的产品 ID。流体搅拌器所参照的流体物质混合百分比在其成分表中定义。流体搅拌器的每个输入端口对应成分表中的一行，每一行包含了相应端口输入流体物质的名称和百分比。流体搅拌器会同步从各个输入端口拉入流体物质的速率，以使各种流体物质能够按照成分表所确定的比例正确混合。

流体搅拌器可能处于的运行状态包括空置、混合和阻塞。

流体输送机。流体输送机通过利用多个输入端口和输出端口来控制流体的流向。输入端口和输出端口的位置可以沿输送机长度方向任意设置。

流体输送机可能处于的运行状态包括流动、释放、收集、非空、空置、空闲和输送。

流体发生器。流体发生器可以向模型提供无限量的流体原料。流体发生器能够以两种方式产生流体物质。一种方式是将流体发生器设置为按照用户定义的固定速率进行填充，填充速率可以高于或者低于实体的输出速率。当填充速率高于输出速率时，流体发生器将始终处于满的状态；而当填充速率低于输出速率时，流体发生器最终将会清空。另一种方式是将流体发生器设置为在完全清空一段时间后再立即注满，用户可以定义清空后等待再次填充的时间。此种方式用于模拟流体原料在通常情况下会维持一个基本储量，但是有时会出现流体原料短缺的情况，需要按照既定的时间进行补充。

用户可以定义流体发生器的容量，以及在模型重置后流体发生器内所包含的流体物质的数量。用户还可以定义产品 ID 以及初始产品的次级成分。

流体发生器可能处于的运行状态包括空置、非空和满。

流体混合器。流体混合器用于从一个或多个输入端口拉入不同的流体物质，并将它们合成一种新的产品。不同的流体物质既可以顺序输入流体混合器，也可以并行输入流体混合器。流体混合器通常工作在成批模式下，即只有在接收和处理完所有预先设定的流体物质后，流体混合器才会输出内部流体物质。

用户可以定义流体混合器输出的流体物质的产品 ID。流体混合器输出混合物的次级成分是其所有输入流体物质的次级成分的混合物。用户可以通过步骤表来定义流体混合器将要执行的步骤。用户可以利用成分表来定义单个步骤的步骤序号、所需流体物质的成分名称、流体物质被拉入流体混合器所通过的输入端口号以及物质量。

流体混合器可能处于的运行状态包括空置、填充、等待填充、释放和阻塞。

输送管道。输送管道通常用于模拟将流体物质从一个实体运送至另一个实体所需的时间。当需要将流体物质从多个输出端口输送至一个输入端口，或从一个输入端口向外分流时，也会用到输送管道。用户可以定义输送管道的最大容量和最大流动速率，流体物质在管道中输送所需要的时间就是基于这两个值来确定的。

输送管道有三种输出流动模式供用户选择。第一种为“平缓流动”模式，在这种模式下，输送管道尝试在输出端口间平均分配输出速率。第二种为“第一个可用”模式，在这种模式下，输送管道尝试将所有准备好的流体物质从第一个输出端口输出，如果与其相连的下游实体无法接收全部的流体物质，则输送管道尝试向下一个输出端口输出，如此往复。第三种为“用户定义”模式，在这种模式下，用户可以编辑最大端口输入速率和输出速率以及端口比例因子。

输送管道可能处于的运行状态包括空置、填充、等待填充、流动和阻塞。

流体处理器。流体处理器用于模拟连续接收和发送流体物质的处理步骤。流体处理器基于用户定义的总速率来接收和发送流体物质。实际的输出速率以流体物质流入的速率为基础，即通常情况下流体物质会以进入流体处理器的速率离开该处理器，然而当出现下游实体关闭输入端口或发生故障等情况时，流体处理器的输出速率会低于输入速率。如果发生此种情况，流体物质会在流体处理器内积累，直到下游实体能够接收更多流体物质时，流体处理器才会输出更多的流体物质。一旦流体处理器内积累的流体物质全部被下游实体接收完毕，输出速率会再次与输入速率相同。流体物质在流体处理器内所花费的时间由流体处理器的最大输出速率和最大容量决定。

用户还可以定义一个取值范围在 0 ~ 1 的损失值，用于表示输入的流体物质由于流体处理器效率低下、蒸发等原因而发生损耗的百分比。当设定该损失值后，一旦有流体物质进入流体处理器，就会按照该损失值确定的百分比减少流体物质量。

流体处理器可能处于的运行状态包括空置、处理和阻塞。

流体分离器。流体分离器用于按照用户设定的百分比向多个输出端口输出流体物质。百分比由用户在流体分离器百分比表格中设定。当流体分离器与下游实体相连时，属性设置对话框中的百分比表格就会显现出来。表格中的每一行对应一个与下游实体建立了连接的输出端口。表格包含两列，分别为描述列和百分比列。表格中描述列是以字符串的形式对相应端口输出的流体物质进行描述，对实体的逻辑功能不产生任何影响。表格中百分比列以 0 至 100 的数值表示从相应端口输出的流体物质占输出总量的百分比。当流体分离器输出流体物质时，始终会遵照用户设定的百分比来进行。在仿真钟推进的每个时间步长，流体分离器都会基于速率和容量，统计应输送至每个下游实体的流体物质量。如果有些输出端口因下游实体空间不足而输出受阻，则流体分离器会同时降低其他输出端口的输出量，以保证各个端口能够按照设定的比例输出流体物质。

流体分离器可能处于的运行状态包括空置和非空。

储液罐。储液罐是一种功能较为简单的流体类实体，可同时接收和输出流体物质。用户可以设定储液罐的最大容量，并且可以对三个液位点进行标记，当储液罐内的流体物质量到达这些标记时，就会触发相应的触发器，执行打开或关闭端口、改变速率和发送命令等逻辑功能。

储液罐可能处于的运行状态包括空置、非空和满。

流体吸收器。流体吸收器用于将不需要转换成离散的临时实体的流体物质从模型中移除，它可以记录所接收到的不同种类的流体物质量。用户可以控制流体吸收器的输入速率，包括每个仿真钟推进步长都会触发的“调整输入速率”函数，该函数用于在模型运行时调整输入速率和端口比例因子。

流体吸收器永远不会满，始终处于收集流体物质的运行状态。

流体实体转换器。流体实体转换器用于将流体物质转换成离散的临时实体，然后输出至下游的固定资源类实体中。用户可以为转换得到的临时实体设置形状、类型和名称等属性。通过设置每个离散单位所包含的流体物质量，以及每个临时实体所包含的离散单位数，用户可以设置生产一个临时实体所需收集的流体物质量。一旦临时实体被创建，则标准的输出至端口逻辑会被启动，使流体实体转换器能够向任意的离散实体发送临时实体，同时可以调用操作员来完成输送任务。

流体实体转换器的运行状态包括空置、阻塞和收集。

实体流体转换器。实体流体转换器用于将接收到的离散的临时实体转换成流体物质。用户可以定义所生成的流体物质的产品 ID 和次级成分等属性。通过设置每个离散单位所包含的流体物质量，以及每个临时实体所包含的离散单位数，用户可以设置每个临时实体可以转化的流体物质量。实体流体转换器的最大容量由用户定义，如果没有足够的空间容纳一个临时实体能够转化的全部流体物质，则实体流体转换器不会接收任何临时实体。

实体流体转换器的运行状态包括空置、非空和满。

仿真钟。仿真钟用于将时间分割成小的、均匀间隔的单位，即仿真钟步长。用户可以定义仿真钟步长的跨度。较短的仿真钟步长能够提高流体类实体的行为精度，但相应地也会降低模型的运行速度。较长的仿真钟步长可以提高模型运行速度，但也会带来仿真精度下降的后果。因此用户应设置合适的仿真钟步长，以平衡模型的仿真精度和运行速度。仿真钟在模型中控制所有的流体类实体。每个仿真钟步长结束时，仿真钟会统计流体类实体间输送的流体物质量。模型重置时，仿真钟会创建一个包含模型中所有流体类实体的列表。因此任何使用流体类实体的模型都必须包含一个仿真钟。为防止用户在建模时遗漏仿真钟的创建，当用户从实体库中拖拽第一个流体类实体至建模工作区时，一个仿真钟也会被自动创建。

模型运行时，仿真钟始终处于空闲状态。

第三节　FlexSim 仿真示例

一、基础仿真模型

建立模型对临时实体离开生产线后接受检验的过程进行仿真。有三种不同类型的临时实体，以正态分布 $N(20,2)$ 为时间间隔到达检验台，时间单位为秒。临时实体的类型分布服从均匀分布 $U(1,3)$。临时实体进入模型后，首先会被放置于暂存区，等待向检验设备输出接受检验，暂存区最大容量为25。有三台检验设备可供使用，每台检验设备只负责检验一种类型的临时实体，检验时间均服从指数分布 $E(30)$，时间单位为秒。每台检验设备下游都与一台输送机相连，临时实体接受检验后会被移送至输送机，输送机的传输速度为2m/s。经输送机传输至末端输出后，临时实体被吸收器吸收，从而离开模型，结束其生命周期。

（1）创建仿真模型。

点击菜单栏中的“文件”按钮，在下拉菜单中点选“新建”，或直接点击工具栏中的“新建”按钮，建立一个新的仿真模型。系统首先会弹出模型单位设置对话框，在该对话框内可以对时间、长度和流体的单位以及模型起始时间等项目进行设置。点击“确定”按钮，保留模型单位的默认设置，进入模型构建界面。

（2）创建固定实体并布局。

利用鼠标左键，依次从实体库中将发生器、暂存区、处理器、输送机和吸收器拖放至建模工作区，其中处理器和输送机数量为3，其余固定实体数量为1。如图9－2所示，对固定实体进行布局和命名。固定实体的命名方式为：鼠标左键双击需要命名的固定实体，在弹出的属性页顶端的文本框内对固定实体进行重新命名。

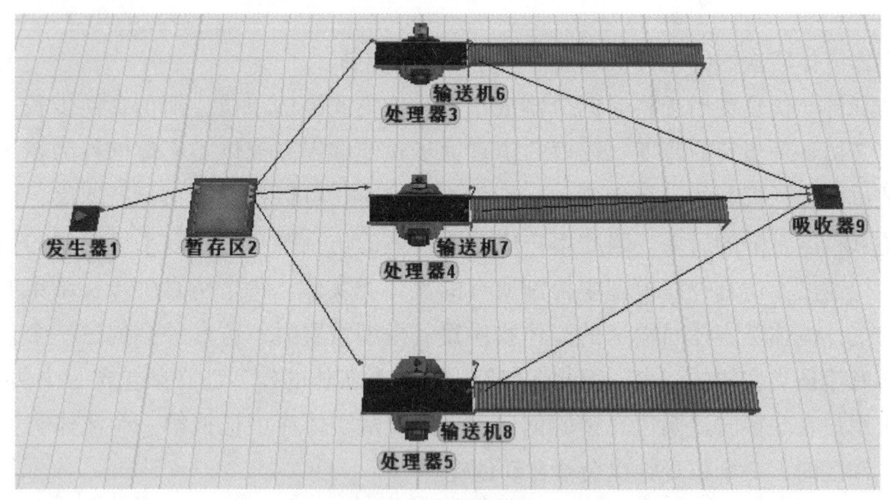

图9－2　基础仿真模型三维视图

在固定实体布局过程中，将鼠标指针置于建模工作区空白区域，按住左键后拖动鼠标，可对建模工作区进行平移；按住右键后拖动鼠标，可对建模工作区进行旋转；拨动鼠标滚轮，可对建模工作区进行缩放。将鼠标指针置于固定实体上，按住左键拖动鼠标，可将固定实体在建模工作区 *XY* 平面内平移。单击左键点选固定实体后，固定实体上、下、左、右、前、后六个方向会出现六个箭头，利用鼠标左键按住某个方向的箭头后拖动，可在该方向上对固定实体的尺寸进行拉伸或压缩；利用鼠标右键按住某个方向的箭头后拖动，可使固定实体围绕该方向的坐标轴旋转；拨动鼠标滚轮，可使固定实体沿建模工作区 *Z* 轴方向平移。

（3）连接端口。

按照临时实体的流向，建立固定实体输出端口和输入端口之间的连接。在本例中，由发生器 1 生成临时实体，而后输出至暂存区 2。暂存区 2 分别输出至处理器 3、处理器 4 和处理器 5。每个处理器输出至布局在其后面的一台输送机，三台输送机全部输出至吸收器 9。

一种建立固定实体间连接的方式是按下工具栏中的“连接实体”按钮，或者按住键盘上的 A 键。进入连接模式后，鼠标指针会变成锁链形状。接下来，可按照临时实体在固定实体间输出和输入的先后顺序，依次用鼠标左键点击固定实体，从而建立模型中固定实体间的临时实体流。另一种建立固定实体间连接的方式是在连接模式中，鼠标指针置于输出临时实体的固定实体上，按下鼠标左键，拖动鼠标指针至接收临时实体的固定实体上，最后释放鼠标左键。

当需要取消固定实体间的连接时，可首先通过按下工具栏中的“断开实体连接”按钮，或者按住键盘上的 Q 键，进入取消连接模式，此时鼠标指针会变成断开的锁链形状。接下来与建立连接时的方法一样，用鼠标左键依次点击固定实体，或者按住鼠标左键，在固定实体间拖动鼠标，从而断开固定实体间的连接。

（4）设置临时实体到达模式。

按要求发生器需产生三种不同类型的临时实体，临时实体到达模型的时间间隔满足确定的统计分布。鼠标双击建模工作区中的发生器 1 三维模型，打开属性对话框，在“发生器”标签页内，点击“到达时间间隔”文本框后面向下的箭头，在下拉列表中点选“统计分布”，系统会弹出统计分布设置对话框。在弹出对话框内，设置统计分布类型为正态分布，均值为 20，标准差为 2，流为 0。

接下来设置进入模型的临时实体的类型，并且为了在模型运行时获得良好的可视化效果，还需要根据类型的不同为临时实体分配不同的颜色。仍然是在发生器的属性对话框中，选择“触发器”标签页，点击“生成触发”文本框后面的绿色加号按钮，以添加能够响应临时实体产生事件的函数，此处在弹出菜单中点选“设置临时实体类型和颜色”。在弹出的代码编辑模版对话框内，保留“临时实体类型”文本框内的默认设置 duniform（1，3）。点击“确定”按钮，关闭属性对话框。

（5）设置暂存区属性。

按要求设置暂存区最多容纳 25 个临时实体；设置暂存区输出的临时实体的流向，即类型为 1 的临时实体输出至处理器 3，类型为 2 的临时实体输出至处理器 4，类型为 3 的临时实体输出至处理器 5。在建模工作区内双击暂存区 2 三维模型，打开属性对话框，在“暂存区”标签页中的“最大容量”文本框内输入 25。接下来进入“流”标签页，为暂存区内的临时实体选择输出端口。点击“输出至端口”文本框后面向下的箭头，在下拉列表中点选“通过表达式”，保留弹出对话框中的默认设置 getitemtype（i-tem），该函数的返回值为当前临时实体的类型，从而保证了类型为 1、2 和 3 的临时实体从暂存区 2 的 1、2 和 3 号输出端口输出至下游的处理器。在图 9－2 中，暂存区 2 右上角的三个指向暂存区外侧的箭头，由上至下分别对应暂存区 2 的 1、2 和 3 号输出端口。点击“确定”按钮退出属性对话框。

（6）设置处理时间。

双击处理器 3 打开属性对话框，在“处理器”标签页内，点击“处理时间”文本框后面向下的箭头，在下拉列表中点选“统计分布”。在系统弹出的统计分布设置对话框中，设置分布类型为指数分布，位置为 0，尺度为 30，流为 0。点击“确定”按钮关闭属性对话框。重复上述操作，完成对处理器 4 和处理器 5 的设置。

（7）设置输送机。

双击输送机 6 打开属性对话框，在“输送机”标签页内，将“速度”文本框中数值修改为 2。点击“确定”按钮关闭属性对话框。重复上述操作，完成对输送机 7 和输送机 8 的设置。

（8）重置、运行并保存模型。

在模型建立完成和每次对模型作出修改后，都需要点击模型运行控制栏中的“重置”按钮，以重置和重新编译模型，使对模型的设置生效。点击“运行”按钮，运行模型进行仿真。在模型运行期间，可直观查看临时实体在不同固定实体间的流动情况，在每个固定实体下方实时显示了关于该固定实体的一些基础的统计量。拖动模型运行控制栏中的运行速度滑动条，可改变模型的运行速度。确认模型运行无误后，点击“停止”按钮结束模型的运行。点击工具栏中的“保存”按钮，为模型命名后进行保存。

二、任务执行器的使用

在建立基础仿真模型的基础上，加入若干操作员和叉车等任务执行器。利用两个操作员将临时实体从暂存区搬运至处理器，并完成临时实体在处理器上的预置和处理操作，处理器所需的预置时间为 10 s。新增一个输送机暂存区，并使其与三个输送机的末端相连，该暂存区最大容量为 10。加入一个叉车，当临时实体由输送机末端输出至输送机暂存区后，由叉车将临时实体从输送机暂存区搬运至吸收器 9。

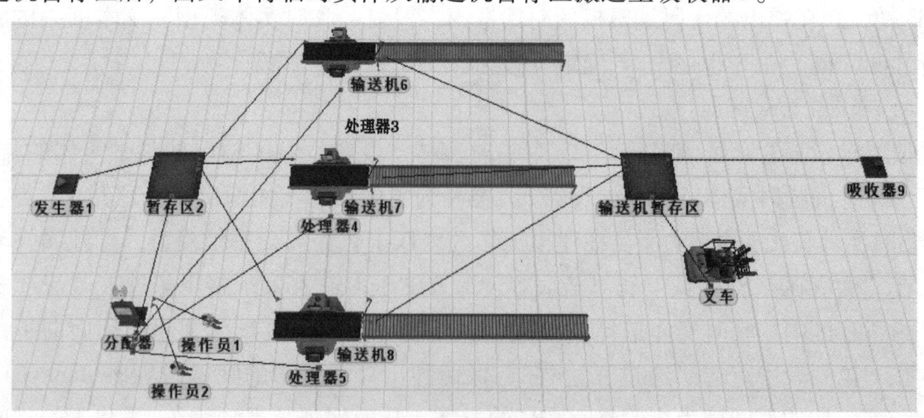

图 9-3　任务执行器使用模型三维视图

（1）固定实体布局与连接。

打开图 9－2 所保存的模型，在建模工作区中新增一个输送机暂存区，并按图 9－3 所示进行固定实体的命名和布局。创建固定实体时，可以用鼠标左键在实体库中点击所需的固定实体，然后在建模工作区中需要创建固定实体的位置，再次点击鼠标左键放置固定实体。按住键盘中的 Q 键，取消输送机至吸收器的连接。按住键盘中的 A 键，新增输送机至输送机暂存区，以及输送机暂存区至吸收器的 A 连接。

（2）创建任务执行器。

使用与创建固定实体相同的方法，从任务执行器类实体库中选择一个任务分配器和两个操作员加入模型，并分别命名为分配器、操作员 1 和操作员 2。新增的两个操作员用于搬运临时实体和操作三台处理器，分配器用于对分配给两个操作员的任务序列进行排队，即将搬运临时实体或操作处理器等任务分配给空闲的操作员来完成。

（3）连接分配器与操作员。

通常固定实体是通过输入端口和输出端口来接收和输出临时实体，并通过中间端口向任务执行器发送调用命令。为建立暂存区 2 与分配器中间端口之间的连接，首先点击工具栏中的“连接中间端口”按钮，或按住键盘中的 S 键，进入中间端口连接模式。接着用鼠标左键点击暂存区 2 后拖动鼠标至分配器，释放鼠标左键与 S 键。用同样方法继续建立三台处理器与分配器的 S 连接。如需取消 S 连接，则按住键盘上的 W 键，鼠标执行与建立连接时相同的操作。

为使分配器输出任务序列至操作员，需连接分配器的输出端口与两个操作员的输入端口。与连接固定实体输入端口和输出端口确定临时实体流的方法一样，按住键盘上的 A 键，建立分配器与操作员之间的标准的 A 连接。

（4）设置暂存区与处理器参数以调用操作员。

双击暂存区 2 打开属性对话框，进入“流”标签页，勾选“使用运输工具”复选框。点击“使用运输工具”文本框后面向下的箭头展开下拉列表，可以从中选择将使用何种方式调用任务执行器。此处保留默认设置 centerobject（current，1），表示调用与当前固定实体第一个中间端口相连的任务执行器去执行搬运操作。点击“确定”按钮关闭属性对话框。

双击处理器 3 打开属性对话框，在“处理器”标签页面内，分别勾选“使用操作员进行预置”和“使用操作员进行处理”复选框，在“预置时间”文本框内直接输入 10。点击“确定”按钮关闭属性对话框。对处理器 4 和处理器 5 进行相同的设置。

（5）添加叉车并设置输送机暂存区参数。

在模型中添加叉车，以完成将临时实体从输送机暂存区搬运至吸收器 9 的任务。从任务执行器实体库中选择叉车，用鼠标左键将其拖放至输送机暂存区附近。按住键盘上的 S 键，用鼠标左键连接输送机暂存区与叉车的中间端口。打开输送机暂存区属性对话框，在“暂存区”标签页内设置最大容量为 10，进入“流”标签页，勾选“使用运输工具”复选框。

（6）查看模型输出结果。

在模型运行期间，可随时点击模型运行控制栏中的停止按钮，暂停模型的运行。随后双击建模工作区中任一固定实体打开属性对话框，进入“统计”标签页，即可查看该固定实体在当前阶段的统计数据。然而当模型中固定实体数量较多时，这种逐一查看统计数据的效率较低。下面说明如何高效地查看模型完整的输出结果。

在模型运行之前，点击菜单栏中的“统计”菜单，在下拉菜单中勾选“记录全部历史”，接下来开始运行模型。当模型运行至某一时刻，达到终止条件，模型自动停止运行，或者手动点击停止按钮暂停模型运行。再次点击菜单栏中的“统计”菜单，在下拉菜单中点选“统计与报告”，在弹出对话框的“完整报告”标签页内点击“生成报告”按钮，在弹出对话框的“文件名”文本框内为报告文件命名，点击“打开”按钮，由此可生成以图表方式呈现的关于该模型此次运行的完整的统计报告。

三、模型运行时数据与信息的显示

在图 9－3 模型基础上，利用可视化工具和仪表盘对象，向模型中加入图表和 3D 文本，使模型能够在运行时显示重要的统计数据和设备信息等内容。

（1）加载原始模型。

加载图 9－3 保存的模型。

（2）添加仪表盘对象。

仪表盘对象能够在模型运行时以图形方式实时显示统计数据，非常有利于对比分析模型中各固定实体的运行状态。如需向模型中加入仪表盘对象，点击菜单栏中的“统计”按钮，鼠标置于下拉菜单中“仪表盘”选项上，在弹出菜单中点选“增加”，则软件会显示“仪表盘部件库”“仪表盘显示窗口”和“仪表盘快速属性栏”三部分内容。仪表盘部件库包含了所有能够创建的可视化部件，并根据这些可视化部件所能够跟踪和显示的数据类型的不同，将可视化部件分为多个类别进行管理，分别为容量、状态、停留时间、流量和常规类别的部件，以及用于仪表盘控制的模型输入类别的部件。各类别的仪表盘部件均能够以条形图、饼状图、线图和文本等方式显示统计数据。

接下来用鼠标左键点击“仪表盘部件库”中的“Content vs Time”部件，并将其拖放到仪表盘显示窗口中，则仪表盘显示窗口中会显示一个空白仪表盘，同时软件会弹出一个与该空白仪表盘相关联的统计图形属性设置对话框。保持仪表盘快速属性栏中“编辑模式”的复选框处于勾选状态，用户可以通过鼠标拖拽的方式调整仪表盘的尺寸及其在显示窗口中的位置，调整完成后，取消“编辑模式”复选框的选中状态，则仪表盘显示窗口中全部仪表盘的尺寸和位置都将固定下来，仪表盘进入工作模式。通过统计图形属性设置对话框，用户可以设置仪表盘需要跟踪的固定实体。

（3）设置仪表盘以显示暂存区的容量统计图。

仪表盘显示窗口中添加的“Content vs Time”部件用于实时显示某一固定实体或任务执行器的容量随时间的变化情况，现利用该部件显示暂存区的容量变化。在该部件的统计图形属性设置对话框的“对象”标签页内，点击绿色加号，在弹出的下拉列表中，点击暂存区分组前面的加号，在随后出现的下拉列表中点选需要跟踪的暂存区的名称，点击“选择”按钮完成选择操作，从而建立容量统计图与所选暂存区之间的关联。

除上述通过固定实体的分组和名称来选择观察对象的方法外，还可以通过一种所见即所得的方法来选择。具体操作为在统计图形属性设置对话框内不去点击绿色加号，而是点击绿色加号右侧的吸管按钮，鼠标的指针随之变成吸管形态，系统进入采样模式，用此吸管形态的鼠标指针在建模工作区内点击某个固定实体，即可完成对观察对象的选择。

在统计图形属性设置对话框上部的文本框内，将该仪表盘名称修改为“暂存区容量随时间变化曲线”。完成全部设置后，点击“确定”按钮关闭统计图形属性设置对话框。后续如需对某个仪表盘所跟踪的对象进行修改，可在仪表盘显示窗口中双击该仪表盘，再次打开与该仪表盘相关联的统计图形属性设置对话框。

（4）设置仪表盘以显示暂存区内临时实体平均停留时间。

在仪表盘部件库中选择“Average Staytime”部件，并将其拖放到仪表盘显示窗口中，建立该仪表盘与暂存区之间的关联，并将该仪表盘名称修改为“暂存区平均停留时间”。该仪表盘将以条形图的方式显示所有进入暂存区的临时实体在暂存区内的平均停留时间。

（5）添加操作员运行状态饼状图。

在仪表盘部件库中选择“State Pie”部件，并将其拖放到仪表盘显示窗口中，建立该仪表盘与操作员之间的关联，并将该仪表盘名称修改为“操作员运行状态”。该仪表盘将以饼状图的方式显示操作员的空闲、占用、行进等不同运行状态所占的比例。

（6）添加 3D 文本。

在模型中的关键位置添加 3D 文本，以实时显示一些固定实体或模型的关键数据，可以使用户更直观地了解模型的运行效果。本节利用可视化工具向模型中添加 3D 文本，实现对临时实体在输送机暂存区内平均停留时间的实时显示。

点选实体库中可视化工具分组内的“文本”对象，并将其拖放到建模工作区中临近输送机暂存区的位置。双击该文本对象打开其属性设置对话框，在“显示”标签页内点击“文本显示”文本框后面向下的箭头，在下拉列表中点选“显示对象统计量”，随即弹出代码编辑模版对话框。在该对话框“文本”文本框内输入“输送机暂存区内平均停留时间”，点击“对象”文本框后面的绿色加号，在弹出的下拉列表中点击暂存区分组前面的加号，进而在下拉列表中点选“输送机暂存区”，点击“选择”按钮完成对观察对象的选择。此外，用“对象”文本框后面的吸管工具同样可以实现观察对象的选择。接下来点击“统计”文本框后面向下的箭头，在下拉列表中点选“平均停留时间”，以确定对观察对象的统计项目。根据显示效果交互地修改“文本尺寸”和“文本厚度”文本框内的数值，并进入“常规”标签页，在“位置、旋转和尺寸”组合框内，调整文本绕 X 轴旋转的角度，由此获得文本对象的最佳显示效果。

四、规划临时实体的储位与叉车行驶路径

在图 9－3 模型基础上，取消吸收器，替代以 3 排货架，用于存放输送机暂存区输出的临时实体。类型为 1、2、3 的临时实体分别对应存放在货架 3、货架 1 和货架 2 上。进入货架 1 的临时实体按照最后一列、最高一层的顺序寻找可用储位进行存储，货架 2 和货架 3 为临时实体随机分配储位。改变输送机的布局，以使其末端的临时实体输出点更加接近输送机暂存区。为叉车规划行驶路径，使其能够按照既定的路径从输送机暂存区搬运临时实体至货架。叉车在货架 1 和货架 2 间的巷道内不允许逆向行驶。

（1）设置输送机布局。

打开图 9－3 所保存的模型。在建模工作区中双击输送机 6 打开属性对话框，进入“布局”标签项，点击“增加”按钮在输送机 6 末端再增加一段输送机轨道。用鼠标左键在左侧列表框中点击不同的输送机轨道使其处于高亮被选中状态，则被选中的输送机轨道在建模工作区中会加深颜色以突出显示，因此可交互地对该输送机轨道的布局参数进行调整。在本例中，保留输送机 6 第 1 段轨道的类型为“直”，将其长度调整为 7。对于新增的第 2 段轨道，在“类型”下拉列表中点选“弯曲”，在“角度”文本框内输入－90。用同样方法对输送机 8 进行设置，不同的是需要将弯曲角度设置为 90。调整输送机暂存区的位置，使其处于三个输送机输出端口的中间。

（2）增加货架。

在建模工作区中用鼠标左键点选吸收器使其高亮显示，按下键盘上的“删除”键以删除吸收器。向建模工作区中增加三个货架，并按图 9－4 所示进行布局和命名。利用 A 连接使输送机暂存区的第 1、第 2 和第 3 号输出端口分别与货架 1、货架 2 和货架 3 相连。

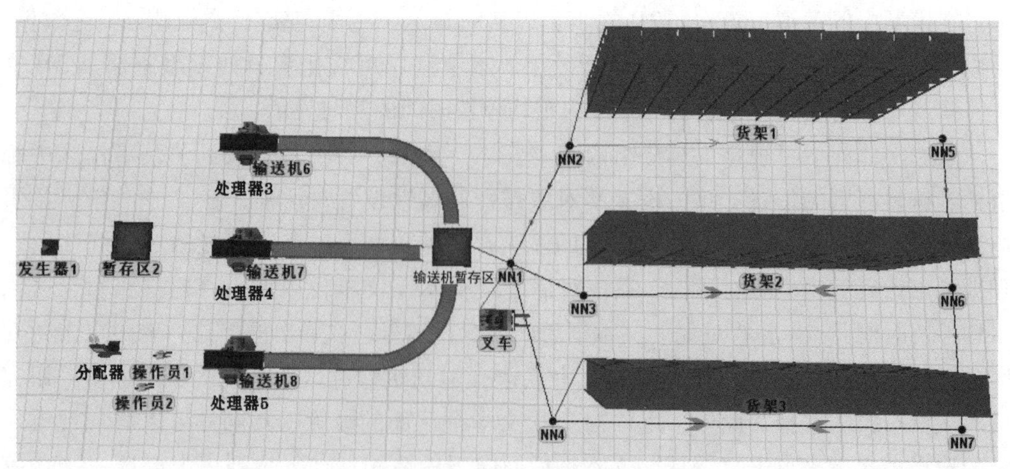

图 9－4　输送机布局与叉车行驶路径规划图

（3）设置临时实体流向。

设置输送机暂存区输出的临时实体的流向，使类型为 1、2、3 的临时实体分别输

出至货架3、货架1和货架2。本例使用基于全局表的方法实现对临时实体流向的控制。在菜单栏中点击“工具”，在下拉菜单中鼠标指向“全局表”，在弹出的下级菜单中点击“增加”。在弹出的全局表设置窗口中，设置全局表名称为“TablePath”，在“行”和“列”文本框处设置全局表行数为3、列数为1。在全局表的表格中依次输入数值3、1、2。点击全局表设置窗口右上角的“关闭”按钮，使设置生效并关闭设置窗口。双击建模工作区中输送机暂存区图标打开属性对话框，进入“流”标签项，在“输出至端口”下拉列表中选择“通过查找全局表”，在弹出对话框“表格名称”下拉列表处选择名称为“TablePath”的全局表。点击“确定”按钮关闭属性对话框。

（4）规划货架的储位。

双击货架1打开属性对话框，在“货架”标签页内，点击“放置于列”文本框后面的代码编辑按钮，在弹出的代码编辑窗口内输入如下代码。

```
treenode item = parnode（1）；//获得一个由外部传入的树节点类型的变量。
treenode current = ownerobject（c）；//获得拥有此段代码的对象，即货架1。
int cellcap = 1；//用该变量表示每一列中的每一层的容量，当前容量为1。
int nrofbays = rackgetnrofbays（current）；//获得当前货架的列数。
for（int index = nrofbays；index > 0；index --）{//从最后一列开始遍历至第1列。
//如果当前货架当前列的现有容量小于该列的最大容量。
if（rackgetbaycontent（current，index）< cellcap * rackgetnroflevels（current，index））
return index ；//返回该列的序号。
} //for循环结束。
return 1；//如果上述遍历结束后无返回值，则返回第1列的序号。
```

该段代码定义从货架的最后一列开始寻找储位，如果某列有空位，则临时实体存储于该列，如果货架的每一列都已存满，则将临时实体存储于第1列。点击“确定”按钮关闭代码编辑窗口。

点击“放置于层”文本框后面的代码编辑按钮，在弹出的代码编辑窗口内输入如下代码。

```
treenode item = parnode（1）；//获得一个由外部传入的树节点类型的变量。
treenode current = ownerobject（c）；//获得拥有此段代码的对象，即货架1。
double baynumber = parval（2）；//获得当前货架某一列的序号。
int cellcap = 1；//用该变量表示每一列中的每一层的容量，当前容量为1。
int nroflevels = rackgetnroflevels（current，baynumber）；//获得当前货架指定列的
//层数。
for（int index = nroflevels；index > 0；index --）{//从最后一层开始遍历至第1层。
//如果当前货架指定列指定层的当前容量小于一个储位的最大容量。
if（rackgetcellcontent（current，baynumber，index ） < cellcap）
return index ；//返回该层的序号。
```

} //for 循环结束。

return 1; //如果上述遍历结束后无返回值，则返回第 1 层的序号。

该段代码定义从货架的指定列的最高一层开始寻找储位，如果某个储位还没有存满，则临时实体存储于该储位，否则将临时实体存储于第 1 层。点击“确定”按钮关闭代码编辑窗口。

对于货架 2 和货架 3，保留“放置于列”和“放置于层”文本框内随机分配列和层的默认设置。

(5) 设置叉车行进路径。

从实体库中拖拽 7 个网络节点至建模工作区，并按图 9 - 4 所示进行布局和命名。默认情况下，网络节点不显示实体名称，为显示其名称，可双击网络节点打开属性对话框，在“常规”标签页内勾选“显示名称”。在建立网络节点之间的连接时，为避免实体间已有连接线的干扰，可先用鼠标点击建模工作区的空白区域，然后在软件右侧快速属性栏中取消“显示连接”复选框的勾选，以此突出显示网络节点间的连接线。

下面建立网络节点之间的连接。利用 A 连接将 NN1 分别与 NN2、NN3 和 NN4 相连接，NN6 分别与 NN3、NN5 和 NN7 相连接，NN4 与 NN7 相连接。继续利用 A 连接将 NN1 分别与输送机暂存区和叉车相连，将 NN2、NN3 和 NN4 分别与货架 1、货架 2 和货架 3 相连。

接下来设置货架 1 与货架 2 间巷道的单向行驶路径。按住键盘上的 Q 键，依次点击 NN2 与 NN1，关闭 NN2 至 NN1 的通路，只保留 NN1 至 NN2 的通路，此时可以看到 NN2 至 NN1 方向的路径上的箭头变为了红色，而 NN1 至 NN2 方向的箭头依然为绿色。按住键盘上的 D 键，或点击工具栏中的“扩展连接”按钮，进入扩展连接模式。然后分别点击 NN2 与 NN5，或者按住鼠标左键在 NN2 与 NN5 间拖动鼠标，建立这两个网络节点之间的扩展连接。如需取消扩展连接，则可以按住键盘上的 E 键，或点击工具栏中的“取消扩展连接”按钮，然后进行与建立连接时相同的操作。

为与 NN2、NN5 间的扩展连接路径对比，可利用键盘上的 Q 键，关闭 NN3 至 NN1 的通路。

为了调整网络节点间路径的布局，可用鼠标右键单击网络节点间连线上的绿色箭头，在弹出对话框中选择“弯曲”，则该网络节点间连线上会出现两个黑色圆点，用鼠标左键按住圆点拖动，即可改变叉车在网络节点间的通行轨迹。

(6) 运行模型。

观察三个货架分配储位的差别，以及叉车在不同巷道行进方向的差异。

五、标签的使用

在 FlexSim 软件中，标签用于在固定实体和临时实体中存储信息，在模型运行期间，这些信息能够随时被访问。本例中模型将创建三种类型的临时实体，临时实体按类别输出至三个暂存区，而后经过一个处理器统一进行处理。为提升系统的运行效率，需要使存储临时实体数量最多的暂存区优先向处理器输出临时实体。处理器处理临时实体的不合格率为20%，不合格的临时实体需要返回各自的暂存区等待重新接受处理，返工的临时实体应优先接受处理。利用标签跟踪每种临时实体产生的数量，并调整临时实体的尺寸。

（1）创建固定实体。

从实体库中拖拽固定实体至建模工作区，并按图 9－5 所示进行布局、命名和连接。

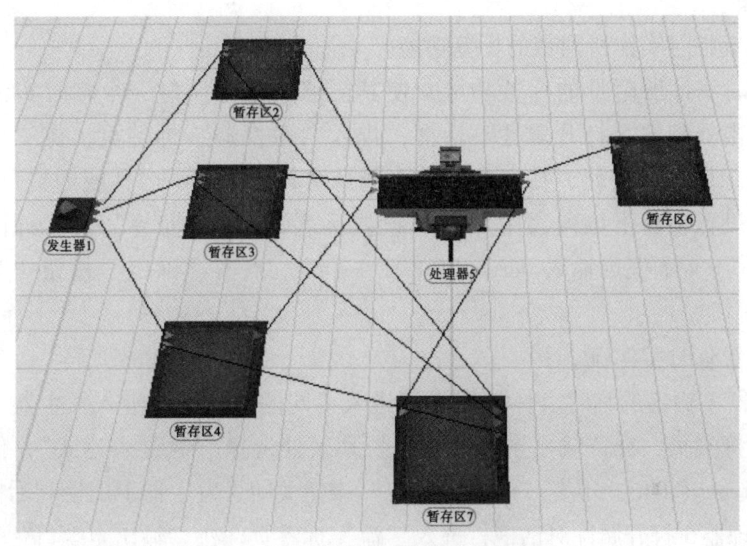

图 9－5　标签使用模型三维视图

（2）创建并初始化标签。

所有的固定实体都可以存储自己的标签，通过固定实体属性对话框中的标签设置页，可以创建、查看和操作这些标签。双击工作区中发生器 1 图标打开属性对话框，进入“标签”标签页。勾选“自动重置标签”，以使每次模型重置后标签都被重置为初始值。点击“增加数值标签”，双击“newlabelname”，将该标签重命名为“numOfItems”，保留标签默认值为0。用同样方法再增加一个数值型标签，标签名称为“passed”，默认值设置为0。

接下来设置使每一个产生的临时实体都能够附带一个处理是否合格的标签。进入“触发器”标签页，在“离开触发”触发器处点击绿色加号按钮，在下拉列表中选择“创建并初始化标签”，在弹出对话框中，将“标签”设置为 passed，“新值”设置为 0。

（3）设置临时实体类别。

进入发生器 1 属性对话框的“触发器”标签页，在“生成触发”触发器处点击绿色加号按钮，在下拉列表中选择“设置临时实体类型和颜色”，保持弹出对话框中内容为默认值，以产生三种类型的临时实体。

（4）设置固定实体所附带的标签功能。

设置发生器 1 所附带的标签功能，使其能够实时跟踪所产生的临时实体的数量。进入发生器 1 属性对话框的“触发器”标签页，在“离开触发”触发器处点击“增加/编辑该触发器操作”按钮，在弹出对话框中点击绿色加号，在下拉列表中选择“增加值”，在弹出对话框中“增加”文本框内输入 label（current，“ numOfItems ”），保持“by”文本框内数值为 1 不变。这样的设置将保证每当有一个临时实体离开发生器 1 后，发生器 1 的标签“numOfItems”的数值将增加 1。点击“确定”按钮，关闭发生器 1 属性对话框。

（5）设置临时实体所附带的标签功能。

设置临时实体所附带的标签功能，使其能够实时标注每一个临时实体的处理是否合格。双击处理器 5 打开属性对话框，进入“触发器”标签页，在“处理结束触发”处点击绿色加号按钮，在下拉列表中选择“设置类型、名称或标签”，在弹出对话框中，在设置项目下拉列表中点选“设置标签”，在“标签”文本框内输入 passed，在“值”文本框内输入 bernoulli(80，1，2)。点击“确定”按钮，关闭处理器 5 属性对话框。

（6）设置临时实体流。

使发生器 1 输出的临时实体按照类别进入不同的暂存区。进入发生器 1 属性对话框的“流”标签页，在“输出至端口”下拉列表处选择“通过表达式”，保持文本框内为 getitemtype（item）不变。点击“确定”按钮关闭，发生器 1 属性对话框。

双击处理器 5 打开属性对话框，进入“流”标签页，在“输出至端口”下拉列表处选择“通过表达式”，在弹出对话框的文本框内输入 getlabelnum（item，“passed”）。由此保证处理合格的、passed 标签值为 1 的临时实体进入暂存区 6；处理不合格的、passed 标签值为 2 的临时实体进入暂存区 7。点击“确定”按钮，关闭处理器 5 属性对话框。

使暂存区 7 输出的需要返工的临时实体按照类别进入不同的暂存区。进入暂存区 7 属性对话框的“流”标签页，在“输出至端口”下拉列表处选择“通过表达式”，保持文本框内为 getitemtype（item）不变。点击“确定”按钮，关闭暂存区 7 属性对话框。

（7）设置返工临时实体的优先级。

双击暂存区 2 打开属性对话框，进入“触发器”标签页，在“进入触发”处点击绿色加号按钮，在下拉列表中选择“通过表达式排序”，在弹出对话框“表达式”文本框内输入 getlabelnum（item，“passed”），保留“顺序”为降序不变。因未经过处理的临时实体的 passed 标签值为 0，经处理后不合格的临时实体的 passed 标签值为 2，因此按 passed 标签值降序排列，将使不合格的临时实体排在队列的最前面，从而优先从暂存区 2 输出得到处理的临时实体。点击“确定”按钮，关闭暂存区 2 属性对话框。对暂存区 3 和暂存区 4 进行相同的设置。

（8）查看标签功能。

在重置和运行模型一段时间后，可打开发生器 1 的属性对话框进入“标签”标签页，查看“numOfItems”标签值，该值将会随着新的临时实体的产生而不断更新。

（9）设置处理器拉入逻辑。

需要使存储临时实体最多，或者说是排队队列最长的暂存区优先输出临时实体至处理器。然而一般情况下，一个暂存区无法获取其他暂存区所存储临时实体的数量，暂存区之间也就无法实时地确定输出顺序的优先级。一种自然的处理方式是使用处理器对上游的暂存区进行判断，主动从队列最长的暂存区拉取临时实体。在建模工作区中双击处理器图标打开属性对话框，进入“流”标签页，勾选“拉”复选框，在拉式逻辑下拉列表中选择“最长队列”。

（10）利用标签记录临时实体序号和各类别总数。

使临时实体能够通过标签存储信息。点击工具栏上的“临时实体箱”图标，打开临时实体属性设置窗口，保持左侧列表框中“盒子”为选中状态，在右侧快速属性窗口中标签一栏内点击绿色加号按钮，增加一个数值型标签，双击“标签名称”将其重命名为“orderOfItemType”，该标签用于记录当前临时实体是该类别的第几个临时实体，关闭临时实体属性设置窗口。打开发生器 1 属性对话框，在“标签”标签页内新增三个数值型标签，分别命名为“numOfItem1”“numOfItem2”和“numOfItem3”，这三个标签用于记录每种类别的临时实体产生的数量。进入发生器 1 属性对话框的“触发器”标签页，在“输出触发”触发器处点击“代码编辑”按钮进入代码编辑窗口，在已有代码结尾处继续输入如下代码。

```
switch (getitemtype (item)) {//判断临时实体类别。
case 1: //如果临时实体类别为 1。
//发生器的用于记录类别 1 临时实体总数的 numOfItem1 标签值增加 1。
int value = inc (label (current, “numOfItem1”), 1);
//为临时实体的用于记录其序号的 orderOfItemType 标签赋值。
setlabelnum (item, “orderOfItemType”, value);
break;
case 2: //如果临时实体类别为 2。
//发生器的用于记录类别 2 临时实体总数的 numOfItem2 标签值增加 1。
int value = inc (label (current, “numOfItem2”), 1);
//为临时实体的用于记录其序号的 orderOfItemType 标签赋值。
setlabelnum (item, “orderOfItemType”, value);
break;
case 3: //如果临时实体类别为 3。
//发生器的用于记录类别 3 临时实体总数的 numOfItem3 标签值增加 1。
int value = inc (label (current, “numOfItem3”), 1);
//为临时实体的用于记录其序号的 orderOfItemType 标签赋值。
setlabelnum (item, “orderOfItemType”, value);
```

```
break;
default:
break;
} //switch 语句结束。
```

此段代码用于记录离开发生器 1 的每种临时实体的个数，同时使每个临时实体携带的标签“orderOfItemType”记录该临时实体是该类别的第几个临时实体。点击“确定”按钮，关闭代码编辑窗口和属性对话框。

（11）改变临时实体形态。

在临时实体经处理器 5 处理后改变其形态。双击处理器 5 图标打开属性对话框，进入“触发器”标签页，在“处理结束触发器”处点击绿色加号按钮，在下拉列表中选择“设置位置、旋转和尺寸”，在弹出对话框的“设置”下拉列表处选择“尺寸”并保留其默认值。点击“确定”按钮，关闭属性对话框。

六、利用全局工具建模

临时实体到达的时间间隔服从指数分布 $E(10)$，时间单位为秒。产生两种类型的临时实体，其类型服从均匀分布 $U(1, 2)$。最大容量为 25 的一个暂存区接收来自发生器的临时实体，并由一个操作员将临时实体按类别分别运送至两个处理器。两个处理器对每个临时实体的处理时间均服从正态分布 $N(20, 2)$，时间单位为秒。两个处理器对临时实体处理完成后输出至各自的暂存区等待组装，每个暂存区的最大容量为 100。一台合成器按照不同的订单对临时实体进行组装，订单为连续到达，不存在时间间隔，共有六种类型的订单，其类型服从均匀分布 $U(1, 6)$，每种订单所需要的临时实体的类型与数量如表 9－1 所示。组装后的临时实体由一台叉车运送至两台喷涂机进行喷涂，类型 1 和类型 2 的临时实体分别被喷涂成蓝色和黑色，每台喷涂机对每个类型 1 和类型 2 的临时实体的喷涂时间分别服从指数分布 $E(20)$ 和 $E(14)$，时间单位为秒。喷涂完成后再由该叉车将临时实体运送至一台分离器进行拆解操作。临时实体在合成器和分离器上的操作均由堆垛机器人来完成。

表 9－1　订单需求表

	订单 1	订单 2	订单 3	订单 4	订单 5	订单 6
临时实体 1	2	5	3	1	4	6
临时实体 2	7	3	4	5	1	3

（1）模型布局。

从实体库中拖拽固定实体和任务执行器等资源至建模工作区，并按图 9－6 所示进行布局、命名和连接。需要注意的是，临时实体暂存区的 1 号和 2 号输出端口分别与处理器 1 和处理器 2 的输入端口相连，托盘输送机、暂存区 1 和暂存区 2 的输出端口分别与合成器的1号、2号和3号输入端口相连。合成器左上角，指向合成器内侧的三个箭头，由上至下依次对应合成器1号、2号和3号输入端口。另外在合成器属性对话框的“常规”标签页内，“端口”组合框处也可查看和调整合成器的端口连接。

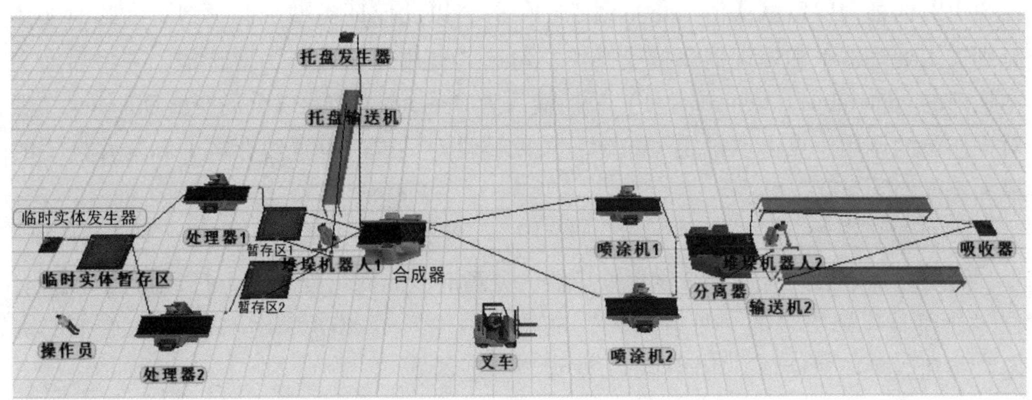

图9-6　按订单处理临时实体模型三维视图

（2）设置临时实体发生器属性。

双击临时实体发生器打开属性对话框，在“发生器”标签页内“到达间隔时间”文本框内输入 exponential（0，10，0）。进入“触发器”标签页，在“生成触发”下拉列表处选择“设置临时实体类型和颜色”，在“临时实体类别”文本框内输入 duniform（1，2）。点击“确定”按钮，关闭属性对话框。

（3）设置托盘发生器属性。

利用发生器均匀生成六种不同类型的托盘，利用托盘模拟订单。双击托盘发生器打开属性对话框，在“发生器”标签页内“临时实体分类”下拉列表处选择“托盘”。因为订单是连续不断地到来，因此设定托盘产生的时间间隔为0，即在“到达间隔时间”文本框内输入0。在“触发器”标签页内“生成触发”下拉列表处选择“设置临时实体类型和颜色”，在“临时实体类别”文本框内输入 duniform（1，6）。点击“确定”按钮，关闭属性对话框。

（4）设置全局变量和全局宏。

不同于以往案例中利用中间端口的连接来调用操作员的方法，本例使用一种创建全局变量的方法来索引操作员，进而调用操作员完成任务序列。点击菜单栏上的“工具”，在下拉菜单中选择“全局变量”，打开全局变量设置对话框，在“全局变量”标签页内，点击绿色加号按钮并设置“变量名称”为“Operator”，在“类型”下拉列表处选择“树节点”，在“值”处点击绿色加号按钮并选择“操作员”。重复上述步骤创建“叉车”变量“Forklift”。

进入“全局宏”标签页并输入如下代码。

#define PROCESS_ TIME normal（20，2，0）。

该全局宏用于定义处理器的处理时间。点击“确定”按钮，关闭全局变量对话框。

（5）设置暂存区。

双击临时实体暂存区打开属性对话框，在“暂存区”标签页的“最大容量”文本框内输入 25。进入“流”标签页，在“输出至端口”下拉列表处选择“通过表达式”，在弹出对话框内保留默认值 getitemtype（item），以此保证类型 1 和类型 2 的临时实体分别进入处理器 1 和处理器 2 接受操作。勾选“使用运输设备”复选框，并将后面文本框内的 centerobject（current，1）替换输入为 Operator，表示以全局变量 Operator 实现对操作员的调用。点击“确定”按钮，关闭属性对话框。设置暂存区 1 和暂存区 2 的最大容量均为 100。

（6）设置处理器。

利用之前定义的全局宏来设置处理器的处理时间。双击处理器 1 打开属性对话框，在“处理器”标签页的“处理时间”文本框内输入“PROCESS_ TIME”，点击“确定”按钮，关闭对话框。用同样的方法设置处理器 2。

（7）设置全局表。

创建全局表用于合成器更新组件列表。点击菜单栏中的“工具”，在下拉菜单中选择“全局表”，并在弹出菜单中点击“增加”。在弹出的全局表设置窗口的左上角的文本框内将全局表重命名为“itemsList”。设置全局表为 2 行 6 列，并基于订单列表在全局表中输入数字，设置完成后关闭全局表。

（8）设置合成器。

利用合成器实现对临时实体的组装。合成器可以将多个临时实体整合在一起，其工作原理为首先从 1 号输入端口接收一个临时实体，该临时实体将作为容器用于承载其他将要整合的临时实体。一旦第一个临时实体从 1 号输入端口被接收后，合成器将查询组件列表，以确定额外还需打开哪些输入端口，以及从这些输入端口接收临时实体的数量。当基于组件列表将这一批临时实体接收完毕后，合成器进入预置和合成处理操作，在完成相应时间的操作后，此次合成任务结束，临时实体被输出至下一工序。本例将利用合成器 1 号输入端口输入的托盘的类别来检索全局表，以实现自动更新组件列表。双击合成器打开属性对话框，在“合成器”标签页内，勾选“沿合成器长度传输临时实体”复选框。在“流”标签页内勾选“使用运输工具”复选框，将后面文本框内的 centerobject（current，1）替换输入为 Forklift。进入“触发器”标签页，增加“进入触发”的处理逻辑，在下拉列表中选择“更新合成器组件列表”，输入全局表名称 itemsList。点击“确定”按钮，关闭对话框。

（9）设置喷涂机。

喷涂机完成一份订单所需要的时间与该份订单所包含的临时实体的种类和数量有关，因此当一份订单到达喷涂机后，喷涂机需要能够分解该订单，以对临时实体所需的喷涂时间逐一进行累加。打开喷涂机 1 属性对话框，在“处理时间”处点击“代码编辑”按钮，在弹出的代码编辑窗口内输入如下代码。

```
treenode object = parnode（1）；//定义当前喷涂机对象。
```

int painttime = 0；//定义并初始化喷涂时间。

for (int index = 1；index < = content (first (object))；index + +) {//遍历喷涂//机上第一个临时实体，即托盘所承载的所有的临时实体。

if (getitemtype (rank (first (object), index)) = = 1) {//如果当前所判断的临//时实体类型为 1。

painttime + = exponential (0.0, 20.0, 0)；//则总喷涂时间累加上喷涂类型 1 临//时实体所需要的时间。

} else {

painttime + = exponential (0.0, 14.0, 0)；//否则总喷涂时间累加上喷涂类型 2//临时实体所需要的时间。

} //else 语句结束。

} //for 循环结束。

return painttime；//返回总的喷涂时间。

点击“确定”按钮，关闭代码编辑窗口。

在“流”标签页内勾选“使用运输工具”复选框，将后面文本框内的 centerobject (current, 1) 替换输入为 Forklift，实现以全局变量的方式调用叉车。

接下来实现喷涂完成后按类别改变每一个临时实体颜色的功能。进入“触发器”标签页，在“处理完成触发”处点击“代码编辑”按钮，在弹出的代码编辑窗口内输入如下代码。

treenode object = parnode (1)；//定义当前喷涂机对象。

for (int index = 1；index < = content (first (object))；index + +) {//遍历喷涂//机上第一个临时实体，即托盘所承载的所有的临时实体。

if (getitemtype (rank (first (object), index)) = = 1) {//如果当前所判断的临//时实体类型为 1。

colorblue (rank (first (object), index))；//则喷涂为蓝色。

} else {

colorblack (rank (first (object), index))；//否则喷涂为黑色。

} //else 语句结束。

} //for 循环结束。

点击“确定”按钮，关闭代码编辑窗口。点击“确定”按钮，关闭属性对话框。对于喷涂机 2 重复上述的设置。

(10) 调用堆垛机器人。

分别将暂存区 1、暂存区 2、托盘输送机以及分离器属性对话框“流”标签页内的“使用运输工具”复选框勾选上。

七、利用时间表建模

由于停工、维护、修理等原因，固定资源类实体和任务执行器类实体等需要按照时间表所指定的特定时间有计划地进行关停。本例利用多个操作员完成一项任务，创建两个时间表，一个用以指定操作员何时会停工，另一个用于规划设备的维护日程。

（1）建立模型。

新建仿真模型，并按图 9-7 所示对实体进行布局、命名和连接。

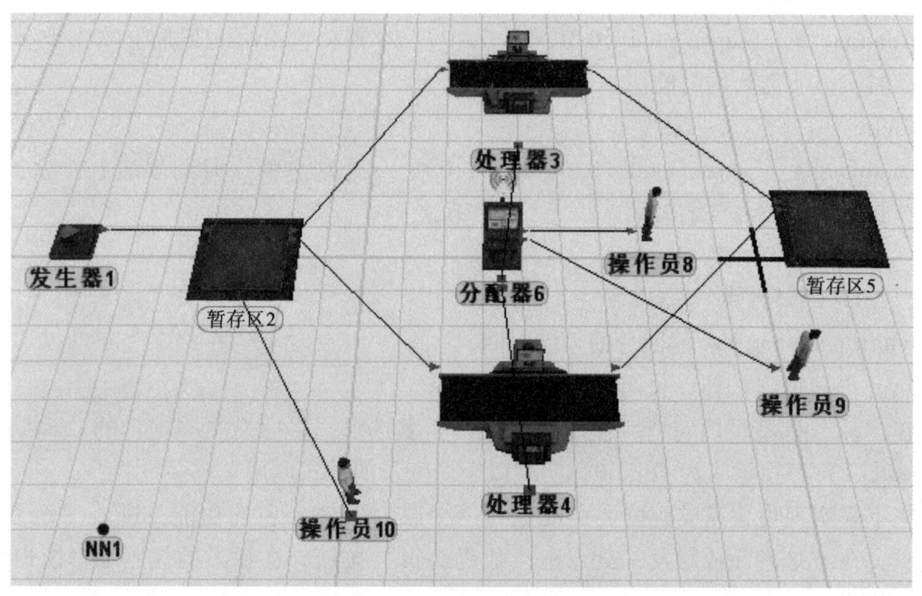

图 9-7　时间表模型三维视图

（2）设置暂存区与处理器。

利用一个操作员将临时实体从暂存区 2 运输至两个处理器。另外两个操作员将完成临时实体在两个处理器上的处理操作，以及将临时实体从处理器运输至暂存区 5。双击暂存区 2 打开属性对话框，在“流”标签页内勾选“使用运输工具”复选框，点击“确定”按钮，关闭对话框。双击处理器 3 打开属性对话框，在“处理器”标签页内勾选“使用操作员进行处理”复选框。进入“流”标签页勾选“使用运输工具”复选框。进入“触发器”标签页，在“处理结束触发”处点击绿色加号按钮增加处理逻辑，在下拉列表中选择“设置颜色”并保持默认参数设置。点击“确定”按钮，关闭对话框。对处理器 4 重复上述设置。

（3）创建时间表。

为操作员 10 创建一个时间表。鼠标点击菜单栏中的“工具”，在下拉菜单中鼠标指向“时间表”，接着点击弹出菜单中的“增加”，以此打开时间表设置对话框。将时间表重命名为“操作员 10 停工”。在“成员”标签页内点击绿色加号按钮以增加一个成员。高亮选择“操作员 10”后点击“选择”按钮。进入“表”标签页，在表的第一行内设置“时间”为 200，“状态”为 12，“持续时间”为 30，上述设置表示在每个重复周期开始后的第 200 秒，操作员 10 停工进入状态码为 12 的状态，持续时间为 30 秒。设置“重复”为“用户定制”，并在后面文本框内改变其值为 200，此项设置将使操作员 10 每 200 秒便重复进入停工状态一次。进入“功能”标签页，在“停工函数”的下拉列表处选择“行进至位置，延迟直至停工时间结束”。将“位置”的三维坐标修改为（2，-8，0），此位置即为操作员在停工期间将要去往的地点。在“恢复函数”下拉列表处选择“无操作”。点击“确定”按钮，关闭时间表设置对话框。

（4）更新时间表。

除了特定的坐标位置，还可设定操作员在按照时间表中断任务后去往指定的实体。在建模工作区中创建一个网络节点，将其命名为 NN1。重新打开“操作员 10 停工”时间表设置对话框，进入“功能”标签页，在“停工函数”的下拉列表处选择“行进至位置，延迟直至停工时间结束”，在弹出对话框的“对象”处点击绿色加号按钮，而后选择网络节点 NN1，将操作员行进的目的地设定为该实体。点击“确定”按钮，关闭时间表设置对话框。

（5）设备维护日程安排。

创建一个时间表用于规划处理器 3 停工进行维护的日程安排。将该时间表命名为“处理器停工时间”。在“成员”标签页内增加成员“处理器 3”。在“表”标签页内，在表的第一行设置“时间”为 200，“状态”为 12，“持续时间”为 100。设置“重复时间”为用户定制 300 秒，即每隔 300 秒后设备重复进行一次维护。进入“功能”标签页，在“停工函数”的下拉列表处选择“停止输入”，表示此设备在按照时间表进行中断期间停止临时实体的输入。在“恢复函数”下拉列表处选择“恢复输入”，表示在完成时间表所计划的中断后恢复临时实体的输入。点击“确定”按钮，关闭时间表设置对话框。

八、基础任务序列

构建仿真模型创建任务序列，调用操作员实现从队列捡取临时实体，然后将临时实体搬运到一处检验台，停留 10 秒钟等待临时实体接受检验，而后将临时实体搬运至下游处理器。

（1）创建实体。

新建仿真模型并按图 9-8 所示对实体进行布局、命名和连接。其中“基础固定资源”实体用于模拟检验台，但并不实现具体功能，仅用于向操作员提供一个位置信息，使操作员能够前往该位置。此外需要注意的是，操作员与“基础固定资源”实体分别对应连接暂存区 2 的 1 号和 2 号中心端口。用 S 连接依次连接操作员与暂存区 2，以及“基础固定资源”实体与暂存区 2 后，暂存区 2 底部中间位置会出现两个方块标志，由上至下分别对应暂存区 2 的 1 号和 2 号中心端口。另外在暂存区 2 属性对话框的“常规”标签页内，“端口”组合框处，也可对端口连接情况进行查看和调整。

（2）设置处理器属性。

在处理器 3 属性设置对话框内，设置其最大容量为 10，处理时间为 10 秒。设置处

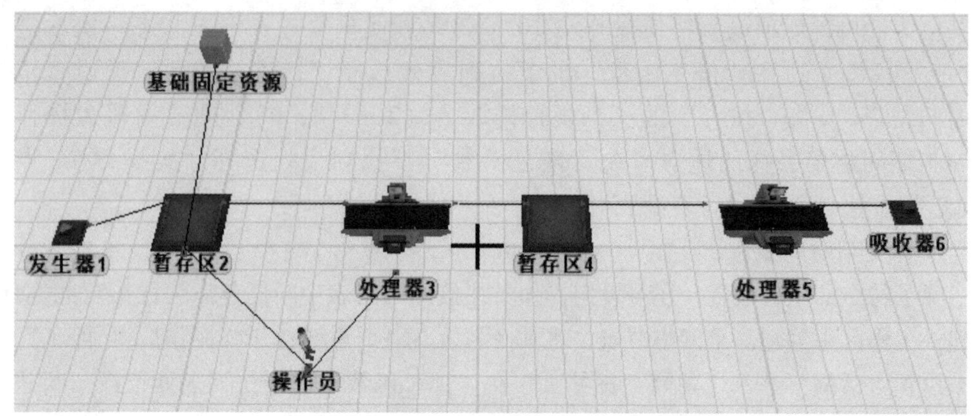

图9-8　基础任务序列模型三维视图

理器5最大容量为1，处理时间为50秒。

（3）创建基础任务序列。

为方便操作，在软件所提供的基础任务序列示例的基础上创建任务序列。双击暂存区2图标打开属性对话框，在“流”标签页内勾选“使用运输工具”复选框，在后面下拉列表中选择“任务序列示例_ 1”。该任务序列示例提供了对操作员最基础的调用功能，即行进至当前固定实体，装载临时实体，行进至下游固定实体，释放临时实体。下面将对此任务序列示例进行修改，以使其适应用户特定的需求。

（4）修改任务序列。

点击“任务序列示例_ 1”下拉列表右侧的代码编辑按钮，打开代码编辑窗口。在本例中，操作员仅需完成当前的任务序列，不需要中断去执行其他任务，因此删除此任务序列中的中断任务，即第21行代码。本例要求操作员在装载完临时实体后，先行进至“基础固定资源”实体，等待10秒后再行进至下游的处理器。因此在第21行和第22行分别插入如下代码。

```
//向任务序列 ts 中插入行进任务，目的地为与当前实体 2 号中心端口相连的实体；
inserttask (ts, TASKTYPE_ TRAVEL, centerobject (current, 2), NULL);
//向任务序列 ts 中插入延迟任务，延迟时间为 10 秒；
inserttask (ts, TASKTYPE_ DELAY, NULL, NULL, 10, STATE_ BUSY)。
```

点击“确定”按钮，关闭代码编辑窗口。点击“确定”按钮，关闭属性设置对话框。

九、向任务序列中插入占用任务

在图9-8模型基础上，要求操作员在处理器前等待，完成临时实体在处理器上的处理操作后，再进行下一项任务。

（1）向任务序列中插入任务。

打开图9-8构建的模型，打开暂存区2属性对话框，在“流”标签页内“使用运输工具”处点击“代码编辑”按钮，打开代码编辑窗口。在第 24 行代码后插入如下代码。

//向任务序列 ts 中插入占用任务，使操作员被与当前实体 1 号输出端口相连的

//实体占用。

inserttask（ts，TASKTYPE_ UTILIZE，item，outobject（current，1），STATE_ UTILIZE）。

点击“确定”按钮，关闭代码编辑窗口。上述一段代码表示向分配给操作员的任务序列中插入一项任务，即操作员被当前实体——暂存区 2 的 1 号输出端口相连接的实体——处理器 3 占用。此时运行仿真模型将会发现，当临时实体被卸载到处理器 3 上并处理完成后，操作员仍然停留在处理器 3 旁无法离开去执行其他任务，这是因为操作员始终处于被处理器 3 占用的状态。因此接下来需要实现释放操作员的机制。

（2）设置处理器释放操作员。

利用 S 连接将操作员与处理器 3 的中心端口相连接。双击处理器 3 打开属性对话框，进入“触发器”标签页，在“处理结束触发”的下拉列表处选择“释放操作员”，并保留其默认参数设置。点击“确定”按钮，关闭属性设置对话框。

十、连续使用操作员

在图 9-8 模型基础上，要求操作员行进至暂存区 2，装载临时实体，再行进至“基础固定资源”实体停留 10 秒钟，再行进至处理器 3 卸载临时实体，在处理器 3 旁等待完成对临时实体的处理，再次装载临时实体，行进至处理器 3 下游的暂存区 4，并将临时实体卸载至该暂存区。

（1）设置处理器。

打开图 9-8 构建的模型，双击处理器 3 图标打开属性设置对话框，进入“触发器”标签页，在“处理结束触发”处点击“删除”按钮，删除该触发器的响应函数。进入“流”标签页，勾选“使用运输工具”复选框，并在后面下拉列表中选择“释放操作员”，保留默认的参数设置。点击“确定”按钮，关闭属性设置对话框。

（2）构建任务序列。

双击暂存区 2 图标打开属性设置对话框，进入“流”标签页，在“使用运输工具”下拉列表处点击“代码编辑”按钮打开代码编辑窗口。在编辑代码构建任务序列过程中，为了能够方便地索引到与处理器 3 输出端口相连的暂存区 4，需要创建一个局部变量。因此在代码编辑窗口第 17 行输入如下代码。

treenode downQueue = outobject（outobject（current，1），1）。

该段代码定义了一个树节点类型的变量，outobject（current，1）指向与当前实体——暂存区 2 的 1 号输出端口连接的对象——处理器 3，outobject（outobject（current，1），1）则指向与处理器 3 的 1 号输出端口相连的对象——暂存区 4，新定义的变量即被赋值为此暂存区。

在代码编辑窗口第27行输入如下代码。

```
inserttask (ts, TASKTYPE_ FRLOAD, item, outobject (current, 1));
inserttask (ts, TASKTYPE_ TRAVEL, downQueue, NULL);
inserttask (ts, TASKTYPE_ FRUNLOAD, item, downQueue, 1)。
```

此段代码表示向任务序列ts中插入三项任务，调用操作员装载处理器3内的临时实体，行进至下游暂存区4处，将临时实体卸载至该暂存区。点击“确定”按钮，关闭代码编辑窗口。

十一、流体模型

流体模型中的发生器产生两种类型的离散的临时实体，临时实体到达的时间间隔服从指数分布 E（10），时间单位为秒。此离散的临时实体作为生产流体的原材料由操作员分别搬运至两个实体流体转换器，此种转换器能够将临时实体转换为流体，每个临时实体能够转换出10升流体，其最大容量为20升。转换后得到的两种流体由输送管道分别输送至两个储液罐，输送管道的最大容量为20升，输送速率为2升/秒，储液罐的刻度范围为1升~45升。两个储液罐中的流体进一步由输送管道输送至一个流体混合器进行混合，以生成一种新的流体产品，此处输送管道的最大容量为10升，输送速率为1升/秒。流体在流体混合器内分两步进行混合，第一步需要10升类型1流体，无延迟，第二步融合进20升类型2流体，所需时间为10秒。生成的流体产品经流体处理器处理后，被输送至流体实体转换器转换为临时实体。流体实体转换器的最大容量为10升，转换比例为每10升流体可转换为1个临时实体。最后临时实体由输送机输送至暂存区。

（1）创建实体并布局。

如图9-9所示，从实体库中将建模所需固定实体和流体类实体拖拽至建模工作区，并进行命名、布局和连接。实体之间的连接采用A连接，表示实体的流向，操作员仍然采用S连接。当创建第一个流体类实体时，一个仿真钟会同时在建模工作区被自动创建，该仿真钟不可删除，会被流体类实体在工作时使用。

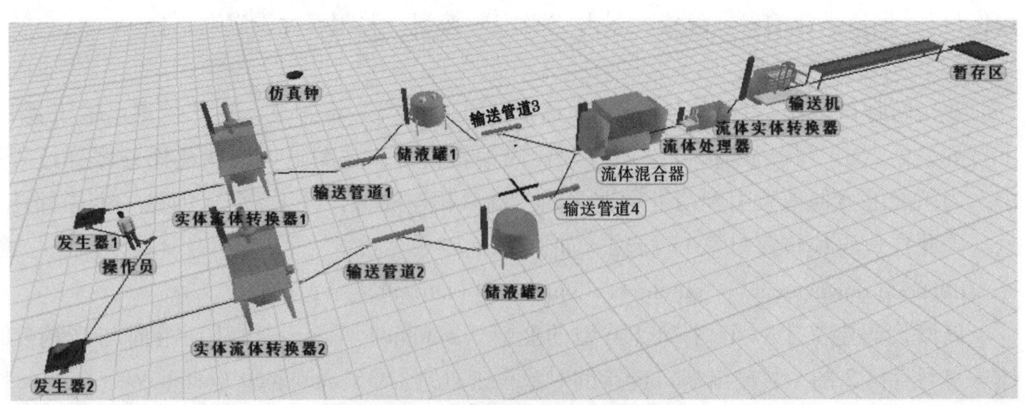

图9-9　流体模型三维视图

（2）设置发生器。

双击发生器 1 图标打开属性对话框，在“流”标签页内勾选“使用运输工具”复选框，点击“确定”按钮，关闭属性对话框。对发生器 2 进行同样的设置。

（3）设置流体类实体颜色。

根据所处理对象类别的不同，将流体类实体设置为不同颜色，有助于更直观地观察模型的运行效果。双击实体流体转换器 1 图标打开属性设置对话框，进入“常规”标签页，在“颜色”下拉列表处选择红色，点击“确定”按钮，关闭属性设置对话框。对其他流体类实体按照同样方法进行设置，应根据不同的工艺路线将流体类实体分别设置为红色和黄色。

（4）设置实体流体转换器。

设置实体流体转换器，使其能够按需要将临时实体转化为流体。双击实体流体转换器 1 图标打开属性设置对话框，在“实体流体转换器”标签页内，将“每临时实体所含离散单位”设置为 10，表示每个临时实体可转化为 10 升流体。将“最大实体速率”和“最大端口速率”全部设置为 2，表示流体从该实体单一输出端口和全部输出端口输出的最大速率皆为 2 升/秒。将“最大容量”设置为 20。点击“确定”按钮，关闭属性对话框。重复上述操作对实体流体转换器 2 进行设置。

（5）设置输送管道。

双击输送管道 1 打开属性设置对话框，在“输送管道”标签页内设置“最大输送速率”为 2，“最大容量”为 20。进入“布局”标签页，根据输送管道 1 上下游实体的实际位置，调整输送管道的长度以及旋转角度，必要时亦可增加输送管道的段落，以使输送管道从显示效果上更好地连接上下游实体。点击“确定”按钮，关闭属性对话框。对输送管道 2 进行同样的设置。

（6）设置储液罐。

双击储液罐 1 打开属性设置对话框，在“储液罐”标签页内输入端口处，将“最大对象速率”和“最大端口速率”全部设置为 2，表示该储液罐总的最大输入速率和单一端口的最大输入速率都是 2 升/秒。进入“刻度”标签页，将“低刻度”设置为 1，将“高刻度”设置为 45，“中间刻度”设置为 0，当储液罐内流体经过上述刻度时，就会相应触发“经过低刻度”“经过高刻度”和“经过中间刻度”三个触发器。在“经过低刻度”触发器处点击绿色加号，为该触发器增加响应函数，在下拉列表中选择“打开或关闭端口”，在弹出对话框中，设置“动作”为“关闭输出端口”，保留“对象”为“当前”，设置“流体模式”为“双向”，该响应函数功能为储液罐内流体无论是在上升过程中还是在下降过程中，只要达到低刻度，就会关闭储液罐的输出端口，停止流体的流出。用同样方法为“经过高刻度”触发器增加响应函数，选择“打开或关闭端口”，并分别将“动作”“对象”和“流体模式”三个参数设置为“打开输出端口”“当前”和“上升”，该响应函数功能为储液罐内流体在上升过程中，只要达到高刻度，就会打开储液罐的输出端口，使流体流出。点击“确定”按钮，关闭属性对话框。对储液罐2进行同样的设置。

（7）设置输送管道。

双击输送管道3打开属性设置对话框，在“输送管道”标签页内设置“最大输送速率”为1，“最大容量”为10。进入“布局”标签页，根据输送管道3上下游实体的实际位置，调整输送管道的长度以及旋转角度，必要时亦可增加输送管道的段落，以使输送管道从显示效果上更好地连接上下游实体。点击“确定”按钮，关闭属性对话框。对输送管道4进行同样的设置。

（8）设置流体混合器。

设置流体混合器的工序和配方表，使其能够接收两种不同的流体原材料，并将其混合成一种新的流体产品。双击流体混合器打开属性设置对话框，在“步骤”标签页内“混合步骤”处，将“步骤数量”文本框内数值修改为2，点击“更新”按钮，表格中会呈现相应步骤。设置步骤1的延迟时间为0，步骤2的延迟时间为10。在“混合配方”处，将“原料数量”文本框内数值修改为2，点击“更新”按钮，则会呈现相应的原料列表。对于原料1，设置端口为1，数量为10，步骤为1；对于原料2，设置端口为2，数量为20，步骤为2。流体水平显示工具可在模型运行时实时显示流体混合器所接收的配料表中原材料的数量。进入“流体水平显示”标签页，可调整流体水平显示的尺寸和形状，以此获得最好的可视化效果。

（9）设置流体实体转换器。

在流体原材料经过混合和处理之后，需要将流体原材料转换为离散的临时实体，以方便存储和运输。双击流体实体转换器图标打开属性设置对话框，在“流体实体转换器”标签页内“临时实体输出”处，将“每离散单位包含流体”设置为10，将“最大容量”设置为10。

十二、用户事件

物流系统仿真模型是由离散事件驱动并运行的，这些离散事件有些是由模型中可见的实体发出，有些则由用户定义，在模型运行过程中的确定时间发出，以触发模型执行一些处理逻辑。本例将创建用户事件，实现在每次模型重置后，操作员的位置被重新设置，并在确定的时点改变临时实体到达的时间间隔以及需要启用的处理器的数量。

（1）建立模型创建实体。

点击工具栏中的“新建”按钮建立一个新的模型，将时间单位和长度单位等设置为默认值。从实体库中拖拽发生器、处理器、任务分配器等实体至建模工作区，并按图9-10所示进行布局、连接和命名。

（2）设置全局变量。

为实体创建全局变量，使其能够在用户事件中被访问。一种显示的调用实体的方法是使用节点命令：

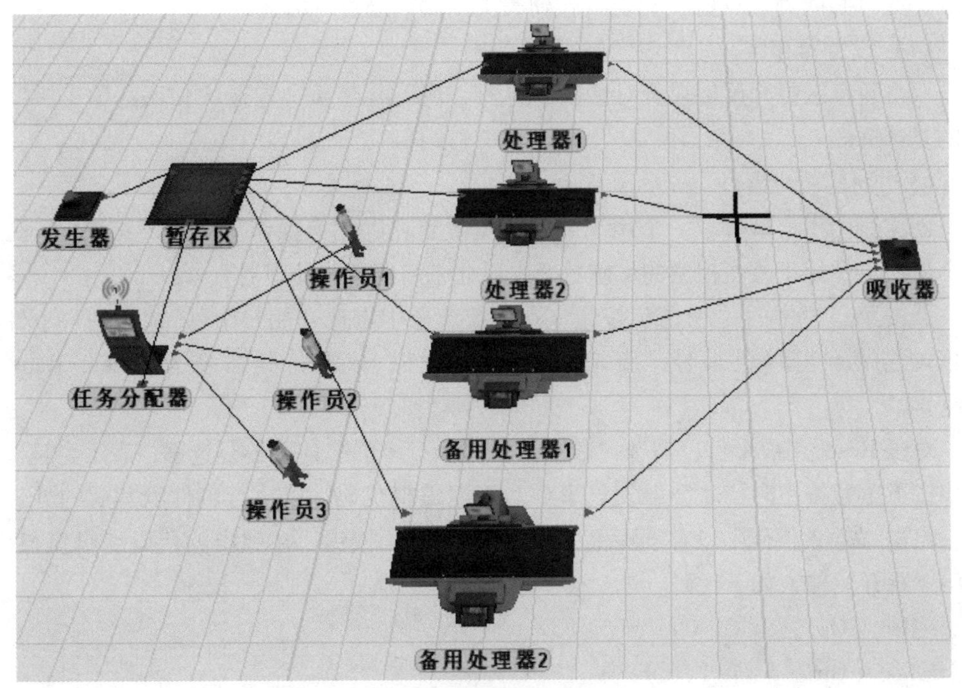

图9-10　用户事件模型三维视图

treenode Op1 = node（“/操作员1”，model（））。

因为在FlexSim软件中，各种建模资源是以树结构进行管理的，各个实体表现为树结构中的节点，所以上述节点命令定义了一个树节点类型的变量Op1，并调用node（）命令获取模型中名称为操作员1的实体的树节点值，再将该值赋给变量Op1。

另一种创建全局变量的方法是通过全局变量对话框来实现。点击菜单栏中的“工具”按钮，在下拉菜单中点选“全局变量”打开全局变量对话框，点击绿色加号新增一个全局变量，在“变量名称”文本框内输入Op1，点击“类型”后面向下的箭头，在下拉列表中点选树节点。接下来有三种方法为全局变量赋值，第一种方法为点击“值”文本框后面的树拓扑形态图标，打开节点选择窗口，在该窗口中选择操作员1；第二种方法为点击绿色加号，在弹出对话框中点选操作员类别下面的操作员1；第三种方法为点击吸管按钮进入采样模式，然后在建模工作区中点击操作员1。用上述方法为其余两个操作员、两个备用处理器和吸收器添加全局变量并赋值，变量名称依次为Op2、Op3、exProc1、exProc2、source。

（3）设置发生器。

双击建模工作区中的发生器打开属性设置对话框，进入“标签”标签页，点击“增加数值标签”按钮，创建一个数值类型的标签，将该标签命名为arrivalTime，保留其默认值为0不变。进入“发生器”标签页，在“到达时间间隔”文本框内输入getlabelnum（current，“arrivalTime”），表示以当前实体的arrivalTime标签的取值为临时实体到达的时间间隔。点击“确定”按钮，关闭属性设置对话框。

（4）设置暂存区。

双击暂存区打开属性设置对话框，进入“流”标签页，勾选“使用运输工具”前面的复选框。

（5）创建用户事件。

创建三个用户事件，一个用于触发模型重置，以此为操作员重新设置位置，另外两个用户事件用于改变模型的忙碌状态，以此来启停备用处理器。

点击菜单栏中的“工具”按钮，在下拉菜单中点选“用户事件”。在用户事件对话框内连续点击绿色加号，新增三个用户事件，依次将其命名为 Reset、Busy 和 Slow。

对于 Reset 用户事件，勾选“仅在重置时执行事件”前面的复选框，表示当且仅当用户按下重置按钮时，才会触发该事件。下面编辑代码，以执行事件触发后的处理逻辑。点击“输入代码”文本框后面的“代码编辑”按钮，在弹出的代码编辑窗口中，从第 4 行开始输入如下代码。

```
setloc（Op1，5，0，0）;
setloc（Op2，5，－1，0）;
setloc（Op3，5，－2，0）;
setlabelnum（source，“arrivalTime”，10）。
```

该段代码前三条语句分别为三个操作员设置了位置，即沿建模工作区空间 Y 轴方向依次安置。最后一条语句将发生器的 arrivalTime 标签值设置为 10，由此将影响发生器生成临时实体的时间间隔。

对于 Busy 用户事件，在“首次事件时间”文本框内输入 100，表示第一次用户事件触发的时间为模型开始运行后的第 100 秒。勾选“重复事件”前面的复选框，在“重复事件时间”文本框内输入 200，表示每隔 200 秒就会重复触发一次用户事件。点击“代码编辑”按钮，在代码编辑窗口内从第 4 行开始输入如下代码。

```
setlabelnum（source，“arrivalTime”，5）;
openinput（extraProc1）;
openinput（extraProc2）;
msg（“Busy”，“It's Busy Now!”）。
```

此段代码第一条语句将发生器的 arrivalTime 标签值设置为 5，由此间接影响发生器生成临时实体的时间间隔，使发生器能够更快速地生成临时实体，造成系统的忙碌状态。第二、第三条语句分别打开两个备用处理器的输入端口，使其能够接收临时实体，以此缓解系统的忙碌状态。最后一条语句调用函数 msg（），执行该函数会弹出一个标题为“Busy”的消息框，所显示的信息为“It's Busy Now!”，以此提示用户系统当前的运行状态。

对于 Slow 用户事件，在“首次事件时间”文本框内输入 0，表示模型刚开始运行时就会触发第一次 Slow 用户事件。勾选“重复事件”前面的复选框，在“重复事件时间”文本框内输入 200，表示每隔 200 秒就会触发一次用户事件。点击“代码编辑”按钮，在代码编辑窗口内从第 4 行开始输入如下代码。

closeinput（extraProc1）;

closeinput（extraProc2）;

setlabelnum（source，“arrivalTime”，10）。

此段代码前两行语句关闭两个备用处理器的输入端口，使其停止接收临时实体。第三条语句将发生器的 arrivalTime 标签值设置为 10，使其进入缓慢生成临时实体的模式。

点击“确定”按钮，关闭用户事件对话框。点击“重置”按钮，三个操作员回到固定的起始位置，运行模型后，系统将在忙碌和缓慢两种状态下切换，两个备用处理器则相应地被启用和停用。

十三、实验控制器与优化器的使用

一个物流系统会受多个变量的影响，每个变量又可能有多个取值，实验控制器方便用户调整模型参数，对每个变量的每种取值进行模拟，并对模型在变量和取值的不同组合下的运行效果作出评估。优化器则可以自动地在模型众多的设定中寻找最优的方案。下面利用一个简单的零件加工系统模型，说明实验控制器与优化器的使用方法。该零件加工系统有两道工序，首先由一个操作员将临时实体从一个发生器搬运至第一个处理器，该处理器的处理时间服从正态分布 $N(10,2)$，时间单位为秒。在第一个处理器完成对临时实体的操作后，操作员将临时实体搬运至一个暂存区，该暂存区以成批的方式输出临时实体，可在 1 ~ 10 选取一个数值作为批量。接下来，操作员将成批的临时实体搬运至第二个处理器，该处理器的最大容量为 10，处理时间服从正态分布 $N(12,3)$，时间单位为秒。在第二个处理器完成操作后，操作员将临时实体搬运至吸收器。每个处理器可分别向左或向右最多移动 3 米。现需确定设备的最优布局和暂存区的批量，以使该系统获得最高的零件加工效率。

（1）创建模型。

新建模型，在建模工作区中添加一个发生器、一个暂存区、两个处理器、一个吸收器和一个操作员。按照图 9 - 11 所示进行布局和连线。将发生器、处理器 1、暂存区、处理器 2 和吸收器在 XY 平面内的坐标依次设置为（-20，0）、（-10，0）、（0，0）、（10，0）和（20，0）。在发生器、暂存区和处理器的属性设置对话框“流”标签页内，勾选“使用运输工具”前面的复选框。

（2）设置操作员属性。

双击操作员打开属性设置对话框，在“操作员”标签页内将“容量”文本框内数值修改为 10，表示操作员一次最多可搬运 10 个临时实体。为防止操作员在未完成当前任务序列的情况下去其他地点搬运，需要停止操作员的中断功能。在“操作员”标签

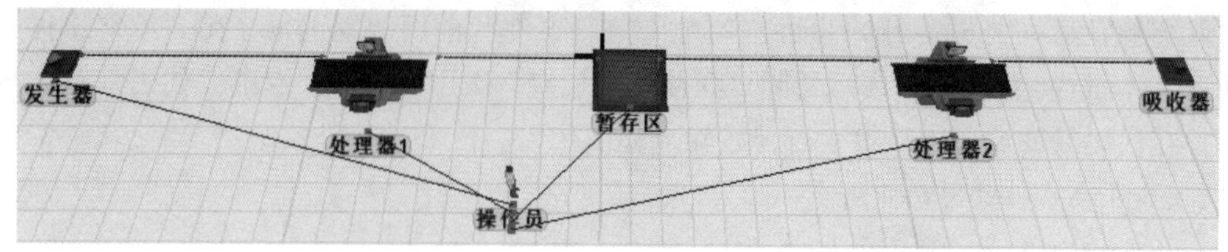

图 9 – 11　零件加工系统模型三维视图

页内点击“中断至”文本框后面的代码点击按钮，在弹出的代码编辑窗口内，删除最后一行代码“return tonum（returnts）”，表示不向操作员返回需要中断去执行的任务序列的序号。

（3）设置处理器属性。

双击处理器 1 打开属性设置对话框，在“处理器”标签页内，在“处理时间”下拉列表中点选“统计分布”，保留“分布”为“normal”不变，将“均值”和“标准差”文本框中的内容分别修改为 10 和 2。使用同样方法设置处理器 2 的处理时间均值为 12、标准差为 3 的正态分布。在处理器 2 属性设置对话框“处理器”标签页内，将最大容量设置为 10。

（4）创建变量。

点击菜单栏中的“统计”按钮，在下拉菜单中点选“实验控制器”，打开实验控制器。调整实验控制器窗口的位置以及建模工作区的显示区域，使用户能够同时观察到处理器 1 和实验控制器窗口。点击处理器 1 使其处于选中状态。在实验控制器窗口“方案”标签页内，点击“变量”处绿色加号右侧向下的箭头，在下拉菜单中点选“采样”，则鼠标指针变为吸管形态，进入采样模式。在软件右侧快速属性栏内，用吸管形指针点击空间坐标中的 *X* 坐标，则处理器 1 在建模空间中 *X* 轴方向的坐标被添加进实验变量中。双击变量名称，将其修改为“Proc1X”。用同样方法，将处理器 2 在建模空间中 *X* 轴方向的坐标添加进实验变量中，并将变量名称修改为“Proc2X”。

使用采样的方法仅仅是方便添加快速属性栏中出现的变量，且需要调整实验控制器窗口位置，使其不会遮挡采样对象，下面介绍一种更加通用的添加变量的方法。在实验控制器窗口“方案”标签页内，点击“变量”处绿色加号右侧向下的箭头，在下拉菜单中点选“从树中选择”。系统会弹出节点选择窗口，该窗口以树型结构呈现了模型中全部的实体和属性，每一个实体和属性都为树型结构中不同层级的一个节点。点击“model”前面的加号，展开根节点。点击“暂存区”节点，进一步点击该节点前面出现的折叠按钮，以展开该节点的属性。点击“variables”节点前面的加号，在展开节点中点选“batchsize”。点击窗口下方的选择按钮，完成对暂存区批量变量的添加。将该变量名称修改为“QueueBatch”。

（5）设置方案。

在实验控制器窗口“方案”标签页内，多次点击“方案”处绿色加号，创建 10 个方案。每个方案是所选变量的取值的一种组合，双击方案下方的文本框，可以输入每个变量在不同方案下的取值。

（6）设置系统性能评价指标。

系统性能评价指标用于定量评价不同方案下系统的运行效果。在实验控制器窗口"性能评价"标签页内，点击绿色加号以增加一个性能评价指标，并将其命名为Throughput。点击"性能评价指标"文本框后面向下的箭头，在弹出菜单中点选"通过单独实体统计"。在弹出对话框中，点击"实体"文本框后面的绿色加号，在展开的实体列表中吸收器分组下，点选"吸收器"，点击"选择"按钮完成对象的选择。点击"统计"文本框后面向下的箭头，在下拉列表中点选"输入"。以上设置将输入吸收器的临时实体的个数作为系统性能评价指标，以衡量系统的通量。

（7）运行实验。

进入实验控制器窗口的"实验运行"标签页，保留运行时间、预热时间、每个方案重复实验次数等项目的默认设置，点击"运行实验"按钮。实验控制器将会同步对每一个方案独立运行五次，同时系统会弹出运行状态窗口，用以实时显示每个方案每次实验的完成情况。每一次实验运行结束后都会记录系统性能评价指标。当进度条全部由红色变为绿色以后，表示实验已全部完成，点击"查看结果"按钮，系统会弹出系统性能评价结果窗口。可以通过多种方式呈现系统性能评价指标数据，包括复制图、频率直方图、多个指标之间的相关图和原始数据的散点图等。本例通过散点图和箱线图呈现了不同方案下系统的通量情况，可以据此选择高通量，即具有高零件加工效率的方案。如需生成此次实验的汇总报告，则可在系统性能评价结果窗口下方，点击"生成报告"按钮。可以按两种方式生成报告，一种报告模式可以创建一个包含全部系统性能评价指标的完整结果的 html 文件，用户还可以通过定义报告首选项来选择需要包含在报告中的数据；另一种报告模式是网页模式，此种模式将会创建一个交互的 html 文件，用户可以在报告文件中交互地选择需要查看的图表。

（8）方案优化。

利用上述介绍的实验控制器仅能对手工设定的有限的方案进行检验和比较，并不能对所有可能的方案进行全面的检验。利用优化器则可以自动地创建多个方案，并对这些方案进行检验，以此发现最优的方案。

进入实验控制器窗口的"优化器设计"标签页，因为实验控制器与优化器能够共享变量，所以在变量组合框内可以看到先前创建的三个变量。为了进行后续的优化过程，还需为这些变量补充一些信息，如下所述。

类型。即变量可能的数据类型，包括连续、离散、整型、二值型等数据类型。

上界/下界。即优化器能够为变量设定的最大值/最小值。

步长。对于离散和设计变量，步长定义了变量在下界和上界之间取值变化的间隔。

分组。对于排列变量，分组属性确定了某一特定变量所属的集合。

在本例中，处理器的位置可在左右 3 米范围内移动，并且没有其他的限制条件，因此将两个处理器的位置变量设置为连续型，下界分别设置为 -13 和 7，上界分别设置为 -7 和 13。暂存区接收和发送的是离散类型的临时实体，因此将暂存区的批量变量设置为离散型，其下界和上界分别设置为 1 和 10。三个变量其余属性保留默认的设置。

（9）设置目标函数。

在“优化器设计”标签页下方“目标”组合框内，点击“函数”下方的目标函数文本框，随后点击该文本框右侧出现的向下的箭头，系统会弹出一个包含了之前所设定的全部的变量和系统性能评价指标的下拉列表，目标函数可以直接从中选取，或者通过这些变量和指标进行推导。本例选择系统性能评价指标“Throughput”作为目标函数，因为希望通过优化变量取值使该目标函数达到最大，即零件加工系统的通量达到最大，所以保留“方向”下方文本框内“最大化”不变。本例只有一个目标函数，因此在“搜索模式”处保留“单一”不变。

（10）运行优化器。

进入“优化器运行”标签页，设置“运行时间”为 10000，这是为了评价每一种变量设置方案的性能，优化器需要运行的时间。设置“时间上限”为 0，此处规定了优化器所被允许的最长运行时间，以真实世界的时间单位进行计算，将其设置为 0，表示没有时间限制。设置“最多方案数量”为 50，表示优化器将最多尝试 50 种方案，以寻找最优的方案。点击“优化”按钮，优化器开始进行优化，窗口自动切换到“优化结果”标签页，以实时呈现每一次的优化结果。

优化器的优化流程如下所示。

步骤 1，设定初始的方案，即为变量“Proc1X”“Proc2X”和“QueueBatch”设定初始值。

步骤 2，以当前变量的取值为基础运行模型 10000 秒。

步骤 3，获得系统性能评价指标。

步骤 4，计算目标函数。

步骤 5，将历次模型运行所获得的目标函数进行排序。

步骤 6，以当前方案为基础创建新的方案，即为变量设定新的取值。

步骤 7，从步骤 2 开始重复上述优化步骤。

（11）优化结果分析。

当对 50 种方案做完评价后，优化器结束运行，系统会弹出消息说明优化器结束运行的原因，即优化器是达到最大仿真次数正常停止，还是由于出现错误而中断，以及关于错误的相关信息。当优化过程顺利完成后，优化器会以散点图的方式呈现优化结果，其中最优的结果会被突出显示。将鼠标置于图中的散点之上，会有消息框弹出，显示方案的序号、目标函数值以及该方案的排序。

（12）基于优化结果设置仿真模型参数。

基于最优的仿真结果设置相关变量的取值，可以获得系统最优的性能。在“优化结果”标签页的优化结果散点图内，点选代表最优仿真结果的散点，接着点击“输出方案”按钮。回到实验控制器窗口“方案”标签页，与所选择的最优仿真结果相对应的变量取值方案已经被创建。在该标签页右侧“选择默认重置方案”下拉列表处，点选新创建的方案。点击模型运行控制栏中的“重置”按钮后，则新的参数设置将被模型启用。

参考文献

[1] 陈达强，胡军．物流系统建模与仿真［M］．杭州：浙江大学出版社，2008.

[2] 赵宁．物流系统仿真案例［M］．北京：北京大学出版社，2012.

[3] 李欣．物流系统建模与仿真：使用 Arena 软件［M］．上海：格致出版社，2013.

[4] 鲁晓春，黄帝．物流系统建模与仿真［M］．北京：机械工业出版社，2018.

[5] 傅培华，彭扬，蒋长兵．物流系统模拟与仿真［M］．北京：高等教育出版社，2006.

[6] 彭扬，吴承健．物流系统建模与仿真［M］．2 版．杭州：浙江大学出版社，2015.

[7] 马向国，孙佩健，吴丹婷．物流系统建模与仿真实用教程：基于 Flexsim 2018 中文版［M］．北京：机械工业出版社，2020.

[8] 秦天保，周向阳．实用系统仿真建模与分析：使用 Flexsim［M］．北京：清华大学出版社，2013.

[9] 刘联辉，罗俊．物流系统规划及其分析设计［M］．2 版．北京：中国财富出版社，2017.

[10] 李珍萍，周文峰．物流配送中心选址与路径优化问题：建模与求解［M］．北京：机械工业出版社，2014.

[11] 马洪伟．物流系统建模与仿真［M］．南京：南京大学出版社，2020.